汉瓦

西汉王朝
洪业启示录

刘三解　著

北京科学技术出版社

图书在版编目（CIP）数据

汉瓦：西汉王朝洪业启示录 / 刘三解著．— 北京：北京科学技术出版社，2021.10（2025.12 重印）
ISBN 978-7-5714-1788-8

Ⅰ．①汉… Ⅱ．①刘… Ⅲ．①中国历史—西汉时代—通俗读物 Ⅳ．① K234.109

中国版本图书馆 CIP 数据核字（2021）第 176779 号

选题策划： 记　号
策划编辑： 马春华
责任编辑： 马春华
责任校对： 贾　荣
封面设计： 何　睦　杨　慧
图文制作： 刘永坤
责任印制： 吕　越
出 版 人： 曾庆宇
出版发行： 北京科学技术出版社
社　　址： 北京西直门南大街 16 号
邮政编码： 100035
电　　话： 0086-10-66135495（总编室）　0086-10-66113227（发行部）
网　　址： www.bkydw.cn
印　　刷： 河北环京美印刷有限公司
开　　本： 880 mm × 1230 mm 1/32
字　　数： 512 千字
印　　张： 25.75
版　　次： 2021 年 10 月第 1 版
印　　次： 2025 年 12 月第 3 次印刷
ISBN 978-7-5714-1788-8

定　　价： 128.00 元

推荐语

葛承雍
中华炎黄文化研究会副会长

两千多年来，秦汉之际的波诡云谲始终影响着中国人的文明认知。从秦人到汉人并不是种族的变化，也不是不同信仰的改变，在不同地域背景下的王侯将相、秦吏楚将、客卿术士、同乡平民，都以不同的江湖经历，构建着中华文化形成时期的统治秩序。《汉瓦》作者没有被传统解释和演绎所束缚，而是建筑出自成一系的历史殿宇。

李鸿宾
中央民族大学历史系教授

楚汉相争引发的西汉建国，因有司马迁脍炙人口的描述而家喻户晓；又以班固的编纂纳入正史而世代相传。作为一统王朝初始奠基、中国政治体统因而塑形的学术研究之长盛不衰，自不在话下；而那波折激荡折射出的人生历练，尤其这种历练蕴示的生命意涵，才是秦汉之交乃至刘邦王朝的兴衰嬗替成为口耳相传的“谈资”至今畅而不衰的因缘。尊重史事的严肃并以通达的奉献，这部《汉瓦》承《秦砖》之后再次推向书界，以舒朗上口的笔调于非以为业的读者而言，是否是一个获取历史“本真”的最佳选项？这全凭阅读之后的感觉了。

张　帆
北京大学历史学系教授

本书钩稽史料中的残缺信息，对于秦末汉初历史提出了不少新颖有趣的见解。这充分说明，看似题无剩义的领域，仍有继续挖掘的空间。

蒙　曼
中央民族大学教授

秦亡汉兴是中国历史上最具吸引力的话题之一。作为中国两千年帝制社会的开端，秦汉之制是后世最重要的制度基础，而秦汉之政则是后世最重要的经验教训来源。很明显，刘三解是一位具有雄心的研究者，最近两年，他把目光持续聚焦在这个波澜壮阔的大时代，这才有了去年的《秦砖》和今年的《汉瓦》。作为同一思考体系的产物，《秦砖》和《汉瓦》都意在解构一些传统印象。不同的是，《秦砖》偏重于梳理制度，而《汉瓦》偏重于梳理人物；《秦砖》偏重于对出土简牍的整理解读，而《汉瓦》则偏重于对传世史料的钩沉发微。这样的安排，让《秦砖》和《汉瓦》既相互勾连，而又各具特色。

毫无疑问，本书颠覆了我们的诸多印象。在作者笔下，刘邦不再是好为大言的无赖，项羽也并非胸无城府的莽汉，汉朝初年并没有一个基于出身建立的军功贵族集团，甚至，与秦朝暴政相对应的汉初仁政也只是一个历史的幻象。坦白地讲，作者并没有全然说服我，但这也正是阅读的最大乐趣——我在内心深处和作者不断争辩，并且因此翻阅起其他相关的资料和著作来。事实上，历史正是因为千秋万代的持续审视而不断丰富，并且不断溢出它的边界，让文学的讲述、史学的探究与哲学的思辨各取所需，从不同的角度开阔人的视野，丰富人的心灵。而这，也正是我们对《汉瓦》的期待。

前　言

“周秦之变”是公认的中华文明“分水岭”。

在此之前，周王朝所建构的宗法政治和小共同体社会，伴随着春秋时代的礼崩乐坏而渐趋瓦解，“弑君三十六，亡国五十二”的剧烈变动驱动着中国社会走向了列国兼并的战国时代，旧秩序的瓦解又催生了“百家争鸣”探索新秩序的思想活跃期。直至商鞅变法，僻处西戎的秦国完成了以吸纳“三晋”先进文化为主题的改制更化,“成文法”“流官制”“军功爵制”“郡县体制”等，都在这场变革之中，随着秦军的东出而扩散弥漫。

这一长达数百年的巨大变革，一般均认为以秦始皇统一六国为节点，即告一段落，“周秦之变”以秦制的全面推行和底定而终结。自此之后，中国社会陷入“朝代循环”，直至19世纪中叶，西方列强的武力入侵终止了这长达两千年的历史循环，也让中国遭遇了“三千年未有之大变局”。

“周秦之变”与两千年帝制之间形成了怎样的因果关系？

姊妹篇《秦砖》与《汉瓦》，正是为了回答这个问题，又不止于回答这一问题。

《秦砖》以商鞅变法为起点，下至秦朝灭亡，绘制了一条制度的变化主线，一条缓慢而坚定地在旧有周制诸侯国组织格局下，逐步调试变化的主线。简言之，解答了在“周秦之变”的过程中，“周”何以变为“秦”，借助出土的简牍资料，勾勒出一幅秦朝制度完全体的图景，并得出一个显而易见的结论，即后世延续两千年的王朝体制，在秦代仍未成形。

以此为标准，则传统意义上的“周秦之变”，无论在政治制度上，还是在社会结构层面上，都需要将下限后移，直至昭、宣之后，方才具备了班固在《汉书·百官公卿表》中绘制的“秦制轮廓”，如三公九卿、郡县二级政区，等等。

这个“秦制轮廓”或者说“汉制”是过去两千年间史家研究的重点，近世以来固然有大量汉简出土，但对于整个认识框架仍是补充大于冲击。限于篇幅，《汉瓦》并没有复制《秦砖》的写作模式，对“汉制”作全面的解剖，而是侧重于解答“何以至此”或者说“因何而变”。

简言之，《秦砖》的主要任务是解答“秦制是什么”，而《汉瓦》则侧重于探索“秦制为什么变为汉制”的答案，也就是“周秦之变”后半段的变化历程。

众所周知，“周秦之变”的终点是“王朝循环”，而秦朝脱胎于周朝的西陲诸侯，固然采取了“吏治国家”的形式，却仍对“血缘贵族”传统保持了极大的尊重，秦始皇接续天命、传之万世的梦想，摆出的更是一副历史终结者的姿态，这与“王朝循环”完全是不相干的。

真正开启这个循环的，其实是汉高帝刘邦。

面对儒生陆贾对他称道诗书，这位刚刚平定天下的成功者下意识的反应竟然是：

> 乃公居马上而得之，安事《诗》《书》！

刘氏天下从何而来？

依靠暴力取得，拥有最强的暴力，就可以宰割天下，建立刘氏王朝，这个逻辑与秦始皇并无不同。

要知道，无论是传说中的尧舜禅让，还是三代之治，莫不是古之圣贤传国或是有土诸侯的有道伐无道，哪怕嬴秦统一，也是数百年的诸侯后嗣，这份“高贵血脉”的资本，搭配着“五德终始说”的天命转移，终究还是在三代以降“传统社会”的框架之内。

反观刘邦开创的汉朝，才是中国历史上第一个与“传统”彻底割裂的“家天下”。正因为如此，陆贾才留下了流传千古的劝谏之词：

> 居马上得之，宁可以马上治之乎？

这句话的潜台词非常清晰，那就是马上可得之，自然也可失之于马上。通俗地说，暴力优势只是统治的一部分，其保质期的长短与治理方式直接相关，这也是刘邦身处的时代，最清醒的政治家们对于现实的理解。

作为后人，回望这个“第一个”，如果只跟随司马迁、班固的笔触，体会刘邦、项羽、韩信、张良、陈平等人的翻云覆雨和奇谋妙策，得出一个又一个类似于“性格决定命运”的经验教训，无疑就低估了这个时代对于中国历史的深远影响，更看轻了这一个个局中人的智慧。

个体的选择也好，制度的安排也罢，其中的动因绝不是遵循着某种前置的人设而刻意设置的戏剧化桥段。那么，历史何以至此，就绝不是一个基于人设“关键词”而形成的解释学故事。所有的真相，都要回到史料细节中，还原每一个局中人所处的环境、背景，一步步地探寻。

故此，《汉瓦》一书虽然没有设置专章讨论制度沿革和权力运行，却自始至终贯穿着制度的背景，即无论楚、汉，都不是在登上历史舞台的一刻，就是人为规划出的“新制度”完全体；事实恰恰相反，作为“旧制度”中人，马上得天下的凭借，恰恰是“旧制度”和“传统”的一部分，如同一个生物的进化历程，前代的基因是基础，却会随着环境的变化而发生“突变”。

至于究竟是哪一部分被保存和发扬光大，又有哪些部分被扬弃退化，追根溯源，其实在组织建立之初的组织形态，聚焦汉王朝的“洪业”，根子就在王朝的缔造者刘邦身上。以他的出身、婚姻、学识、宦历为基础，生发出一张人际关系大网，将我们耳熟能详的“丰沛元从”“砀泗楚人”等功臣豪杰网罗其中，当这些人际关系化身为权力互动，就构成了汉帝国制度的基石柱础。

只不过，在深入梳理这些经纬脉络之前，我们更应该提出一个问题，那就是我们所熟知的“集团”“事件”“人物”的历史本相是否属实？

正因为这些“结论”的熟识，如同一片片“瓦片”，置身于层楼之下，形成层垒的思考基点，却让我们忘记了这些结论本身也只是“观点”“视角”，而非“事实”或“真相”。当我们满足于这些“瓦片”，继续向上堆砌汉代历史的认知大厦时，就会发现，历经之后60年的制度嬗变，高、惠、吕、文、景五个时代的变量叠加，因果律常常失效。

有基于此，《汉瓦》即聚焦于刘邦、项羽、吕雉、项梁、熊心、韩信、魏豹、曹参、周勃、刘恒等大家熟悉的名字，在史书字缝之中，一片一片地复原、审视我们耳熟能详的“汉瓦”，就如同《秦砖》一样，固然有很多的结论会“反常识”，却绝不会“反科学”，已然足够。

目　录

第一章

其实你一点儿都不了解刘邦

刘邦这个人，出生在战国，出仕在秦朝，又建立了西汉，人生可谓丰富多彩，早年的经历却是扑朔迷离，史书中笔墨稀少，殊不知，这些最基本的事实才是刘邦真正的“本钱”。

第一节

他是魏人，还是楚人？

刘邦的先祖，史书中追溯得很远，确切可知的先人，应该始自春秋时期晋国的名臣士会，也称“范武子”，是“范氏”的始祖，他在出使秦国迎接公子雍回国受阻后，曾留居秦地，并留下了一支子孙，称“刘氏”。

不过“刘氏”在秦国并没有涌现出名留青史的人物，反倒在三家分晋后诞生的新霸主魏国的进攻中被掳，移居魏国，又在秦国崛起之后，随魏惠王从旧都安邑迁居大梁。

直至战国末年，为了避秦之围，“刘氏”的一支迁徙到了丰邑，一个地处魏、楚交界的繁盛之地。到了刘邦这一代，更是走出了丰邑，活跃在泗水之滨的沛县，这里，在秦灭六国之前是毫无疑问的“楚地”。

所以，在人们的印象之中，刘邦的“楚人”身份非常时髦，诸如“用楚爵”“好楚服”“观楚舞”“唱楚歌”之类的证据不胜枚举，但是，“丰，故梁徙也”也是板上钉钉的事实，汉家天子又是如何理解自己的“国籍”的呢？

在《史记·封禅书》中有一条有趣的材料揭晓了答案：

> 长安置祠祝官、女巫。其梁巫，祠天、地、天社、天水、房中、堂上之属；晋巫，祠五帝、东君、云中、司命、巫社、巫祠、族人、先炊之属；秦巫，祠社主、巫保、族累之属；荆巫，祠堂下、巫先、司命、施糜之属；九天巫，祠九天；皆以岁时祠宫中。①

刘邦在长安设置了祠祝官和女巫，其中包含“梁巫”“晋巫”“秦巫”“荆巫”，也就是不同地理区域的巫，分别祭祀各路神祇，显而易见的是，“梁巫”地位最高，负责“祠”天、地等，而“荆巫”排位最末。

对于这条记载，《史记集解》中注释道：

> 应劭曰：“先人所在之国，及有灵施化民人，又贵，悉置祠巫祝，博求神灵之意。”文颖曰：“巫，掌神之位次者也。范氏世仕于晋，故祠祝有晋巫。范会支庶留秦为刘氏，故有秦巫。刘氏随魏都大梁，故有梁巫。后徙丰，丰属荆，故有荆巫也。”②

---

① 司马迁：《史记》卷二十八《封禅书》。

② 司马迁：《史记》卷二十八《封禅书》“巫先”条下。

意思就是，这些国别的“巫”，正是刘邦祖先迁徙所在之国：先祖范氏世代在晋国出仕，所以有“晋巫”；范氏支流在秦国为刘氏，所以有“秦巫”；刘氏随着魏国迁都大梁，所以有“梁巫”；后人徙居丰邑，丰邑又属荆地，所以有“荆巫”。整体来看，就是刘邦祖先迁徙的时间顺序。

不过，古代注家并没有解释“梁巫”为何居于首位，毕竟，论仕宦显赫，应以“晋巫”为尊；论分宗得氏，应以“秦巫”为先；论乡情亲厚，应以“荆巫”为重，这个安排，理由何在呢？

答案就是“认同”。

在《刘邦祭祖考——兼论春秋战国以来的社会变革》一文中，李祖德考证指出，刘邦祖先自前430年被魏国虏获，移居大梁后，一直到刘邦祖父于前275年因躲避秦国进攻而迁楚国丰邑，前后在大梁生活了155年，此时，距刘邦出生还有19年或28年。[①]

此后，一直到前209年刘邦起兵，其家族在丰邑生活了66年，正因为刘邦家族在丰邑的时间并不长，所以，刘邦葬在丰邑的先人，只有刘邦祖父“丰公”一代，故此，《汉书·高帝纪》中称“其迁日浅，坟墓在丰鲜焉”，而“坟墓”所在地在先秦时代，有着远比居住地更重要的意义。

---

① 李祖德：《刘邦祭祖考——兼论春秋战国以来的社会变革》，《中国史研究》，2012年第4期。

见《史记·仲尼弟子列传》：

> 夫鲁，坟墓所处，父母之国，国危如此，二三子何为莫出。[①]

鲁国临难时，孔子说，国家危难时刻，我们要挺身而出，理由却是：

> 夫鲁，坟墓所处，父母之国。

鲁国是我们的先人生前、死后居住的地方，也就是说，孔子并不是站在“主人翁”的角度来看鲁国，鲁国并不是他的，是鲁君的，他也并非为鲁君挺身而出，而是为了自己与这块土地的“历史羁绊”，为了父母庐墓。

以此言之，追述先祖神灵，以先后排列顺序自无不妥，也就是“晋巫”“秦巫”“梁巫”“荆巫”。

但是，刘邦立为天子之后，他的王朝自成大宗，祖先回溯自当以他本人为起始，远祖所居国的“晋巫”“秦巫”因为年代久远，依“小宗五世而迁”的宗法制度，早已分宗多次，实则与他本人关联不大。

真正在“五世”“五服”的祖宗之列的，实则只有梁地和荆地的先祖。在《汉书·高帝纪》的“赞”中写道：

---

① 司马迁：《史记》卷六十七《仲尼弟子列传》。

> 涉魏而东，遂为丰公。丰公，盖太上皇父。[1]

也就是说，刘邦在父亲健在、生母客死他乡的情况下，与丰沛之地的“坟墓”关系，最多只有祖父“丰公”一代，以他一人来定义“父母之邦”无疑欠妥。

综上所述，自汉高祖上溯五世祖宗，坟墓多在梁地，荆地只安葬着丰公一代，肯定要以梁地为祖茔，而非荆地，则“博求神灵”推崇“梁巫”，完全顺理成章，而这也导出了一个结论：**那就是在“宗法”意义上的地域归属，刘邦家族更倾向于“梁”，而非“荆”。**

相对于首迁的丰公而言，太公和刘邦两代都生在丰邑，对这片土地已经极有感情，见《西京杂记》卷二：

> 太上皇徙长安居深宫，凄怆不乐，高祖窃因左右问其故。以平生所好皆屠贩少年、酤酒卖饼、斗鸡蹴踘，以此为欢，今皆无此，故以不乐。高祖乃作新丰，移诸故人实之，太上皇乃悦。故新丰多无赖，无衣冠子弟故也。高祖少时常祭枌榆之社，及移新丰亦还立焉。高帝既作新丰，并移旧社，衢巷栋宇物色惟旧，士女老幼相携路首，各知其室，放犬羊鸡鸭于通涂，亦竞识其家。[2]

太上皇移居长安，住在深宫内，心情苦闷悲伤。高祖私下

---

① 班固：《汉书》卷一《高帝纪下》。

② 刘歆：《西京杂记》卷二。

向左右侍从询问缘故，得知太上皇平生喜好，都是屠夫商贩、酤酒卖饼、斗鸡蹴鞠等市井生活。现今宫里啥也没有，所以快乐不起来。

于是刘邦营造新丰，迁徙家乡故人来住满这里，太上皇就高兴了。这也是新丰这个地方多市井细民，而少有衣冠显贵子弟的缘故。

除了搬迁人口，刘邦年轻时经常祭祠枌榆之社，等到移来新丰，也原样建立。刘邦营造新丰城邑后，一同迁移了旧社、街巷房屋，所有景色物象全是老样子。丰邑迁来的男女老幼，一起站在路口，各人竟然知道自己的屋子怎么走；把狗羊鸡鸭放于大道上，竟然也认得自己的家。

这种原样复制，满足了太上皇的思乡之情，也满足了他自己的思乡之情，见《史记·高祖本纪》：

> 高祖曰："丰吾所生长，极不忘耳，吾特为其以雍齿故反我为魏。"①

刘邦自述生长于丰邑，难以忘怀，也正因为"爱"，所以对丰邑父老跟随雍齿反叛自己依附魏国的过往切齿痛恨。

而"生长"是和土地挂钩的，所以，刘邦营造新丰，连丰邑的"枌榆社"也搬了过来，"邑"和"社"并立的前提下，才提到了"衢巷栋宇"，也就是街巷房舍的硬件，可见，"邑"和

---

① 司马迁：《史记》卷八《高祖本纪》。

“社”是抽象家乡概念的核心载体，一个是形而下的，一个是形而上的。

《礼记·祭法》中说：

> 大夫以下，成群立社，曰置社。[①]

对此，郑氏注曰：

> 大夫以下，谓下至庶人也。大夫不得特立社，与民族居，百家以上则共立一社，今时里社是也。[②]

可见，按照礼制，大夫、士、庶人都没有资格单独为自家“立社”，要与民聚族而居，且百家以上，才能共同立社，也就是东汉末年的“里社”。

这些都说明，“社”虽然供奉着土地神明，却源于各家“共立”，它因为“人”而存在，具有宗教活动的“公共性”，而与东汉末年的“里社”并不相同，郑玄所见的“里社”经过两汉四百年的改造，已经深受政权的干预，名为“官社”，与之相对的则是“私社”。[③]

枌榆社在先秦周礼时代，只能是“私社”，甚至不能称之为“里社”。

---

① 戴圣编：《礼记·祭法》。

② 戴圣编：《礼记·祭法》“曰置社”条下。

③ 杨华：《战国秦汉时期的里社与私社》，《天津师范大学学报（社会科学版）》，2006年第1期。

上引《西京杂记》内容说明，刘邦是将枌榆社与丰邑一道搬迁至关中，而枌榆社并不在丰邑中，在丰邑东北十五里，这就出现了矛盾，枌榆社到底是“邑社”，还是“里社”？

所以，《史记集解》中提出了一个解释：

> 或曰枌榆，乡名，高祖里社也。①

翻译过来就是，枌榆社是枌榆乡的“社”，刘邦家在此乡，故而以枌榆社为“里社”。

问题是《史记·高祖本纪》和《汉书·高帝纪》写得很清楚：

> 高祖，沛丰邑中阳里人②（也）③。

沛、丰邑、中阳里，哪怕以秦汉地方区划来看，沛为县级，丰邑为乡级，中阳里为里级，三级归属清晰明了，根本没有“枌榆乡”插入的空间，所以，这个说法是完全错误的。

如果以楚国的地方管理制度来看，就根本没有“乡”这一级单位，在秦王政二十三年，沛地入秦之前，刘邦曾经祭拜多年的“社”，当然不能虚构一个“乡”的概念出来。

所以，枌榆社只能是“丰邑人”共同设立的“置社”，按照陈胜、吴广所见的，也可以称为“丛祠”，就是在林木丰茂的

---

① 司马迁：《史记》卷二十八《封禅书》，“高祖初起，祷丰枌榆社”条下。

② 司马迁：《史记》卷八《高祖本纪》。

③ 班固：《汉书》卷一《高帝纪上》。

地方举行“社祭”，参与者，自然是这一群“故梁徙也”的移民者，这非但不是“梁人”被荆楚文化征服，反而是一群“梁人”借助楚国的文化宽容，更加紧密地抱团取暖。

否则，也不至于到了秦二世二年十二月在魏将周市的一纸书信下反叛，要知道，刘氏迁丰在前 275 年，而雍齿反叛在前 209 年，长达 66 年时间，三代人都过去了，丰邑人还自认为是魏国人，甚至不惜一而再再而三地抵抗同乡刘邦率领下的楚军。

其实，这种认同，在刘邦的身上一样有痕迹。

《史记·张耳陈馀列传》中写道：

> 秦之灭大梁也，张耳家外黄。高祖为布衣时，尝数从张耳游，客数月。[①]

秦灭大梁是在秦王政二十二年，张耳家在外黄，担任魏国的外黄县令，刘邦曾经在这之后，多次跟随张耳，为宾客数月之久。

这一方面因为张耳有养客之名：

> 张耳是时脱身游，女家厚奉给张耳，张耳以故致千里客。乃宦魏为外黄令。名由此益贤。[②]

---

① 司马迁：《史记》卷八十九《张耳陈馀列传》。

② 同上。

作为亡命逃犯，在外黄娶到了美貌多金的女子，又得到了巨额的金钱资助，所以能够“致千里客”，又当上了魏国的官吏，名声越来越大，所以，才有了秦灭魏之后，听说张耳是“魏之名士”的千金悬赏。

不仅如此，就连陈胜和“左右”都听说过他的名声：

> 涉及左右生平数闻张耳、陈馀贤，未尝见，见即大喜。

陈胜等人之前听说过很多次张耳和陈馀的贤名，可惜没见过本人，见到了，当即大喜过望。

这些对张耳、陈馀社交影响力的记载，让刘邦青年时代的游历选择显得顺理成章。

问题是，他为什么不向南、向西，寻找楚国的名士？难道楚国就没有能“致千里客”的贤人公子吗？

这个问题的答案，要从《史记·魏公子列传》中找：

> 高祖始微少时，数闻公子贤。及即天子位，每过大梁，常祠公子。高祖十二年，从击黥布还，为公子置守冢五家，世世岁以四时奉祠公子。[①]

一个“微”字，点明刘邦当时的身份，一个“少”字，说明了他当时的年龄，很年轻的时候就屡屡听说信陵君贤能，等到当了皇帝，只要经过大梁，就要祭祀信陵君，在高帝十二年，

---

① 司马迁：《史记》卷七十七《魏公子列传》。

打完英布，也是刘邦人生最后一战后，他为信陵君安排了守陵户 5 家，要他们世世代代一年四次祭祀信陵君。

这个待遇，看起来并不起眼，却要看和谁在一起，见《汉书·高帝纪》：

> 十二月，诏曰："秦皇帝、楚隐王、魏安釐王、齐愍王、赵悼襄王皆绝亡后。其与秦始皇帝守冢二十家，楚、魏、齐各十家，赵及魏公子亡忌各五家，令视其冢，复，亡与它事。"①

信陵君的守陵户标准与赵王一样，还是在魏安釐王已经安排了 10 家的同时，无疑说明，刘邦对信陵君的尊崇是非政治性的，就是"少年圆梦"，而在他微少时，对于曾经做过信陵君宾客的张耳，当然爱屋及乌。

说到底，刘邦向着"大梁"方向去寻找自己的出路，正是他对"魏人身份认同"的一种自然反应，这种"国别身份认同"的影响，在下文中会具体展开，而具体到刘邦身上，在战国七雄制度中充斥着"畿服之制""都鄙之制""国野之制"，乃至于秦国的"都离之制"传统的情况下，刘氏家族曾经在大梁居住的身份，远比在楚国边鄙小邑时，距离一国权力核心更近。

具体到太公与刘邦两代的身份认同，仍是倾向于"魏人"，而非"楚人"。

① 班固：《汉书》卷一《高帝纪下》。

另见包山楚简《集箸言》(简 138 反)中记录楚怀王时的法律:

> 同社、同里、同官不可证,匿至从父兄弟,不可证。

这是对证人资格的规定,与当事人同一“社”的成员、同一“里”的居民、同一“机构”的同事,以及亲属关系比堂兄弟近的,不允许作证。

从父兄弟,也就是同一个祖父的堂兄弟,才在亲近程度上达到“同里”“同社”“同官”的水平,这也是楚国法律上折射的家族伦理,应该是底线性的规则。

而刘邦祖父“丰公”在公元前 275 年定居于丰邑,“太公”崩逝于前 197 年,相隔 78 年,考虑到当时人的普遍寿命,“太公”大概率也是生于丰邑,那么,“丰公”的迁徙,恐怕不会是“独门独户”,而是与昆弟、族亲同行。

见《汉书·荆燕吴传》:

> 高祖从祖昆弟也。①

“从祖”就是祖父的兄弟,刘泽和刘邦是同一个“曾祖父”的堂兄弟,他的身份,在《史记·高祖功臣侯者年表》中却写作:

> 与高祖疏属刘氏,世为卫尉。②

---

① 班固:《汉书》卷三十五《荆燕吴传》。

② 司马迁:《史记》卷十八《高祖功臣侯者年表》。

“丰公”亲兄弟的孙子，与刘邦没出“五服”就已经算是“疏属”，这也印证了前文所述楚制下，从父兄弟才算“亲属”的法律原则。

但是，更吊诡的是荆王刘贾，《汉书·荆燕吴传》中写作：

> 高帝从父兄也。

即刘邦的堂兄，应该算是“亲属”了吧？

在《史记·荆燕世家》中的表述，更加疏远：

> 荆王刘贾者，诸刘，不知其何属。

“太公”亲兄弟的儿子，刘邦的堂兄，“不知其何属”，这展示出了一种极为诡异的、具有时代特征的宗亲关系，刘邦兄弟、子侄关系的凉薄，则折射出的是这个“魏人”家族迁居楚地后，并未聚族而居，而是各过各的，这种以小家庭为核心的生活方式，无疑更接近于秦制。

原因很简单，见桓谭《新论》：

> 魏文侯师李悝，著《法经》……卫鞅受之，入相于秦。是以秦、魏二国，深文峻法相近。①

从这个意义上看，汉王朝覆灭秦帝国之后，迅速地“汉承秦制”重建秩序，早有因缘。

---

① 桓谭：《新论·补遗》。

第二节

刘邦出生地的玄机

刘邦的生平经历存在诸多的谜团，最没有争议的，怕就是他的籍贯，因为《史记·高祖本纪》的第一句话就是：

> 高祖，沛丰邑中阳里人。[①]

可正是这短短七个字的地名里，暗藏着不为人知的玄机。《史记集解》注解：

> 李斐曰："沛，小沛也。刘氏随魏徙大梁，移在丰，居中阳里。"孟康曰："后沛为郡，丰为县。"

《史记索隐》注解：

---

① 司马迁：《史记》卷八《高祖本纪》。

按：汉改泗水为沛郡，治相城，故注以沛为小沛也。

颜师古注《汉书》：

应劭曰："沛，县也。丰，其乡也。"孟康曰："后沛为郡，而丰为县。"师古曰："沛者，本秦泗水郡之属县。丰者，沛之聚邑耳。方言高祖所生，故举其本称以说之也。此下言'县乡邑告喻之'，故知邑系于县也。"

以上注释均出自大家手笔，却各显神通地将"沛"解为沛郡或沛县（即小沛），而丰则解为丰县或丰邑，应劭则明言，丰是"乡"，而颜师古为了解决三个地名的隶属关系，强调了邑归属于县，里归属于邑。

也就是说：

沛（县）—丰邑（乡）—中阳里（里）

这是非常规整的秦汉基层地方区划，问题是，刘邦出生在秦朝、汉朝吗？不是啊，他是生在战国时代，楚国的土地上，拿秦汉的基层地方区划去套，合适吗？除非是司马迁拿他当时的地方区划标记刘邦出生地的位置，这才合理。

但前文已经说到，在汉高祖改泗川郡为沛郡时，已经升丰邑为丰县[①]，也就是说，早在司马迁出生前，已经没有丰邑了。

---

① 荀悦：《前汉纪》卷四《前汉高祖皇帝纪》载："（高帝十二年）既至长安。立丰县。"

退一万步说，这是司马迁无从得知“楚地”的情况下，照录的秦朝户籍信息，从出土秦简常见的书写习惯和地方管理制度来看，“里”之上的正式管理单位应为“乡”而非“邑”，县中虽有“都邑、离邑”之说，实为“都乡、离乡”之别称，这一点，从出土秦简以及汉初《二年律令》所见县、乡官职中即可见一斑，有“乡”而无“邑”。

另一个证据是里耶秦简中保存的“一封诣昆阳邑”①简文，这是邮人行书的记录，送达的是县级单位，而非乡级单位，可见，秦朝虽然仍然存在“邑”，却当与贵族食邑相关②，而非“县”与“里”之间的一级。

综上所述，《史记》《汉书》中记录的这个地名，大概率属于楚国。

这就意味着，2000年来对这个地名的理解可能要完全重构。

因为楚国的“邑”和“里”，实际上是平行的行政单位，并不存在上下级隶属关系。③

这里的“沛”肯定是地理范围概念，尽管在楚国治下，究

---

① 张春龙、龙京沙：《湘西里耶秦代简牍选释》，《中国历史文物》，2003年第1期。

② 钟炜：《里耶秦简所见县邑考》，《河南科技大学学报（社会科学版）》，2007年第2期。

③ 陈伟：《包山楚简所见邑、里、州的初步研究》，《武汉大学学报（哲学社会科学版）》，1995年第1期。

竟是“县”，还是“路”、“敔”[①]、“域”[②]，并不能确定，但是，司马迁没在“沛”后面加“县”字，完全可以理解为他表述严谨。

包山楚简记载的“楚制”大致如下：

> 州集中在楚都外围，里、邑作为地方政区中的基础组织分别位于各地的中心城市及其统辖的乡野之地，则至少在形式上与典籍记载的畿服之制、国野之制具有类似之处。[③]

也就是说，粗略理解，“里”居于“国”中，“邑”居于“野”中，对应地，在楚制中有一个规则性的户籍登记法，即“居处名族”，与汉承秦制的“名县爵里”，逻辑迥然不同[④]：

> 汉制户籍基本要素：“被记录者姓名”+“所属郡县”+“爵位名称”+“所居里名”
>
> 楚制户籍基本要素：“被记录者临时住址”+“被记录者名籍登录的固定住址”+“私名”+“族氏”[⑤]

可见，司马迁在《史记·高祖本纪》中对刘邦基本信息的

---

① 王准：《包山楚简所见楚邑新探》，《中国史研究》，2013年第1期。

② 刘彬徽、彭浩、胡雅丽、刘祖信：《包山二号楚墓简牍释文与考释》，湖北省荆沙铁路考古队《包山楚简》，第17页，文物出版社，1991年出版。

③ 陈伟：《包山楚简所见邑、里、州的初步研究》，《武汉大学学报（哲学社会科学版）》，1995年第1期。

④ 鲁鑫：《包山楚简州、里问题研究缀述》，《中原文物》，2008年第2期。

⑤ 陈伟：《包山楚简初探》，第128～129页，武汉大学出版社，1996年。

介绍，采用的就是“楚制户籍”格式：

> 高祖，沛丰邑（居）中阳里人（处），姓刘氏（族），字季（名）。

中阳里即丰邑中心城区的一部分，而丰邑则不仅包括城区，还包括城外的田地、聚落，所以，在搬迁丰邑时，连城东北十五里的枌榆社也一并在“新丰”复建。

也就是说，“丰”在地理范围上，包含了“邑”和“里”，在政区、人群的概念上，“邑人”和“里人”却是分别管理。

这一点，可以参见萧何和卢绾的籍贯区别。

《史记·萧相国世家》：

> 萧相国何者，沛丰人也。[①]

《史记·韩信卢绾列传》：

> 卢绾者，丰人也，与高祖同里……高祖、卢绾同日生，里中持羊酒贺两家。[②]

“沛丰人”与“丰人”区别不大，但卢绾以“丰人”与刘邦同里，且同日出生，里中人相贺，说明其与刘邦出生地均同为“中阳里”，而萧何无“同里”词句，也没有和刘邦幼年交往

① 司马迁：《史记》卷五十三《萧相国世家》。

② 司马迁：《史记》卷九十三《韩信卢绾列传》。

的记载，极大的可能是，他为“邑人”，而非“里人”。

通俗地说，尽管都在一个“丰邑”的地理范围内，刘邦、卢绾是“城镇户口”，萧何却是“农村户口”。

所谓“里社”，在先秦周礼时代是各诸侯国常见的宗教与行政合一的基层组织，春秋时，又称“书社”，齐、鲁、卫、赵、越、楚都有相关记载，特点是里、社合一，聚族而居。

到了战国时代，至少秦、楚、魏三国仍旧存在“里社”，包山楚简中就记录了22个楚国的里名①，天星观M1、包山M2、望山M1、秦家嘴M99和新蔡葛陵楚墓所出楚简，记录了为数众多的“里”。

包山楚简的简120至简123记录了楚国下蔡地区4个“里”中存在着4种职官：

> 里公、加公、士尹、亚大夫。②

4个里都有的职位是“里公”，参照简牍中的祷辞也可以了解，“里公”就是“里”之长官，“加公”则为楚国官吏的“俸禄州”的管理者，即《国语》中“加田”的主官，“里公”多负责户籍相关的事务，而“加公”则以经济活动为主，类似于秦

---

① 陈伟：《包山楚简所见邑、里、州的初步研究》，《武汉大学学报（哲学社会科学版）》，1995年第1期。

② 王准：《包山楚简所见楚国“里”的社会生活》，《中国社会经济史研究》，2011年第2期。

汉户籍、地籍的分离。[①] 其余两个职位则执掌不明。

不过，简文中所见的“里公”和“里人”，祭祀、祝祷的地方往往是固定的“里社”，但从祷辞来看，涉及的“社神”有“宫地主”和“野地主”，或“宫侯土（通后土）”与“野侯土”的“宫、野”对称，据研究，“地主”和“侯土”所指应为同类的神祇——土地神。[②]

前引包山楚简《集箸言》（简 138 反）中的法条有：

> 同社、同里、同官不可证，匿至从父兄弟，不可证。[③]

这说明，到战国中期，楚国的“里”和“社”已经不再等同，“里”固然有“社”，也同时存在超过“里”范围的“社”。

由此可见，中阳里即“宫”之内，丰邑即“野”，丰邑的“社”——枌榆社，则普遍覆盖了邑、里，故此，刘邦、萧何和卢绾，都是“丰邑人”“沛丰人”或“丰人”，他们共同的纽带，应该就是“枌榆社”。

但是，一个非常吊诡的记载，也存在于上文引用的《西京杂记》材料中：

---

① 熊贤品：《论包山楚简中的“加公”与“里公”》，《珞珈史苑》，2011 年卷。

② 杨华：《战国秦汉时期的里社与私社》，《天津师范大学学报（社会科学版）》，2006 年第 1 期。

③ 刘彬徽、彭浩、胡雅丽、刘祖信：《包山二号楚墓简牍释文与考释》，湖北省荆沙铁路考古队《包山楚简》，第 27 页，文物出版社，1991 年出版。

高祖少时常祭枌榆之社。[1]

这里的“少时”殊不可解，按照《史记·高祖本纪》的记载，刘邦“及壮，试为吏，为泗水亭长”应该是他离开丰邑到沛县任官的时间，“壮”年应解为30岁，也就是30岁前，刘邦除至外黄从张耳游数月外，大部分时间应都在丰邑活动，而“社祭”在礼法上需要一年数次，哪有年龄限制的道理？

而且，据《史记·封禅书》记载：

高祖初起，祷丰枌榆社。[2]

刘邦初起兵之时，就在丰邑枌榆社祝祷，所谓“祷”，是为了解除灾难、祈祷愿望实现，它在祠之前举行，而祠则在得偿所愿之后举行，是对祷的还愿之祭，通俗地说，“祷”是许愿，“祠”是还愿。“祷祠”又与“祭祀”不同，属于“非常之祭”，也就是“因事起祭”的临时行为，而祭祀是“正祭”，为四时常祭。[3]

由此可见，刘邦“少时常祭枌榆之社”与“祷丰枌榆社”都是事实，但性质却完全不同，前者的矛盾现象，应与刘邦的

---

① 刘歆：《西京杂记》卷二。

② 司马迁：《史记》卷二十八《封禅书》。

③ 杨华：《出土简牍所见“祭祀”与“祷祠”》，《四川大学学报（哲学社会科学版）》，2018年第2期。

人生历程中发生变故有关，导致了“少时常祭”的习惯中断，而最有可能的变故，就是身份的变化和政权的更迭。

政权更迭，在秦王政二十三年，秦攻楚取淮北地，沛地入秦为沛县，而刘邦的年龄，有两种说法：一为生于秦昭襄王五十一年；一为生于秦庄襄王三年。

以前者论，入秦时，刘邦 33 虚岁，以后者论，刘邦 24 虚岁，但无论哪种说法，政权更迭时，刘邦都已成年，之前都不能算“少时”，故此，这种可能性可排除。

再来看身份的变化，其实史料中略有端倪。

见《汉旧仪》：

> 高皇帝家在丰中阳里，为沛泗上亭长，及为天子，立沛庙，祠丰故宅。①

因为刘邦家在丰邑中阳里，所以，祠丰故宅；因为做过沛县泗上亭长，所以立沛庙。

另见《述征记》：

> 《述征记》曰：丰圻，丰水西九十里，有汉高祖宅。②

“圻”有王畿边界与河水曲岸两个意思，而“丰圻”，很明显应该在丰邑之外，也就是郊外的水岸之处，有汉高祖旧宅。

---

① 欧阳询等编纂：《艺文类聚》卷六十四《居处部四》。

② 同上。

也就是说，文献所及的高祖旧宅有两处，**一处为中阳里内，一处为丰邑之外**。

另见《水经注》记载：

> （沛县故城）城内有汉高祖庙。庙前有三碑，后汉立，庙基以青石为之，阶陛尚存……《地理志》曰：……东岸有泗水亭，汉祖为泗水亭长，即此亭也。故亭今有高祖庙，庙前有碑，延熹十年立，庙阙崩褫，略无全者。[①]

这里提到了沛县故城附近有两座汉高祖庙，一在城内，一在城外泗水东岸的泗水亭。

参考一下魏收《魏书·地形志》记载：

> 丰：二汉、晋属沛，后属。有丰城、汉高祖旧宅、庙碑。
>
> 沛：二汉、晋属。有汉高祖庙、沛城、吕母冢。[②]

到了北魏时，丰县仍有“丰城、汉高祖旧宅、庙碑”，而沛县则有“汉高祖庙、沛城”，各自分列，虽不绝对意味着“分立”，但前述《水经注》引文显示，沛县故城内汉高祖庙只剩下台阶、地基，而泗水亭高祖庙仍有残迹，说明古迹时，将城与庙分开，应为严谨表述。

---

① 郦道元：《水经注》卷二十五《泗水、沂水、洙水》。

② 魏收：《魏书》卷一百六中《地形志中》。

也就是说，大概率在丰邑郊外有一所汉高祖旧宅，而这，也可以与《史记·高祖本纪》中的事件对照：

> 高祖为亭长时，常告归之田。吕后与两子居田中耨。[①]

刘邦在入秦担任亭长之后，已生二子，吕后仍旧要下田耕作，可见其小家庭并非“城居”，而是在田间生活，而“丰水西九十里”这个方位标识，也说明“丰圻”所代表的“畿界”很可能就是“丰邑”的边界，那么，丰邑边界的西边是什么地方呢？

正是吕后家族的原籍，单父县。

所谓丰水之西九十里，《水经注》中的描述很清楚，泡水自西汉平乐侯国故城西南入“丰西大泽”，分出丰水与枝水两支，丰水自丰邑城南东流又向北流，枝水则在城北东流，汇入丰水，可见，能够标识东西方向的南北向地标，自然只有丰水与枝水汇合处，此处已经在丰邑城东。

《元和郡县图志》载刘邦斩蛇的“丰西泽”在丰邑西十五里，枌榆社则在丰邑东十五里，两者相距已达三十里，而刘邦故宅，自丰邑之东，向西九十里，至丰邑西界，又有河岸，应该即沿着泡水至平乐故城的方向。

粗略衡量，刘邦之故宅至枌榆社的距离，很可能不止九十里，往返一百八十里的行程，只是为了参加祭祀，成本实在太高了，也就难怪刘邦只是“少时常祭枌榆之社”了。

---

① 司马迁：《史记》卷八《高祖本纪》。

不过，刘邦之父“太公”的生活方式，在《西京杂记》中说得很清楚：

> 以平生所好皆屠贩少年、酤酒卖饼、斗鸡蹴踘，以此为欢。[①]

屠贩少年、酤酒卖饼、斗鸡蹴踘，无一不是市井生活，可见，“太公”并不是很多人想象的“老农”或是“乡间土地主”，而是一个习惯城居生活的“老市民”，这个事实结合刘邦出生于中阳里，我们可以确认，刘邦出生的故宅肯定是在丰邑城中，他的少年生涯，也一定是在这里度过的。

那么，他的“少时”到青年时代之间，可能发生了什么变故呢？

答案应该是“分家”。

证据就是“羹颉侯”的故事，见《史记·楚元王世家》：

> 高祖兄弟四人，长兄伯，伯蚤卒。始高祖微时，尝辟事，时时与宾客过巨嫂食。嫂厌叔，叔与客来，嫂详为羹尽，栎釜，宾客以故去。已而视釜中尚有羹，高祖由此怨其嫂。及高祖为帝，封昆弟，而伯子独不得封。太上皇以为言，高祖曰：“某非忘封之也，为其母不长者耳。”于是乃封其子信为羹颉侯。[②]

---

① 刘歆：《西京杂记》卷二。

② 司马迁：《史记》卷五十《楚元王世家》。

这段记载有时间限定，即“高祖微时，尝辟事”，可见是在担任秦吏之前，未提到去父亲“太公”家中吃饭，反而带着宾客“时时”去寡嫂家饮食，说明之前刘邦家中应该常有宾客往来，如果没有“分家”，以“太公”的言行性格，肯定不会出钱、出粮地支持刘邦招待宾客，“分家”之后，就只能冷眼旁观这个“败家子”。

综上所述，刘邦在“分家”之后，没能在“中阳里”得到房产，他作为“中子”，在“太公”主导的小家庭中参与财产分配，很难拿到“大头儿”，因此，他分得郊野田产的可能性很大，故此，才在中阳里之外，留下了“故宅”。

而这处故宅和田产的背后，同样隐藏着不为人知的故事。

第三节

他们的名字去哪儿了？

阅读《史记》和《汉书》时，一个非常明显的“破绽”就是，刘邦的祖父、父亲和自己，都没有记录“名”。

见《史记·高祖本纪》与《汉书·高帝纪》对比：

> 高祖，沛丰邑中阳里人，姓刘氏，字季。父曰太公，母曰刘媪。其先刘媪尝息大泽之陂，梦与神遇。是时雷电晦冥，太公往视，则见蛟龙于其上。已而有身，遂产高祖。①
>
> 高祖，沛丰邑中阳里人也，姓刘氏。母媪尝息大泽之陂，梦与神遇。是时雷电晦冥，父太公往视，则见交龙于上。已而有娠，遂产高祖。②

---

① 司马迁：《史记》卷八《高祖本纪》。

② 班固：《汉书》卷一《高帝纪上》。

《汉书》中，抹掉了“字季，父曰太公，母曰刘媪”，而被删去的几个字中，恰恰隐含着重要的信息，那就是“季”是刘邦的“表字”，并不是“名”，“太公”和“刘媪”则是刘邦父母的“称号”，也不是“名、字”，所以用了“曰”字。

至于刘邦的祖父，前引《汉书·高帝纪》已经提到过：

> 涉魏而东，遂为丰公。丰公，盖太上皇父。①

也就是从魏国东迁，“为”丰公，这位丰公就是太上皇的父亲，那么，“丰公”其实也是一个“称号”，而非名字。

先来说刘邦的本名，在当朝，也就是终汉之世，属于“国讳”，司马迁和班固肯定都知道，却没有实录。

事实上，《史记》《汉书》对汉帝均不书“名讳”，今日所见的景帝、元帝的“名”——刘启、刘奭，盖出自颜师古注《汉书》所引东汉人荀悦的文字：

> 荀悦曰：讳邦，字季，邦之字曰国。②
>
> 荀悦曰：讳恒之字曰常。③
>
> 荀悦曰：讳启之字曰开。④
>
> 荀悦曰：讳奭之字曰盛。⑤

---

① 班固：《汉书》卷一《高帝纪上》。

② 颜师古注：《汉书》卷一《高帝纪上》“高祖”条下。

③ 颜师古注：《汉书》卷四《文帝纪》“孝文皇帝”条下。

④ 颜师古注：《汉书》卷五《景帝纪》“孝景皇帝”条下。

⑤ 颜师古注：《汉书》卷九《元帝纪》“孝元皇帝”条下。

很明显，荀悦的记录从“讳字”入手，故此，刘邦取天下之后，名为“邦”，应无疑问，但是，《史记索隐》中提出了另一个可能：

按：汉书“名邦，字季”，此单云字，亦又可疑。按：汉高祖长兄名伯，次名仲，不见别名，则季亦是名也。故项岱云“高祖小字季，即位易名邦，后因讳邦不讳季，所以季布犹称姓也”。

这段讨论可谓后世对刘邦“名、字”质疑之根本，但其中质疑的基础事实已有偏差，即《汉书·诸侯王表》中已有明文：

代王喜，高帝兄。正月壬子立，七年，为匈奴所攻，弃国自归，废为郃阳侯。[①]

这位代王喜，在《史记·高祖功臣侯者年表》中作“仲”“合阳侯”，可见，刘喜、刘仲为一人。而楚元王刘交则记录得很清楚：

楚元王刘交者……字游。[②]

可见，刘邦的次兄刘仲，另有别名为“喜”，也见于《资

---

① 班固：《汉书》卷十四《诸侯王表》。
② 司马迁：《史记》卷五十《楚元王世家》。

治通鉴》记载，《史记集解》明确说：

> 徐广曰：仲名喜。①

幼弟名交，字游，解释了一为名、一为字的问题，以此言之，则史迁所记，刘邦“字季”，恰恰是笔法严谨的表现，兄弟以“字”表行第，而另有本名，否则只能理解为刘邦兄弟发达之后，全都如项岱所说“小字易名”，却并无史料的根据。

另外，今人多有以“伯仲季”为“字”不雅驯的说法，实为笑谈，古人即有祭足，字仲，更有管子名“夷吾”，字“仲”，这里的“仲”或有行第的意蕴，却总不能说祭仲、管仲的身份低微，在外被称呼为“祭老二”“管老二”。

据此可知，刘邦的“本名”在正史中缺载，与项岱所说的“小字易名”并无关联，至少在司马迁写作的时代，他仍旧认定“季”为“字”，而班固则删掉了“字季”字样，项岱基本与班固同时，为西汉末、东汉初时人，可见对于刘邦“名、字”的质疑在当时已经很普遍了，这也侧面证明了，刘邦之前的祖先世系，对于两汉之交的学者来说，已经成为悬案。

恰恰因为其“悬”，在伪造古籍盛行的魏晋南北朝，冒出了一个影响深远的造假高手，他就是皇甫谧。

在《帝王世纪》一书中，皇甫谧连夏朝的人口、垦田数都

---

① 司马迁：《史记》卷一百六《吴王濞列传》“高帝兄刘仲之子也”条下。

记载得有零有整：

> 禹平水土，还为九州，今禹贡是也。是以其时九州之地，凡二千四百三十万八千二十四顷，定垦者九百二十万六千二十四顷，不垦者，千五百万二千顷。民口，千三百五十五万三千九百二十三人。

相对于司马迁对于三代“盛世”记载的节制，《帝王世纪》的叙述完全可以称为“玄幻”，所以，当皇甫谧为刘邦父母的姓名，乃至于刘邦本人的生年“补空”时，毫不令人意外。

《史记》三家注对“刘媪”这个称号的解说非常详细，既包括了方言称老妪为“媪”，也包括了女性长老尊称的说法，更收录了皇甫谧的妄言，“媪盖姓王氏”，对此，《史记正义》已有辨析：

> 颜师古云：皇甫谧等妄引谶记，好奇骋博，强为高祖父母名字，皆非正史所说，盖无取焉。宁有刘媪本姓实存，史迁肯不详载？即理而言，断可知矣。[①]

这段批评很直白，如果刘邦亲生母亲的本姓有记录传世，司马迁怎么可能不去记载？还能等到皇甫谧这个晋朝人从谶纬书中杜撰名字吗？

不过，这些毫无根据的记录，在后世流布四方的家乘之中，反而被发扬光大，比如刘根深在《〈刘氏族谱〉对刘邦事迹

① 司马迁：《史记》卷八《高祖本纪》“母曰刘媪”条下。

的记述》[1]一文的序言中一一罗列了“大梁普通元年所撰”的《刘氏族谱》关于刘邦世系、生卒、配氏、陵墓的信息，其间言之凿凿，故而传播甚广，但若以专业眼光看待，相关信息已近乎荒诞，实难采信，见原文：

> 配吕氏、戚氏、薄氏，均葬于江南仙华山下，黄龙出洞形，坐东向西。子三，盈、恒、临。
>
> 汉高祖刘邦葬沛县白良村，黄龙落海形，丁山癸向。

刘邦的“长陵”至今犹在陕西省咸阳市，系与吕后合葬墓，而在《刘氏族谱》中，不但夫妻分离，还将刘邦陵寝迁到了沛县白良村，要知道，刘邦祖父迁丰，陵墓即在丰邑，而刘邦称帝后，升丰邑为丰县，与沛县并立，就算是归葬家乡祖茔，也应该在丰县，而非沛县。

更何况，刘邦之子息何止三人，封王者即有八位，且无一个叫“刘临”。

可见，“族谱”记录相对于个人生命固然久远，相对于历史长河而言，却往往过于短暂，在追述先祖时，常以讹传讹，对于研究者而言，需要审慎分辨信息。

所以，对于刘邦父祖名字，根本没有可信正史记录的问题，首先需要讨论的并不是“孰是孰非”，而是为什么司马迁和班固都没有记载？

---

① 刘根深：《〈刘氏族谱〉对刘邦事迹的记述》，《中国史研究》，1996 年第 1 期。

要回答这个问题，先得看“先例”，而能够给汉高祖作“先例”的，不是《周礼》《仪礼》，因为那是传说中周天子的故事，他是皇帝，是有史以来的第三位皇帝，那么，秦始皇和秦二世给他提供了怎样的先例呢？

《史记·秦始皇本纪》：

> 追尊庄襄王为太上皇。①

这一事件为里耶秦简 8-455 号木方，即《秦更名方》第二栏第十六列印证：

> 庄王为泰上皇。②

这是父，再看母，见《史记·秦始皇本纪》：

> 十九年……秦王之邯郸，诸尝与王生赵时母家有仇怨，皆坑之。秦王还……始皇帝母太后崩。③

此时为秦王政十九年，尚未统一列国称帝之时，而用字上一反常态，主语连续两个秦王，至其母崩时，则用“始皇帝母太后”这六个字，应为追述。

故此，在《史记·吕不韦列传》中写作：

---

① 司马迁：《史记》卷六《秦始皇本纪》。

② 张春龙、龙京沙：《湘西里耶秦简 8-455 号》，《简帛》第四辑，第 11 ～ 15 页，上海古籍出版社，2009 年。

③ 司马迁：《史记》卷六《秦始皇本纪》。

始皇十九年，太后薨，谥为帝太后，与庄襄王会葬茝阳。[①]

《史记索隐》注释说：

王劭云“秦不用谥法，此盖号耳”，其义亦当然也。始皇称皇帝之后，故其母号为帝太后，岂谓诔列生时之行乎！[②]

王劭说秦国不用“谥法”，“帝太后”肯定不是当时的谥号，而且秦始皇称帝在后，追封为“帝太后”才有可能，活着的时候肯定没有这个称呼。

问题是，与秦国的宣太后、唐太后、夏太后、华阳太后不同，史书中未见“帝太后”生前的称号，而“帝太后”，也并非谥号，应该是“始皇帝母太后”的简称，而其本姓，也根本无从稽考，考虑到秦王政灭赵后即至邯郸对母家仇人进行了大屠杀，或许就有抹除母族痕迹的意图，从而从根源上消除了历史记录，以至于司马迁也无从采访得知。

正因为如此，《吕不韦列传》的记载才会屡屡出现矛盾之语，其他与《秦始皇本纪》相互抵牾者更多。

更让人惊讶的是秦二世，他继位之后，唯一相关的举措，就是：

二世下诏，增始皇寝庙牺牲及山川百祀之礼。令群臣议尊始皇庙。群臣皆顿首言曰：“古者天子七庙，诸侯五，大夫

① 司马迁：《史记》卷八十五《吕不韦列传》。

② 司马迁：《史记》卷八十五《吕不韦列传》“谥为帝太后”条下。

三，虽万世世不轶毁。今始皇为极庙，四海之内皆献贡职，增牺牲，礼咸备，毋以加。先王庙或在西雍，或在咸阳。天子仪当独奉酌祠始皇庙。自襄公已下轶毁。所置凡七庙。群臣以礼进祠，以尊始皇庙为帝者祖庙。皇帝复自称‘朕’。”①

这里说的是二世皇帝要给秦始皇庙提高规格，即“尊”，而群臣认为祭祀牺牲、礼仪规格都无以复加，唯一的办法就是把秦始皇庙从二十九代先君里请出来，单独列为皇帝的祖庙，由天子亲自祭祀，而其余的先君之庙，则只保留七个，自秦襄公以下废毁，由群臣依礼法祭祀，这样，秦始皇庙就“尊”了，而皇帝恢复自称“朕”。

也就是说，在秦始皇和秦二世眼中，给了他们正统秦王血脉的历代先君都是“小人物”，根本没有资格跟皇帝“比肩”，更不要说血统要低贱得多的“母族”“妻族”，完全没有资格进入皇帝的九族之列，当然也就没有“尊崇”的必要。

所以，先皇的“谥号”“庙号”，嫡母、生母的“尊号”，册立皇后、太子等礼制，一概付之阙如，只追尊“太上皇”和“帝太后”的唯一原因就是，他们是始皇帝的父亲、母亲，这也是他们存在的最大意义。

总结下这个逻辑，礼制的核心是皇帝本人，他定义了王朝，甚至定义了祖宗，而非反过来。

---

① 司马迁：《史记》卷六《秦始皇本纪》。

在考察了先例之后，再来看刘邦的礼制建构，就会发现诸多对秦制的继承。

见《袁山松书》记录蔡邕奏议：

> 汉承亡秦灭学之后，宗庙之制，不用周礼。每帝即世，辄立一庙，不止于七，不列昭穆，不定迭毁。①

也就是说，汉朝建立之后，并没有按照周礼“天子七庙”的规制来追尊、迭毁，即上文中的“迭毁”，这个规矩，其实是从汉高帝刘邦开始的，见《汉书·高帝纪》：

> （汉高帝十年）秋七月癸卯，太上皇崩，葬万年……八月，令诸侯王皆立太上皇庙于国都。②

另见《汉旧仪补遗》：

> 高帝母，兵起时死小黄北，后于小黄作陵庙。
>
> 先媪已葬陈留小黄。③

太上皇“太公”死后，长安与各诸侯王国都都建立了“太上皇庙”，刘媪死后，在墓地建了陵庙，当然，“太公”的陵墓也有庙，这是个“标配”。

---

① 李贤注《后汉书》志第九《祭祀下》“初平中，相国董卓、左中郎将蔡邕等以和帝以下，功德无殊，而有过差，不应为宗，及余非宗者追尊三后，皆奏毁之”条下。

② 班固：《汉书》卷一《高帝纪下》。

③ 卫宏撰，孙星衍校辑：《汉旧仪补遗》卷下。

不过，父母之上，刘邦没有追尊任何的祖先，“天子七庙”也没有凑，“丰公”仍旧是“丰公”，再往前的祖先连“称号”都不见于记载，这都说明，刘邦并不是因为不知道自己亲爷爷的名字而忽略，而是根本就没有意愿。

参考下秦始皇、秦二世的逻辑，除了父母与他的“帝业”有关，应该享受陵庙的祠祭，之前的祖先没有资格享受“帝业”的尊荣，以巫鬼祭祀的方式沾沾光就够了，所以才采取了祖先迁徙国别的地域巫婆祠祭众神的方法。

这也就意味着，“丰公”和“太公”都不是刘邦称帝后给予的“尊号”，当然，情况不同，有尊崇“丰公”的功夫和意愿，刘邦直接追封皇帝不就好了，再不济，追封诸侯王、列侯也是可以的，比如吕后之父吕公，汉元年封临泗侯，吕后元年追封为吕宣王，外姓尚且可以如此，何况亲祖父呢？

而“太公”则被尊为“太上皇”，按照刘邦的说法，这也才是“号”，因为《汉书·高帝纪》中收录了当时的诏书：

> 夏五月丙午，诏曰：“人之至亲，莫亲于父子，故父有天下传归于子，子有天下尊归于父，此人道之极也。前日天下大乱，兵革并起，万民苦殃，朕亲被坚执锐，自帅士卒，犯危难，平暴乱，立诸侯，偃兵息民，天下大安，此皆太公之教训也。诸王、通侯、将军、群卿、大夫已尊朕为皇帝，而太公未有号。今上尊太公曰太上皇。”[①]

① 班固：《汉书》卷一《高帝纪下》。

注意，这里有两个重要信息：

其一，人道之极也，即父子至亲，这个说法与郭店楚简帛书中提到的儒家“六伦”很像，但却与“宗法制”背道而驰；

其二，诏书中已经称皇父为“太公”，可见这个称号早已有之。

在楚汉之争中，项羽将烹太公时曾说过：

告汉王曰：“今不急下，吾烹太公。”

此处项羽已言“太公”，而刘邦的答词，既有“吾翁”，又有“若翁”“而翁”，属于口语对答，可见，“太公”大概是在刘邦当皇帝前已有的称号。

那么，“太公”和“丰公”又因何得名呢？

过往的解释，常说“公”是对男性老人的尊称，但“丰”字尚可解释为地名，“太”字加“公”做何解释呢？

现实是，楚汉之际确实有丁固也称丁公，应为尊称之意，但实与姓氏连称，而与地名联系的“公”，史籍所见，多为封君、官职，如叶公、沛公、鲁公等，则“涉魏而东”的“丰公”很有可能是率领魏国移民至丰邑后，因功被楚国封为“邑公”而得号。

正因为“丰公”是“邑公”之职，且包山楚简和望山楚简中，都有“里公”祝祷的简文，祭祀明显是楚国基层官吏的要务，“丰公”之孙刘邦才能“少时常祭枌榆之社”，即作跟随参与祭祀解，而随着年龄增长以及“丰公”的去世，“太公”很可能并非嫡长而不得继嗣，那么，作为“里人之中子”的刘邦，自然难有资格再去参与“邑人”的四时正祭，尤其是他“分家”之后，行程过远，便是祷祠也很难实现。

而“太公”痴迷市井生活，又与卢绾之父“相爱”，且有“里人”持羊酒相贺，可见“太公”在里中颇受人爱戴，这也意味着他很可能因为不得继嗣为官，所以生活圈子远比“丰公”为小，否则“刘泽”“刘贾”和“萧何”作为亲戚和同邑人，不应该没有早期交往的记录。

而萧何在担任“县令史”后对刘邦的特殊照顾，明显表明两人之前有过交集，那么，比较合理的猜测就是，萧何在刘邦与“邑人”频繁交往的少年时代与其相识，甚至其家族可能受过“丰公”的恩惠，所以日后报之子孙。

可见，“太公”称号至多是曾经担任过楚国的“里公”，在中阳里德高望重，但“太”字则殊不可解，更大的可能是“太公”在刘邦起兵前，只是被里人所知，尊称“刘公”，刘邦之母则称“刘媪”，恰如吕后之父，称“吕公”，母称“吕媪”。

待刘邦起兵之后，自号“沛公”之后，“刘公”不再适宜，即尊称为“太公”，“太”实通“大”，终究是得封于子，故而在“尊”太上皇之前，也有“家令”。

综上所述，刘邦父祖之所以只有“称号”而无名字传世，根本原因在于“帝业”与他们无关，刘邦诏书中明言，他的义务是“尊归于父”，这是他与家族的“父子之义”，“帝业”只与他的子孙有关，而与他之前的宗族无关，所以，至多是“尊父”“尊太上皇”这个身份，汉王朝的宗庙自他而始，所以，父祖有个“代号”也就足够了。

因为他的祖先，只给了他“布衣提三尺剑取天下”的前半段而已。

第四节

“布衣提三尺剑取天下”的正解

司马迁距离战国乱世不过百年，当时仍有过往社会的残迹，所以，他笔下的“布衣提三尺剑取天下”，和西汉末年完全荡涤、改造后的社会语境，根本不是一回事。

《战国策·魏策四》：

> 唐雎曰：“大王尝闻布衣之怒乎？”秦王曰：“布衣之怒，亦免冠徒跣，以头抢地耳。”唐雎曰：“此庸夫之怒也，非士之怒也。夫专诸之刺王僚也，彗星袭月；聂政之刺韩傀也，白虹贯日；要离之刺庆忌也，仓鹰击于殿上。此三子者，皆布衣之士也，怀怒未发，休祲降于天，与臣而将四矣。”

西汉末年至今，人们理解刘邦自述的“布衣提三尺剑取天下”，着眼点往往在“布衣”，即秦王眼中的“庸夫”，而在刘邦和唐雎的语境里，“提三尺剑”与“士”才是重点。

"剑"，是先秦"士人"身份的象征，哪怕是僻处西陲的秦国，也逐渐学习了这个传统，见《史记·六国年表》：

> （秦简公六年）初令吏带剑。[①]

《史记·秦始皇本纪》：

> （秦简公）七年，百姓初带剑。[②]

"吏"带剑好解释，"百姓"带剑，是不是说秦人无分"士庶"，都开始"带剑"了呢？

事实并非如此。

因为先秦的"百姓"，实则是指"大夫、士"，也就是宽泛的"血统贵族阶层"，而非今天理解的"全民"，一个旁证就是秦简公七年施行的另一项改革措施——"初租禾"，措施类似于鲁国的"初税亩"。

可见，秦国在春秋战国之交，由于魏国对其持续的军事压力，完全丢失"西河"后，开始了对关东诸国先进制度文化的学习，而关东诸侯一样要"分别士庶"。

这种分别，哪怕是秦统一天下之后，依然存在。

在岳麓书院藏秦简中，一个新名词的反复出现，早就引起了学术界的注意，那就是"新黔首"。

---

① 司马迁：《史记》卷十五《六国年表》。

② 司马迁：《史记》卷六《秦始皇本纪》。

"新黔首"对应的是"新地"，也就是新征服的地区，官吏称为"新地吏"，与之相对应的概念是"故地""故徼"的界限，即秦发动统一战争之前的旧疆，在睡虎地秦墓竹简中，这个区域往往被概括为"内史、十二郡"。

"新黔首"是秦国的"新国民"，相对于秦制施行已久的内史、十二郡，这些新设郡县出现了诸多的新问题，比如"吏"的缺员，文化、文字、语言的差异等。所以，秦朝中央下达了一系列的专门指令，来对这些区域进行洗刷同化，比如岳麓书院藏秦简中的《新黔首挟兵令》：

> 0347：新黔首公乘以上挟毋过三剑，公大夫、官大夫得带剑者，挟毋过各二剑，大夫以下
>
> 0676：得带剑者，毋过一剑，皆毋得挟它兵，过令者，以新黔首挟兵令论之。十一。[①]

翻译过来就是：新黔首爵位在公乘以上的拥有剑不得超过三把，公大夫、官大夫被允许佩剑者，拥有剑不得超过两把，大夫以下被允许佩剑的，不能超过一把，且不允许持有任何其他兵器，违反令文规定者，将用新黔首挟兵令问罪。

这段简文透露的信息很多：

> 其一，"新黔首"虽然是"被征服者"群体，仍旧拥有"公乘"以上的"秦军功爵"，而"公乘"以上的"五大夫"爵

① 曹旅宁：《岳麓秦简所见〈挟兵令〉考》，《简帛网》，2018 年 4 月 9 日首发。

已经是“琅邪刻石”上跟随在秦始皇身边的“高爵”人物了；

其二，“新黔首”中存在着整个“军功爵制”中的各种爵位，自然不可能是在秦统一之后通过“战功”“捕盗”或是“赐民爵”而得来的身份，假设这些“新黔首”均为统一后从头做起，其“爵位”应该非常集中；

其三，“公乘”爵以上者，均可“带剑”，也就是没有“得带剑者”的修饰词，这说明“带剑”并非是绝对的爵位特权，而是只有“高爵封君”才不需特许，“公大夫”虽然已经是刘邦口中“令丞与亢礼”的“高爵”，仍有“不允许带剑者”存在；

其四，《史记》中记载的秦始皇收天下兵器的政令是切实存在的。

在确定了上述事实之后，再来看考古发现，就会明晰，秦始皇统一天下之后，并没有采取某些人臆想的“革命性措施”，对“六国旧贵族”进行“身份剥夺”，反而认可了“新黔首”在新朝的贵族身份，否则，这一系列的“秦爵”就和“新黔首”没有一点儿关联了。

在大秦治下，至少有两位名人曾有与“剑”相关的故事，见《史记·项羽本纪》：

项籍少时，学书不成，去学剑，又不成。项梁怒之。籍曰：“书足以记名姓而已。剑一人敌，不足学，学万人敌。”

于是项梁乃教籍兵法，籍大喜，略知其意，又不肯竟学。[1]

一般来说，这是“贵族”教育的例子，那么，《史记·淮阴侯列传》中的记载：

淮阴屠中少年有侮信者，曰：“若虽长大，好带刀剑，中情怯耳。”众辱之曰：“信能死，刺我；不能死，出我袴下。”

及项梁渡淮，信杖剑从之，居戏下，无所知名。[2]

两条记载都说明，韩信有剑，且招摇过市许久，他人在淮阴，为秦朝“新黔首”无疑，又“不得推择为吏”，也“不能治生商贾”却“得带剑”，漂母也曾对他说：

大丈夫不能自食，吾哀王孙而进食，岂望报乎！

对这“王孙”二字，注家早有关注：

《史记集解》：苏林曰：“如言公子也。”

《史记索隐》：刘德曰：“秦末多失国，言王孙、公子，尊之也。”苏林亦同。张晏云“字王孙”，非也。[3]

王孙、公子，都是针对“贵族血统”的尊称，无论是真

---

① 司马迁：《史记》卷七《项羽本纪》。

② 司马迁：《史记》卷九十二《淮阴侯列传》。

③ 司马迁：《史记》卷九十二《淮阴侯列传》“王孙”条下。

事儿，还是客气，都说明韩信本人也是个“旧贵族”，只是不知其所来的“贵族”这一身份，虽然没有给他带来财富和收入，却肯定给予了他在新朝的“爵位”，否则，他与南昌亭长非亲非故，也没见秦朝的亭长有社会保障的职能，何以能够：

> 常从人寄食饮，人多厌之者。常数从其下乡南昌亭长寄食，数月，亭长妻患之，乃晨炊蓐食。食时信往，不为具食。信亦知其意，怒，竟绝去。①

注意，有反应的不是“南昌亭长”本人，而是“亭长妻”，其拒绝韩信的方式也与刘邦之嫂刮羹类似，也就是不撕破脸面，让你自去，若韩信真是一介贫民“寄食”，又无家人义务，何必如此费事？

也就是说，在秦朝治下，“爵位身份”很可能已经与“经济地位”分离，尤其是很多旧的血统贵族，可能已经陷入日本江户幕府末期所谓“一刀一命”的贫困窘境。这一现象，在考古发现中也有所印证，见秦始皇陵西侧的赵背户村刑徒墓瓦文，其中有十八件刻有“新黔首”墓主籍贯、爵位、姓名，见下页表 1-1（有删节）②：

---

① 司马迁：《史记》卷九十二《淮阴侯列传》。

② 朱锦程：《秦制新探》，湖南大学 2017 年博士论文。

表 1–1　赵背户村刑徒墓刻有“新黔首”的瓦文

身份	籍贯（县／里）	拟秦属郡	拟属故六国地
不更	东武 /	琅邪郡	齐
不更	东武 / 东间	琅邪郡	齐
不更	博昌 / 余里	临淄郡	齐
不更	阑陵 / 居便	东海郡	楚
不更	/ 口口		
不更			
上造	东武 /	琅邪郡	齐
上造	邹 /	薛郡	楚
公士	（杨）民 /	巨鹿郡	赵
公士	杨民	巨鹿郡	赵
公士	平阴	三川郡	韩

表中的“不更”爵包含了原齐、楚两地籍贯的人士，恰恰印证了“新黔首”封爵的事实存在，当然，由于涉及者均为“士爵”，并不能确认他们的爵位来自于继承还是新朝授爵，但是，哪怕是最高等级的士爵“不更”，一样可能沦为“居赀”，即欠公家债务“输作”，那么，就算韩信身负“高爵”，也未必就不会衣食无着，两者并不矛盾。

当然，同为“带剑贵族”，刘邦、项羽、韩信各自境遇迥然不同，原因很多，将于下文详述。

先看他们的共同点，那就是都有“姓氏”。

在司马迁的时代，已经明言姓氏混用，不再遵循先秦的古制，出土的汉简中也显示，在西汉中后期，平民已经普遍有姓氏冠于名前，在诏书、公文中，却又与先秦一样，只称“名”，不称“氏”，那么，秦汉之际到底能不能以“姓氏”来区分平民与贵族呢？

现实是，《史记》记录的秦末大乱之中，一个“名前无氏”的人物都没有，但是，考察战国、秦、汉初的出土简牍，尤其是户籍简，就会发现，“无氏者”占绝对多数。

也就是说，要么是《史记》上的“大人物”，都有后人替他们“补上”了姓氏；要么，就是活跃在秦末汉初历史舞台上的人，能够留名青史的，全都是“士”以上阶层的人物，没有一个真正意义上的平民，哪怕是陈胜，也有“氏”、有“字”、有“爵”，所谓的“秦末农民起义”，仍旧是一场不折不扣的“贵族战争”。

具体到刘邦的身上，上一节，已经谈到了他祖父“丰公”，很可能是楚国的“丰邑公”，那么，“太公”和刘邦，至少应该有一个楚国“士”的身份。

在《史记·韩信卢绾列传》中有一处记载：

> 卢绾者，丰人也，与高祖同里。卢绾亲与高祖太上皇相爱，及生男，高祖、卢绾同日生，里中持羊酒贺两家。及高祖、卢绾壮，俱学书，又相爱也。里中嘉两家亲相爱，生子同日，壮又相爱，复贺两家羊酒。[1]

---

① 司马迁：《史记》卷九十三《韩信卢绾列传》。

刘、卢两家的“父子相爱”，当然不是现代意义上的“相爱”，而是“世交”的概念，非常奇异的是，“里人”会将这种关系视为新生儿出生一样的“喜事”，并“贺两家羊酒”，这种伦理观念基于当时的社会习俗，难以尽解，但以“羊酒”相“贺”则暗藏着玄机。

《后汉书·礼仪上》：

> 朔前后各二日，皆牵羊酒至社下以祭日。[①]

朔，就是每月的初一日，上述礼仪属于“合朔”，所用的“祭品”就是“羊酒”，这一礼俗也见于《论语·八佾》，只是其中鲁国的“告朔”礼俗只用“饩羊”未见“酒”，也就是活羊“杀而未烹”，引发了孔子与子贡的议论。

可见，羊作为祭祀礼仪的“三牲”之一，不单纯是个“食物”的概念，而“羊”与“酒”合称，则多见于两汉、三国，如河北望都汉墓中就有标明“羊酒”二字的壁画，再比如《汉书·昭帝纪》记载：

> （元凤元年）三月，赐郡国所选有行义者涿郡韩福等五人帛，人五十匹，遣归。诏曰：“朕闵劳以官职之事，其务修孝弟以教乡里。令郡县常以正月赐羊酒。有不幸者，赐衣被一袭，祠以中牢。”[②]

---

① 范晔：《后汉书》志第四《礼仪上》。

② 班固：《汉书》卷七《昭帝纪》。

翻译过来就是，汉昭帝对各地方郡国选出的“行义者”，也就是“大汉好人”——涿郡韩福等 5 人每人赐帛 50 匹，令其归家，并下诏指出，我不忍心让这些好人受官职带来的劳苦，所以，希望他们能够谨守孝悌忠信的义行，以引导乡里邻人向善。

在赐物之外，还要求郡县政府每年正月都要代皇帝给“行义者”赐予“羊酒”，有不幸去世者，则赐衣被，并以中牢之礼供奉丧礼。

这里的“羊酒”是皇帝对臣下杰出者的“赐”，但又不同于“赐予钱帛”，而是常态的“特殊礼物”，另见《后汉书·方术列传》：

> （永建二年）帝不能屈（樊英），而敬其名，使出就太医养疾，月致羊酒。至四年三月，天子乃为英设坛席，令公车令导，尚书奉引，赐几杖，待以师傅之礼，延问得失。英不敢辞，拜五官中郎将。数月，英称疾笃，诏以为光禄大夫，赐告归。令在所送谷千斛，常以八月致牛一头，酒三斛；如有不幸，祠以中牢。[①]

东汉顺帝年间，皇帝征召樊英为官，遭到对方称病拒绝，无计可施之下，只得派出太医探病，并每月送其“羊酒”，两年后，顺帝以天子之尊，对樊英待以“师傅之礼”，问政事得失，樊英才接受征召，担任五官中郎将，几个月后，又自称病情严

① 范晔：《后汉书》卷八十二上《方术列传上》。

重，以光禄大夫的官位辞官回乡，皇帝命令，郡县送谷千斛，并每年8月送牛1头，酒3斛，如他去世，则以中牢奉祠。

注意，这里前有“月致羊酒”，后有岁“致牛、酒”，与昭帝年间对“行义者”的优待类似，提高了一个规格，考虑到“待以师傅之礼”的高规格，则可知，“岁致”“月致”“羊酒”“牛酒”实际上是皇家对于“有德者”不同级别的“礼遇”，等差取决于用“牲”的等级和频率。

刘邦、卢绾所享受的“里人”之“贺”，并非皇帝之赐，而是“里人”对公认“德行”——“友道”的一种尊礼，“羊酒”的规格，相对于皇帝所赐的“牛酒”自然要低一格，可在百姓间的馈赠来说，已经属于极高的规格。

据《晋书·礼下》记载：

> 郑氏《婚物赞》曰“羊者祥也”，然则婚之有羊，自汉末始也。王者六礼，尚未用焉。①

可见，“羊酒”的特殊意义来自于“谐音梗”，在汉代重要性不断提升，到了魏晋之际，不仅“大夫”的婚礼纳征要“用玄纁束帛，加羊”，就连天子的婚礼，也大用“羊酒”：

> （晋武帝纳王皇后）纳采、问名、纳吉、请期、亲迎，皆用白雁、白羊各一头，酒米各十二斛。②

---

①《晋书》卷二十一《礼下》。

② 同上。

可见，“羊酒”自秦汉至魏晋，已经是一种与“社会等级”和“道德高下”直接相关的“特殊礼品”，而能享用“羊酒”者，至少也是个“大夫”身份，可见，刘氏与卢氏，在丰邑中阳里绝不是什么小门小户，而是举足轻重的“士大夫之家”，否则，又哪儿来子弟“学书”的机会呢？

尽管“大夫、士”的身份在战国时代不再等同于政治权力，“官吏”的全面替代和“士”的人口增殖，都让“士”的身份退化为仅能标识祖先血脉的“头衔”，但是，在一个长期延续的身份社会中，血统传承之外，仍伴随着教育、武力、见识的优势，以及“姓氏”“表字”和“带剑”“戴冠”这样的外在身份标识，而“布衣”，恰恰不能作为标识。

《史记·平准书》记载：

> 天下已平，高祖乃令贾人不得衣丝乘车，重租税以困辱之。①

可见，在西汉平定天下以后，刘邦才开始下令，商人不得穿丝绸衣服以及乘车，并加重租税，目的是“困辱之”，也就是歧视性的惩罚政策，这就意味着在秦朝和战国时代，商人可以“衣丝乘车”，“贾人”和“大夫、士”在服制上，并无不同。

而后世对刘邦的“布衣”想象，实则源自汉武帝之后儒学昌明的影响，见《盐铁论·散不足》：

---

① 司马迁：《史记》卷三十《平准书》。

古者庶人耋老而后衣丝，其余则麻枲而已，故命曰布衣。[①]

这是对“古时候”的追述，号称庶人至老年方才可以穿丝织衣服，其他时候都只穿麻布衣服，所以，称“庶人”为“布衣”。

问题是，这是在儒家的语境下，比如《荀子》中说：

古之贤人，贱为布衣，贫为匹夫。[②]

身份最卑贱则为“布衣”，经济最贫困则为“匹夫”，问题是，哪怕是在荀子的时代，身份最卑贱的也不是“庶人”，而是刑徒、隶妾等官私奴隶，所以，这种语境本来就不是为了写实的，而是为了说理。

在真实的战国、秦朝社会，“布衣”其实是经济条件问题，刘邦在亭长的任上，虽然自己还要归田与妻子耕种，却仍会特意派人去薛地制作竹皮冠，还要“时时冠之”。

综上所述，刘邦至少是“士”阶层出身，甚至更高。

① 桓宽：《盐铁论》卷六《散不足》。

② 荀况：《荀子 · 大略第二十七》，《二十二子》，上海古籍出版社，1986 年。

第五节

父亲口中的“无赖”其实是“小妾之子”

“太公”有四个儿子：伯、仲、季、游。

从“字”上看，楚元王刘交就不同于三位兄长，他的经历，在四兄弟中也最为特别，《汉书·楚元王传》中写道：

> 楚元王交字游，高祖同父少弟也。好书，多材艺。少时尝与鲁穆生、白生、申公俱受《诗》于浮丘伯。伯者，孙卿门人也。及秦焚书，各别去。[1]

刘交曾游学齐地，向荀子再传弟子浮丘伯学《诗经》，李斯、韩非是他的师叔，作为大儒弟子，师长取“字”并不奇怪，直到秦朝焚书，师兄弟才各自离去。

前文中提到过，刘氏家族应该早已“分家”，而刘交作为

---

① 班固：《汉书》卷三十六《楚元王传》。

幼子却受到了超乎寻常的偏爱，要知道，远行游学需要巨大的成本，见《史记·苏秦列传》：

> 出游数岁，大困而归。兄弟嫂妹妻妾窃皆笑之，曰："周人之俗，治产业，力工商，逐什二以为务。今子释本而事口舌，困，不亦宜乎！"苏秦闻之而惭。①

可见，苏秦也不是贫民，不但有兄弟嫂妹，还有妻妾笑他"大困而归"，说的理由，其实与"太公"比较刘季与刘仲二人的情况类似，只是将周人风俗中"好贾"的特点点了出来，认为这是谋生的根本。

不过由此反观刘邦家族，就会发现，竟然能够支撑刘季到外黄与张耳游数月，又能支持刘交长达数年的《诗经》学习，这个财力和培养子弟的决心，都非同凡响。

由于刘伯早死，剩下能与刘交比较的，就剩下刘仲、刘季。刘仲的记载不多，信息量比较大的，就是《史记·高祖本纪》中的一段：

> （汉高帝九年）未央宫成。高祖大朝诸侯群臣，置酒未央前殿。高祖奉玉卮，起，为太上皇寿，曰："始大人常以臣无赖，不能治产业，不如仲力。今某之业所就孰与仲多？"殿上群臣皆呼万岁，大笑为乐。②

---

① 司马迁：《史记》卷六十九《苏秦列传》。

② 司马迁：《史记》卷八《高祖本纪》。

这里是刘邦对自己父亲开玩笑，你以前老说我是“无赖”，没本事“治产业”，不如刘仲有本事，现在我的“业”和刘仲比谁多?

这里的“无赖”二字，当然不是今天理解的地痞流氓，注家言：

> 《集解》引晋灼曰：“许慎曰：‘赖，利也’。无利入于家也。或曰：江淮之间，谓小儿多诈狡猾为‘无赖’。”①

许慎是东汉人，《说文》的作者，他的解释里，“赖”仍等于“利”，翻译过来就是，缺少赚钱谋生的能力和手段。另外的“或曰”，说的是江淮之间的“方言”，是说小孩性情狡猾，联系上下语境，并不贴切。

结合一下，《史记·高祖本纪》对刘邦谋生能力的描述是这样的：

> 仁而爱人，喜施，意豁如也。常有大度，不事家人生产作业。②

也就是说，“治产业”，应该将“治产”与“治业”分开来解读，“产”为财物、稼穑的经营、增殖，“业”为家宅、房垣的建造、扩大，故而“产”是“生”来的，“业”是“作”来的，

---

① 司马迁：《史记》卷八《高祖本纪》“无赖”条下。

② 司马迁：《史记》卷八《高祖本纪》。

故此，刘邦自称的“今某之业”，实际上指的是刚刚完工的未央宫，也就是他家的房子。

刘邦在问“太公”，现在我和二哥，谁的房子大、谁的房子多？

类似的说法，也见于《史记·淮阴侯列传》：

> 始为布衣时，贫无行，不得推择为吏，又不能治生商贾。①

“治生商贾”并列，恰恰说明“治生”的对象是“资产”“财富”，而非专指耕种，或者今天意义上的“生产劳动”，这个民风世俗，既可参考上引“周人之俗”，也可参见《史记·货殖列传》：

> 夫用贫求富，农不如工，工不如商，刺绣文不如倚市门，此言末业，贫者之资也。②

至汉武帝时，求富殖产仍有这样的观念，贫困者的出路，竟然不是“力田务本”，反倒是农不如工、工不如商。

在此背景下，再看“太公”对刘邦的批评，还真是一个“市场经济”的成功人士对子弟的“恨铁不成钢”，通俗地比喻下，就是好好的钱你不赚，不去买大房子改善生活，你去搞什么政治？

---

① 司马迁：《史记》卷九十二《淮阴侯列传》。

② 司马迁：《史记》卷一百二十九《货殖列传》。

这里的“搞政治”，其实就是为了“养士求名”，终极目标仍然是为了“出仕”，但这个门槛不一样，受益自然也就不一样，如果侥幸能“知于王”，名士之路自然就变成了将相之路，这应该也是刘邦给自己的前半生所做的规划。

《史记·高祖本纪》中说：

> 仁而爱人，喜施，意豁如也。常有大度，不事家人生产作业。及壮，试为吏，为泗水亭长，廷中吏无所不狎侮。好酒及色。[①]

过往对刘邦品行的分析，往往只强调后半段，就是对同僚的“狎侮”和“好酒及色”，以此作为“无赖”的注脚。

问题是，“秦制”举吏除佐的标准，乃至于战国儒家的世风，从来没有强求“清教徒式”的私德，而往往只关注“公德”，比如“厚重、廉洁、守法”，而“好酒、好色”连污点都算不上，要知道，哪怕是信陵君这样的名公子，一样是“饮醇酒，多近妇女”。

反观刘邦品行的另外部分——“仁而爱人，喜施，意豁如也。常有大度”，恰恰与韩信的“贫无行”形成对比，明显属于“有行”之人，所以，当然可以“试为吏”，或者叫“推择”为吏。

而细抠一下字眼，“喜施”，也就是“乐善好施”的名声，

---

① 司马迁：《史记》卷八《高祖本纪》。

这肯定是要花钱的，也就是不赚钱，还要先搭钱。

而没有钱，刘邦也就不可能在秦灭六国之前，到魏国外黄“数”从张耳游，“客”数月。要知道，游侠的“游荡”不但需要本事，也需要名声和财富，否则根本不可能支持其大范围的活动，更不要说几次三番地去和张耳结交了。

从这个角度来说，刘邦肯定是个“败家子”，因为他对信陵君的憧憬表明，他的人生规划与娶了本地“白富美”担任“外黄令”的张耳完全如出一辙。只不过，张耳是“致千里客”并“名由此益贤”，而刘邦的“小家”却根本不支持他复制一遍张耳成为“魏之名士”的路子。

作为家长的“太公”，嘉许“治产兴业”的儿子刘仲，期待“学而优则仕”的儿子刘交，唯独对于刘邦的这种“野路子”，恐怕并不愿意投资，而刘邦“庶三子”的身份也让他在“分户析产”中很难得到什么优待，以至于对他的“养客”之举，连寡嫂都望而生厌。缺少财富支持的窘境，使刘邦的“名士”之路从一开始就举步维艰。

所以，刘邦在幼弟离乡求学大把花钱的同时，结束了他短暂的游历，成为一名秦吏，经过几年的升迁，才做到秩百廿石的亭校长，只能在县里或乡里蹉跎岁月，彻底断绝了“扬名天下”的将相之路。

这种命运选择急转弯只能说明，刘邦受到了来自父亲“太公”的巨大压力，刘氏家族哪怕饶有资产，也坚决不为刘邦虚无缥缈的“前程”买单，这种明显的“差别待遇”，固然将刘邦拉进了“太公”认可的谋生正轨，其间的羞辱感，足以让刘邦铭记终身。

正因为如此，刘邦才在“置酒未央宫前殿”的人生高光时刻，大庭广众之下，将自己对父亲最深的怨恨，以笑谈的姿态和盘托出。

要知道，刘邦这个人绝对是恩仇必报的性格，且不说因为“刮羹”而封自己亲侄子为“羹颉侯”这种“复仇”，就说“报恩”，见《史记·高祖功臣侯者年表》：

> （中牟侯单父圣）以卒从起沛，入汉，以郎中击布，功侯，二千三百户。始高祖微时，有急，给高祖一马，故得侯。[①]

单父圣是“卒”出身，就是纯小兵，跟随进了汉中的“元从”，却到了打英布的时候才是个“郎中”职位，要知道，这时候距离刘邦驾崩已经不远了，随从出征，刘邦愣是给他封了二千三百户，就是为了回报他，在自己没发迹时，有紧急情况，他给了一匹马。这种情况，与救命之恩还不一样，纯属“旧恩”，刘邦还能封侯以报，可见他的性情。

事实上，“太公”让刘邦耿耿于怀的，远不止于此。

在过往的“刘氏”家族故事里，有一个说法广为流传，楚元王刘交作为“幼子”，又与刘邦非一母所生，这也是强调同父弟的原因，其母应为“续弦”的富贵之家，所以，才有了伯、

---

① 司马迁：《史记》卷十八《高祖功臣侯者年表》。

仲、季三个前妻之子与后妻之子刘交的巨大差别。

前妻之子要“生产作业”，而后妻之子则可以游学大儒门下。

但是，这个说法经不起推敲，因为刘邦之生母“媪”并非死于“秦焚书之前”，而刘交在“秦焚书时”已经辞别浮丘伯等师友回乡。

见《汉书·高帝纪》：

> 汉王即皇帝位于汜水之阳。尊王后曰皇后，太子曰皇太子，追尊先媪曰昭灵夫人。[①]

另见《汉旧仪补遗》：

> 高帝母，兵起时死小黄北，后于小黄作陵庙。[②]

“小黄”地在陈留郡，又言“兵起时”，可知刘邦之生母死于刘邦起兵反秦之后。

而《汉书·高帝纪》又记：

> （高帝十年）夏五月，太上皇后崩。秋七月癸卯，太上皇崩，葬万年。[③]

《史记·高祖本纪》反而没有提到“太上皇后崩”，而留下了耐人寻味的一句：

---

① 班固：《汉书》卷一《高帝纪下》。

② 卫宏撰，孙星衍校辑：《汉旧仪补遗》卷下。

③ 班固：《汉书》卷一《高帝纪下》。

春夏无事。七月，太上皇崩栎阳宫。[①]

司马迁笔下，刻意的“春夏无事”，恰恰提示了后人真相。

刘邦之母“刘媪”，在汉朝建立前已死，则高帝十年死去的这位“太上皇后”，肯定不是她，而是另外一个女人，一个有资格在“太公”尊“太上皇”之后，成为“太上皇后”的女人，只能是“太公”的“正妻”。

那么，有没有可能是“刘媪”死后，“太公”续弦扶正了旁人呢？

事实恐怕并非如此。

要知道，项羽归还吕后、太公的时间是汉五年，当时并未提到刘邦之母，可知其母在此年之前已然过世，而刘邦即皇帝位在汉五年二月甲午日，同时即追封其母为“昭灵夫人”，又尊王后为皇后、太子为皇太子，偏偏漏过了自己还在世的父亲，这真的是巧合吗？

如果说，刘邦无视或轻蔑自己的父亲，以至于没想起来“上尊号”，还情有可原，但《汉书·高帝纪》中的记载是：

上归栎阳，五日一朝太公。[②]

可见，“太公”在家中应该极有威势，所以，刘邦哪怕以皇帝之尊，也不敢和其父正面对抗，才“如家人父子礼”“五

---

① 司马迁：《史记》卷八《高祖本纪》。

② 班固：《汉书》卷一《高帝纪下》。

日一朝”。

也就是说，一如既往的是，刘邦向“太公”低头行礼，而他的对抗手段也就是“不上尊号”，等于双方陷入了僵持，直到“太公家令”出来劝谏打圆场，才有了：

> 太公曰：“帝，人主，奈何以我乱天下法！”①

你是皇帝，天下人之主，怎么可以因为我一人而“乱天下法”？听起来通情达理，为儿子找台阶下，但是，自刘邦回归关中，他与“太公”同在栎阳，从高帝六年三月开始行“家人父子礼”，一直耗到高帝六年五月才下诏“尊太上皇”，俩人对峙了两个月之久。

可见，父子俩并非和解，而是合作，然后才有了“未央宫”落成后，刘邦对父亲开的“玩笑”，这又是一重耿耿于怀。

那么，父子二人最大的“心结”是什么呢？

答案应该就在“太上皇后”身上。

要知道，“太公”在尊为“太上皇”之前，也有“家令”，可见也是“诸侯”的级别，而刘邦在刚刚登基时，就迫不及待地尊生母为“昭灵夫人”，其实就是“诸侯”配“夫人”的思路，以占据“正妻”之位。

然而，在尊“太上皇”之后，刘邦之生母并没有随之升格为“太上皇后”，反而停在了“昭灵夫人”的位份上，恰恰说明

---

① 班固：《汉书》卷一《高帝纪下》。

了，在与父亲的对抗之中，刘邦终究落败了，只能承认楚元王刘交之母，也就是“太公”的正妻升格为“太上皇后”。

恰恰因为她的存在，拦住了刘邦的所有企图，如果她只是“妾室”或是“续弦”，根本不会出现这种矛盾冲突，恰恰因为她自始至终都是“太公”的正妻，才让刘邦这个小妾之子感到无比的尴尬，又不能硬来。

毕竟自己的父亲、幼弟，都与“太上皇后”是至亲，为了死去母亲的礼仪待遇，为自己的帝国制造动荡，以刘邦的性格也是绝对不会做的，所以，他选择了妥协，其实也是“太公家令”或许劝谏过，却没有被记录的部分，刘邦与自己的父亲达成了协议。

问题在于，《史记·楚元王世家》中涉及“楚元王”的信息非常单薄，少到根本不足以撑起一篇“世家”的程度，但楚元王一系作为世代的“宗正”，又是汉初历史绝对绕不过去的人物，就在记载中表现得极为尴尬。

与这个尴尬相映成趣的，正是司马迁用“春夏无事”掩盖的“太上皇后”的存在，以及将刘交写作刘邦“同母弟”的“造假”。

如果没有《汉书·高帝纪》的补充信息，以及《汉书·楚元王传》中增补的大量事迹，刘邦的“庶子”身份将成为被抹掉的历史，而那位“太上皇后”也将被彻底地遗忘，因为终汉之世，刘邦之母的“园庙”犹在，到了司马迁的时代也应该存在，但“太上皇后”就没有这个待遇了。

另见《汉书·高后纪》：

（高后七年）夏五月辛未，诏曰："昭灵夫人，太上皇妃也；武哀侯、宣夫人，高皇帝兄姊也。号谥不称，其议尊号。"丞相臣平等请尊昭灵夫人曰昭灵后，武哀侯曰武哀王，宣夫人曰昭哀后。[①]

"昭灵夫人"是刘邦之生母，"武哀侯"就是"刘伯"，"宣夫人"则是刘邦之姊，吕后提出"号谥不称"，也就是"不合适"，要求百官重新讨论尊号，当时的丞相陈平就陈请尊昭灵夫人为"昭灵后"，"武哀侯"为"武哀王"，"宣夫人"为"昭哀后"，等于"各升一格"。

此时的吕后应该自知时日无多，才在临终前完成丈夫最后的愿望，就是将其生母的"妃"位升格到"后"位，作为刘邦的立场来说，先有父亲的积威，后有幼弟的情谊，让他实在不方便抬升母亲的尊号地位，而只能留待后人，等楚元王刘交薨逝之后才好动手。

谁料想，高帝、惠帝父子，乃至于长寿的吕后一个个被楚元王刘交"熬死"，再不趁着仍有积威之时完成，以后恐怕再无机会，所以，吕后才悍然下诏要求百官议论。

现实是，刘邦的顾虑不无道理，楚元王刘交这个"宗室长者"，在吕后以异姓女主临朝称制时都毫无反应，杀戮刘邦亲子

① 班固：《汉书》卷三《高后纪》。

诸王时也毫无反应，大封诸吕为王时还是毫无反应。

在吕后驾崩后，并无直接利益诉求的楚元王刘交却和想当皇帝的齐王刘襄联合“出兵反汉”，齐楚联军的兵锋一路杀到了荥阳，这是否与吕后在临终前最后一次触动刘交“儒者礼法”的神经有关，我们不得而知，却并不能排除这一可能性。

而这一切的源头，不过是一个“小妾之子”夺得了天下，建立了新的王朝，但在他的原生家庭之中，他依旧是一个失败者。

结 语

回顾了刘邦的家世、家境，以及他在小家庭中的处境，尤其是确定了他“妾生庶子”的身份，恰恰契合了当今的时髦词语“原生家庭”，整体而言，刘邦的“原生家庭”对他的人生规划非常不友好。

刘邦的家族出身并不显赫，在秦国兵锋下，由魏都大梁逃奔楚国的边城丰邑，对于刘邦的父、祖而言，可能只是由一个城垣环绕的“里”到另外一个“里”的大搬家，受惠于战国末年“里人”生活的丰富多彩，至少“太公”凭借着对市井逻辑的熟稔，让家庭成员的生活相对富足。

可也由此生发出一堆“小市民”的毛病，比如拜金、吝啬、势利、亲情淡薄，等等，这不仅局限于“太公”为首的小家庭，更弥漫在包括刘贾、刘泽等人父祖的大家族中。

这些负面情绪，对于向往着大梁城中信陵君名满天下荣耀的刘邦而言，就像苏秦“兄弟嫂妹妻妾”的嘲笑一样，一刀刀凌迟着刘邦年轻时代的理想和自尊心。

在有限的文字记载之中，人们能够看到父亲对刘邦“不能治产业”的批评，也能看到大嫂对他呼朋唤友“飨客”的厌恶，却唯独看不到父慈子孝、兄友弟恭的场景，甚至于刘伯、刘仲和刘交，以及刘邦的姐姐宣夫人的早年生活也完全不见踪影，仿佛这个家族的“时间”是在刘邦起兵之后才开始的。

“时间”当然不会被“偷走”，但是能够被“忽略”，作为“国史”的主讲述者，事迹的详略自然与刘邦本人的好恶有关，而他眼中的乏善可陈，对于后人而言，本身就是一种态度和信息。

唯有了解了这一点，才能理解，西汉王朝的“家天下”为什么缺少“家人”的参与，又为什么极端依赖刘邦的老兄弟们，归根结底，因缘早定。

第二章

刘邦的江湖不只是人情世故

第一节

在家难靠父母，出门能靠朋友？

众所周知，秦统一的年份是在秦始皇二十六年，而楚国沛地，早在秦始皇二十三年已然随“淮北地”入秦，此时的刘邦24虚岁，按照战国、秦、汉的标准，他都早已“傅”籍，需要承担“徭”和“役”，这也是当时他的同龄人都无可避免的命运。

至于今人眼中影响深远的“统一”，似乎对刚刚成为秦民的刘邦影响并不大，他“布衣”的人生，在外黄跟随张耳交游数月后，再次回归了平静。

《史记·楚元王世家》：

> 始高祖微时，尝辟事。[①]

① 司马迁：《史记》卷五十《楚元王世家》。

这是说刘邦寒微之时，曾经躲避“事”，“事”可以解为官司文书，也可以解为“使”，即“徭使”，属于固定的、有频率的力役，由于没有指明为楚，还是为秦，只能存疑。

确定为“秦”者，见《史记·萧相国世家》：

> 高祖为布衣时，何数以吏事护高祖。①

也就是说，刘邦还未为“吏”的时候，萧何多次在“吏事”上保护、回护刘邦，而萧何的身份在《史记·萧相国世家》和《汉书·萧何曹参传》中都已点明：

> 萧相国何者，沛丰人也。以文无害为沛主吏掾。②
> 萧何，沛人也。以文毋害为沛主吏掾。③

注意两者的区别，那就是萧何的“籍贯”，“沛丰人”和“沛人”，刘邦的籍贯则写作“沛丰邑”，由此可知，以司马迁所知，萧何与刘邦的特殊渊源即在“大同乡”，也就是“同邑”，而以班固所知，则只书“县名”，未强调这一特殊渊源。而这一信息，对于我们了解刘邦的早年经历转折，却有着举足轻重的作用。因为在刘邦懵懂的青年时代，可能对于时代的变化仍缺乏感知，所以，才有了《史记·张耳陈馀列传》中的一段记载：

---

① 司马迁：《史记》卷五十三《萧相国世家》。
② 同上。
③ 班固：《汉书》卷三十九《萧何曹参传》。

> 秦之灭大梁也，张耳家外黄。高祖为布衣时，尝数从张耳游，客数月。秦灭魏数岁，已闻此两人魏之名士也，购求有得张耳千金，陈馀五百金。[①]

以秦灭魏国，占领大梁为时间基准点，则刘邦到张耳家的时间应为秦始皇二十二年，也就是23虚岁时，当然，也可能在这之后几年，因为“秦灭魏数岁”后，秦朝才以千金悬赏张耳，则张耳、陈馀这几年间都在外黄居住。

这一切都说明，青年刘邦对于“秦制”的威力仍然缺乏认知，他仍旧按照少年时代对于“名士”的理解和憧憬，向往着信陵君时代的辉煌，因为张耳在信陵君门下为门客，回到外黄，又通过“养客”成为天下名士，而刘邦在张耳门下为“客”，回到丰邑竭尽全力地“奉养宾客”，应该也能成为“名士”，进而入仕为官。

为了达成理想，哪怕得罪父、嫂，刘邦也在所不惜。

与他相比，年少的萧何因为熟悉律令、文法，对于“秦制”的理解明显深刻得多。

在拙作《秦砖》中已有考证，萧何生年应该在公元前240年—公元前238年之间[②]。当刘邦仍在兵荒马乱的魏、楚淮北地游荡时，萧何应该已经进入了秦朝的“学室”，到秦始皇二十六年完成3年的学业，考课优异，以“文无害”补为“沛县吏曹令

---

① 司马迁：《史记》卷八十九《张耳陈馀列传》。

② 见拙作《秦砖》第九章第四节，第563～572页，北京联合出版公司，2020年。

史”，即“主吏掾”，此时的萧何，只有 18～20 虚岁。

“学而优则仕”的小年轻，对“仗义疏财”的同邑大哥充满了敬意，当然，也可能是刘邦祖父与萧何家族的渊源，所以，萧何才在“吏事”上屡屡回护刘邦，至于具体的方式，可以参见《史记·游侠列传》：

> （郭）解出入，人皆避之。有一人独箕倨视之，解遣人问其名姓。客欲杀之，解曰：“居邑屋至不见敬，是吾德不修也，彼何罪！”乃阴属尉史曰：“是人，吾所急也，至践更时脱之。”每至践更，数过，吏弗求。怪之，问其故，乃解使脱之。箕踞者乃肉袒谢罪。①

说的是汉武帝时“大侠”郭解的事迹，他日常出入，人们往往退避，而只有一个人“箕坐”，也就叉开大腿高坐傲视郭解，因为古人的着装习惯，下衣往往无裆，所以，这种坐姿是极大的侮辱和轻视。

郭解派人问这人的名字，有宾客想要杀死这个无礼之人，郭解就说，低头不见抬头见的邻里不尊敬我，根源是我的德行不足，他有什么错呢？于是私下告诉“尉史”，全称是“县尉曹令史”，说，这个人是我的人，到“践更”的时候不要安排他。

此后，一到“践更”，也就是轮到此人服“更徭”时，就直接“过更”，官吏也不追捕他，让他感觉非常奇怪，询问缘由

① 司马迁：《史记》卷一百二十四《游侠列传》。

才知道是郭解的安排，于是这人袒露上身来给郭解谢罪。

而我们看到，刘邦在“微时”“布衣时”，屡屡避“事”，直到萧何上位后才多得回护，两人的私交或许远不如刘邦与卢绾，甚至可以说，主要是萧何这个小兄弟对老大哥的照顾，但刘、萧二人的故交关系，却是确定的。

随着“秦制”在“新地”的落实，刘邦原本的“名士发迹”之梦逐步动摇，开始“脚踏实地”地利用自己在本地“仁而爱人，喜施”的好名声“试为吏”。

我们无从得知，在刘邦“试为吏”的过程中，小兄弟萧何到底发挥了怎样的作用，但是，可以确定的一点是，自此之后，刘邦的活动中心离开生于斯长于斯的丰邑，变成了沛县。

刘邦在沛县的日常生活，与一个标准版的“秦吏”区别很大，荀子说：

> 及都邑官府，其百吏肃然，莫不恭俭、敦敬、忠信而不楛，古之吏也。①

到了大小城邑的官府，各种官吏都是严肃认真的样子，无不谦恭节俭、敦厚谨慎、忠诚守信而不粗疏草率，就像是古代圣王统治下的官吏。

刘邦则根本没有这么严肃，与在“厩”中驾驺的夏侯婴交好，还因为他好“狎侮”的轻浮毛病，弄伤了对方，被人告发，

---

① 荀况：《荀子》第十六《强国篇》。

惹了官司，被按下去的案子也因为上司的复查，让夏侯婴在狱中受了经年的罪，还咬死了与刘邦无关。

而刘邦吸引和征服夏侯婴的，恰恰是在“泗上亭”的高谈阔论，相对于沛县、丰邑的小年轻们，敢于在秦灭魏、楚的兵荒马乱之际出门“交游”的刘邦，过人的见识才是他最大的资本。

除了夏侯婴这个“吃公家饭”的，一般认为有两个人应该与刘邦有老交情，见《史记·樊郦滕灌列传》：

> 舞阳侯樊哙者，沛人也。以屠狗为事，与高祖俱隐。①

以及《史记·绛侯周勃世家》：

> 绛侯周勃者，沛人也。其先卷人，徙沛。勃以织薄曲为生，常为人吹箫给丧事，材官引强。高祖之为沛公初起，勃以中涓从攻胡陵，下方与。②

同为贩夫走卒，却强调了樊哙与“高祖俱隐”，而周勃有“比吏”的“中卒”身份，也就是“材官引强”，而没有提及高祖为亭长时的交往，这种区别，在《史记·高祖本纪》中有明确的印证：

> 于是少年豪吏如萧、曹、樊哙等皆为收沛子弟二三千人，攻胡陵、方与，还守丰。③

---

① 司马迁：《史记》卷九十五《樊郦滕灌列传》。

② 司马迁：《史记》卷五十七《绛侯周勃世家》。

③ 司马迁：《史记》卷八《高祖本纪》。

注意，萧何、曹参、樊哙正是“收沛子弟二三千人”的操作者，也就是“军吏”，然后才攻胡陵、方与，而周勃的经历却是以“从攻胡陵”开始，也就意味着，周勃并不是刘邦的“旧人”，或者至少不是“从人”，而是“收沛子弟二三千人”之中的武力佼佼者，被刘邦提拔为“中涓”。

也就是说，周勃并不是刘邦的“亲故”，而是“猛将发于行伍”。

排除了周勃，还剩下谁呢？

王陵。

见《史记·陈丞相世家》：

> 王陵者，故沛人，始为县豪，高祖微时，兄事陵。陵少文，任气，好直言。①

王陵这个人在《史记》中属于绝对另类，他作为功臣表中排名第十二的人物，又曾在萧、曹之后任“丞相”，却没有单独立“世家”，甚至连单独的“列传”都没有，直到《汉书》中才为他补了“合传”。

更奇异的是，他的经历与《功臣表》中的记载多有抵牾，可见另有隐情，后文将详细考证。

不过，可以确定的是，刘邦与王陵是沛县故交，更有“兄弟之义”，私交还要超过史书明言“相爱”的卢绾和夏侯婴，而王陵又与“故沛豪，有力”②的雍齿关系极好。

---

① 司马迁：《史记》卷五十六《陈丞相世家》。

② 司马迁：《史记》卷十八《高祖功臣侯者年表》。

至此，我们可以大体勾勒出刘邦婚前在“沛县”的关系网：

（1）王陵为“兄”为长；

（2）萧何为“吏”护持；

（3）樊哙为“从”跟随；

（4）夏侯婴为“友”帮助。

至于曹参、周勃，虽然同在沛县，并无特殊的“私交”。

这个关系网中真正类似于上文中“大侠”郭解的核心人物是谁?

不是刘邦，只能是王陵。

通俗地解释一下，刘邦“微时”是跟随王陵的“小弟”，雍齿则是和王陵平起平坐的“县豪”，而王陵此人的性格“少文、任气、好直言”与雍齿的“有力”，恰恰是底层社会的“大哥相”。

但是，“小弟”刘邦读过书，又有游历的见识，与萧何这样同乡的“少年豪吏”更有共同语言，所以，王陵、雍齿作为“县豪”属于沛县的“话事人”，却与县政权的上层缺少沟通能力，而这恰恰是刘邦的特长。

所以，刘邦在“试为吏”之后，等于超越“旧圈子”，进入了“新圈子”，尽管去喝酒仍旧会赊欠，生活并不宽裕，但也成了“县廷”与“县豪”的中间纽带。

正因为如此，没有任何迹象存在“宗族”之助的刘邦，在几年间，由“佐史”升迁至一百二十石的“亭校长”。要知道，从里耶秦简所见的“阀阅”来看，哪怕是在“新地”缺吏的秦朝，要想完成这个迁转跨越，也是需要一些“积功”的，比如“捕盗”“断案”等，单纯的“积劳”可没有那么容易。

而他“兄事”的王陵本身就是“县豪”，恰恰有这个势力来帮助他“上进”，又有萧何这个连监郡御史都赞赏的“豪吏”在文法上护持，或许才是他“进步神速”的原因。

也就是说，刘邦本人并不是“地方势力”的代表，甚至可以说，缺少“家族之助”的他，根本就没有“势力”可言，他的主要倚仗，是“见识”“知识”和“体制内的身份”。

一个旁证就是《史记·高祖本纪》中他的起家力量很弱：

> 高祖以亭长为县送徒郦山，徒多道亡，自度比至皆亡之。到丰西泽中，止饮，夜乃解纵所送徒。曰：“公等皆去，吾亦从此逝矣！”徒中壮士愿从者十余人。

注意，刘邦“纵徒”，也就是沛县要解送骊山的“徒”，愿意跟从他的总数不过“十余人”，跟随他的地点是“丰西泽中”，而刘邦宣示的是“从此逝矣”，也就是要“藏匿”，而并非是带领徒众上芒砀山造反，也就是说，刘邦引“从者”去的地方，实际上是“丰邑”。

证据见《史记·樊郦滕灌列传》和《史记·高祖本纪》：

> 初从高祖起丰，攻下沛。①

① 司马迁：《史记》卷九十五《樊郦滕灌列传》。

乃令樊哙召刘季。刘季之众已数十百人矣。于是樊哙从刘季来。[①]

樊哙召刘季，又从刘季来“沛县”，对应“从高祖起丰”，进而“下沛”。也就是说，在取沛县之前，刘邦的徒众应该就在“丰邑”藏匿。

与市井传说的“芒砀山落草”不同，《史记·高祖本纪》记录刘邦在芒砀山的藏匿，实际是针对“秦始皇东游”这个特殊事件的逃亡，因为地方治安必然因为皇帝出巡的特殊警跸而加强，在邑里躲藏很容易被巡查的秦吏抓捕，所以才特意跑到山中躲避，可见《史记·高祖本纪》原文：

秦始皇帝常曰：“东南有天子气”，于是因东游以厌之。高祖即自疑，亡匿，隐于芒、砀山泽岩石之间。吕后与人俱求，常得之。高祖怪问之。吕后曰：“季所居上常有云气，故从往常得季。”高祖心喜。沛中子弟或闻之，多欲附者矣。

刘邦隐藏之后，吕后和别人一起找他，就说明刘邦并非固定的“聚保山泽”，而是漫无目的地躲藏，而吕后给他编织的神异，后果也不过是“沛中子弟或闻之，多欲附者矣”，至于“东南有天子气”和“东游厌胜”的说法，如果是秦始皇本人所言，绝没有传到刘邦耳朵的道理，只能是在“旧楚地”民间传播的

---

① 司马迁：《史记》卷八《高祖本纪》。

谣言在发挥作用，而刘邦本人究竟是“自疑”为天子，还是怕秦朝官府的“治安整顿”，恐怕只有他自己知道了。

当然，这都是小问题，真正的大问题在于——力量。

刘邦“纵徒”的时间在秦始皇第四次东巡前，也即秦始皇三十七年之前，距离陈胜起兵有近两年的时间，在自己的“家乡”，又有巨富妻族的协助，刘邦的追随者只是从十余人，增长到了数十人，也就是不到百人而已。

要知道，这个最终数字是在陈胜反秦声势响彻楚地，连秦朝的沛县令都担心自己被百姓杀掉，想要造反响应陈胜的时候，刘邦聚众的向心力和其他地方造反的“同行”比起来，差距可不是一点半点。

粗略整理一下史书所述的“聚众起兵”，可见：

> （陈豨）以特将将卒五百人，前元年从起宛朐。①
>
> （陈武）以将军前元年率将二千五百人起薛。②
>
> （《史记》：蛊逢，《汉书》：虫达）以（曲城，应为衍字）户将卒三十七人初从起砀。③
>
> 陈胜起时，（郦）商聚少年东西略人，得数千……商以将卒四千人属沛公于岐。④

---

① 司马迁：《史记》卷十八《高祖功臣侯者年表》。

② 同上。

③ 同上。

④ 司马迁：《史记》卷九十五《樊郦滕灌列传》。

陈胜之起也，布乃见番君，与其众叛秦，聚兵数千人。①

及高祖起沛，入至咸阳，陵亦自聚党数千人，居南阳，不肯从沛公。②

陈胜、项梁之起……居岁余，泽间少年相聚百余人，往从彭越。③

最少的也有 37 人，彭越在泽中为盗贼，都有 100 多人主动追随，其他聚众者甚至有数千人，至于其余的“反王”，项梁在起兵前养死士就有 90 人，比刘邦拼尽全力拉起的队伍人还多，若论白手起家，郦商“聚少年”四处劫掠胁迫入伙，也有数千之众，对比之下，刘邦在丰邑的起家本钱实在单薄得可怜。

这种“薄”，“薄”到连樊哙、夏侯婴都没有追随，而是在其“取沛”的时候才参与，见《史记·樊郦滕灌列传》：

高祖之初与徒属欲攻沛也，婴时以县令史为高祖使。④

也就是说，刘邦的“地方号召力”并不像一般人想象中那样强，所谓的“旧贵族”“豪强”“社会势力”等说法，都是严重的过度解读，当他脱离体制身份之后，原本围绕他的社会资源、关系和支持，都逐步剥离了。

---

① 司马迁：《史记》卷九十一《黥布列传》。

② 司马迁：《史记》卷五十六《陈丞相世家》。

③ 司马迁：《史记》卷九十《魏豹彭越列传》。

④ 司马迁：《史记》卷九十五《樊郦滕灌列传》。

第二节

秦吏身份带来了什么？

一个“众所不周知”的信息是，在《史记》和《汉书》中根本没有记载刘邦的生年，所以，这个问题根本没有定论。

学术界一直有争论，因为历史上有两个说法，并各有根据：

其一，公元前256年。见《史记集解》：

> 皇甫谧曰：“高祖以秦昭王五十一年生，至汉十二年，年六十二。”①
>
> 徐广曰：“高祖时年四十八。”②

其二，公元前247年。《汉书·高帝纪》注释：

---

① 司马迁：《史记》卷八《高祖本纪》“高祖崩长乐宫”条下。

② 司马迁：《史记》卷八《高祖本纪》“秦二世元年”条下。

臣瓒曰："帝年四十二即位，即位十二年，寿五十三。"①

当前的历史传播中，前者是相对主流的认识，理由其实主要是有"两条记载"，而后者则只有"孤证"，其他的文献旁证，见曾维华《汉高祖刘邦生年考》②，但是张振台在《驳〈汉高祖刘邦生年考〉》③一文中基本上解释了这些"旁证"的意义不大。

更重要的是，皇甫谧的《帝王世纪》很多内容本就荒诞不经，徐广的记载很可能是采信了他的说法，所以，这条"核心"证据非常值得怀疑。

在仅有文献存世的时代，刘邦的生年或许永远是"未解之谜"，但在睡虎地秦墓竹简出土之后，结合秦律的规定来看，很多问题迎刃而解。

《秦律十八种·内史杂》规定：

除佐必当壮以上，毋除士五（伍）新傅。

任命"官佐"必须在"壮年"以上，且不得任命新傅籍的"士伍"即无爵者。

结合《史记·高祖本纪》中提及的"及壮，试为吏"，这个"及"字，已经说明刘邦为吏时，刚届"壮"年，这个"壮"

---

① 颜师古注《汉书》卷一《高帝纪下》"帝崩于长乐宫"条下。

② 曾维华：《汉高祖刘邦生年考》，《上海师范大学学报（哲学社会科学版）》，1993年第4期。

③ 张振台：《驳〈汉高祖刘邦生年考〉》，《河南师范大学学报（哲学社会科学版）》，1994年第4期。

年，则是一个相对确定的年份——30 虚岁。

如果刘邦生年为秦昭襄王五十一年，沛地于秦王政二十三年入秦，已经 34 虚岁；如果刘邦生年为秦庄襄王三年，沛地入秦时，他是 24 虚岁。

前一种情况，说“及壮”就完全不合适；后一种情况，距离“及壮”还有 6 年时间。

这个“及”字，说明是“到了”这个时候，另见《史记·萧相国世家》：

> 高祖为布衣时，何数以吏事护高祖。高祖为亭长，常左右之。[①]

可见，萧何为秦吏之后，刘邦有一段时间仍旧是“布衣”，所以才能“数以吏事护高祖”，也就是在政务、公事层面保护刘邦，这也说明了，刘邦并不是沛地入秦后，因为基层管理缺乏而补缺，而是一段时间之后才除“佐”，并担任“亭长”。

那么，这个“佐”是“泗水亭长”吗？

答案是“否”。

“佐”并不等于“校长”，也不等于“亭长”，而是里耶秦简《迁陵吏志》里提到的一个吏员门类——“官佐”，在秩级上则属于“佐史”，在职责上，属于县廷诸官的下级，所以秦简中多有“司空佐”“仓佐”之类的职务。

---

① 司马迁：《史记》卷五十三《萧相国世家》。

“佐”，归根结底是与“史”分立的秦代基层吏职序列，不同于世袭的文书官“史”，“佐”来自于民间选拔，业务范围也主要在县内的实际经营、管理，属于业务干部。

看《史记·高祖本纪》的记载，其实也明晰了这个关系，“试为吏”之后才是“为泗水亭长”，类似的流程，也可见《史记·樊郦滕灌列传》里对夏侯婴的记载：

> 夏侯婴，沛人也。为沛厩司御。每送使客还，过沛泗上亭，与高祖语，未尝不移日也。婴已而试补县吏，与高祖相爱……高祖之初与徒属欲攻沛也，婴时以县令史为高祖使。①

这一段，记录了夏侯婴在秦朝时的三个“职务”：

> 一为“沛县厩司御”，这个不是吏职，属于役，给予担任者的回报就是“免更徭”，所以秦律中还有学不会驾车要偿还免徭年限的规定；
>
> 二为“试补县吏”，这里没有说职务，但是紧随其后就是“坐刘邦伤人”而系狱“岁余”，也就是一年多，至少可以说明和前一个、后一个职位都无关；
>
> 三为“县令史”，这个职务已经相当于萧何的“主吏掾”了，是“最终职务”而非“初始职务”。

---

① 司马迁：《史记》卷九十五《樊郦滕灌列传》。

“厩司御”其实就是驾车的车夫，属于秦的一种“低级军士”，通过“学驾驺”除任，之后，夏侯婴又“试补县吏”进入了县吏系统，注意这个“补”字，实则是转任补缺，等到秦二世元年萧何、曹参迎刘邦于沛县时，夏侯婴已经升为“县令史”了。

简单科普一下汉初吕后二年除长吏之外的县吏级别[①]：

> 最高：司空（二百五十石、二百石、百六十石，以县秩级高低定）
>
> 第二：田啬夫（二百石，无论县大小）
>
> 第三：乡部啬夫（二百石，大县）
>
> 第四：有秩乘车者、乡部乘车者（百六十石）
>
> 第五：有秩毋乘车者、乡部毋乘车者、校长（百二十石）
>
> 第六：斗食啬夫、令史、牢监（斗食）
>
> 最低：官佐、乡佐、官史、乡史（佐史）

由于汉初律令为秦吏萧何制定，且对照秦简与张家山汉简，两者之间在岗位职责、等级高下上变化并不大，唯一有可能变动的，就是有秩（即百石）以上官职的秩级提升，不过这也缺少证据，只是猜测，所以，秦制应与上述相去不远。

在确定级别序列之后，再来看看刘邦的宦历。

30岁“除佐”，自然是“佐史”的级别，即官佐、乡佐之

① 见拙作《秦砖》第九章第一节，第523页，北京联合出版公司，2020年。

类的“佐职”。刘邦“壮”年入仕，应为秦始皇二十九年，距离反叛（即秦二世元年）约9年，其与吕后的婚期不详，但生子之年史有明载，惠帝生于秦始皇三十七年，则刘邦与吕后婚期至少应在秦始皇三十六年之前。

而《史记·高祖本纪》中提到刘邦告归田时，吕后已经带着“二子”于田中耕作，则汉惠帝、鲁元公主均已降生，且都出了哺乳期，考虑到史书明载：

> 《史记·外戚世家》：吕后长女为宣平侯张敖妻。[1]
> 《汉书·高后纪》：太后立帝姊鲁元公主女为皇后。[2]

鲁元公主为汉惠帝长姐，则至少刘邦和吕后的婚期，要从汉惠帝出生年秦始皇三十七年向上10个月再加10个月，即秦始皇三十五年左右，至迟此年，刘邦已经担任了泗水亭长，否则就娶不到吕后，也就是至多入仕6年，刘邦升任亭长。

刘邦担任“亭长”并非两汉时代的“亭长”，而是秦朝的“亭校长”[3]，级别为百廿石，属于县中有数的“豪吏”，见《史记·高祖本纪》：

> 沛中豪桀吏闻令有重客，皆往贺。萧何为主吏，主进，令诸大夫曰：“进不满千钱，坐之堂下。”高祖为亭长，素

① 司马迁：《史记》卷四十九《外戚世家》。
② 班固：《汉书》卷三《高后纪》。
③ 见拙作《秦砖》第九章第二节，第538～549页，北京联合出版公司，2020年。

易诸吏，乃给为谒曰“贺钱万”，实不持一钱。谒入，吕公大惊，起，迎之门。[①]

萧何当时任“吏曹令史”，属于县廷中仅次于县令、县丞、县尉的实权人物，还要给吕公做傧相，注意他令的对象——“诸大夫”，这个说法当然是泛指，但绝不能称呼“佐史”这种级别的小吏。

刘邦为“亭长”，且是交“谒”而入，这个“谒”就是名片加礼单的混合体，如果是个“末吏”，不管写多少钱，吕公也不会惊起，毕竟，经济条件要和社会地位相匹配，可见，他肯定是沛县数得着的实权人物。

而刘邦为官时的名声很奇特，见《史记·高祖本纪》：

> 廷中吏无所不狎侮。好酒及色。
>
> 高祖为亭长，素易诸吏。
>
> 萧何曰：“刘季固多大言，少成事。”高祖因狎侮诸客，遂坐上坐，无所诎。[②]

在他早年经历的有限记载中，“狎侮”这个词就出现了两次，而与“相爱”的夏侯婴戏耍，竟然给人弄伤了，说明刘邦是一个非常爱开玩笑，且没轻没重的人，更不把同僚们当回事，所以才有“素易”之说。

---

① 司马迁：《史记》卷八《高祖本纪》。

② 同上。

可哪怕是这样的性格，萧何还给他打圆场，说他向来好说大话，办成的事儿没几件，其实就是劝吕公不要当真，否则真把刘邦“架”起来了，县令的朋友还是有一定威胁的，而非对刘邦本人的贬低，因为“引入座”的过程中，不可能是“私语”，刘邦其实也没当回事，权当作玩笑了，可见，刘邦的官场人缘非常不错，所以，官运也算亨通。

说刘邦官运亨通，肯定不少人嗤之以鼻，30 多岁才当个“亭长”还不算蹉跎岁月吗？

没错，如果和帝王将相比，这个成绩肯定算不及格，但凡事必须看起点，史书中常见的大人物，哪怕是平民逆袭的样板，入仕的台阶，也往往是宫廷的，比如卫青，任官为建章监、侍中，起步就是汉武帝身边的近臣，而刘邦则是在距离咸阳数千里外的一个县城里“除佐”，看着都是迈过门槛，一个是宫廷的，一个是县廷的，能一样吗？

还是得参考一下同等级别的人，见里耶秦简中收录的一份身份残缺的“阀阅”：

为官佐六岁

为县令佐一岁十二日

为县斗食四岁五月廿四日

为县司空有秩乘车三岁八月廿二日

守迁陵丞六月廿七日

所谓“阀阅”就是“履历表”，详细记录了之前担任何种官职及相应的时间，并精确到日。

由于简牍残缺，此人姓名不详，入仕路径为“官佐”，而非“史”，两者在秦制中有相当的区别，因为“史”有明文规定为世袭，而“佐”则为民间除任，此人在“佐史”级别干了6年，在“斗食”级别（含令佐、斗食啬夫二职）共干了5年6个月零6天，这才升为“有秩乘车”，也就是11年6个月零6天。

对比一下，刘邦到这个级别，最多不超过6年时间，其中还包括未知的已任“亭校长”的时间。

那么，刘邦的“泗水亭长”[①]或“泗上亭长”[②]的上班地点在哪儿？主要工作是什么？对他的事业又有什么帮助呢？

“泗水亭”的位置见《水经注》记载：

> 《述征记》曰：（沛县故城）城极大，四周堑通丰水。丰水于城南，东注泗，即泡水也。《地理志》曰：泡水自平乐县东北至沛入泗者也。泗水南迳小沛县东，县治故城南垞上。东岸有泗水亭，汉祖为泗水亭长，即此亭也。[③]

由此可见，“小沛县城”在泗水西岸，而刘邦为“亭长”的“泗水亭”则在泗水东岸，而“小沛县”和“沛县故城”并不是一回事，结合上文中说的“城极大”，所谓“小沛”，应该并非《集解》《索隐》所引证的等同于“沛县”。

---

① 司马迁：《史记》卷八《高祖本纪》。

② 班固：《汉书》卷一《高帝纪上》；司马迁：《史记》卷九十五《樊郦滕灌列传》。

③ 郦道元：《水经注》卷二十五《泗水、沂水、洙水》。

在郦道元的时代仍可以确认，萧何、曹参“迎高祖”的“沛县”实际上是“城极大”的“沛县故城”，“小沛县”城其实是在“故城”南的小丘之上。

所以，东汉末年，刘备将徐州治所迁至“沛县故城”，袁术来袭，吕布救援就屯兵在“小沛”，而这个“小沛”恰恰是日后一直到唐代的“沛县”地标，所以唐代《括地志》中说的泗水亭在徐州沛县城东一百步，其地标选择本就不是“沛县故城”。

而前述《述征记》已经明确说了“沛县故城”四周堑通丰水，丰水又在城南东流入泗水，也就意味着，坐落在故城东南的泗水亭比较合理的位置，应该是丰水（泡水）入泗的交叉口之东岸，也可以算是区域内的交通枢纽。

也就是说，刘邦的“泗水亭”或“泗上亭”根本就不在“沛县故城”内，这样的水陆交通要津，在秦汉制度之下，一定会设置亭鄣，也就是驻扎有“亭长、亭卒”的小型堡垒，这个堡垒既要在亭的辖区，也就是“部”内维持治安，又要担当军事预警、防御据点的作用。

在秦朝，由于施行“中卒制”，还没有过渡到西汉的“正卒制”，也就是还没有建立“郡国兵”，所以，中卒中的“发弩”也被配属于“亭校长”指挥，同时担当战争动员时的组织者角色，并与“亭校长”一样，随时准备被抽调参战。

在出征的“屯军”中，“亭校长”即转为“士吏”一职，即百将、屯长之上的基层军政官。而“发弩”则分蹶张、引强，与另一部分归属于“厩”管理的“中卒”，即“轻车”，共同组成一个“戎车”（也称立车）的车组，也就是极端重视“车战”。

刘邦担任秦朝“泗水亭长”时的人员配置应包括如下角色：

（1）亭校长——汉代中期变为“门下游徼”；

（2）亭佐（“都亭啬夫”离官，交叉管理）——汉代延续，变为“亭长”属吏；

（3）发弩（“发弩啬夫”下属，交叉管理）——“发弩”讹为“负弩”，再讹变为“弩父”“亭父”，至西汉中期变为“亭长”；

（4）求盗——（或为“发弩”的同职异名）至西汉中期消失；

（5）亭卒——汉代延续。

综上所述，刘邦的这份工作，涉及秦王朝的“日常军事管理”“战时军事动员”和“日常治安管理”“日常地方镇守”的综合职能，毫不夸张地说，做好“亭校长”就相当于读懂了秦王朝的整个军事组织。①

同时，由于“亭”往往与“市”配套，还会承担一定的市场管理职责，则“亭校长”又对秦帝国除了“种地”和“文书”之外的所有业务了如指掌。

---

① 见拙作《秦砖》第九章第二节，第 538 ～ 549 页，北京联合出版公司，2020 年。

在考证了上述事实之后，我们可以确切地描述出刘邦在秦朝担任“亭校长”时所能触及的社会关系的范围，即：

（1）县吏，含萧何、曹参、夏侯婴、任敖，均为他的“同僚”；

（2）市井之徒，因“泗水亭”（或泗上亭）地处交通要道，可能有“亭佐”存在，所以含周勃（以织薄曲为生）、樊哙（以屠狗为事）等。

（3）大豪，含吕公、王陵、雍齿。

这样的交往面，在“居处相察，出入相司”的秦制国家已经属于非常广阔的，过往有说法，认为刘邦属于战国“大侠”的概念，应该说并不全面。

正如萧何所说的“好大言，少成事”，恰恰与《史记·游侠列传》中“重然诺，轻生死”的“大侠”完全相反，而王陵评价他“慢而侮人”并在他起事之初不愿居于其下，都说明，刘邦本人的气质，可能更近似于“宋、元、明话本”中的“豪杰气概”，而并非战国、秦汉时的“豪侠”形象。

那么问题来了，与沛县令为友的“吕公”为什么要主动将女儿嫁给刘邦呢？

第三节

一句大话换来一个帝国？

刘邦“贺万钱娶妻”的故事，在《史记·高祖本纪》中的记载要点可拆解如下：

（1）单父人吕公善沛令，避仇从之客，因家沛焉。

（2）沛中豪桀吏闻令有重客，皆往贺。

（3）高祖为亭长，素易诸吏，乃绐为谒曰“贺钱万”，实不持一钱。

（4）吕公者，好相人，见高祖状貌，因重敬之，引入坐。

（5）高祖因狎侮诸客，遂坐上坐，无所诎。

（6）吕媪怒吕公曰：“公始常欲奇此女，与贵人，沛令善公，求之不与，何自妄许与刘季？”[①]

---

① 司马迁：《史记》卷八《高祖本纪》。

（1）指明了吕公原居“单父县”，与沛县县令是好朋友，因为“避仇”，才搬家到沛县。也就是说，吕公搬家的理由与项梁家移居会稽的原因一样，吕公更进一步，避“仇从之客”，也就是仇家的“宾客”，可见，吕公的仇家属于能“养客”的大族、豪族。

（2）和（3）说明，来给吕公道贺的“豪桀吏”主体就是“诸吏”，如果里面包括“县豪”王陵、雍齿，刘邦坐在上座，就成了“素易兄长”了，不合适。

在（2）和（3）的基础上，有（4）、（5），就是吕公“好相人”，也就是能“看相”，仔细端详了刘邦之后，发现“状貌”，也就是长相仪态很“精神”，这是第一印象，其实说起来也不玄妙，因为刘邦“见过大场面”，在座的人又都是平时拿来“逗着玩”的同僚，所以没有心理负担，俗称“放得开”，这才在“上坐”之后，“无所诎”，也就是很自如，用《史记·高祖本纪》的原话概括，就是“意豁如也”。

这些前提，都是刘邦的“贺钱万”，还有了萧何打圆场的一句“刘季固多大言，少成事”，也就是说，要么，吕公对刘邦早有耳闻，要么，就是冲着“多大言”去的，至于“少成事”，他不在乎。

前者说起来荒诞，其实并不奇怪，因为刘邦从张耳游数月，而张耳能“致千里客”，属于魏地的“豪侠名士”，类似的人还有季布，见《史记·季布栾布列传》：

季布者，楚人也。为气任侠，有名于楚。[①]

主语换成张耳，那就是有名于“楚”“魏”，能得秦朝的千金购赏，他的“客”——刘邦，在魏、楚交界的小区域有一些薄名，并不难理解，当然，这个信息传递的细节，我们今天无从知晓，只能说是一种可能性。

更大的可能性，在于今天比较费解的“好大言”。

在先秦文明体系之中，“言”和“行”是具有同等政治、历史价值，甚至宗教价值的信息，比如《尚书》中的诸多“誓”“诰”，以至于周天子的“左史记言，右史记行”，延续到《左传》，则直言有“立德、立功、立言”的三不朽，“立言”的传统流传至汉唐，所谓“文学”本身，更是具有了近乎宗教意义的“魔力”。[②]

所以，在一个信息靠口口相传，又笃信宿命论，有强烈的求富求贵欲望的年代里，“大言”某种程度上就代表着“大胆”，“大胆”和“学识”“见闻”“身份”的结合，代表的就是“大志”，用《史记·高祖本纪》的原话概括，就是“常有大度”，即超越本身份阶层的勃勃野心，这个恰恰是稀缺资源。

对于这个“稀缺资源”的记录，也是《史记》描写英雄人物的一个重要侧面：

---

① 司马迁：《史记》卷一百《季布栾布列传》。

② 陆扬：《清流文化与唐帝国》，北京大学出版社，2016 年。

（陈胜）：苟富贵，无相忘。[①]

（项羽）：彼可取而代也。[②]

（刘邦）：嗟乎，大丈夫当如此也。[③]

（英布）：及壮，坐法黥。布欣然笑曰："人相我当刑而王，几是乎？"人有闻者，共俳笑之。[④]

（韩信）：上不欲就天下乎？何为斩壮士？[⑤]

以上例子的引用，乃至于对"韩信葬母"的"太史公曰"，都表明司马迁本人一样相信这种"宿命史观"，而"大言"与"大志"，乃至"大功"的对应关系，往往只在于有没有人"奇之"，也就是有没有伯乐识别千里马。

项羽的"大言"被项梁"奇"，韩信的"大言"被夏侯婴"奇"，才有了进一步展示能力的机会，同样，吕公"奇"刘邦之言，又观察了他在沛县"县廷"诸吏中的地位和个人素质，当然，相貌也是一方面。见《史记·高祖本纪》：

高祖为人，隆准而龙颜，美须髯。

高祖为亭长，乃以竹皮为冠，令求盗之薛治之，时时冠之。[⑥]

---

① 司马迁：《史记》卷四十八《陈涉世家》。

② 司马迁：《史记》卷七《项羽本纪》。

③ 司马迁：《史记》卷八《高祖本纪》。

④ 司马迁：《史记》卷九十一《黥布列传》。

⑤ 司马迁：《史记》卷九十二《淮阴侯列传》。

⑥ 司马迁：《史记》卷八《高祖本纪》。

也就是说，刘邦是个当时意义上的“美男子”“伟丈夫”，当亭长之后，穿戴也很讲究，是一个“修边幅”的文明人。

另一方面，吕公还要看刘邦待人接物是否局促。

这方面，刘邦更是“意豁如也”，如果之前吕公在砀郡单父县曾对刘邦的“贤名”有所耳闻，那就算做过“背景调查”，这些都满意，才有了后面的“求亲”。

也就是说，吕公并不是信了一句“大话”，就把自己女儿舍出去了，尤其是上文中的（6），吕公与老妻的争执，还提到了一个细节：

> 公始常欲奇此女，与贵人，沛令善公，求之不与，何自妄许与刘季？①

这里的“常欲”是经常想的意思；“奇”，则略同于“囤积居奇”的意思，也就是“抬高价”，具体的行为就是——“与贵人”、嫁给“贵人”；沛县令对你友善礼遇，求亲不许，怎么会“妄许”，这两个字很有意思，是浪费了？还是妄自、自作主张？

从吕公后续对妻子的斥责来看，妻子对女儿的婚姻没什么发言权，应该是“白费了”的意思，可见，吕家二老的“婚姻观”还真是“买卖思维”。

更重要的是，在吕公眼里，沛县令没什么了不起，哪怕是求亲不与，另嫁刘季，他也没有什么可担心的，这也从侧面

① 司马迁：《史记》卷八《高祖本纪》。

说明了吕氏家族的势力，完全不怕得罪一个“居住地”的秦朝县令。

必须指出的是，史书所见的吕公，有二子：吕泽、吕释之；三女：长姁、娥姁（名雉，字娥姁）、嬃。

吕后既非长女，也非幼女，在家中地位高低无从得知，只看刘邦婚前婚后的经济状况，似乎并无太大的改善，《史记·高祖本纪》：

> （婚前）：常从王媪、武负贳酒。
>
> （婚后）：高祖为亭长时，常告归之田。吕后与两子居田中耨。①

婚前是赊欠酒喝，婚后请假回家种地，吕后还要带着惠帝、鲁元公主俩孩子在田中锄草，可见，刘邦也不再是“不事家人生产作业”，甭管帮大忙、帮小忙，终究是要参与耕作的。

这种经济状态，与吕公受贺时的富贵，形成了鲜明的对比。

简单计算一下：

吕公所收的“礼钱”，刘邦、萧何等“诸吏”已经以 1000 钱为界了，以里耶秦简《迁陵吏志》中记录的秦代迁陵县县吏编制来看，满编的“诸官啬夫”与“诸曹令史”“校长”加起来，有 43 人（共 44 人，不含刘邦本人），这就得是 43000 钱了，依照睡虎地秦墓竹简中记录的官方米价 30 钱 / 石来算，就是 1433

---

① 司马迁：《史记》卷八《高祖本纪》。

石米，相当于百廿石吏刘邦 12 年的吏禄。

吕公迁居沛县的一次“重贺”，大约能得到 43000 钱，《岳麓书院藏秦简（贰）》记录的金钱比值为 576 枚铜钱 =1 两黄金，也就是说，贺钱相当于约 74.65 两黄金。

就此可见，吕家不但有势，而且有钱，但是，以秦汉之际，女子嫁妆归本人支配的通例，刘邦一个百廿石吏，吕后竟然还要带着俩孩子下田锄草，实在让人匪夷所思，唯一的解释就是，吕家在嫁出女儿后，并没有给予什么财力支持。

为什么这么说呢？

因为史书里有三个反例：

> 张耳尝亡命游外黄。外黄富人女甚美，嫁庸奴，亡其夫，去抵父客。父客素知张耳，乃谓女曰：“必欲求贤夫，从张耳。”女听，乃卒为请决，嫁之张耳。张耳是时脱身游，女家厚奉给张耳，张耳以故致千里客。乃宦魏为外黄令。名由此益贤。
>
> 陈馀者，亦大梁人也，好儒术，数游赵苦陉。富人公乘氏以其女妻之，亦知陈馀非庸人也。[①]
>
> 负曰：“固有美如陈平长贫者乎？”卒与女。为（陈）平贫，乃假贷币以聘，予酒肉之资以内妇……平既取张氏女，资用益饶，游道日广。[②]

① 司马迁：《史记》卷八十九《张耳陈馀列传》。

② 班固：《汉书》卷四十《张陈王周传》。

张耳、陈馀、陈平都娶了富户之女，都得到了妻族的资助，所以，能够“资用益饶，游道日广”，而刘邦的早年经历中，根本看不到类似的转折，这就说明，吕公虽然嫁女，却根本没将刘邦当作“主投资对象”。

其实只要抛掉先入为主的“刘主吕从”的成败结果，从当时的状况来看刘邦与吕后的婚姻，就可以理解，刘邦这样的“亭校长”，虽然有“大志”，有“材力”，但是毕竟没有张耳这种层次的“贤名”，某种程度上，连陈平都不如，要知道，陈平投奔魏王咎，授官就是“太仆”，跟随项羽，入关即赐“卿爵”，“贤名”终究还是得靠“游道”，靠“钱”。

吕公有二子，吕泽和吕释之，完全没有道理不为子孙谋，而为女婿谋。更重要的是，吕公将次女嫁与刘邦，而非沛县令所求之亲，实则是看中刘邦在沛的关系网能为其所用。尤其是刘邦作为本地豪杰的号召力，以为“乱起”之时的武力爪牙，这是身为“流官”的县令所无法比拟的。

况且，在硬实力上，属于吕强刘弱，所以，以次女吕雉嫁刘邦，实际上是将他纳入吕家的势力体系之中，让他的“县豪”关系、“县廷”关系，都能为吕氏所用，而非相反。

唯有重新思考刘邦在沛县的一系列人际关系之后，我们才能得出真正正确的结论，无论刘邦通过前半生怎样的努力，在沛县重新编织出了超越“原生家庭”的“庶子”地位的“新天地”，他的起步“地板”都是时刻约束着他在“治世”中奋斗的“天花板”。

吕公对他的“投资”或“青睐”，不可能完全超脱于家族根本利益的考量，甚至从结果来看，这场婚姻只能是一系列布局中的一部分，也就是“谁决定谁”的问题。试问，以吕氏这样一个连“现管”的县令都不放在眼里的豪强富户，又为什么要无保留地将身家性命托付给一个“好大言、少成事”的次女女婿呢？

所以，本质上，刘吕的联姻，只是吕公一笔“微不足道”的“风投”，至少在刘邦、吕雉已经有一子、一女之后，吕家已经没有“持续投资”，而刘邦本人的兄弟、家族，更是无所谓帮助。

故此，刘邦娶妻之后，编织了一个又一个“灵异”故事，包括“君相贵不可言”“赤帝子斩白蛇”“天子云气”等，这与其说是刘邦刻意为之，莫若说是迫不得已之下与妻子合作，为“投资者”编造的“故事”，以吸引新的“投资者”加入，无论是“捐钱”，还是“捐命”。

当然，此前也有类似的“灵异故事”，见《汉书·高帝纪》：

> （1）母媪尝息大泽之陂，梦与神遇。是时雷电晦冥，父太公往视，则见交龙于上。已而有娠，遂产高祖。
>
> （2）左股有七十二黑子。
>
> （3）时饮醉卧，武负、王媪见其上常有怪。高祖每酤留饮，酒雠数倍。及见怪，岁竟，此两家常折券弃责。[①]

① 班固：《汉书》卷一《高帝纪上》。

这三个故事中，（1）令人难以置信，“梦与神遇”只能是刘邦之母知道，“见与龙交”则只能是刘邦之父看到的，而“龙之子”如果在当时发生和流传，只能是两位当事人的传播，对于这一没有事实验证的近似“家丑”，恐怕不存在传播的动机。

不仅如此，这个故事与“古圣王降生”的模板很像，却又与“太公”早年对刘邦的态度过于违和，实在让人怀疑是得天下之后的伪造。

（2）虽然有可能存在，但是本身没有特殊意义，无非是一个“咄咄怪事”，可以作为谈资，而且刘邦也不可能给外人展示这个“神异”，也应是得天下后的传播。

（3）由于有旁证，且有毁弃债券的后果，很有可能是真的，而多卖酒，完全可能是类似于夏侯婴这样的“迷弟”在沛县并不少，热衷于听刘邦讲故事，才带来了客流。

所以，我们可以确认的是，刘邦真正有“政治目的”的灵异故事，实际上都出现在“娶妻”之后。

当然，这些故事必须在一系列社会地位、关系的加持背景下，才能有效传播，否则就像英布一样，受刑黥面，说自己未来会当“王”，听者只会笑他；“与人佣耕”的陈胜，说出“苟富贵，无相忘”的时候，更是不会有人相信；哪怕是带剑的韩信，在对漂母说日后自当厚报，漂母的反应也是大怒，自己岂是为了求报答才给他饭吃的？恐怕漂母也认为韩信在“说大话”。

不过，刘邦不一样，见《史记·高祖本纪》和《汉书·高帝纪》：

诸父老皆曰："平生所闻刘季诸珍怪，当贵；且卜筮之，莫如刘季最吉。"[①]

诸父老皆曰："平生所闻刘季奇怪，当贵，且卜筮之，莫如刘季最吉。"[②]

也就是说，沛县父老在萧曹等文吏"自爱"的背景下，以"奇闻逸事"的理由，加上"占卜最吉"的加持，劝进刘邦，这个化学反应才算真正发生。至于是否在"计划内"，恐怕连刘邦本人都不知道。

那么，吕公有可能预见到吗？

当然不可能。

这次婚姻，刘邦真正的收获并不是吕氏家族的臂助，而是吕雉这位女中豪杰、"贤内助"。在没有宗族支持的背景下，吕雉的辅佐，是他开启野心之门的有力臂助，但开门的钥匙，其实早早被他攥在手中，那就是——知识。

刘邦距离战国时代顶级的"学问家"，远比其他人近得多。《汉书·楚元王传》记载：

（刘邦）即帝位，（刘）交与卢绾常侍上，出入卧内，传言语诸内事隐谋。[③]

---

① 司马迁：《史记》卷八《高祖本纪》。

② 班固：《汉书》卷一《高帝纪上》。

③ 班固：《汉书》卷三十六《楚元王传》。

刘邦称帝后，楚元王刘交仍与卢绾一起“出入卧内，传言语诸内事隐谋”，也就是刘邦最亲近的个人参谋和传声筒。

刘交的重要角色恰恰说明，汉高祖并非厌弃“儒学”，而是另有缘由。见《史记·刘敬叔孙通列传》：

> 叔孙通儒服，汉王憎之；乃变其服，服短衣，楚制，汉王喜。
>
> 高帝悉去秦苛仪法，为简易。……叔孙通知上益厌之也，说上曰：“夫儒者难与进取，可与守成。臣愿征鲁诸生，与臣弟子共起朝仪。”高帝曰：“得无难乎？”……上曰：“可试为之，令易知，度吾所能行为之。”①

这两段话都能看出来刘邦对于“繁文缛节”的厌恶，所以，憎恶“儒服”，讨厌“繁礼”，那么，他这种讨厌的来由是什么呢？

恰恰是因为“知儒”，有一个“多材艺”的幼弟，而对“儒生”的眼界过高，又通过他秦吏的“实用主义”价值观而有所取舍。

前者的情感类似于墨子的“非儒”，学儒之后看到了儒家要求的“厚葬”而叛出门墙，因为了解，所以厌弃。

至于说刘邦基于“秦吏”价值判断而厌恶儒生，则完全可以理解，一直到东汉这样一个“儒化程度”远远高于战国、秦、西汉的时代，仍然可见对儒生的“厌恶”，见《论衡·程材》：

---

① 司马迁：《史记》卷九十九《刘敬叔孙通列传》。

> 文吏理烦，身役于职，职判功立，将尊其能。儒生栗栗，不能当剧，将有烦疑，不能效力。力无益于时，则官不及其身也。将以官课材，材以官为验，是故世俗常高文吏，贱下儒生。
>
> 案世间能建蹇蹇之节，成三谏之议，令将检身自敕，不敢邪曲者，率多儒生。阿意苟取容幸，将欲放失，低嘿不言者，率多文吏。文吏以事胜，以忠负；儒生以节优，以职劣。①

这两段话比较有代表性，前者说的是“地方长吏”选用属吏中的“文吏”与“儒生”之别，“文吏”能够完成复杂的业务，能完成“长吏”交付的职责，所以，“长吏”尊重“文吏”的能力。而“儒生”则哆哆嗦嗦地不能承担繁重的工作，在领导有困难的时候，无从效力。

“力无益于时”，自然就没有官职升迁，而能力以公事、官司分高下，世俗自然高看文吏而鄙薄儒生。后一段话，则是说：世间有耿介之节操，对“长吏”进行行为道德匡正的，往往是儒生；而阿谀奉承，顺意取容的，往往是文吏。

所以文吏胜在能办事上，却在“忠诚”大节上有亏；而儒生的节操优异，却在奉公称职上差得多。

注意，《史记·刘敬叔孙通列传》中也有类似“力无益于

---

① 王充：《论衡》第三四《程材篇》。

时”的话：

> 叔孙通笑曰：“若真鄙儒也，不知时变。”
>
> 诸生乃皆喜曰：“叔孙生诚圣人也，知当世之要务。”
>
> 太史公曰：叔孙通希世度务制礼，进退与时变化，卒为汉家儒宗。①

总结一下上文，就是俩字：没用。

涉及当时的具体业务、职守，儒生百无一用，身为“秦吏”的刘邦当然深知这一点，至于行为匡正，叔孙通、陆贾、刘敬、郦食其都有效验，并未因为他们的儒者身份而受到排斥，至于制礼作乐，也要等天下大定之后才有必要，这时候，任用、赏赐起来也绝不含糊：

> 叔孙通因进曰：“诸弟子儒生随臣久矣，与臣共为仪，愿陛下官之。”高帝悉以为郎。叔孙通出，皆以五百斤金赐诸生。②

道理，刘邦不是不懂，只是没到时候罢了。

---

① 司马迁：《史记》卷九十九《刘敬叔孙通列传》。

② 同上。

第四节

“赤帝子”为什么要斩“白帝子”？

刘邦在大众认知中有很多种面相，有说是市井流氓的，有说是基层小吏的，有说是楚人余烬的，有说是游侠之概的，不一而足。

那么，有没有人想过，他其实是一位“学者”呢？

故事，还是要从“高祖斩白蛇”说起。

《史记·高祖本纪》中记载：

> 高祖以亭长为县送徒郦山，徒多道亡。自度比至皆亡之，到丰西泽中，止饮，夜乃解纵所送徒。曰：“公等皆去，吾亦从此逝矣！”徒中壮士愿从者十余人。高祖被酒，夜径泽中，令一人行前。行前者还报曰：“前有大蛇当径，愿还。”高祖醉，曰：“壮士行，何畏！”乃前，拔剑击斩蛇。蛇遂分为两，径开。行数里，醉，因卧。后人来至蛇

所，有一老妪夜哭。人问何哭，妪曰：“人杀吾子，故哭之。”人曰：“妪子何为见杀？”妪曰：“吾子，白帝子也，化为蛇，当道，今为赤帝子斩之，故哭。”人乃以妪为不诚，欲告之，妪因忽不见。后人至，高祖觉。后人告高祖，高祖乃心独喜，自负。诸从者日益畏之。[1]

这段故事人们耳熟能详，就是刘邦以亭长的职务，替县里送干活的人到骊山陵墓工地，路上人跑了不少，他盘算着，这么下去，到地方时人都跑光了，自己也没什么好下场，所以，到老家丰邑西边的湖泊沼泽边，刘邦停下来喝酒，晚上就把押送的人都放跑了，自己也准备逃亡，这群人中有十几个壮士愿意跟随他。

他喝多了，就带着这十几个人向泽中行进，先派了一个人探路，发现前方有大蛇挡道，刘邦趁着酒劲上去就把大蛇砍成两段，又走了几里地，喝多了，躺下就睡。

后面跟着的人来到斩蛇的地方，看到一个老太太哭诉自己儿子是“白帝子”，被“赤帝子”斩杀了，这群人不信，想着让她吃点苦头，老太太一下子不见了。

等这群人找到刘邦，告诉他情况，刘邦乐得不得了，很是自负，跟随他的人也越来越敬畏他。

在《汉书·高帝纪》中，这段记载只是改了几个字，未新

① 司马迁：《史记》卷八《高祖本纪》。

增信息，另见于《史记·封禅书》：

> 汉兴，高祖之微时，尝杀大蛇。有物曰：“蛇，白帝子也，而杀者赤帝子。”①

如果是一个现代人在路上砍了一条大蛇，绝对想不了这么多，但是在战国、秦、汉之际，这个故事就很有现实意义，见《史记·高祖本纪》：

> 而衅鼓旗，帜皆赤。由所杀蛇白帝子，杀者赤帝子，故上赤。②

由于这个故事，刘邦在沛县初起兵时，就竖起了红色的旗帜，以对应他的“赤帝子”身份。

现代人读了这个故事认为是“真事”的，恐怕不多，多数还是将其视为“鱼腹丹书”和“篝火狐鸣”之类的神秘主义造势，也就是“变戏法”糊弄无知群众跟着造反。

但是，真正值得注意的，不是刘邦斩没斩蛇，而是“赤帝子”斩杀的“白帝子”，也就是那条“白蛇”象征着什么。

众所周知，秦始皇定秦为“水德”，服色尚黑，刘邦作为当时的“秦吏”，哪怕是编故事神化自己，也应该是“黄帝子”斩杀的“黑帝子”，或者“黑蛇”，这才合乎“土克水”的基本

---

① 司马迁：《史记》卷二十八《封禅书》。

② 司马迁：《史记》卷八《高祖本纪》。

原理，否则怎么也没法和“灭秦”扯上关系。

正因为如此，在《史记索隐》注释时说：

> 应注云“秦自谓水”者，按秦文公获黑龙，命河为德水是也。又按：《春秋合诚图》云：“水神哭，子褒败。”宋均以为高祖斩白蛇而神母哭，则此母水精也。此皆谬说。又注云“至光武乃改”者，谓改汉为火德，秦为金德，与雨金及赤帝子之理合也。①

这段注释包含几个信息来源，在“五德终始说”盛行的两汉，如何将王朝兴废与五行征应结合，是绝对的政权合法性问题，所以出现了两种解释：

前者是认可秦为“水德”，而白蛇与“水德相关”，哭诉的老妪就是“水精”；而后者则依据汉光武帝改汉武帝认定的“土德”为“火德”，秦为“金德”，火为赤色，金为白色，所以，对应“火克金”。

后者也是东汉通行的解释，见《史记集解》注释：

> 应劭曰：“秦襄公自以居西戎，主少昊之神，作西畤，祠白帝。至献公时栎阳雨金，以为瑞，又作畦畤，祠白帝。少昊，金德也。赤帝尧后，谓汉也。杀之者，明汉当灭秦也。秦自谓水，汉初自谓土，皆失之。至光武乃改定。”②

---

① 司马迁：《史记》卷八《高祖本纪》“今为赤帝子斩之”条下。

② 同上。

应劭为东汉人，用东汉光武帝改定汉为“火德”，秦为“金德”的说法，来解释“赤帝子”杀“白帝子”，也就是“火克金”，看起来绝对是自圆其说，但作为现代人，我们能够相信200年前的刘邦能够预知200年后刘秀的变革吗？

这不由得人不怀疑，刘邦斩白蛇起义的故事是东汉人为了塑造刘邦政权的神性而伪造的故事，但是，“赤帝子”的说法，直接关系着刘邦在沛县起兵时的旗帜颜色，在其他记载之中也有旁证，汉军起兵后为“赤帜”，且在西汉末年刘歆撰写的《西京杂记》中有“高祖斩白蛇剑”之说，也就是说，这个故事并非东汉光武帝定汉为“火德”之后杜撰窜入《史记》的。

基本确认了这个故事出自刘邦之手，就揭示了更大的秘密。

《史记·韩信卢绾列传》中有这样一句话：

> 及高祖、卢绾壮，俱学书，又相爱也。

这可能是《史记》中有限的关于高祖本人学问养成的记载，其他如他厌弃儒生，往儒生的帽子里撒尿，洗脚的时候接见儒生郦食其，以及陆贾提醒他马上得天下却不能马上治天下的道理，一系列的轶事，塑造出的都是一个无心向学、厌弃儒学，乃至于“不学有术”的“浪荡子”形象。

但是在他刚刚起兵的时代，乡里豪杰长者对他的看法却是：

> 诸父老皆曰："平生所闻刘季诸珍怪，当贵，且卜筮之，莫如刘季最吉。"①

注意理由，"平生所闻刘季诸珍怪，当贵"，也就是我们一直听说刘邦身上发生了很多神奇的怪事，命里就该发达。

除了"赤帝子斩白帝子"，还有"吕后望气"的故事，见《史记·高祖本纪》：

> 秦始皇帝常曰"东南有天子气"，于是因东游以厌之。高祖即自疑，亡匿，隐于芒、砀山泽岩石之间。吕后与人俱求，常得之。高祖怪问之。吕后曰："季所居上常有云气，故从往常得季。"高祖心喜。沛中子弟或闻之，多欲附者矣。②

这个故事的"戏法"就比较好变了，刘邦和吕后商量好，每次都让她找到，再说"云气"的说道儿，自然就凑得上了，但是，秦始皇经常念叨"东南有天子气"，刘邦是怎么知道的？这个疑点，姑且存疑，后文详述。

同理，"赤帝子斩白帝子"的故事，一样也可以这么串通好了演戏。

但这些都不是重点，重点在于，这两件事情都发生在刘邦"纵徒逃亡""聚众山泽"之后，先是只有十几个人跟随，一

① 司马迁：《史记》卷八《高祖本纪》。
② 同上。

直到沛县令请他“反秦”响应陈胜之时，他的部下才不过百人（《史记》作“数十百人”，《汉书》作“数百人”），他的“神话故事”却全部直指“天子”“赤帝”，乃至于“嗟乎，大丈夫当如此也！”

反观聚众九百人的陈胜，哪怕是“神化”自己的想象力，也仅限于“大楚兴，陈胜王”，两者的区别是什么？

是知识，是眼界，在那个时代，更代表着身份阶层。

具体可见《史记·封禅书》：

> 周东徙雒邑。秦襄公攻戎救周，始列为诸侯。秦襄公既侯，居西垂，自以为主少暤之神，作西畤，祠白帝。
>
> ……其后十六年，秦文公东猎汧渭之间，卜居之而吉。文公梦黄蛇自天下属地，其口止于鄜衍。文公问史敦，敦曰：“此上帝之征，君其祠之。”于是作鄜畤，用三牲郊祭白帝焉。
>
> ……作鄜畤后七十八年，秦德公既立，卜居雍，“后子孙饮马于河”，遂都雍。雍之诸祠自此兴。用三百牢于鄜畤。①

此为“秦”之始祖祭祀“白帝”之肇始，之后数百年间，才陆续增加“青帝、黄帝、赤帝”的祭祀，至刘邦入关中后，方才补上了“黑帝”，**也就是说，唯有“知古者”才能联系到**

① 司马迁：《史记》卷二十八《封禅书》。

“白帝”与秦国诸侯的关系。

而“秦”开始受到“五德终始说”的影响，也就是“五方帝”开始与“五德”挂钩，要到战国时代，见《史记·封禅书》：

> 后四十八年，周太史儋见秦献公曰：“秦始与周合，合而离，五百岁当复合，合十七年而霸王出焉。”栎阳雨金，秦献公自以为得金瑞，故作畦畤栎阳而祀白帝。[①]

也就是在秦孝公父亲秦献公的时代，秦国的都城栎阳天上“下金雨”，所以，秦献公认为自家得到了“金德”的祥瑞，才在栎阳建“畦畤”祭祀“白帝”。

秦献公在秦一统前150多年，将“五德终始说”与诸侯秦国的“白帝”崇拜结合，“白帝”也就代表了“秦国”，但是到了秦始皇二十六年并吞天下，官方口径大改，见《史记·秦始皇本纪》：

> 始皇推终始五德之传，以为周得火德，秦代周德，从所不胜。方今水德之始，改年始，朝贺皆自十月朔。衣服旄旌节旗皆上黑。数以六为纪，符、法冠皆六寸，而舆六尺，六尺为步，乘六马。更名河曰德水，以为水德之始。[②]

---

① 司马迁：《史记》卷二十八《封禅书》。

② 司马迁：《史记》卷六《秦始皇本纪》。

自此至陈胜发难凡十二年，里耶秦简显示，秦朝政府甚至不允许楚人称猪为“猪”，而必须按照秦人的叫法为“彘”，这样的细致管理，不可能遗漏了沛县，刘邦这个秦吏更不会不知道“秦朝”已改为“水德”“色尚黑”。

那么，哪怕“赤帝子斩白帝子”的传说是高祖为了“神化”自身而伪造的，这个知识层次也远远超过了平民，相当于在“知古”的前提下完全否定了秦始皇的“秦朝”法统，而只将其视为“周天子”策命西陲的一介诸侯国。

更重要的是，得到刘邦生前认可的，由秦柱下史、汉朝“计相”张苍所主持的“汉为水德”的认定工程，绝非无的放矢，见《史记·高祖本纪》：

> （汉二年）二月，令除秦社稷，更立汉社稷。
>
> （汉二年）六月，……引水灌废丘，废丘降，章邯自杀。更名废丘为槐里。于是令祠官祀天地四方上帝山川，以时祀之。①

在还没有全取关中的情况下，刘邦已令废除“秦社稷”祭祀，换成“汉社稷”，短短4个月后，关中彻底平定，刘邦即命令祠官恢复秦国的所有祭祀，也就是说，仅仅是汉王的刘邦，已经将自己视为“秦国”的继承者。

正因为如此，尽管史书并未明言张苍的理论依据，借助

---

① 司马迁：《史记》卷八《高祖本纪》。

《吕氏春秋》中“十二月纪”体现的“五行相生”论调，“木—火—土—金—水”，“秦国”之“金”恰生“汉国”之“水”。

这也是汉初真正的官方解释。

考察刘邦诸多“神化”自身的故事，逃亡、起兵前可以算作一类，往往有所节制，只是“贵”“大贵”“天下大贵”；之后则具体得多，“赤帝子”“天子气”，这已经不是“好为大言”了，而是“狂妄无边”，但是，从刘邦起兵时的举动来看，他的这种“狂妄”绝不是“无知狂妄”。

见《史记·高祖本纪》：

> 众莫敢为，乃立季为沛公。祠黄帝，祭蚩尤于沛庭，而衅鼓旗，帜皆赤。由所杀蛇白帝子，杀者赤帝子，故上赤。[①]

对照下《史记·封禅书》：

> 高祖初起，祷丰枌榆社。徇沛，为沛公，则祠蚩尤，衅鼓旗。
>
> ……天下已定，诏御史，令丰谨治枌榆社，常以四时春以羊彘祠之。令祝官立蚩尤之祠于长安。

集中说一下，刘邦在刚刚聚众的时候，在丰邑东北十五里的“枌榆社”祈祷发愿，待到进入沛县成为沛公起兵时，又祠

① 司马迁：《史记》卷八《高祖本纪》。

祭黄帝，在沛县县廷之中祭祀蚩尤。

当然，《史记·封禅书》的信息显示，刘邦可能只是祠祭了蚩尤，因其与“枌榆社”一样灵验，才在定天下之后指示地方必须以“诸侯礼”的“少牢”祭祀“枌榆社”，并在长安为蚩尤立祠。

我们一般所知就是黄帝战蚩尤，但在《史记·封禅书》中记录的秦汉官方信仰之中，要复杂得多：

> 于是始皇遂东游海上，行礼祠名山大川及八神，求仙人羡门之属。八神将自古而有之，或曰太公以来作之。齐所以为齐，以天齐也。其祀绝莫知起时。八神：一曰天主，祠天齐。……二曰地主，祠泰山梁父。……三曰兵主，祠蚩尤。……四曰阴主，祠三山。五曰阳主，祠之罘。六曰月主，祠之莱山。……七曰日主，祠成山。……八曰四时主，祠琅邪。[①]

也就是说，这“八神”属于“齐地”的神明信仰，在秦始皇的眼中，属于仅次于“封禅泰山”的重要宗教活动，而蚩尤在“八神”之中排“第三”，为“兵主”，顾名思义，就是“军神”“战神”。

刘邦此时仅为自立的“沛公”，响应“楚国”的陈胜起义，才沿用了楚国的官名，相当于以陈胜属下自居，却去祭祀“兵

① 司马迁：《史记》卷二十八《封禅书》。

主蚩尤”，他的志向不问自明。

按照《史记·秦楚之际月表》的记录，“沛公初起”为秦二世元年九月，与“项梁号武信君”正在“同时”。

如果从此时算起，刘邦属“张楚”，比秦二世二年正月才接到召平“矫诏”的项梁归属“张楚”还“早三个月”，所以，站在刘邦个人的角度，心理足够膨胀的情况下，当然可以认定自己接续“张楚”天命大任，“与项梁共立义帝”。也就是说，“义帝”并非“沛公”之君，只是“先入关中者为王”的“主约者”，一个“盟主”“中人”，直至刘邦入关中受降秦王子婴，秦国的天命已经自动转移到了刘邦手中，汉王的社稷取自秦王，而非出自项羽“裂地分封”，之后的几年时间，都是为了“止暴定乱”的“天命讨伐”。

当然，这只是结论之一，另一个重要的现象对比就是，不知是《史记》漏记，还是当时根本无人顾及，从陈胜到武臣、韩广、魏王咎、楚王景驹、齐王田儋、赵王歇、韩王成，项梁自号武信君，拥立楚怀王、项羽自为诸侯主伯，所有的政权，没有一个有记载立国之初“祭祀”“立祠”的。

在这方面唯一有一些“建树”的，可能只有陈胜，见《史记·儒林列传》：

> 陈涉之王也，而鲁诸儒持孔氏之礼器往归陈王。于是孔甲为陈涉博士，卒与涉俱死。①

---

① 司马迁：《史记》卷一百二十一《儒林列传》。

鲁国的儒生抱着孔子家族遗留下来的礼器去投奔陈胜，陈胜就任命孔子后人孔甲为博士，后孔甲与陈胜一同死难。

至于项羽灭后，鲁地诸生不降汉，很大程度上应来自于项羽“鲁公”之封，君臣之义既然缔结，当事君以忠，所以，哪怕面对刘邦的屠城威胁，仍旧坚持己见，也算乱世中儒生守护忠义理想的一抹亮色。

对于太史公这样的专业人士而言，“礼”“祭”，都是他非常敏感的信息，哪怕西汉初年官方销毁了档案，他的寻访也不会不重视这些信息，那么，确实有很大可能就是这许多政权，根本没有在这方面下功夫，或者说，“没当回事”。

这么一对比，刘邦这个“起于微末”的豪杰，恐怕要比其他“起于微末”者要“高级”不少，说得直白点儿，同为“造谣生事”，刘邦是拿“高级知识分子”圈子里的“特殊信息”搞事情，而陈胜则是在“乡村知识分子”圈子里的“小道消息”下功夫。

正因为如此，当底层社会的记忆逐渐模糊，文本的记忆成为主流，陈胜的故事终将褪色，被刘邦亲手书写的传奇所代替。

第五节

江湖道义，请刘季先死

秦二世元年七月，陈胜在大泽乡率九百戍卒起兵，苦秦久矣的六国人纷纷响应，仅仅两个月间，数十万楚军已经在周文的统率下攻入关中，“楚兵至戏”，并迅速被反应过来的秦军击败。

正是在这个月，远在江东会稽郡的项梁自号“武信君”，而沛县的刘邦，也在本县父老的推举下担任了楚国传统的官职——沛县县公，当然也是“自号”，并没有得到远在陈县的“陈王”的批准。

不过，类似的现象并不代表着相同的事实，与一路顺风顺水的项氏家族不一样，带着“数十、百人”（《汉书》作数百人，不确）藏匿于丰邑的刘邦，被秦朝的沛县令邀请反秦，兵临城下之际，又遭遇反复，沛县令反悔，带兵闭门守城，还要杀死献策的萧、曹二人，吓得萧何、曹参都逃出城投奔刘邦，逼得刘邦只能以箭射帛书，号召沛县子弟父老杀官反秦，否则破城之后要“父子俱屠”，沛县父老于是率子弟杀死沛令，开城门迎接刘邦。

整个剧情，反转，反转，再反转，真是太刺激了。

按照这个“剧本”，刘邦的沛县起兵绝对是顺天应民的“义举”，尤其是后来沛县“父老”的直接参与，看起来极有群众基础，问题在于，这是真的吗？

《汉书·樊郦滕灌傅靳周传》：

> 高祖之初与徒属欲攻沛也，婴时以县令史为高祖使。上降沛一日，高祖为沛公，赐爵七大夫，以婴为太仆，常奉车。[①]

这里多出的细节是：刘邦最初是想要率领“徒属”进攻沛县的，并派出了当时担任“沛县令史”的夏侯婴作为使者，在刘邦降服沛县一天后，成为“沛公”，即赐夏侯婴“七大夫”爵位，并让他做自己的“太仆”，即本人所乘车的“御者”。

“爵位”必然用于赏功，夏侯婴出使这段，在《史记·高祖本纪》和《汉书·高帝纪》中都没有，而只有“射帛书”到城头。

至于父老率子弟杀沛令、开城门的记载，不但缺少旁证，

① 班固：《汉书》卷四十一《樊郦滕灌傅靳周传》。

反而另有反证，见《史记·高祖功臣侯者年表》：

（戴敬侯彭祖,《汉书》作：戴敬侯祕彭祖）以卒从起沛，以卒开沛城门，为太公仆；以中厩令击豨，侯，千二百户。

（平皋炀侯刘它）项它，汉六年以砀郡长初从，赐姓为刘氏；功比戴侯彭祖，五百八十户。[①]

这两个人有什么可比性吗？

一个是刘邦部下的小卒，因为打开了沛县的城门，成为“太公”的仆人；一个是项羽家族重要成员，是西楚的柱国，投汉后任砀郡长的职务，获赐刘姓。表面看，两人完全不可比，但项它有一个重要的经历，就是在楚汉之争最后时刻的选择，见《汉书·樊郦滕灌傅靳周传》：

（灌婴）遂降彭城。虏柱国项佗，降留、薛、沛、酂、萧、相。

项佗即项它，职务为柱国，即楚制的“相国”，竟然在垓下决战之前，以西楚国都彭城投降灌婴，其“历史关键性”与刘邦起家攻沛县时开城门可以比拟，故有“功比戴侯彭祖”之语。

这也从侧面印证，戴侯彭祖的“开沛城门”与夏侯婴的

① 司马迁：《史记》卷十八《高祖功臣侯者年表》。

“为高祖使”有着类似的“关键作用”。而且，“戴侯彭祖”是“卒”的身份，立功才做了“太公”的仆人。“彭祖”，又是战国、秦、汉之际非常流行的“名”的词组，即用求长寿的吉利话作名字，求个好口彩。那么，他很可能本是个“无氏之人”，如此身份能否称为“父老子弟”？

恐怕是不够格的。

因为“父老子弟”“豪杰父老”实际上是地方头面人物的代名词，这是与当时的邑、里社会形态直接相关的，哪怕是秦制下，“里吏”也以有力的豪强，即“率敖”充任，而聚族而居的楚地，只会更强力。

那么，当时的情况很可能是夏侯婴并未跟随萧、曹逾城逃走，而是在城内，以县令史的身份“无间道”地说服或是威胁，争取到了一部分的城门守卒，夺下了沛县城门，再鼓噪着杀死沛令，以小规模的队伍占领了县廷，控制了沛县的中枢，所谓的“父老”“子弟”未必没有，但要说多主动，就实在言过其实了。

现实是，在沛县起兵过程中，在沛县城中的妻族“吕家”、“兄事”的王陵、“县豪”雍齿，全都变成了“隐形人”，没有人知道他们到底有没有做出贡献，只知道，无论是传记还是《高祖功臣侯者年表》中，都没有相应的记载。

也正因为此，沛县城中“诸父老”对于刘邦的推重才可以理解，见《史记·高祖本纪》：

萧、曹等皆文吏，自爱，恐事不就，后秦种族其家，尽让刘季……众莫敢为，乃立季为沛公。[①]

人人都害怕事情不成的后果，被秦“族灭”，所以推让给刘邦，如果真的有沛县父老齐心协力反秦，人人手上都沾了秦朝县令的血，灭族的可能只是“首领”吗？他们的反应，恰恰说明他们认为，只要找到一个人为杀死县令“背锅”，自己就能够在形势变化后免责，所以才千方百计地推动刘邦上位。

现实是，哪怕彭越这样沦落巨野泽中的盗贼，也有这个坐观成败的“智慧”，见《汉书·韩彭英卢吴传》：

陈胜起，或谓越曰：“豪桀相立畔秦，仲可效之。”越曰：“两龙方斗，且待之。”[②]

也就是说，“等”才是聪明人正常的选择。

那么，为什么沛令、刘邦都不想等呢？

只能是出现了“等不了”的形势。

这个形势，与陈胜的主力关联不大，陈胜的都城在“陈县”，是人工运河“鸿沟”岸边的重镇，而其分路的扩张，其实也与发达的水系交通直接相关，吴广所率领的主力即逆鸿沟而上至圃田泽围攻洛阳东方的重镇荥阳，而邓宗则沿鸿沟至颍水过汝阴至淮河，向南掠地至九江郡。

---

① 司马迁：《史记》卷八《高祖本纪》。

② 班固：《汉书》卷三十四《韩彭英卢吴传》。

周文一路突进过函谷关，入关中，至戏；武臣率张耳、陈馀北上到达濮阳，北渡黄河进攻故赵地；另有宋留西向入南阳郡，后被秦军所拒，退回了新蔡，就在汝水的岸边。

西、北、南各个方向，陈胜都派兵掠地，独缺哪边呢？

就是东方，原本陈胜起兵的地点就在蕲县，位于彭城之南，陈胜主力西进直奔陈县，而留下葛婴略地东面，具体见《史记·陈涉世家》：

> 攻铚、酂、苦、柘、谯皆下之。[①]

蕲县在濊水之畔，铚、酂、苦、柘、谯这5个县，正好在蕲县到陈县这条交通线的沿线，占领后，葛婴即分兵至东城，地在淮河以南，正好是江淮分水岭的要冲，向东南行，即可直奔江东。

响应起兵的秦嘉等人，地盘也是在蕲县以东、睢水、泗水之间的区域，见《史记·陈涉世家》：

> 陵人秦嘉、铚人董緤、符离人朱鸡石、取虑人郑布、徐人丁疾等皆特起，将兵围东海守庆于郯。[②]

郯县是东海郡治所在，泗水与沂水交汇处则为名城下邳，上游即郯县。

---

① 司马迁：《史记》卷四十八《陈涉世家》。

② 同上。

还有一家就是周市，见《史记·陈涉世家》：

陈王令魏人周市北徇魏地。

周市北徇地至狄，狄人田儋杀狄令，自立为齐王，以齐反击周市。市军散，还至魏地，欲立魏后故宁陵君咎为魏王。

按照战国时代的六国疆域，黄河与淮河之间的东郡、砀郡都属于魏国的地盘，而薛郡、泗川郡、东海郡属于楚国的旧地，济北郡、临淄郡、琅邪郡、胶东郡则是齐国的故土，但是，周市的进攻矛头，明显超越了“魏地”的范围。周市的招降行动已经跨越了砀郡、东郡，沿着“济水”杀到了故齐地的腹心地带，可见其“野心”之大。

陈胜都城在“陈县”，武臣的北进基地在“濮阳”，再加上秦嘉、朱鸡石等响应陈胜的“楚军”，最终包围了东海郡守。

从整个大形势来说，在秦二世元年七月至九月的两个月间，“绕开”了“泗水”沿线的彭城、萧县、留县、沛县等地，之所以会出现这种状况，就要考虑当时的“力量形势”。

秦朝泗川郡的郡治，也就是“郡府”所在地不详，以西汉沛郡治所推断，应在“相县”。“相县”在泗川郡和砀郡的交界处，地处睢水沿岸，保证了芒县、砀县、栗县以至睢阳一线的安全，而彭城的位置更是险要，卡住了泗水、谷水的交汇处，成为萧县、下邑、虞县至孟渚泽方向获水一线和留县、沛县直至薛郡鲁县方向泗水的屏障。

这两处“要点”，恰恰将淮北地区如野火狂飙的反秦义军隔绝在了南方，而上述城邑，在这几个月间，均无陷落和叛乱的记载，这也就意味着，泗川郡守仍牢牢掌握着不小的力量，虽然反攻不足，固守却有一定的把握。

而武臣和周市对赵地、魏地的攻略，实则是以黄河沿岸为重点，占领东郡之后即迅速在河济之间向故齐地发展，直到在狄县被击败。

那么，在西线的陈胜部，北线的周市部和南线的秦嘉部之间，就形成了一个以薛郡、砀郡、泗川郡北部连成一片的秦国控制区“飞地”，其中以睢水、泗水贯穿，在沛县县令的角度来说，身处腹地，周围都是秦军，毫无响应陈胜起义的必要，为什么会出现上文中的“反转，反转，再反转”呢？

答案，仍旧在字缝之中。

见《史记·高祖功臣侯者年表》：

> （棘蒲刚侯陈武）以将军前元年率将二千五百人起薛，别救东阿，至霸上，二岁十月入汉，击齐历下军田既，功侯。①

《史记·高祖功臣侯者年表》和《汉书·高惠高后文功臣表》中有“前元年”“前二年”“前三年”字样，对应年份应为“秦二世元年”“秦二世二年”和“秦二世三年”，而“秦二世元

① 司马迁：《史记》卷十八《高祖功臣侯者年表》。

年七月”，陈胜起兵，秦以十月为岁首，当年非闰年，以九月为岁末，则总共只有两个月时间。

陈武记载并无“从起”字样，可知其实为“自起兵”。也就是说，他在“前元年”于薛县拉起了2500人的队伍，自称将军，而“别救东阿”之后，又至霸上，此后两年十个月后方才“入汉”，即加入汉军序列。

而刘邦至“秦二世元年九月”方才起兵为“沛公”，所以，时间上，很可能陈武在前，刘邦在后，薛县、戚县与沛县相邻，薛城在战国时代孟尝君封国之后即为“大邑”，见《史记·孟尝君列传》：

> 太史公曰：吾尝过薛，其俗闾里率多暴桀子弟，与邹、鲁殊。问其故，曰：“孟尝君招致天下任侠，奸人入薛中盖六万余家矣。”①

作为重要的人口都会，“薛县”却与以鲁地为中心的“薛郡”地理悬隔，秦朝“薛县”与“戚县”相邻，在今天滕县以南、枣庄市以西地区，而秦朝的薛郡郡府在“鲁县”，即今天的曲阜市，二者之间，正好被尼山隔开，交通最便利的路线就是自鲁县沿泗水而下，至沛县向东至戚、薛。

就当时情况来说，陈武在薛县聚众反秦容易，因为地方“暴桀子弟”极多，而“薛郡守”要有所反应，却要绕个圈，甚

---

① 司马迁：《史记》卷七十五《孟尝君列传》。

至就消息传递来说，沛县这个泗川郡属县要比薛郡的属县知道得还早，更直面威胁。

所以，沛县县令的“恐”，“恐”的只能是身边的变故，也就是薛县的反叛。

在个人命运的角度，则是陈武帮了刘邦“大忙”，所以，虽然“晚从”，晚到楚汉之争末期才加入汉军，陈武（也称柴武）在《史记》《汉书》记载的“元功十八侯位次”中都排第十三，也算是刘邦知恩图报。

那么，为什么沛县县令在旬日之间，态度又发生了 180 度大转弯？

见《史记·秦楚之际月表》“秦二世元年九月”条[①]：

> 秦：楚兵至戏。
>
> 楚：周文兵至戏，败。
>
> 项：项梁号武信君。
>
> 汉：沛公初起。

另见《史记·秦始皇本纪》：

> （秦二世元年）七月，戍卒陈胜等反故荆地，为“张楚”……谒者使东方来，以反者闻二世。二世怒，下吏。后使者至，上问，对曰：“群盗，郡守尉方逐捕，今尽得，

① 司马迁：《史记》卷十六《秦楚之际月表》“秦二世元年九月”条。

不足忧。”上悦。

二年冬，陈涉所遣周章等将西至戏，兵数十万。二世大惊，与群臣谋曰：“奈何？”少府章邯曰：“盗已至，众强，今发近县不及矣。郦山徒多，请赦之，授兵以击之。”二世乃大赦天下，使章邯将，击破周章军而走，遂杀章曹阳。①

也就是说，在秦二世元年七月陈胜反叛之后的几个月间，秦二世对于东方的反秦浪潮并不重视，类似的问答也可见《史记·刘敬叔孙通列传》，可以说是完全不愿意相信。

所以，面对“大股”的反秦义军，秦朝郡县的发兵权力是不足以对抗的，毕竟“县卒”和“都尉屯”都不可能达到万人规模，而陈胜初期时已有数万人，周文入关中时更是“兵数十万”，所以，《史记·李斯列传》中说：

李斯子由为三川守，群盗吴广等西略地，过去弗能禁。②

丞相李斯的亲儿子担任三川郡守，在吴广、周文等人向西略地的过程中，任其往来而没能阻止，这样残酷的现实终于将秦二世拉出自己的“幻想”，秦帝国的官僚组织开始发挥作用，即动员关中兵力并“派将出征”，迅速扭转了局面。

而周文（周章）战败的消息，当然也会以最快的速度通

---

① 司马迁：《史记》卷六《秦始皇本纪》。

② 司马迁：《史记》卷八十七《李斯列传》。

过邮传送达诸郡县。也就是说，沛县县令即将迎来关中杀出的“秦朝大军”，他也不需要出城讨捕盗贼，只需要“守住沛县”就可以免罪，如果他此时反秦，就要掂量掂量能不能活过这次讨伐，两相权衡之下，他的“闭门”反复也就毫不奇怪了。

更重要的是，当秦朝的官僚组织恢复运行时，之前满足于“自守”的郡县，也开始活跃，见《汉书·高帝纪》：

> （秦二世二年）十一月，沛公引兵之薛。秦泗川守壮兵败于薛，走至戚，沛公左司马得杀之。[①]

也就是说，刘邦起兵两个月后，泗川郡守壮非但没有带兵扑灭沛县的刘邦势力，反而越过沛县进攻了陈武盘踞的薛县，并在会战中战败，在逃亡到戚县时，被刘邦部下的左司马杀死。

整个过程可谓匪夷所思，但如果结合另一条记载，就清晰一些了，见《史记·高祖本纪》：

> 攻胡陵、方与，还守丰……秦泗川监平将兵围丰，二日，出与战，破之。命雍齿守丰，引兵之薛。[②]

此事，《史记·秦楚之际月表》记录在“秦二世二年十月”条：

> 击胡陵、方与，破秦监军。[③]

---

① 班固：《汉书》卷一《高帝纪上》。

② 司马迁：《史记》卷八《高祖本纪》。

③ 司马迁：《史记》卷十六《秦楚之际月表》“秦二世二年十月”条下。

这样，前后的事实就连起来了：

> 九月，刘邦起兵收沛县“二三千人”。
>
> 十月，进攻薛郡的胡陵县、方与县，并在秦朝的“泗水监平”逼近丰邑时回兵防守，在对方围城两日之后，出兵野战击败了他。此后，命沛豪雍齿留守丰邑，亲自带兵至薛县。
>
> 十一月，击败泗川守壮，将他斩杀于戚县。

回溯一下经过，就是秦朝在“泗川郡”的两位首脑官吏，分兵两路镇压境内义军，“泗川郡监御史平”攻丰邑，“泗川郡守壮”攻薛县。

由于《史记·秦楚之际月表》以月记事，我们会发现整个攻防形势的变化非常迅速，在周文战败后，楚军形势急转直下，仅仅两个月后的秦二世二年十一月，周文败死，又一个月后，陈胜也在迎击章邯大军战败逃亡途中被部下杀害。

此时距离陈胜起兵，满打满算也不过是6个月，实际上也就5个月左右，而刘邦起兵的时间更短，只有3个月左右。

从“一片大好”到“愁云惨雾”，最关键的转折，就在刘邦、项梁起兵的秦二世元年九月，当时，关中的章邯已经出兵，泗川郡的郡守、郡监，正在准备出兵。

所以，尽管陈胜起义距离沛县并不远，《史记·高祖本纪》和《汉书·高帝纪》中记载的地方势力“众莫敢为”的犹豫也并非毫无来由。

正因为如此，当刘邦进入沛县县廷要求推举首领时，与会者有萧、曹等“文吏”，还有“诸父老”，与会者中，却没有提到沛县县豪王陵、雍齿，也没有提到刘邦的岳父吕公，就非常有意思。

理论上讲，这三个人都有争这个位子的资格，吕公是刘邦的长辈，王陵是刘邦“兄事之”的大哥，雍齿更是县豪，且“雅不欲属沛公”，怎么会出现“众莫敢为”的情况呢？

最大的可能就是，这三人根本就没在刘邦取沛县的“徒属”之中，而是附和在“诸父老”之列，沛县周围局势的风云诡谲任谁都会害怕，都会看不清未来，但刘邦作为被沛县令、萧何、曹参请回的“反秦义士”，没有退路，也容不得他怕，哪怕他已经“数让”，还是被按在了这个位置上。

可以说，刘邦完全是被形势逼到了沛县，迫不得已用“命”做赌注，开始了人生第一场“豪赌”。万幸的是，他赌赢了，赢来了人生的“第一桶金”，接下来才能真正进入他的“命运主场”。

结　语

电视剧《少帅》里张作霖有一句台词：

> 江湖，江湖就是人情世故。

那么什么是人情世故呢？

其实就是社会关系，也就是“家族传统”“原生家庭”“成长环境”“婚姻”“交友”“工作”等因素交织在一起，构成的关系集合。

第一章中努力还原了前三个要素，本章则重点讲述了后三个要素，加上一个与社会关系无关，却至关重要的条件——学识。

刘邦的起家故事，在过往的叙事结构中，往往侧重于“特殊角色”，比如“担当保护伞的小吏”“蜚声楚魏的大侠”或是“浑不吝的市井无赖”，并由此衍生出一系列基于人际关系经验的解释，以切合他在史书中的种种“奇遇”。

问题在于，这些解释无一例外地没能说明，奇迹为什么总降临到一个人的身上。

刘邦“创业”真正的资本，一一说起来，并不出奇，就“见识”的降维打击与高超社交能力的融合，使得他在沛县这个小舞台上，成为出类拔萃的人物，所以，他可以屡屡借力打力地升格到比自己“原生家庭”更高阶的社会圈层之中，省略掉过程和背景，只看结果，自然就是“奇迹”屡屡降临于他的身上。

“以布衣提三尺剑取天下”，正是刘邦本人钦定的官方人设，我们可以在诸多版本的名人传记中读到类似的描述，是不是可理解为其中蕴含着某些可言喻、可触摸的成功规律呢？

答案是，确实存在，不过它所契合的，只是信息传播的规律。

“布衣”是初始身份，“提三尺剑”是行为条件，“取天下”是最终结果，相当于从 0 直接跳跃到了 100，并进行对比，从 0 到 1 或许平平无奇，从 1 到 10 或许顺理成章，一旦将它们全部跳过、省略，填充因果关系的，自然只剩下“天命”“天授”。

这既是晚年刘邦在病榻上自我神化的沾沾自喜，也是汉王朝开国故事的官方设定，越强调江湖中的人情世故，就越能拉大这个“奇迹”的想象空间，任何一个“阴谋效仿者”需要跨越的门槛就越高，光是“王侯将相宁有种乎”这么一句口号，说服力远远不够。

唯其如此，才能扼制住“张楚”在人心中掀起的惊涛骇浪，至于将群体的记忆最终替换成文本的记忆、汉家的叙事，则要借助漫长、无尽的时间，留待后人了。

第三章

沛公发迹史：一年间“三易其主”换来步步高升

第一节

反秦战争史上第一次真正的胜利

“马上得天下”的过程，往往埋藏着日后王朝“治天下”模式的伏笔，概莫能外。

一个鲜为人知的事实是，在见诸史册的“反秦义军”之中，第一个面对秦朝郡守、郡监的讨伐在“野战”中得以“战而胜之”的势力就是刘邦集团。

自秦二世元年九月至秦二世二年十二月[①]，满打满算4个月的时间，却包含了刘邦起兵后的“第一次辉煌”和“第一次挫折”。见《史记·高祖本纪》：

> 攻胡陵、方与，还守丰……秦泗川监平将兵围丰，二日，出与战，破之。命雍齿守丰，引兵之薛。泗州守壮

① 秦以十月为岁首，故同一年的九月为元年，十二月为次年。——编注

败于薛，走至戚，沛公左司马得泗川守壮，杀之。沛公还军亢父，至方与，未战……雍齿雅不欲属沛公，及魏招之，即反为魏守丰。沛公引兵攻丰，不能取。沛公病，还之沛。[1]

另见《史记·秦楚之际月表》：

（秦二世二年十月）击胡陵、方与，破秦监军。

（秦二世二年十一月）杀泗水守。拔薛西。周市东略地丰沛闲（间）。

（秦二世二年十二月）雍齿叛沛公，以丰降魏。沛公还攻丰，不能下。[2]

两条记载结合，大致的轮廓其实很清晰，秦二世二年十月，也就是刘邦起兵后的次月，其沿泗水挥师北上攻胡陵和方与，在“秦泗川监平”的部队进围丰邑之际，刘邦退守丰邑，待其包围丰邑两日之后出击，一举击败“秦监军”。

秦二世二年十一月，首战告捷后的刘邦，以雍齿留守丰邑，东进至薛县，与早已起兵的陈武[3]一同夹击泗水郡郡守“壮”的部队，所以“拔薛西”，而未入薛县，野战追击“壮”到戚县，击杀了这位郡守。

---

① 司马迁：《史记》卷八《高祖本纪》。

② 司马迁：《史记》卷十六《秦楚之际月表》。

③ 见本书第二章第五节。

不过也正是在这个月，刘邦集团第一次“分裂”危机到来了。

陈胜的正牌下属，也是魏国势力的代表，魏相周市自东郡、砀郡略地至丰沛之间，也就是“跨界”到了原楚国旧地，他的来路，应该是沿菏水，自昌邑、东缗方向至方与、胡陵，再南进至丰、沛之间。

刘邦并非没有对抗，先沿泗水北上至“亢父”驻扎，再南下“方与”威胁周市所部的侧翼，“未战”，也就是与魏军对峙。

但是，刘邦没想到的是，自己恃为“坚城”的老家丰邑却被周市的一封书信招徕，雍齿以丰邑降魏国，待刘邦回归时，竟然不得而入，引兵强攻也没能攻克，恰好刘邦生病，只得领兵退回沛县。

雍齿的反叛，应该对刘邦的打击并不大，毕竟情有可原，周市给的条件是“齿今下魏，魏以齿为侯守丰”，也就是投降即得“封侯”，而刘邦不过是个“沛公”，即“县令”，还是自封的，雍齿这个“侯”却是已经“略定魏地数十城”的“魏相”封的，含金量根本不一样。

只不过，丰邑作为刘邦的故乡，却因为“丰，故梁徙也”，也就是丰邑居民多为魏国移民，竟然一齐“反为魏”，对自己刀兵相向，可以说是他起兵之后遇到的第一次挫折，也是第一次面临“身份认同”的危机。

如果止步于讲故事，那么刘邦起步的“第一阶段”确实乏善可陈，但细究之下，就会发现很多有意思的信息。

具体来说，即时间、人物、过程都没那么简单。

《汉书·萧何曹参传》：

> 高祖为沛公也，参以中涓从。击胡陵、方与，攻秦监公军，大破之。东下薛，击泗水守军薛郭西。复攻胡陵，取之。徙守方与。方与反为魏，击之。丰反为魏，攻之。赐爵七大夫。[①]

这与《史记·秦楚之际月表》“秦二世元年十月”条下的“击胡陵、方与，破秦监军”文字一模一样，行程立刻转向了“薛”，之后再攻胡陵，说明胡陵又反叛，攻克后，转至守卫方与，结果方与县反叛投靠魏国，丰邑也反叛投魏，“击之”、“攻之”而未“取之”，说明两地均已丢失。

确定了时间顺序，以“薛西之战”为界线，之前为“一攻”胡陵、方与，之后为“二攻”胡陵、方与，待方与、丰反叛后的攻击则为“三攻”。

再看其他传记的记载，就会发现细节的增加，见《汉书·樊郦滕灌傅靳周传》：

> （樊）哙以舍人从攻胡陵、方与，还守丰，击泗水监丰下，破之。复东定沛，破泗水守薛西。[②]

① 班固：《汉书》卷三十九《萧何曹参传》。

② 班固：《汉书》卷四十一《樊郦滕灌傅靳周传》。

樊哙跟随刘邦“一攻”胡陵、方与没有问题，但是“破秦监公军”的位置不在两县，而在“丰”下，这与《史记·高祖本纪》中“围丰二日，出与战，破之”词句契合，接下来的记载更指出，沛县在之前已经丢失，这也解释了刘邦为什么在起兵之后“还守丰”，因为秦军已经“反扑”。

但是，樊哙却没有与曹参一同经历“二攻”和“三攻”，曹参的传记记载，这一段也没有“从”字，再看“常奉车”的夏侯婴，他也只参与了一次进攻，其余两次没有参与，见《汉书·樊郦滕灌傅靳周传》：

> （夏侯婴）从攻胡陵，婴与萧何降泗水监平，平以胡陵降，赐婴爵五大夫。[①]

对于“胡陵平”，《汉书》注释中提到：

> 张晏曰：“胡陵，平所止县，何尝给之，故与降。”[②]

翻译过来，胡陵县是“泗水监平”所驻扎县，夏侯婴跟随刘邦一起进攻“胡陵平”，结果在夏侯婴和萧何两个熟人的劝说下，“泗水监平”在胡陵投降，夏侯婴得以赐爵五大夫，这也应该是本阶段刘邦集团的最高爵位。

与之情况类似的是周勃，不过他参与了两次进攻，见《汉

---

① 班固：《汉书》卷四十一《樊郦滕灌傅靳周传》。

② 张晏注《汉书》卷四十一《樊郦滕灌傅靳周传》“胡陵平”条下。

书·张陈王周传》：

> 高祖为沛公初起，勃以中涓从攻胡陵，下方与。方与反，与战，却敌，攻丰。[1]

那么，刘邦本人参加了几次进攻？确定了这一点，就可以分辨出整个刘邦集团的部署和行程了。

答案是，只有一次，即“一攻”。

如果只看《史记·高祖本纪》的记事主视角，方与县“四易大王旗”的趣事肯定是不得其详的，只看确切记载，胡陵县也起码易手过“三次”。最开始胡陵、方与为秦县，被刘邦攻克，换成了楚国大旗；待其撤回丰邑应对“泗水监平”的讨伐大军时，又反为秦县；而刘邦主力此时攻向了薛县的“泗川守壮”，击破该路人马后，又派曹参偏师扫荡胡陵、方与，两县再度换上了楚国旗帜；当魏国相国周市的大军开来，方与又反为魏地，胡陵未有记载。

所以，一县确定“四易”、一县至少“三易其手”，时间只在两月之内。

确定了这一系列事实，再看刘邦起兵后的军事谋划，就会发现其间的妙处。

刘邦起兵恰与周文在关中的“戏”战败同月，紧跟着即撤出沛县，转向丰邑，原因应该就是沛县城大，且在泗水之

---

① 班固：《汉书》卷四十《张陈王周传》。

畔，属于交通要冲，面对秦朝的讨伐大军难以抵抗，所以主动转进。

但是，在撤出沛县之后，刘邦所部并非无所作为，而是北上胡陵、方与，其目的应该就是为了向西与正在掠取魏地的周市所部建立联系，通俗地说，“抱大腿”。

之所以做出这个选择，同样与秦朝的讨伐大军有关，胡陵位于泗水与南梁水交汇处，方与位于泗水与菏水交汇处，都属于交通要冲，对于秦朝的重要性要远远胜于丰邑，故此，沿泗水北上平乱的秦军，一定会被调动至“外线”，而不会直接摧毁义军的根据地。

当然，以上是基于地理的猜测，未必准确，但是之后形势的变化方向，却侧面印证了上述判断。

在刘邦“一攻”胡陵、方与之后，很快就迎来了秦朝的讨伐大军，从结果看，分为了两支，但其“分兵”的地点和前线基地，应该就是刘邦刚刚弃守的沛县，在“收复”沛县后，“泗水监平”和“泗川守壮”分作两军，前者扫荡刘邦部，后者进攻陈武部。

“泗水监平”并未直奔胡陵，而是转向西，沿“泡水”攻丰邑，这个意图应该被刘邦所部侦知，所以才“还守丰”，并遭遇了秦军的围城，两天后，刘邦军出战，这个“时间差”，应该就是刘邦主力回援的时间，里应外合故而“大破之”。

战败的“泗水监平”则应该是先逃往沛县，又在义军的追击下不得坚守，选择向北逃往胡陵而非向东到薛县投靠“泗川守壮”，这个证据就是樊哙独有的经历“复东定沛”，说明他的追击得力，而刘邦部下的其他将领在后徐行，樊哙几乎兵不血刃即拿下了沛县。

重新控制沛县后，刘邦所部并未趁势北上，而是选择出其不意，所以，全军向东，在薛县郭西，也就是外城墙西面，击破了秦军，这个战斗位置也说明了“泗川守壮”应该正在攻打薛城，却遭到了突袭，甚至是夹击。

战败的“泗川守壮”在原路逃回沛县的途中，被刘邦的部下斩杀于戚县。

挟大胜之威，才有了“二攻”胡陵、方与，曹参领兵到胡陵城下，经夏侯婴和萧何的劝说，“泗水监平”在胡陵投降，很可能就是在这个过程中，“郡卒史”周苛、周昌兄弟才和平地转到了刘邦的旗下。

在胡陵投降后，刘邦分兵两路，主力随刘邦沿泗水北上“亢父”，在这里有一位“客”加入，即平棘懿侯执[①]，应该就是“和平迎接”刘邦的重要人物；另一路则由曹参率领，沿菏水攻方与，并就此“徙守方与”镇守该地，跟随他的人就包括周勃。

萧何、夏侯婴和樊哙，则应该随刘邦至亢父接收“新地盘”，却不想周市统率的魏国大军直奔方与，曹参部与刘邦部因而会师方与和魏军对峙，没想到方与县竟然反叛，主动归附魏

---

① 班固：《汉书》卷十六《高惠高后文功臣表》作“林挚”。

国，刘邦主力“未战”，曹参部则对方与县“击之”，所以才有周勃的“与战，却敌”。也就是说，城池已丢失，还主动进攻了曹参部，周勃领兵击退了方与的魏军。

更险恶的是，周市的“封侯”承诺还拉走了雍齿，丰邑也“反为魏”，此时刘邦集团的控制区理论上应该还剩四县，即沛县、胡陵、亢父和戚县，都在泗水沿线，在集中全部主力攻丰邑却“不能取”之后，“沛公还之沛”，也就是回归沛县，极可能此外三县也已全部丢失。

在第一阶段结束时，刘邦的创业故事就像一场“春梦”，在“独立自主”的辉煌之后迅速沉寂，就像画了一个圈，起于沛县，只余沛县。

这个过程中的两次战斗，既无兵力数目，也无细节记录，远不如《史记》中极富笔墨的“破釜沉舟”和“背水一战”。

现实是，刘邦集团是同时期唯一曾正面击败秦军的义军，原因也并不复杂，就是刘邦本人的“知兵”，见《史记·留侯世家》和《汉书·张陈王周传》：

> 良数以《太公兵法》说沛公，沛公善之（《汉书》作沛公喜），常用其策。良为他人言，皆不省。良曰：“沛公殆天授。”故遂从之，不去见景驹。[①]

古人关注“天授”，今人关注“常用其策”，重点在于“以

① 司马迁：《史记》卷五十五《留侯世家》。

《太公兵法》说沛公……良为他人言，皆不省”，别人听不懂，刘邦能懂，说明两人的“文化程度”相近，具有良好的沟通界面，同时，具有相似的军事才能和悟性，而非对未知知识的“盲从”。

通俗地说，刘邦本人就“能打”，否则，丰邑之战和薛西之战，两次疾风骤雨一样的“里应外合”就没法指挥得如此娴熟。

历史的吊诡之处就在这里，“能打”的地盘丧尽、龟缩一县，陈胜、周市等“不能打”的却可以“徇地数十城”。

原因有两条：

（1）名位；

（2）国别。

必须指出的是，“名位”本就与“国别”有关，所以，刘邦在起兵之后遭遇了一次大起大落。虽然他也想在军事上和魏相周市对抗一下，却没想到丰邑、方与这些与“魏人”瓜葛较深的地方转手就把他这个“楚国”的沛公给卖了。

更恶劣的是，他的军事进攻并不奏效，而我们之前提到，刘太公带领着刘氏宗族一直居住在“丰”，刘贾、刘泽这两个从父兄、从祖昆弟的存在也说明，刘氏宗族的人丁还算“兴旺”，那有没有支持“楚人”刘邦呢？

恐怕是没有的，见《汉书·楚元王传》：

高祖既为沛公，景驹自立为楚王。高祖使仲与审食其

> 留侍太上皇，交与萧、曹等俱从高祖见景驹，遇项梁，共立楚怀王。[①]

这里的“仲”就是刘仲，后来的代王，刘邦让他和审食其一同“留侍太上皇”，时间却在景驹立楚王之后，即第一次进攻丰邑失败时。

《史记·高祖功臣侯者年表》中记载：

> （辟阳侯审食其）以舍人初起，侍吕后、孝惠沛三岁十月，吕后入楚，食其从一岁，侯。
>
> （合阳侯刘仲）高祖兄。兵初起，侍太公守丰，天下已平，以六年正月立仲为代王。高祖八年，匈奴攻代，王弃国亡，废为合阳侯。[②]

这就意味着太公在刘邦起兵之后，仍居住在丰邑，待丰邑“失守”归魏后，才迁居沛县，所以，审食其才能侍吕后、惠帝三年零十个月，正好是从刘邦起兵之月至彭城战败后的时间差。这也就说明，审食其在太公与刘仲迁沛之前，就已经在沛县了。

举家迁居沛县，这种羞辱感恐怕不轻。

---

① 班固：《汉书》卷三十六《楚元王传》。

② 司马迁：《史记》卷十八《高祖功臣侯者年表》。

第二节

东阳宁君，鲜为人知的“伯乐”

丢失“丰邑”之后，沛公刘邦“痛定思痛”，主动向楚国的“法统”靠拢，以获得楚人的支持，来“驱逐”魏国对楚地的“蚕食”，即《汉书·高帝纪》里说的：

> 沛公往从之，道得张良，遂与俱见景驹，请兵以攻丰。[①]

见景驹之时，刘交与萧何、曹参、张良一同前往，这算是主动参与，也是刘氏宗族对刘邦集团最大的“参股”，而刘邦的全员觐见，并没有得到自己想要的东西，名位上毫无所得，反而要跟随景驹东征西讨。

值得注意的是，张良的参与，在此处写法是“道得张良”，也就是在去“留”的路上碰上了张良，而《史记·留侯世家》

① 班固：《汉书》卷一《高帝纪上》。

里则写道：

景驹自立为楚假王，在留。良欲往从之，道遇沛公。沛公将数千人，略地下邳西，遂属焉。沛公拜良为厩将……故遂从之，不去见景驹。[①]

到底张良去见景驹没有？两人相遇的地方在哪儿？因为有这个矛盾，所以，班固在《汉书·张陈王周传》中直接删去了“不去见景驹”之语，其实结合《史记·留侯世家》记载封侯时张良的自述可知：

良曰：“始臣起下邳，与上会留，此天以臣授陛下。陛下用臣计，幸而时中，臣愿封留足矣，不敢当三万户。”[②]

张良本人承认自己“起下邳”，在留县与刘邦见面，注意，下邳和留县距离不近，虽有泗水连接，中间还隔着彭城，这个乾坤大挪移是如何做到的，也就引出了刘邦参与的第二阶段的战争，即“景驹部下”，这短短三四个月时间（秦二世二年正月投景驹，当年四月即投项梁）也隐藏着一段历史的隐情。

见《汉书·高帝纪》：

正月，张耳等立赵后赵歇为赵王。东阳宁君、秦嘉立景驹为楚王，在留。沛公往从之，道得张良，遂与俱见景

① 司马迁：《史记》卷五十五《留侯世家》。

② 同上。

驹，请兵以攻丰。

东阳宁君、沛公引兵西，与战萧西，不利，还收兵聚留。[①]

这里“东阳宁君”是个非常重要的人物，与秦嘉共立景驹，刘邦在之后也应该归属于他旗下与秦军别将会战，但在项梁火并秦嘉、景驹的战争记载中，却没有提到这个人，作为和刘邦一起扛过枪的“老领导”，此人的消失着实令人费解。

“东阳”应为地名，秦嘉是凌县人，围攻东海郡治郯县时自称大司马，与地处淮南的“东海郡东阳县”并无关联，所以，“东阳宁君”要么是籍贯在“东阳县”，要么就是以“东阳”为封邑。

翻查一下陈胜起义后从起的“大势力”，唯一与“东阳”有关，且“排他”的，就只有一个人——陈婴，日后的大汉“堂邑侯”，汉武帝第一任皇后陈阿娇的曾祖父。

确定了这份渊源，楚汉之争中的很多谜团其实可以迎刃而解，比如项羽自请入关灭秦，楚怀王身边的“老将”提出，沛公才是长者，应该派他去，作为边缘势力的刘邦如何进入“老将”的法眼，可谓真相大白，因为陈婴当时正是楚怀王的“上柱国”……

陈婴的经历非常神奇，如果只读“本纪”“列传”，你会发现他的经历乏善可陈，由于为人“信谨”，以“长者”之名著

---

① 班固：《汉书》卷一《高帝纪上》。

称，身为秦朝的前东阳县令史，却被聚众杀死县令的东阳少年们推举为领袖，之后的过程，见《史记·项羽本纪》：

> 遂强立婴为长，县中从者得二万人。少年欲立婴便为王，异军苍头特起。陈婴母谓婴曰："自我为汝家妇，未尝闻汝先古之有贵者。今暴得大名，不祥。不如有所属，事成犹得封侯，事败易以亡，非世所指名也。"婴乃不敢为王。
>
> 谓其军吏曰："项氏世世将家，有名于楚。今欲举大事，将非其人，不可。我倚名族，亡秦必矣。"于是众从其言，以兵属项梁。
>
> 项梁渡淮，黥布、蒲将军亦以兵属焉。凡六七万人，军下邳。

翻译一下，就是陈婴聚众两万人，险些被推举为"王"，被其母亲劝说，你家祖上没有"显贵"，不要出头，跟着别人，胜了有封侯之赏，败了也好跑。陈婴听了，对他的部下说，项家世代为楚将，咱要想举事，还是得靠名家将门，于是部下都听他的话跟随项梁。

等到项梁渡过淮河，黥布和蒲将军也带兵来投，总数六七万人，驻扎在下邳。

只可惜，这段追述放置在项梁渡江，派使者联络陈婴之后，时间线并不确凿，在《史记·秦楚之际月表》中，召平见项梁在秦二世二年正月，项梁渡江则在秦二世二年二月，同月，陈婴从属于项梁。

也就是说，陈婴“不敢为王”和“谓其军吏归属项氏”两件事之间可能同样存在因果关系，却并非是一时一地发生的事件。

值得注意的是，在这段记载中有一个可以作为“时间锚点”的叙述，即夹在其中的“异军苍头特起”，后世常将其解为陈婴所部以青布裹头起兵，其实错了，“苍头”确实是军队，不过是吕臣在陈郡新阳县起兵所统的“苍头军”，见《史记·陈涉世家》：

> （秦二世二年）腊月，陈王之汝阴，还至下城父，其御庄贾杀以降秦。陈胜葬砀，谥曰隐王。陈王故涓人将军吕臣为仓头军，起新阳，攻陈下之，杀庄贾，复以陈为楚。[①]

秦二世二年十二月（腊月），陈胜被杀，紧随其后，吕臣组织苍头军反攻陈县，杀死庄贾，“复以陈为楚”，此处的“楚”实为陈王的“张楚”。

“异军特起”实际上是想以陈婴为“楚王”，不再奉陈胜的法统，与“苍头军”相异而另搞一摊，在这一点上，秦嘉倒与“东阳少年”们不谋而合，在陈胜势大时，迫不得已打一面“张楚”旗，仍想着自行其是，自称“大司马”。

那么，秦嘉和陈婴有什么共同点呢？

《史记·货殖列传》：

---

① 司马迁：《史记》卷四十八《陈涉世家》。

> 夫自淮北沛、陈、汝南、南郡，此西楚也……陈在楚夏之交，通鱼盐之货，其民多贾。徐、僮、取虑，则清刻，矜已诺。彭城以东，东海、吴、广陵，此东楚也。其俗类徐、僮……衡山、九江、江南、豫章、长沙，是南楚也，其俗大类西楚。[①]

注意这个区域，以及秦嘉所统义军的籍贯，《史记·陈涉世家》：

> 陵（即凌县）人秦嘉、铚人董緤、符离人朱鸡石、取虑人郑布、徐人丁疾等皆特起。[②]

铚、符离、取虑三县均在泗川郡南部，沿睢水至下汇入泗水，而徐、凌也在淮泗之间，从地理、民俗区域上划分，实则均属于“东楚”，也就是与“西楚”地区“异俗”。

正因为“异俗”，陈胜这个“西楚人”也就占了“首义”的名头，得以成为共主，从记载来看，“东楚人”对于“立楚王”一直有着诡异的执着。

第一位立襄彊为楚王的，就是泗川郡符离县人葛婴，第二位立景驹为楚王的是东海郡凌县人秦嘉，第三位建议立楚怀王的则是九江郡居鄛县人范增，人选标准，也应该是“楚后”，这种极其尊重传统权威的思维方式，倒是与“清刻，矜已诺”的保守主义形象两相契合。

---

① 司马迁：《史记》卷一百二十九《货殖列传》。

② 司马迁：《史记》卷四十八《陈涉世家》。

陈婴，恰恰也是“东楚人”，东阳县与凌县同属东海郡，秦嘉甚至围攻了东海郡治，两人真的完全没有交集，只是“平行线”？

过往的史事叙述，往往将“陈婴归项梁”与“东阳宁君、秦嘉立景驹”分别看待，但有了刘邦、张良这两位重要人物的连缀，历史的真相应该是一体、综合的。

有了“异军苍头特起”做标志，那么，陈婴被拥戴为“王”的时间，必然在秦二世二年十二月之后，却一定在“东阳宁君”与秦嘉“立景驹”之前，因为相比“苍头军”的“张楚”，“景驹”的“楚”距离东阳要近得多，说是“异军（苍头）特起”，就完全不合适了，那么，时间下限也很清楚，即秦二世二年正月，而项梁渡江和陈婴投项的时间都是确定的，《史记·秦楚之际月表》记录为秦二世二年二月。

由此可知，陈婴绝不可能是一起兵就投入了项梁的麾下，整段记载在时间上，已经可以确认这不是一时一地的事。

不仅如此，如果“东阳宁君”和陈婴为两个人，那么，“东阳宁君”就不可能以“东阳县”为封邑，因为在陈婴未反之前，秦地不可能封给他，在陈婴反叛之后，这地方也没他的份儿，《史记·秦楚之际月表》记载，秦二世元年正月，“东阳宁君”与沛公一同在萧西（砀西）迎战秦军失利，也就意味着时间上存在矛盾。

那么，有没有可能是“东阳”籍贯出身的姓“宁”的一个人呢？

可能性极小，因为“东阳宁君”与“秦嘉”共立楚王，又带兵转战留县附近，即在泗川郡北部活动，这都需要实力和兵力，横空出世一个月后又神秘消失，未必没有先例，却并不符合逻辑。

也就是说，陈婴有非常大的可能就是“东阳宁君”，而只有二者为一人，一些史书记载的未尽之处才能说得通。

正因为陈婴在东阳起兵之后，与同出“东海郡”的“东楚人”秦嘉联合，一同经略东楚地区，才能在陈胜战败逃跑的大形势下，稳住这一区域，甚至有所扩张。

《史记·陈涉世家》中记录了葛婴在“东线”的扩张成果：

> 铚、酂、苦、柘、谯。①

以上五县，地处陈县东方，为泗川郡、陈郡、砀郡交界，并未触及砀县、相县、栗县至睢阳、襄邑、雍丘的睢水主交通线，而秦嘉所部则主要出自淮水、泗水下游诸县，主力也集中在下邳北方的郯县。

而在立景驹为王后，这支“楚军”的活动范围记载，扩大到了留县、萧县、砀县、下邑、胡陵、方与，等于将刘邦所控制的沛县也囊括其中，《史记·陈涉世家》：

> 秦嘉等闻陈王军破出走，乃立景驹为楚王，引兵之方与，欲击秦军定陶下。②

方与尚在胡陵之西北，之前均为魏国的周市所占据，而秦

① 司马迁：《史记》卷四十八《陈涉世家》。

② 同上。

嘉兵团北上至此，并想要沿着菏水西进，越过昌邑、东缗进攻定陶的秦军，说明此地仍在魏国的治下，包括丰邑。

之所以有这个举动，恰在于对秦军的反应，见《史记·魏豹彭越列传》：

> 章邯已破陈王，乃进兵击魏王于临济。[①]

此事《史记·秦楚之际月表》记在秦二世二年正月，也正是这个月：

> 沛公闻景驹王在留，往从，与击秦军砀西。[②]

刘邦所面对的这一路秦军，并不是章邯攻魏的主力，而是由“别将”司马尸（应是古“仁”字，颜师古注释为“夷”）率领的偏师，见《史记·高祖本纪》：

> 是时秦将章邯从陈，别将司马尸将兵北定楚地，屠相，至砀。东阳宁君、沛公引兵西，与战萧西，不利。还收兵聚留，引兵攻砀，三日乃取砀。因收砀兵，得五六千人。攻下邑，拔之。还军丰。

“北定楚地”这几个字很有意思，指明了司马尸的来处为陈县，但其任务是在章邯主力转向魏地后扫荡楚地，所以，其行

---

① 司马迁：《史记》卷九十《魏豹彭越列传》。

② 司马迁：《史记》卷八《高祖本纪》。

程很可能在“城父”“下成父”向北、向东扫荡，经铚县越睢水北“屠相”，“屠”有攻克之义，也可理解为屠城，不知何种为确，但相县地属泗川郡，也是故楚地，而“砀”，无论是砀县还是砀郡，都应属故魏地。

所以，在地理表述上，“萧西之战”，在《史记》《汉书》中有不同的提法：

> （曹参）北击司马欣军砀东，取狐父、祁善置。①
>
> （周勃）击秦军砀东。还军留及萧。②
>
> （樊哙）与司马巳战砀东，却敌，斩首十五级，赐爵国大夫。③
>
> （夏侯婴）从击秦军砀东。④
>
> （刘邦）与击秦军砀西。⑤

砀县之东、萧县之西，正是魏地和楚地的交界处，大致范围很清楚，也就是同一次战斗，刘邦部下的几个亲信将领均参与了这次战斗，战果上，樊哙的叙功应该是合适的，即“却敌”，打退了秦军，没有被秦军吃掉，但也没有占到便宜，所以，刘邦所部才撤回了留县休整。

此次战败后，迎来刘邦集团的第二次发展高潮。

---

① 班固：《汉书》卷三十九《萧何曹参传》。

② 班固：《汉书》卷四十《张陈王周传》。

③ 班固：《汉书》卷四十一《樊郦滕灌傅靳周传》。

④ 同上。

⑤ 司马迁：《史记》卷十六《秦楚之际月表》。

第三节

“长者”的巧妙背叛，楚国人不打楚国人？

打输了会战，反而获得了新的发展机会，这算是刘邦的一大创举。

《史记·高祖本纪》：

> 引兵攻砀，三日乃取砀。因收砀兵，得五六千人。攻下邑，拔之。还军丰。①

《汉书·高帝纪》里还增加了“与故合九千人”之语，就是加上旧部，总兵力达到9000人，可见此次扫荡的范围并不小，另见其他人的传记：

> （曹参）又攻下邑以西，至虞，击秦将章邯车骑。②

---

① 司马迁：《史记》卷八《高祖本纪》。

② 班固：《汉书》卷三十九《萧何曹参传》。

（周勃）复攻砀，破之。下下邑，先登。赐爵五大夫。攻兰（蒙）[①]、虞，取之。击章邯车骑殿。[②]

注意，砀东（萧西）之战，刘邦集团主要将领均有参与，但并非猬集一处，比如曹参，就“取砀、狐父、祁善置”，其地并不在“萧县”附近，而是在砀县西边。也就是说，“砀东之战”中曹参应为“别动队”，活动在主战场的后方。

自此之后，刘邦集团的分兵态势明显，曹参参与“攻砀之战”，却没有参与“下邑”之战，但周勃和曹参，则明显在“打配合”，周勃攻砀、攻下邑，负责攻城，攻克后，曹参越下邑出击至虞县，周勃为其殿后，攻克蒙、虞，两部后来均参与了对章邯车骑部队的袭击。

反观樊哙和夏侯婴这两个“常从”的角色，都没有此“攻砀之战”“下邑之战”和“蒙、虞之战”，乃至于“击章邯车骑”的记录，这就非常有意思。

整理一下，刘邦亲自统领攻砀、下邑，确定随从的只有周勃，最直接的原因应该就是周勃一直统率“步兵”，而曹参在当时应该发挥的还是“别将”的作用，即驻军在砀县西方的狐父、祁善置，也就是“打援别部”，而樊哙和夏侯婴作为刘邦的亲卫“车骑”，并没有参与攻城，或是另在别处。

攻克下邑之后，刘邦还军进攻丰邑，曹参、周勃则一路沿

① 班固：《汉书》卷四十《张陈王周传》，《史记》作“蒙”，应从《史记》。

② 班固：《汉书》卷四十《张陈王周传》。

谷水向孟渚泽方向的虞县突击，此时，“东阳宁君”已经不在，为何？

《汉书·高帝纪》：

> （秦二世二年）二月，攻砀，三日拔之。[①]

此月，陈婴已然投奔项梁，这就涉及另外的记载了，见《史记·项羽本纪》：

> 当是时，秦嘉已立景驹为楚王，军彭城东，欲距项梁。[②]

由此记载可知，项梁北上之前，秦嘉原本与景驹在方与、胡陵一线进攻章邯主力秦军，是为北线战场，派出东阳宁君和刘邦一同抵御秦军别部，是为西线战场，那么南线呢？

按道理，东阳县地处淮河之南，恰恰是“稳固”的大后方，而项梁渡江北上，虽有邗沟水路凭借，东阳陈婴仍是首当其冲，所以书信联络陈婴合作，完全可以理解的是，当东阳宁君与刘邦在砀东失利撤回留县后，得到项梁北上的消息，陈婴受命南下阻击，由于一路上泗水水路畅通，顺流而下，不过几天的时间，就收到了项梁递出的橄榄枝。

陈婴面对选择，对“军吏”宣称的“项氏名门”，与“自王”或是立项氏为“王”都不相关，而只是解释了投降项氏灭

① 班固：《汉书》卷一《高帝纪上》。

② 司马迁：《史记》卷七《项羽本纪》。

秦的必然性，所以快速反水。

也正因为如此，项梁所部快速通过了秦嘉起家的东海郡大部地区，直抵下邳，而秦嘉的抵抗，只能到彭城东面驻扎，说明反应迟缓，否则应该在更南方的下邳或下相阻击对方，而陈婴在楚怀王政权中的“上柱国”身份，以及把持楚怀王首都的权柄，都说明他在项梁北上过程中绝不只是引兵投奔的功绩，否则，英布和蒲将军也应该位列将相了。

至此，就可以解释刘邦的“略地下邳西”和张良的“起下邳”了。实质上，刘邦是在“砀东之战”受挫后，领部下主力追随东阳宁君陈婴沿泗水南下至彭城，转向下邳，大约在此处，他遇到了投奔来的张良，而东阳宁君陈婴则接到了项梁的书信，双方自此分道扬镳，刘邦也并未回归留县，而是直奔砀县。

因为在秦二世二年正月至二月间，吕臣的“苍头军”在陈郡新阳县复起，重新攻破了陈县，秦军左右校再次攻破陈县后，又被当阳君黥布在“清波”击败，而章邯主力则一直在临济围困魏王咎，并在东郡、砀郡北部扫荡，原本进攻泗川郡的秦军兵力逐渐被抽空。

所以，刘邦直攻由曹参部监视的砀县、下邑，一举攻克之，当然，也不排除另一种可能性，那就是攻克此二城的本就是曹参、周勃所统的“别部”，刘邦主力根本没参与，这也就可以解释为何动辄先登、斩首的樊哙和给刘邦驾车统车骑的夏侯婴都没有相关的记录。

这也可以解释，为什么《史记·留侯世家》中写道“故遂从之，不去见景驹”，而《汉书·张陈王周传》则删去了“见景驹”，在《汉书·高帝纪》中却添加了一句《史记·高祖本纪》中没有的“道得张良，遂与俱见景驹”。

也就是说，《汉书》作者班固把一件明白的事儿说不明白了，现实是刘邦去下邳本就在见景驹之后，收编张良后，他们的目的地就不是留县，所以，张良要见景驹，就要“去”，而不是“俱见”，《汉书》的修改是错误的。

值得注意的是，上述过程中，张良也是旁观者，之前的引文中就提到了：

> 良数以《太公兵法》说沛公，沛公善之（《汉书》作：沛公喜），常用其策。良为他人言，皆不省。

刘邦处理复杂时局的“高明之处”在他与陈婴分道扬镳的过程中很明显地展示出来，陈婴投奔项梁必有回报，而他作为归属于陈婴指挥的独立势力，绝不可能得到同样的重视，况且刘邦自家的“基本地盘”还在秦嘉军的包围之下，投奔过去也是“丧家之犬”。

况且双方胜败未知，所以，他才在秦嘉集团和项梁集团火并的前夕脱身到“抗秦”的前线，从秦军手里争地盘，壮大自身的实力，而张良的“数……说沛公”，很可能就是针对这个大事件。

在砀县和下邑的胜利，也支撑了刘邦割据一方的信心，又还攻丰邑，再次失利，但也躲过了项梁和秦嘉的厮杀，至秦二世二年四月，秦嘉败死，过程见《史记·项羽本纪》：

项梁谓军吏曰："陈王先首事，战不利，未闻所在。今秦嘉倍陈王而立景驹，逆无道。"乃进兵击秦嘉。秦嘉军败走，追之至胡陵。嘉还战一日，嘉死，军降。景驹走死梁地。项梁已并秦嘉军，军胡陵，将引军而西。[①]

秦嘉在彭城战败北逃，连留县都没待，一路退过沛县，沿着泗水逃到了胡陵，本人战死，部下投降，景驹跑到了魏国的地盘死去，而项梁驻军在胡陵，准备领兵西进。

值得注意的是，上一个月，即秦二世二年三月，刘邦进攻丰邑失败，也投向项梁，见《史记·秦楚之际月表》：

攻拔下邑，遂击丰，丰不拔。闻项梁兵众，往请击丰。[②]

这里说刘邦"闻项梁兵众"，就去请求出兵攻丰邑，问题是，此时秦嘉还未战败，则刘邦并非是头一次听说项梁，而是选择了最合适的时机投奔项梁，秦嘉的地盘布局沿着泗水拉成了一字长蛇阵，南至彭城，北至方与，沛县正好居中，刘邦在决战前向项梁输诚，等于是拦腰一斩。

同时叛离秦嘉的，应该还有朱鸡石和余樊君，所以才会有《史记·项羽本纪》：

章邯军至栗，项梁使别将朱鸡石、余樊君与战。余樊

① 司马迁：《史记》卷七《项羽本纪》。

② 司马迁：《史记》卷十六《秦楚之际月表》。

君死。朱鸡石军败，亡走胡陵。项梁乃引兵入薛，诛鸡石。项梁前使项羽别攻襄城，襄城坚守不下。已拔，皆坑之。还报项梁。[①]

注意这个地理范围，章邯军到栗县，位置在睢水岸边，睢阳和砀县之间，项羽围攻的襄城应为“襄邑”也在睢水岸边，地在睢阳西北。也就是说，在秦军的西方，结合章邯军一直围攻东郡临济的过往，其来处，应该是自定陶、成武、单父向南跨越孟渚泽和谷水，经虞县至栗县，也就是由北向南来，一举切断楚军自东向西沿着睢水、谷水的扩张势头。

在这个区域内，可知的控制线，应该是景驹楚军控制彭城、留县、萧县、相县、栗县、睢阳，刘邦控制砀县、下邑、沛县，丰邑则为魏军雍齿部所有，将刘邦控制区割为两块，所以刘邦才反复进攻“丰”，不单纯是故乡的心理因素。

而虞县、蒙县或许均为秦军所有，也是章邯军南下的交通线。上述景驹楚军控制区的西部沿睢水部分，很可能和刘邦一样，在项梁与秦嘉决战前已经叛离，即相县、栗县、睢阳等处，而项羽“别将”进攻的襄邑未必就是“为秦守”，很可能是面对分路收降纳叛的项羽不服从的秦嘉旧部，而无论是什么人，项羽都“坑之”。

正因为都是叛将，刘邦也不例外，所以，项梁才驱使朱鸡

① 司马迁：《史记》卷七《项羽本纪》。

石、余樊君与栗县的章邯死磕，同时参战的，还有砀、下邑的刘邦部，所以，才能看到曹参和周勃：

> （曹参）又攻下邑以西，至虞，击秦将章邯车骑。[①]
>
> （周勃）攻兰（蒙）、虞，取之。击章邯车骑殿。[②]

章邯主力扫荡睢水沿岸的朱鸡石、余樊君主力，偏师曹参、周勃则在谷水沿线扫荡章邯的后路，袭击章邯后军的车骑部属，胜败未知，车骑肯定无法攻城，而此时，刘邦所部的控制区再次扩张，有沛、下邑、蒙、虞、砀。

故此，在秦嘉军战败之前，其势力已经瓦解，所以，战败之后，自彭城直奔胡陵，既无阻碍，也无支援，但“长者”人设的刘邦也没有落井下石，而是放任双方火并。等到尘埃落定之后，项梁在胡陵的十余万大军转入薛县，刘邦才亲自去薛县面见项梁，而项梁增援给他五千卒，五大夫将十人，既是“投资”，也是“酬功”。

至此，刘邦完成了事业的第三次飞跃，总兵力达到了14000人，也攻克了心心念念的丰邑故乡，地盘跨越泗水、谷水和睢水三大河，成为砀郡、泗川郡间的一大势力。这个过程中，东阳宁君陈婴到底贡献了多少“上层关系”，由于他与刘邦的“主从异位”，又是西楚的降臣，当年的“渊源”当然不能宣

---

① 班固：《汉书》卷三十九《萧何曹参传》。

② 班固：《汉书》卷四十《张陈王周传》。

之于口，使得我们只能从史书记载的蛛丝马迹中还原真相，至于具体如何，恐怕永远都是一个谜了。

因为在“立楚怀王”之后，陈婴走上了人生的巅峰，也彻底离开了历史舞台的中央，见《史记·项羽本纪》：

> 陈婴为楚上柱国，封五县，与怀王都盱台。[①]

相当于说，陈婴交出了军队，不再参与楚国的扩张，只与楚怀王在淮东守家，而活跃在楚地前线的，是“自号武信君”的项梁，这个角色并非楚怀王之臣，而是更抽象的“楚国”之封君。

而他面临的形势也非常有意思，项羽攻克襄城之后的“还报”，与朱鸡石、余樊君的败死相关，也就意味着曹参、周勃虽然怼了章邯军一下，景驹楚国在砀郡的大部分扩张成果已然丢失，刘邦控制的下邑、砀县、蒙县、虞县已经成为楚国的“西界”。

在这个阶段，刘邦非常精彩地扭转了颓势。

之前提到，刚刚起兵的刘邦靠着出色的军事能力在反秦义军中第一个硬碰硬击败了郡守、郡监统率的秦军，却遭遇了能力之外的危机，那就是扩张地盘后面临“国别认同”的冲击，张楚“沛公”的名位也不足以稳定团队，结果除了沛县一地，吃进去的全部吐了出来。

---

① 司马迁：《史记》卷七《项羽本纪》。

此后他痛定思痛抱上了景驹、秦嘉新建立的楚国的大腿，在东阳宁君陈婴这个大佬的麾下领略了“高阶政治”，并在秦嘉与项梁两大集团争夺“楚国”正统的内战中找准位置，巧妙周旋，在最合适的时机，又不损人品、名声的将自己“卖给”了项梁。

以上故事，均发生在秦二世元年九月至秦二世二年四月的 8 个月间，一次挫折，三次飞跃，但汉王朝的基础，已渐趋成型。

在薛城参与拥立楚怀王后，刘邦已经成为掌握虞、蒙、砀、下邑、丰、沛六城，控遏泗水、谷水、睢水三大交通主干线交通枢纽的楚国西线重将，其拥兵 14000 人，已经占到项梁所统十余万大军的十分之一。

更重要的是，依照《史记》《汉书》的记载，刘邦集团早期扩张中兵力一直维持在 3000 人左右，在砀地增到 9000 人，又得到项梁五千士卒、10 名五大夫将的加强，其兵力并不包括“守兵”，而是随时能拉出去远离家乡作战的“脱产兵”，这才是“秦制”中前所未有的新鲜事物。

所以，请画一个重点，因为这也是自此至汉文帝前元二年十一月“罢卫将军军”，整整 30 年间西汉王朝政治变动的核心。

第四节

如果项梁不死，刘邦集团将不复存在

西汉王朝在这个时代都还是后话，现在刘邦集团还只有一半，也就是“本部”部分，“特将”“别将”们还没有全部加入，距离“争天下”还差着行市，所以只能踏踏实实地尽楚军的本分。

当西线的战事冷却之后，北线成为新的焦点，陈胜旧将周市所扶立的魏王咎在东郡的临济已经被围困数月之久，至秦二世二年四月，魏国已经支撑不下去了，《史记·秦楚之际月表》：

> 临济急，周市如齐、楚请救。[1]

另见《史记·魏豹彭越列传》：

---

① 司马迁：《史记》卷十六《秦楚之际月表》。

魏王乃使周市出请救于齐、楚。[①]

此时的楚国刚刚建立了“新核心”，还没有完成内部整合，要到秦二世二年六月，项梁才扶立楚怀王，在此前后，只是派出了亲族项它出征，《史记·魏豹彭越列传》：

齐、楚遣项它、田巴将兵随市救魏。章邯遂击破杀周市等军，围临济。咎为其民约降。约定，咎自烧杀。[②]

这段话虽然连贯，却并非发生于一时，因为在《史记·秦楚之际月表》中“秦二世二年六月”条下还有记载：

儋救临济，章邯杀田儋。荣走东阿。[③]

田儋时为齐王，自发兵亲征救临济，肯定在部将田巴随周市解围失败之后，见《史记·田儋列传》：

秦将章邯围魏王咎于临济，急。魏王请救于齐，齐王田儋将兵救魏。章邯夜衔枚击，大破齐、魏军，杀田儋于临济下。儋弟田荣收儋余兵东走东阿。[④]

也就是说，总共有两拨解围军队，一波是周市率领的齐楚

① 司马迁：《史记》卷九十《魏豹彭越列传》。

② 同上。

③ 司马迁：《史记》卷十六《秦楚之际月表》。

④ 司马迁：《史记》卷九十四《田儋列传》。

联军，被破杀，一波是田儋自将的齐军，被章邯夜袭击破，连田儋本人都被杀死，而有十余万众的项梁在干吗呢？

《史记·项羽本纪》：

> 居数月，引兵攻亢父，与齐田荣、司马龙且军救东阿，大破秦军于东阿。①

也就是说，项梁是坐视魏国被灭亡后，出兵救齐，当然，肯定没闲着，楚军的编制和训练应该有所提升，所以才有了不久后的“东阿大捷”，不过有一个更重要的“功课”恐怕才是内核，只是在过去的历史叙述中往往被忽略，这里先卖个关子，按照时间叙述前因后果。

之所以会战东阿，是田儋战败的余波，《史记·田儋列传》：

> 田荣之走东阿，章邯追围之。项梁闻田荣之急，乃引兵击破章邯军东阿下。②

注意，这两条记载有明显的抵牾，就是项梁引兵攻亢父是和谁一起救东阿的？按照上文中的常规断句，应该是“与齐田荣、司马龙且军”，问题是，田荣已经带着几千人被包围在东阿了，怎么和项梁一起？

自然断句应该是，“齐田荣司马龙且”，即齐国田荣的“司

---

① 司马迁：《史记》卷七《项羽本纪》。

② 司马迁：《史记》卷九十四《田儋列传》。

马”龙且与项梁一同救援田荣，大败秦军，这实际上告诉我们，原来，“龙且”不是楚将，而是齐将，甚至就是齐人。

在这个过程中，刘邦在干吗呢？

《史记·高祖本纪》中这个阶段的记载非常简略：

> 居数月，北攻亢父，救东阿，破秦军。齐军归，楚独追北，使沛公、项羽别攻城阳，屠之。军濮阳之东，与秦军战，破之。秦军复振，守濮阳，环水。楚军去而攻定陶，定陶未下。沛公与项羽西略地至雍丘之下，与秦军战，大破之，斩李由。还攻外黄，外黄未下。①

看起来，几乎就没刘邦什么事儿，《汉书·高帝纪》就加了一点儿戏：

> 七月，大霖雨。沛公攻亢父。章邯围田荣于东阿。沛公与项梁共救田荣，大破章邯东阿。②

由于“东阿之战”的记载不多，我们就连贯起来观察，一直到项梁战死前，这个阶段的刘邦集团的动向，还是得看看“诸将”：

> （曹参）攻爰戚及亢父，先登。迁为五大夫。北救阿，击章邯军，陷陈，追至濮阳。攻定陶，取临济。南救雍丘，

① 司马迁：《史记》卷八《高祖本纪》。

② 班固：《汉书》卷一《高帝纪上》。

击李由军，破之，杀李由，虏秦候一人。[①]

（周勃）定魏地。攻爰戚、东缗，以往至栗，取之。攻啮桑，先登。击秦军阿下，破之。追至濮阳，下甄城。攻都关、定陶，袭取宛朐，得单父令。夜袭取临济，攻张，以前至卷，破之。击李由军雍丘下。攻开封，先至城下为多。[②]

曹、周二人的前期作战经历非常丰富，几乎跑遍地图，远超同侪，可以作为地理上的参考。

更重要的是，周勃的记录里夹杂着奇怪的词语——“定魏地”，而曹参的记录中也明显少一个“从”字。

另见樊哙与夏侯婴：

（樊哙）常从，沛公击章邯军濮阳，攻城先登，斩首二十三级，赐爵列大夫。复常从，从攻城阳（《汉书》作阳城），先登。下户牖，破李由军，斩首十六级，赐上间爵。[③]

（夏侯婴）从击秦军砀东，攻济阳，下户牖，破李由军雍丘下，以兵车趣攻战疾，赐爵执帛。常以太仆奉车从击章邯军东阿、濮阳下，以兵车趣攻战疾，破之，赐爵执珪。[④]

可见，樊哙和夏侯婴，一个是大保镖（后来也任“郎中”），一个是大司机（即“奉车”），肯定是“常从”者，在本传里也

---

① 司马迁：《史记》卷五十四《曹相国世家》。

② 司马迁：《史记》卷五十七《绛侯周勃世家》。

③ 司马迁：《史记》卷九十五《樊郦滕灌列传》。

④ 同上。

要强调，而且这个文本强调，本身就是当时记录中的“一种功绩”，类似的公文词汇就是“常从”“常奉车”，而专门描述兵种功绩特征的则有：

步兵——“先至城下为多”；

车兵——“以兵车趣攻战疾”；

骑兵——“疾斗”“战疾力”“疾力”“疾战”。

了解了这些，再来分解上述记录就能读懂隐藏的信息了，那就是，刘邦本人的行动轨迹是：

东阿——濮阳——城阳——户牖——雍丘

其中，城阳是纯攻城战，所以樊哙为“先登”，这是攻城专有的名词。

东阿、济阳、户牖、雍丘之战则是野战，所以夏侯婴指挥兵车突击，立功升爵，而濮阳之战最为特殊，有野战、有攻城，所以夏侯婴和樊哙均有展现。

再反过来看曹参、周勃就复杂了，曹参攻“爰戚”“亢父”两县，均有“先登”之功，而周勃则攻“爰戚”“东缗”。也就是说，曹、周二人肯定不在刘邦本部，而是在前扫荡至东阿道路的先锋军。

曹参属于主力，所以，负责攻克亢父和爰戚，而周勃部则参与了扫荡爰戚和东缗的战斗，却并未“取之”“克之”，而是在项梁、刘邦主力大军来临时，转向了砀郡的“栗县”。

之前提到，章邯大军至“栗”后击败了朱鸡石、余樊君。也就是说，栗县已经被秦军占领，在这之后，刘邦部下的曹参、周勃都攻击了章邯军的车骑部队，也就意味着，要么是“抄”了集中在栗县的秦军后路；要么就是在章邯主力北上转向临济进攻魏王咎的过程中，“抄”了秦军的后路，攻克了蒙县和虞县。

但是，这并不能改变栗县归属于秦的结果，所以，本来在楚国西部边境驻守的周勃军在北上单父、东缗、爰戚的过程中，得知栗县的秦军有异动，返回镇压是完全有可能的，而这次小战斗的结果是，“取之”。也就是说，栗县也进入了楚国的控制。

中间还有一段插曲，那就是周勃在“东阿之战”前还攻克了“齧桑”。“齧桑”之地，在丰、沛附近，这次事件不知原委，很有可能是“邑”中百姓难以承受“义军”的盘剥，在项梁、刘邦的主力北上空虚后发动的叛乱。

毕竟自刘邦起兵反秦已近一年，仅丰邑就来回攻战三次，沛县作为泗水交通要津，往来的秦军、景驹楚军、项梁楚军、刘邦楚军如过江之鲫，前前后后二十万不止，百姓之苦可以想见。但是，周勃的偏师很容易“先登”扑灭了这个小火苗，转头参与本部的“东阿决战”去了。

“东阿之战”中，刘邦、曹参、周勃、夏侯婴、樊哙俱在，但是樊哙和夏侯婴的表现明显不多，樊哙无记载，而夏侯婴则是“常以太仆奉车从击章邯军东阿、濮阳下”，此处加了“太仆”，而不是常规的“常奉车”，有可能是刘邦本人、亲卫并没有冲锋陷阵，而是给刘邦驾车参与了野战立功，实际上是“团队功”，因而升爵。

反观曹参，则是“北救阿，击章邯军，陷陈”。“陷陈”通“陷阵”。“陷阵之功”，也是一种战场功绩表现的描述，即先锋突击敌军阵列，而周勃则只是参与了此战，可见，作为项梁统一指挥的一场大决战，刘邦集团只是部分接敌，而不是全军压上。也就是说，主角不是他。

这之后，追击战败撤走的章邯所部，“（楚）军濮阳之东，与秦军战，破之。秦军复振，守濮阳，环水”。也就意味着，接下来的濮阳之战是先野战，再守城，野战中秦军战败，又组织起力量守卫濮阳。

值得注意的是，《史记·高祖本纪》在这里写了两个字——“环水”，既可能是城中的秦军掘长壕引水防卫，也可能是城外的楚军以这个方式来围困秦军，从后来的发展来看，刘邦所部的行动很有意思。

曹参和周勃都参与了对秦军的追击，所以都有“追至濮阳”字样，但却没有显示参战，而樊哙却“攻城先登，斩首二十三级，赐爵列大夫”，然后在城阳攻城战中再次“先登”，也就意味着樊哙抢在了前头登城，还获得了23颗脑袋的斩首，这一行动无疑有些诡异。

同样诡异的是夏侯婴，他参加了砀东之战后，记载就直接跳跃到了攻济阳、下户牖，破李由雍丘下，并由此赐爵执帛，却又诡异地因为东阿、濮阳城下的战功，被晋升为执珪，而很明显，济阳、户牖、雍丘之战，都在东阿、濮阳之战后，等于是追述前功升爵，道理何在呢？

更诡异的则是夏侯婴等人的封爵，详见表 3-1。

表 3–1　夏侯婴等人封爵情况

	沛县起兵	胡陵之战	攻丰之战	砀东之战	下邑之战	亢父之战	濮阳之战	户牖之战	雍丘之战	项梁之死
曹参			七大夫			五大夫				执帛
夏侯婴	七大夫	五大夫							执帛	执珪
周勃		后于沛从			五大夫					
樊哙				国大夫			列大夫	上间		

也就是说，在项梁于薛郡给刘邦五大夫将 10 人，卒 5000 人的时候，有记载的“五大夫”爵的团队成员，只有夏侯婴和周勃，曹参还只是“七大夫”。要知道，“五大夫”在楚爵制和秦爵制中都是“卿爵”之下的重要门槛。也就是说，曹参“进步”不如周勃，应该因为其起步爵位就不如周勃。

这四人中爵位起步最低的竟然是樊哙，至砀东之战时才赐爵国大夫。也就是说，按照在团队中的爵位级别排序，竟然是夏侯婴第一，周勃第二，曹参第三，樊哙第四，是不是有点儿违背“常识”？

综合以上信息，我们可知，所谓“五大夫将”，其实就是统兵五百卒之“将”，并非“将军”的意思，刘邦团队中有记载的同级“将”，仅有夏侯婴、周勃二人，也就意味着项梁“给”的吏卒，其实是“掺沙子”的，而且是狠狠地“掺”。

所以，我们可以理解的是，项梁在“尽招别将”之后的“居数月”，其实是对这些“楚军”进行了整编，那么，刘邦的14000人，并不能作为事实上的“独立势力”，而极有可能被拆散使用。

这一点，我们可以从周勃和曹参的相关记载中得到印证。

注意，《史记·绛侯周勃世家》中夹杂着“定魏地”三个字，之前没有展开解释，其要点即在于，他的任务就是“别将、定魏地”，也就是远离主力，划定战区，问题是，他这位在刘邦投奔项梁之前的“五大夫将”，这个“定魏地”的任务是谁给的？

刘邦，还是项梁？

很可能并不是刘邦，对比一下几个人的行程：

甲组：

刘邦：亢父——东阿——濮阳——城阳——户牖——雍丘；

夏侯婴：东阿——濮阳——济阳——户牖——雍丘；

樊哙：濮阳——城阳——户牖。

乙组：

曹参：爰戚——亢父——东阿——濮阳——定陶——临济——雍丘；

周勃：爰戚——东缗——栗——齧桑——东阿——濮阳——甄城——都关——定陶——宛朐——临济——张——卷——雍丘——开封。

甲组和乙组最大的区别就是濮阳之战后，去“城阳”还是去“定陶”。

在《史记·高祖本纪》中记载明确：

> 使沛公、项羽别攻城阳，屠之……楚军去而攻定陶，定陶未下。沛公与项羽西略地至雍丘之下，与秦军战，大破之，斩李由。还攻外黄，外黄未下。[①]

刘邦本人受命攻“城阳”，樊哙相从，夏侯婴在攻城战中驾车，故无战功，此为一路。而周勃则在濮阳之战后，向东扫荡甄城、都关，二城均在“城阳”之北，甄城被攻克，而都关则为“攻”，说明时间上，或在刘邦、项羽之前打下甄城，开拓了进攻城阳的道路，而转向都关，即前后脚。

而曹参所部，在东阿“陷阵”之后，即追秦军至濮阳，再

① 司马迁：《史记》卷八《高祖本纪》。

转向定陶，也就是与周勃部在定陶城下会合，同时来的自然就是项梁主力。也就是说，曹参是随项梁主力行动的，但是周勃则作为“别动队”，突袭了定陶西方的“宛朐”。这个过程很可能受到了“起宛朐”的陈豨与靳歙的帮助，因为前者缺载，而后者的经历，在《史记·傅靳蒯成列传》中有记载：

> 信武侯靳歙，以中涓从，起宛朐。攻济阳。破李由军。[①]

之后，周勃攻克宛朐后与曹参合兵越过济阳，沿着济水西进袭击了临济，而夏侯婴所统的车兵则直接参与了济阳之战。此时，刘邦可能正和项羽一起从城阳赶来，因为此处的“从”，却没有提到“常以太仆奉车”。也就是说，夏侯婴是在刘邦的指挥下参战，但并没有作为刘邦的车夫亲自参战。

所以，樊哙毫无表现，而周勃和曹参则自始至终没有“从”的说法，说明其不在刘邦直接指挥下。

此战中，与夏侯婴一同进攻济阳的，应该是“以特将将卒五百人”的陈豨[②]，所以，兵力不足的情况下，只是“攻济阳”，而非攻克。

而从攻定陶的项梁军分出的曹参军，此时已经与周勃部会合，共同“夜袭取临济”，然后，两部分道扬镳，周勃所部则去向奇怪，《史记·绛侯周勃世家》作“攻张，以前至卷”，《史

① 司马迁：《史记》卷九十八《傅靳蒯成列传》。

② 司马迁：《史记》卷十八《高祖功臣侯者年表》作“前元年从起宛朐”，应为秦二世元年陈豨自起兵，至此时方才归属刘邦，故称“特将”。

记·张陈王周传》作“攻寿张，以前至卷”。“张”应为张县，去其地需沿济水东下，北过巨野泽方到“张县”，远在定陶、城阳的北方，跑过去相当于兜个圈子，再转身向西攻黄河南岸的卷县，非常奇怪，但“寿张”此时仍无此县名，更加奇怪，且有“以前至栗”的词组，略似之前“以往至栗”的词组，故此，周勃应该确实来了这么个折返跑。

另一路的刘邦与项羽本部则在济阳南下至“户牖”，此处小邑，夏侯婴和樊哙均有参战，并一举攻克。

樊哙的相关记载明确将“下户牖”与“破李由军”联系，斩首十六级，并赐“上间”爵，也就意味着，三川郡郡守李由的军队前锋已经到达外黄以北的“户牖”，明显是要与在濮阳的章邯所部建立联系，甚至夹击在定陶附近的项梁主力。

值得注意的是，曹参参加雍丘之战的表述为“南救雍丘”及“攻李由军，破之，杀李由”。也就意味着他在临济接到的不是会战的指令，而是仍在“楚国”或“魏国”治下的雍丘被李由围攻的消息，所以称“救”。周勃在“卷”县，也南下雍丘，夏侯婴却只提到了在雍丘破李由，樊哙则干脆没有提雍丘，又出现了矛盾。

还原一下过程：应该是刘邦和项羽亲自率领的主力部队，根本就没有到达雍丘城下，也没有亲自参与雍丘之战，斩杀三川郡守李由的只是曹参所部，周勃所部和夏侯婴的车兵不过是参与了此战，樊哙则根本没摸到边儿。

还原了这个过程，最大的发现就是有“从”与无“从”字的区别，曹参和周勃确实与刘邦在一个战场区域内作战，但是很明显已不归属于刘邦本人指挥，所以才会出现“取栗”和“攻张”这种乾坤大挪移的调动，因为这两个方向均与刘邦本部的作战任务毫无干系。

而且，曹参和周勃两支部队之间，还偶尔有攻战的配合，与刘邦、项羽合作的部队，则基本没有交集，甚至执行不同方向的作战任务，这种“配合”却不“配属”的方式的存在，说明项梁已经深度介入了刘邦集团的军事指挥，并不再将其视为一个整体，由此可以推测，刘邦军事集团的“被消化”应该是早晚的事儿。

这一点，也可以从夏侯婴本人诡异的封爵次序来观察，赐“执帛”爵，也就是“卿爵”，可称“某某君”的封君身份，应该是出自项梁的“论功行赏”。所以，里面提到的是“从击秦军砀东，攻济阳，下户牖，破李由军雍丘下，以兵车趣攻战疾，赐爵执帛”。也就是说，砀东之战、济阳之战、户牖之战和雍丘之战，夏侯婴并没有给刘邦驾车，以大将的“御者”身份出阵，而是变身为率领“兵车”突击的“车将”。

夏侯婴的“执珪”爵提升，则是以“常以太仆奉车从击章邯军东阿、濮阳下，以兵车趣攻战疾，破之，赐爵执珪”为理由，注意区别，“常以太仆奉车从击”和“从击”不只是多了几个字那么简单，“太仆奉车”常规意思是以太仆的职位亲自为皇帝驾车。

刘邦此时不但不是皇帝，甚至连独立建国的“诸侯”都不是，只是楚国的“县公”，也就是只有不完全主权的“封君”爵位，自然不可能设置二千石的“太仆”官，极有可能是“厩啬夫”“厩尹”之类的职位的“书写变通”。

而这个只与刘邦自身相关的封爵理由，与屡立战功的曹参、周勃相比，竟然领先一步，也说明了刘邦集团的爵赏，仍以刘邦本部为尊，并完全依据战功，那种“别将”“别属”的战功，可以视作项梁分化瓦解的结果，刘邦并不认可，还要软抵抗一番。

当然，以项梁的巧妙操作，刘邦所部的“本部化”，终究只是时间问题，假以时日，自然也就没有汉王朝了。万幸的是，秦军来帮忙了。

结　语

对于刘邦的成功，他自己、臣子或是后人的总结有一堆，但无论是“功臣功狗论”“人杰得而用之论”，还是“不吝惜爵赏论”，都是刘邦已经成为汉王之后，以功名爵禄驱使，名臣猛将得而为用的故事，讲的都是君王之道，一个众所周知的“从十到百”的过程。

虽然这是从“个体经验”出发最津津乐道的部分，因为最有代入感，但是，文本的自圆其说建构的基础，往往并不是事实逻辑的叙述，而是经过提炼的、历史角色人设之间的严密因果，比如妇人之仁、霸王之勇之类的“关键词”与成败之间的关系。

其实，中国历史上的成功者，“功夫”往往都不在明处，而是早有“伏笔”。

之所以如此，根源在于长期的“身份制社会”传统，哪怕有“科举制”之类的社会流动捷径沟通上下，绝大部分社会成员终其一生只能在出身决定的阶层打转，而阶层与职业的信息鸿沟，不但在承平时代限制着人们的突破，哪怕“乱世出英雄”时，出头的，也是早有“伏笔”的英雄，而并非某些人幻想的“竞争锦标赛”。

而最能发挥“伏笔”作用的，并不是“从十到百”，恰恰是“从零到十”。

刘邦身上的“伏笔”，恰恰在于拥有三项特殊能力和一项旁人难比的身份特质。

先说能力：

> （1）少年学书，青年游历，有学有术，见识广博，并非井底之蛙；
>
> （2）壮年为吏，对秦制非常熟悉，与“秦吏”可无缝对接，有治政能力；
>
> （3）秦朝亭校长出身，武猛有力，熟悉战阵，简言之，本人非常能打。

正因为刘邦见识广博，才能够编造“赤帝子杀白帝子”的故事，并在沛县起兵之初，即以一县之地祭祀“兵主蚩尤”并大张“赤帜”，这是“见识”“野心”，敢冒着族灭的风险当这个“沛公”，则是“胆量”。

见识、野心和胆量，加上对秦吏、秦制的熟稔，让他与萧何、曹参、夏侯婴这样的“县令史”紧密结合，可以说，“沛县”

和“三千子弟兵”都是这些秦吏的“陪嫁”。后来，他又收纳了“郡卒史”周苛、周昌进入核心圈。这都说明，刘邦深知“秦吏”手中的刀笔蕴含的恐怖能量。

这些正是他“从零到十”的基础，也就是“聚众”的根本，但要“用众”，并能够突破熟人关系、乡党关系的束缚，就涉及一种能力和一项特质。

刘邦在起兵之后，凭借秦朝军吏的能力，获得了反秦战争中第一次野战胜利，这对于整个集团的信心巩固是决定性的，得以有资格进入下一个阶段，即“扩张”。而此时，刘邦另一个独一无二的“特质”就浮出了水面，那就是——身兼“楚”“魏”的出身。

如果刘邦只是个郡县小吏，这些能力和特质毫无用处，用来谋生也很难摆脱自己和妻儿亲自下田的境遇，纯属“屠龙技”。但是，当他被抛入秦末大乱的怒潮之中，“楚地”的家乡、“魏人”的认同、“秦吏”的能力，让他得以塑造出多重面相，面对急速变幻的政局。

而这，才是刘邦在短短一年间“三易其主”，却总能步步高升的玄妙所在。

第四章

刘邦凭什么“先入关中者为王”？

第一节

项梁之死背后：吓破胆的项羽与脱队的曹参、周勃

在项梁的指挥下，虽然看似是楚军连连获胜，逼迫秦军退守，实则，秦军已经形成了东郡濮阳和砀郡雍丘两个重兵集团，南北包夹楚军的战略态势。

刘邦和项羽的任务就是打破李由的南线集团，而项梁在定陶则面对章邯的北线集团。

刘邦和项羽的任务执行得不错，项梁却被偷袭战败，这个时间刚好是秦二世二年九月，也就是两个月间完成了攻防转换，天翻地覆。

见《史记·高祖本纪》：

> 项梁再破秦军，有骄色。宋义谏，不听。秦益章邯兵，夜衔枚击项梁，大破之定陶，项梁死。沛公与项羽方攻陈留，闻项梁死，引兵与吕将军俱东。吕臣军彭城东，项羽

军彭城西，沛公军砀。[①]

很多人只注意了“骄兵必败”，却不关心项梁战败后的楚军格局，此处的记载说明，刘邦、项羽进攻“外黄”未下后，又转兵“陈留”，听说项梁战死，就带兵与“吕将军”一起东撤，最终的布局是刘邦在最西边的“砀”驻扎，吕臣驻军在“彭城”东，项羽驻军在“彭城”西。

则当时成建制在外略地的“楚军”别部，至少有刘邦、项羽、吕臣三支，又是一起东撤，也就意味着三方的作战区域都在东郡、砀郡区域内，项羽又是与刘邦一同活动，则上文中提及曹参、周勃“被配属”的部队，应该就是“吕臣”部。

在《史记·秦楚之际月表》的“秦二世二年九月”条下，几个势力的记载是：

（楚）徙都彭城。

（项）章邯破杀项梁于定陶，项羽恐，还军彭城。

（齐）田假走楚，楚趋齐救赵。田荣以假故，不肯，谓“楚杀假乃出兵。”项羽怒田荣。

（汉）沛公闻项梁死，还军，从怀王，军于砀。

（魏）魏豹自立为魏王，都平阳，始。[②]

注意，项羽“恐，还军彭城”，这才符合他二十多岁小青

① 司马迁：《史记》卷八《高祖本纪》。

② 司马迁：《史记》卷十六《秦楚之际月表》“秦二世二年九月”条。

年的正常反应，参天大树一样的叔叔战死了，吓坏了，六神无主，急忙撤回彭城。

而刘邦则是“从怀王，军于砀”。对于刘邦而言，项梁和景驹一样，都是投靠的“老板”，死了换一个就是了，所以,“从怀王”，很听招呼，驻扎在砀郡，而没有站在“约为兄弟”的项羽一边同进退，意味着与“项氏”霸权的切割。

另一边，田荣要求楚国杀田假才出兵救赵，这也是典型的“恩将仇报”，毕竟项梁出兵东阿是为了救田荣，田荣追击秦军即离去，导致楚军力孤，此时又推脱，直接导致了项羽“杀叔之仇”的迁怒，更为日后的伐齐战争埋下了伏笔。

至于魏豹，看似是最微不足道的，因为他是在魏王咎于临济自杀后逃至楚国的，见《史记·魏豹彭越列传》：

> 魏豹亡走楚。楚怀王予魏豹数千人，复徇魏地。项羽已破秦，降章邯。豹下魏二十余城，立豹为魏王。豹引精兵从项羽入关。汉元年，项羽封诸侯，欲有梁地，乃徙魏王豹于河东，都平阳，为西魏王。①

那么,《月表》中记录的实际上是“魏豹亡走楚，楚怀王予魏豹数千人”的一时一事。也就是说，魏豹逃到了楚怀王处，被楚怀王承认为魏王，是“立君”，而项羽破邯郸后，魏豹也“下魏二十余城”，此时魏王又“立”，是“立国”，汉元年时的

① 司马迁:《史记》卷九十《魏豹彭越列传》。

西魏王实际上是“移都”，也就是“让地”。

但是，他的魏国与刘邦干系巨大，这个容后细说。

楚怀王赶到彭城之后，迅速进行了政权和军队改组，见《史记·高祖本纪》：

> 秦二世三年，楚怀王见项梁军破，恐，徙盱台，都彭城，并吕臣、项羽军自将之。以沛公为砀郡长，封为武安侯，将砀郡兵。封项羽为长安侯，号为鲁公。吕臣为司徒，其父吕青为令尹。①

楚怀王“恐”，却把在后方的都城迁到了前线，又把吕臣和项羽的军队收归“自将”，任命刘邦为“砀郡长、将砀郡兵”，吕臣为“司徒”、吕青为“令尹”，又为刘邦和项羽分别封侯，一为武安侯，一为长安侯。而我们知道，项羽的“鲁公”并非单纯的“号”。在刘邦灭楚时，鲁地的人自认为项羽封臣，可知，“沛公”和“鲁公”类似，均为“封邑”的尊称，沛地应该就是刘邦的食邑封地。

不过，上述的人事布局中，自始至终没有提及一个重要人物，就是“楚上柱国”陈婴。

这就说明，陈婴的地位没有受到影响，但整个布局极有可能与他有关，因为上述安排中，吕臣、项羽所部兵马均被收回，以官位、爵位尊养，并对项氏尊长却无实权安排，本质上就是

---

① 司马迁：《史记》卷八《高祖本纪》。

为了削弱项氏宗族的实际权力，完成其“怀王楚国化”。

在这次大变革中，仍旧实际掌握兵权，甚至扩大了兵权的只有一个人——刘邦。

被分化出去的部分，也被还了回来，参见《史记·曹相国世家》：

> 楚怀王以沛公为砀郡长，将砀郡兵。于是乃封参为执帛，号曰建成君。迁为戚公，属砀郡。①

楚怀王封刘邦为“砀郡长”之后，曹参也被封为“执帛”爵，号“建成君”，也就是跨入封君行列，又“迁”为“戚公”，戚县在泗川郡，距离沛县不远，按照楚爵制，也掌握了封地，却归属于并不接壤的“砀郡”，可见，之前被转出刘邦主力的曹参，又被划归到刘邦麾下。

而前述周勃却被封为“襄贲令”，属东海郡，见《汉书·张陈王周传》：

> 自初起沛还至砀，一岁二月。楚怀王封沛公号武安侯，为砀郡长。沛公拜勃为襄贲令。从沛公定魏地。②

周勃在刘邦兵初起时已经参加，并迅速建功，甚至独当一面，结合他“材官引强”的身份，也确实可以理解，问题在于，

---

① 司马迁：《史记》卷五十四《曹相国世家》。

② 班固：《汉书》卷四十《张陈王周传》。

他所担任的“令”,《史记》与《汉书》记载有别，见《史记·绛侯周勃世家》：

自初起沛还至砀，一岁二月。楚怀王封沛公号安武侯，为砀郡长。沛公拜勃为虎贲令，以令从沛公定魏地。[①]

对照一下，文字几乎一样，只是“襄贲令”与“虎贲令”，“从”与“以令从”的区别,《史记集解》中不但没能解释，反而提供了一个新说法：

徐广曰：一云“句盾令”。[②]

一个人的职务，有了三种说法，“襄贲令”为东海郡襄贲县令，而东海郡为楚地，应行楚制，有“尹”、有“公”，称“令”似乎不确，而且，刘邦为“砀郡长”，如何亲拜东海郡的县令呢？参考其他人的授职封爵，都没有特意提及“沛公拜”，可见，周勃的“令”职应有一定特殊性，属于刘邦官署拜授的职务。

问题是“虎贲令”之职,《汉书·百官公卿表》缺载,《二年律令·秩律》之中亦无，而“句盾令”见于《汉书·百官公卿表》：

又中书谒者、黄门、钩盾、尚方、御府、永巷、内者、宦者〔八〕官令丞。诸仆射、署长、中黄门皆属焉。武帝太初元年更名考工室为考工，左弋为佽飞，居室为保宫，

① 司马迁：《史记》卷五十七《绛侯周勃世家》。

② 司马迁：《史记》卷五十七《绛侯周勃世家》“虎贲令”条下。

甘泉居室为昆台，永巷为掖廷。佽飞掌弋射，有九丞两尉，太官七丞，昆台五丞，乐府三丞，掖廷八丞，宦者七丞，钩盾五丞两尉。[①]

“句盾令”通“钩盾令”，而少府属官中，唯有它与“佽飞”，即秦时“左弋”，辖丞又“两尉”，有“尉”的设置，则有“兵”“徒”之属。而在《秦砖》一书中，已有考证，“左弋”在秦国宫廷中，应统领“戎狄君公舍人”，也就是西汉初年的“待诏陇西、北地良家子能骑射者”，任务是陪同秦王、汉帝涉猎。[②]

那么，“钩盾令”应该也曾经有军事力量存在，徐广注释，实则是对“虎贲令”这个已经改名的近侍官兵统领职务的解释，即“虎贲令”在汉代建国后的执掌略同于“钩盾令”。而“钩盾令”的具体职责，见《唐六典·司农寺》：

《茂陵中书》云：钩盾，宦者近署，兵器所造。[③]

《茂陵中书》应为汉武帝茂陵出土的公文简牍，其断代时间为汉武帝末年，比《汉书·百官公卿表》所记录的西汉成帝、哀帝时代的官制，还要早一些，其提及“钩盾”掌管兵器制造，并为宦者执掌，一者点名了近臣的身份，二者说明了和军事的关系。

---

① 班固：《汉书》卷十九《百官公卿表上》。

② 见拙作《秦砖》第三章第二节，第 139 页，北京联合出版公司，2020 年。

③ 李林甫：《唐六典》卷十九《司农寺》“钩盾署”条下。

此时的刘邦，刚刚任“砀郡长”并封“武安侯”，还没有称王、称帝，且近臣也用不到宦者，则周勃的“虎贲令”极有可能是“武安侯”之“侯国”的属官，而非“砀郡长”之下属。

其所执掌，即“侯国”的兵器制造，乃至于“徒兵”，因为周勃日后的战场表现，明显一直是统领步兵的将领。其统领身份较低的“徒”为“徒兵”，而非组成车骑的更高身份的“吏士”，也有较大可能。

当然，这段记载中，更核心的信息是“一岁二月”。

在前文中已经提到了周勃“定魏地”的任务，应该出自项梁，即将“五大夫将”周勃配属于“别部”，离开了刘邦的指挥序列。至此，终于以接受刘邦“侯国”属官职务的方式，完成了“回归”。

事实上，在《史记·高祖功臣侯者年表》中以“若干岁若干月”记事的，并不多：

> （堂邑侯陈婴）属项梁，为楚柱国。四岁，项羽死，属汉。
>
> （棘蒲刚侯陈武）以将军前元年率将二千五百人起薛，别救东阿，至霸上，二岁十月入汉。
>
> （辟阳侯审食其）侍吕后、孝惠沛三岁十月，吕后入楚，食其从一岁。
>
> （安丘侯张说）以卒从起方与，属魏豹，二岁五月，以执铍入汉。

（广阿侯任敖）以客从起沛，为御史，守丰二岁。

（北平侯张苍）为计相四岁，淮南相十四岁……为丞相。五岁罢。[①]

这里可以划分为几类：

客观的时长表述，包括：堂邑侯陈婴、辟阳侯审食其、北平侯张苍、广阿侯任敖；

与刘邦分开至重聚时长，包括：棘蒲刚侯陈武、安丘侯张说。

周勃的“一岁二月”明显是有“分开”有“重聚”的，强调这个时长，恰恰是为了突出周勃再次归属于刘邦集团的重要性。而在大量编列功绩的本传之中，强调这个“离开”的时间，其实已经解释了，周勃作为“沛县”起兵即跟随刘邦的“元从”，又屡立战功，却只能居于功臣集团的第二梯队，就是因为在创业初期的“脱队”。

而“以令从沛公定魏地”之说，说明自此之后，他是跟随刘邦“定魏地”，而不再单独执行“定魏地”的任务，那个由项梁发布的任务，已经被终止和替换掉了。

综合曹参、周勃的相关记载可知，楚怀王面对项梁战死后的恶劣局面，一改项梁在世时，以吕臣、项羽、刘邦三路“别

① 司马迁：《史记》卷十八《高祖功臣侯者年表》。

将”在西线略地，而自己掌握东线战局的战略部署，不再谋求分化、监视刘邦所部，而将之前划出的曹参、周勃等部归还刘邦麾下。

转而扶植刘邦集团在“砀郡”前线的中流砥柱角色，以其捍卫楚政权的西部防线，而亲自统率项氏集团和吕臣、英布、蒲将军、陈婴等部楚军的整编。

正因为如此，在不久后，进入三川郡转战的刘邦亲信夏侯婴，由“执珪”爵“赐爵封转为滕公”。当然《汉书》也作“滕令”，而滕县地在薛郡，与胡陵、薛县相邻，属于楚地范围，不应该执行秦、魏官制，且夏侯婴长期“号”滕公，应与刘邦的沛公、曹参的戚公并无二致。

而“封君”的封邑不在砀郡，却“属砀郡”，只能出自楚怀王封赏，而非刘邦慷他郡之慨。但也说明了，刘邦此时还不是这一群将领的主君，而是“方面统帅”，他的权力来自于楚怀王的“转授权”，但已经比项梁时代的“直属化”命运要强多了。

之所以有这个结果，当然不可能得益于刘邦与楚怀王的“旧交”，只能是陈婴在楚怀王朝廷中对于各势力的建策，更重要的是上文中曾经提及的《史记·高祖本纪》中的“约定”：

> 赵数请救，怀王乃以宋义为上将军，项羽为次将，范增为末将，北救赵。令沛公西略地，入关。与诸将约，先入定关中者王之。
>
> 当是时，秦兵强，常乘胜逐北，诸将莫利先入关。独

> 项羽怨秦破项梁军，奋，愿与沛公西入关。怀王诸老将皆曰："项羽为人僄悍猾贼。项羽尝攻襄城，襄城无遗类，皆坑之，诸所过无不残灭。且楚数进取，前陈王、项梁皆败。不如更遣长者扶义而西，告谕秦父兄。秦父兄苦其主久矣，今诚得长者往，毋侵暴，宜可下。今项羽僄悍，今不可遣；独沛公素宽大长者，可遣。"卒不许项羽，而遣沛公西略地，收陈王、项梁散卒。[①]

这段话最重要的信息其实是，项羽"愿与沛公西入关"。

也就是说，在"北上"和"西进"的人选定了之后，项羽闹了一回，想要和刘邦一起行动，而不想跟着宋义去救赵。这是项羽在出兵北上前希望联合"老大哥"对楚怀王朝廷施压的最后一搏，没想到，项羽竟然连"一起入关"的资格都没争上。可见，在彭城他的话语权已经被削弱到了极低的程度，项氏集团的影响力也趋近于无，"老大哥"的向背可以想见。

结合这里"老将"们的评价，"项羽为人僄悍猾贼"，"暴虐""凶悍"可能符合一般人的历史认知。而"猾贼"也就是狡诈，恐怕很少人能够想象了，这和一般的看法可不一样。但这是"诸老将"的评价，在楚政权里能够称为"老将"的，也就是陈婴、吕臣、吕青、宋义、英布、蒲将军这几位"将军"级别的人物，如此评价，自然近乎当时的公论。

---

① 司马迁：《史记》卷八《高祖本纪》。

反观刘邦，没人再提他是“无赖子”了，其“宽大长者”的人设塑造获得了巨大的成功。这种“人设”塑造要是没有熟人买账、宣传是不可能的。所以，他与上柱国陈婴，部下曹参、周勃与大将吕臣的交往，很可能也加了分，也就是说——朝里有人。

这在楚怀王重建王业，从项氏集团手中夺取实权的大背景下，具有重大的意义，让刘邦得以成为“借刀杀人”的那把“刀”。这个资格无疑是登上政治舞台的“门票”。

更重要的是，“遣沛公西略地，收陈王、项梁散卒”这把“尚方宝剑”，具有极大的权威，因为项梁的大批残军被打散，东阿到定陶，济水沿线的东郡辖地，就和雍丘、襄邑这一系列睢水沿线的砀郡辖地断开了联系，他在起兵初期最缺少的“名位”，终于补齐了。

这句话中最值得注意的题眼，不是项梁，而是“陈王”。

第二节

魏王豹，鲜为人知的“西进”伙伴

刘邦在项梁死后的“随风倒”，与项羽这个“约为兄弟”的哥们儿的决裂，促成了他在楚国政治格局中的“飞跃”。在众多“老将”和楚怀王的加持下，他的爵位由“沛公”升为“武安侯”，职位则跨越到了“砀郡长”，并被授予了西进的“方面之任”。

对于“先入定关中者王之”的约定，历史上到底存不存在，史学界其实也各执一词，但是，从事实层面来考量，这个“约定”对于刘邦集团的价值，远远不如“遣沛公西略地，收陈王、项梁散卒”这把“尚方宝剑”来得大。

为什么这么说呢?

这就涉及“西略地”的地理方位，刘邦本集团的地盘，即在砀郡的东南部、泗川郡的北部交界地带，楚国的都城又迁到了泗川郡中部的彭城，也就意味着，“西”只能是秦朝郡境区划中的砀郡、三川郡、颍川郡、南阳郡以至关中内史地。

近在咫尺的就是“砀郡”，按照六国故地的界线，此地却属于“故魏地”。区域内，除了楚军，还有魏军，刘邦一年前可是在魏相周市手下吃过瘪的，到手的城池，对方招招手就“反为魏”，也就是说，实力之外，国别认同还是很有用处的。

所以，楚怀王的决策班子还是很“贴心”地送上了这么一份大礼：

> 遣沛公西略地，收陈王、项梁散卒。①

项梁的离散部属肯定是“楚军”，陈胜的离散部属当然也是“楚军”，那么，魏王咎和周市的部属呢？答案是，按“楚军”算。

有人也许会质疑，不是有魏王豹吗？他是魏王咎的弟弟，且已经投奔楚怀王了，难道不是魏国的君主吗？

还是从史料中找答案，见《史记·秦楚之际月表》的“秦二世二年九月”条下：

> 魏豹自立为魏王，都平阳，始。②

这里的记载看似很清楚，在项梁被章邯击杀的那个月，魏豹已经自立为王，但是，必须注意这里面的两个字“自立”，不

---

① 司马迁：《史记》卷八《高祖本纪》。

② 司马迁：《史记》卷十六《秦楚之际月表》“秦二世二年九月”条。

是“共立”，也不是“扶立”，而是自说自话，那么，楚国的态度是什么呢？

见《史记·魏豹彭越列传》：

> 魏豹亡走楚。楚怀王予魏豹数千人，复徇魏地。项羽已破秦，降章邯，豹下魏二十余城，立豹为魏王。豹引精兵从项羽入关。汉元年，项羽封诸侯，欲有梁地，乃徙魏王豹于河东，都平阳，为西魏王。[①]

注意时间点，项羽降章邯事在“秦二世三年七月”，之后，“又”立了一次“魏王”，又过了半年多，到“汉元年二月”项羽分封诸侯的时候，才“徙魏王豹于河东，都平阳，为西魏王”。也就是说，“都平阳”只能是转封“西魏王”时的事，否则从东郡到泗川郡投奔楚怀王的魏王豹，怎么可能预知自己要转封河东郡呢？

也正是这一矛盾，让我们得以发现一处蛛丝马迹，那就是太史公必然是依据官方档案编制的《史记·秦楚之际月表》和《史记·高祖功臣侯者年表》，其中甚至有很多“本纪”“世家”“列传”缺载的细节，但是，汉朝的“官方档案”之中却对魏王豹的历史做了手脚，难道不让人疑窦丛生吗？

这层“窗户纸”其实捅破了并不复杂：只能是魏王豹的“王位”与刘邦集团有关，而作为一个抵挡历史潮流的“反面人

① 司马迁：《史记》卷九十《魏豹彭越列传》。

物”，他早年的事迹对于塑造历史主角刘邦的形象不利，或是抢了风头，自然要调理一二。

从《史记·魏豹彭越列传》的记载来看，楚怀王自始至终没有“立”魏豹为“魏王”，那么，我们可以确认的是，在“秦二世二年九月”到“秦二世三年七月”长达11个月（有闰九月）的时间里，楚政权的官方口径下，魏豹都不是“魏王”。

但是，楚怀王又给了他数千兵马，让他重新“徇魏地”，而“故魏地”的一半，也就是“砀郡”，已经被授予了“砀郡长”刘邦。也就意味着，魏豹所能期望的地盘，就只剩下“东郡”，这个大工程，他直到“秦二世三年七月”才完成，即“下魏二十余城”。

参见《汉书·地理志》：

> 东郡，户四十万一千二百九十七，口百六十五万九千二十八。县二十二。

县数基本对应，也就是全取“东郡”22个县之后，魏豹被南下渡黄河的项羽“立为王”，才带精兵随同项羽入关。

那么问题来了，他什么时候去“东郡”的？怎么去的？没有魏王的头衔，他怎么略地的？

先说一下答案，后面再补考证的过程：（1）魏王豹投靠楚怀王的时间，应该是在“秦二世二年九月”之后，即项梁军队被击溃之后，魏王豹从楚怀王处得到“数千人”，反攻魏地的时间也在此后，这“数千人”的统帅应该就是日后的棘蒲刚侯陈武；（2）自“秦二世二年九月”至“秦二世三年三月”间，魏王豹一直与刘邦所部一同活动，确切地说，“秦二世三年十二月”后，则是与王陵部一道在东郡作战，至“秦二世三年七月”，项羽立魏豹为魏王，王陵部转入南阳郡战场，才分道扬镳。

第一条的理由很简单，魏豹在魏王咎死于“临济”后“亡走楚”，并不意味着他本人也在临济的包围圈中，就像齐国田荣的司马龙且与项梁一同救援田荣一样，很可能他领兵在外，而当时项梁驻军薛县，后攻亢父，作为楚国的实际执政，魏豹只能就近投奔他。

然而，项梁在定陶败死后，楚国的决策中心转移到了彭城，楚怀王直接掌握了军权，即“自将”，身处魏地的战败旋涡中心，魏豹的本钱应该也赔掉了大半，此时投靠楚怀王属于“有将无兵”，或者说，兵力不足，所以，就如项梁在薛地给予刘邦 10 名“五大夫将”和 5000 名卒一样，楚怀王也给了魏豹“数千人”，却并未给予或承认魏王的“名位”。

这从任命刘邦为“砀郡长”就可以看出来，楚怀王是想把魏地的“砀郡”消化掉，根本就不想在自己的都城附近建立一个新的国家。

那么，魏豹投奔楚怀王的时间，肯定在项梁战死之后，毫无疑问。

至于楚怀王派出“数千人”为棘蒲刚侯陈武，则需参见颜师古注《汉书·高帝纪》“刚武侯”条：

应劭曰："楚怀王将也。《功臣表》棘蒲刚侯陈武。武一姓柴。刚武侯宜为刚侯武，魏将也。"孟康曰："《功臣表》柴武以将军起薛，至霸上，入汉中，非怀王将，又非魏将也，例未有称谥者。"师古曰："史失其名姓，唯识其爵号，不知谁也。不当改刚武侯为刚侯武。应氏以为怀王将，又云魏将，无所据矣。"①

唐人颜师古引用了东汉人应劭和曹魏人孟康各自的注解，却否定了应劭的说法，而孟康的理由实际上是"以理推之"，而非有确切的实据，而孟氏、颜氏的"理"明显就是错的。

因为在《史记·高祖功臣侯者年表》的"棘蒲"条下记载是这样的：

（陈武）以将军前元年率将二千五百人起薛，别救东阿，至霸上，二岁十月入汉，击齐历下军田既，功侯。②

这条文字与其他"侯功"最大的区别是，无"从"字，这与"阳夏侯陈豨""曲周侯郦商"两个独立行动的将领都是不同的。也就是说，他的起兵是独立的，且"救东阿"有"别"字，意味着其在东阿之战中并不属于刘邦集团，而归项梁统辖，则可知其只能是"楚怀王将"，则应劭之说为是。

至于说"魏将也"，则已经点明了他的"二元角色"，既为

① 颜师古注《汉书》卷一《高帝纪上》"刚武侯"条下。

② 司马迁：《史记》卷十八《高祖功臣侯者年表》。

楚将，也为魏将。这个角色见诸记载的，只有楚怀王派遣给魏豹的“数千人”，如无其他隐藏记载，则应劭之说自然无误。

第二个时间节点，其实也有明证，在《史记·秦楚之际月表》“秦二世三年十二月”条下有这样的记载：

> （项）大破秦军钜鹿下，诸侯将皆属项羽。
>
> （汉）救赵至栗，得皇欣、武蒲军。与秦军战，破之。
>
> （魏）豹救赵。[①]

此月，项羽已经渡过漳水大破秦军于巨鹿，而魏豹才“救赵”，本就令人费解。

而刘邦集团的“救赵”，则历来更让史家费解，以至于部分版本的《史记》删掉了此句。

因为史有名载，刘邦受命是“西略地”“西入关”。在此之前，刘邦集团的主要进攻方向确实是向“北”，即在东郡南部和砀郡北部的巨野泽南与秦军王离部鏖战，并击败之。

此时，刘邦集团却突然南下至“栗县”，在砀郡的腹地，与“救赵”完全是南辕北辙，却强调了“救赵”至此，方向反了，不奇怪吗？

奇怪的不只是方向，在“栗县”，刘邦吞并了“刚武侯”（《汉书》作刚侯武）的4000多兵马，又得到了“皇欣、武蒲军”，并击败了秦军。根据《史记·高祖本纪》记载，这两个人一个是

① 司马迁：《史记》卷十六《秦楚之际月表》“秦二世三年十二月”条下。

“魏将”，一个是“魏申徒”（魏国司徒），也就是一将一卿，紧跟着又和他们一起北上进攻“昌邑”，未攻克，才转向西方，在开封、曲遇等地与秦军杨熊、赵贲部作战，开启了入关之旅。

刘邦的“救赵”匪夷所思，魏豹又是从哪儿开始“救赵”的呢？

辛德勇教授在《巨鹿之战地理新解》一文中指出，项羽北上的路线实际上是沿巨野泽东侧直接北行，自古平原津渡河西进，前往巨鹿。①

魏豹当时没有“从救赵”，也就肯定不属于项羽的军队序列，那么，他从彭城到魏地就只有两个可能：

> （1）跟在刘邦后面，走砀郡经成武、单父至定陶、昌邑、城阳，北上濮阳；
>
> （2）跟在项羽后面，溯泗水至方与，北上亢父、爰戚，过巨野泽，从东向西扫荡至濮阳。

如果是第二个方案，就意味着魏豹在“秦二世三年十二月”已经举兵救赵，而项羽在“秦二世三年十一月”才杀宋义、夺军、渡河救赵。也就意味着，紧跟在宋义身后，楚怀王派出了一个外国的王位继承人带着自家只有几千人的“别部”去增援主力“救赵军”。这与楚怀王一直不立魏豹为王的逻辑明显不符，实力上也根本不够，否则这几千人直接配属宋义大军不就得了？

---

① 辛德勇：《历史的空间与空间的历史》，北京师范大学出版社，2006年。

那么，正解呼之欲出。

楚怀王对身在“河南”的刘邦、魏豹发出“救赵”命令，根本原因就是担心项羽的“救赵军”兵力不足或是重蹈项梁轻敌冒进的覆辙，希望能够以“砀郡”兵为基础，北上东郡做“救赵军”的后援。所以，比项羽的进兵晚了一个月。当然，他这时候也根本不知道项羽在巨鹿大破秦军。

之所以魏豹和刘邦“同月”收到命令，并不是巧合，而是因为他们本就是“一军”。

第三节

刘邦西进时的目标可能只是“魏国权相”

《史记》《汉书》在刘邦集团立国前的反秦战争阶段，一直有一个问题没有提及，那就是刘邦的“职务”。

自秦二世元年起兵开始，相关的历史记载均以“沛公”模糊刘邦在不同阵营团队中的身份。而我们知道，“沛公”属于楚制中的“爵名”，虽然也有“爵职”，却仅限于沛县一地，似刘邦这样反复大范围地流动作战，控制区域跨越三郡，达数县之地的“军头”，景驹和项梁、楚怀王这三个“楚政权”不给予将军、都尉、校尉之类的职务令人难以想象。

但是，确实没有，哪怕是刘邦与项羽一同扫荡砀郡，甚至没有提及二人的主副关系，这对于在起家之初就厘定军制的项氏集团，当然是不可想象的，只能说明在原始资料部分，这个抹杀汉高祖光辉的信息，直接被隐匿掉了。

那么，这就引申出一个新的问题，就是“砀郡”究竟归属于哪个国家？

《史记·魏豹彭越列传》有一条记载：

汉元年，项羽封诸侯，欲有梁地，乃徙魏王豹于河东，都平阳，为西魏王。[①]

也就是说，至汉元年时，项羽想自占“梁地”，才把魏王豹迁到河东，封“西魏王”。那么，“梁地”，也就是“砀郡”和“东郡”在这之前，法理上应属于魏国。

楚怀王却任命了魏国地盘的地方长官，即以刘邦为“以沛公为砀郡长，封为武安侯，将砀郡兵”，这个“砀郡长”和“将砀郡兵”职权重复，必有深意，分解一下，应该是“砀郡长”实为“魏国”的“砀郡长”，而“武安侯”却是楚国的列侯，“将砀郡兵”则是代表楚、魏共主楚怀王统一指挥在砀郡的楚军、魏军。

不仅如此，曹参封邑在薛郡，仍旧“迁为戚公，属砀郡”。也就意味着，“将砀郡兵”的范围远远超过“砀郡”本身的地理区划，而是一个指挥权、管辖权范围，这个范围又与魏王豹率数千人“复徇魏地”的区域相重合。

由此可见，两人至少应该属于同一个“方面军”，也就是“魏地”方面军。

魏豹要楚怀王“予兵”，说明手头军事力量有限，刘邦则手里有一万多人马，却没有足够的名位加持，所以，楚怀王把魏

① 司马迁：《史记》卷九十《魏豹彭越列传》。

豹“借给”刘邦当作招牌，为“西略地”收罗散兵游勇，两人其实算是各取所需的完美组合。

然而，魏豹从彭城出发，带着自家的“魏将”“魏申徒”，并与怀王派出的“楚军”同行，逆谷水西进，经萧县、下邑转至栗县，其目的地应该是魏、楚、秦军曾来回拉锯的睢阳、襄邑、雍丘一线，谋求扩军、拓地，而且在章邯主力北上之后，睢水沿线属于相对比较安全的战场，不需要面对秦军主力，这也应该是刘邦与魏豹之间的“分工合作”。

也就是说，刘邦名义上“将砀郡兵”，其实砀郡本身也被分成了两块，一块为秦军控制区，一块为刘邦与魏豹控制区。但在整体的名义上，魏王豹是魏国的“继承人”，刘邦则只是“将领”“地方官”，所以肯定是魏王豹为“尊”，刘邦为“卑”，但在指挥上，又是刘邦“主”，魏王豹“从”。

正是这种尴尬的关系，让刘邦对于这个时期的经历讳莫如深。

刘邦与魏豹合作之初，刘邦为魏豹北上“略定魏地”，魏豹为刘邦稳固砀郡后方，输送力量，两人分处两地，合作还算融洽。

这个关系现实存在的证据，就是《史记·傅靳蒯成列传》中记录的“十八功侯”之一的傅宽：

> 阳陵侯傅宽，以魏五大夫骑将从，为舍人，起横阳。从攻安阳、杠里。[①]

---

① 司马迁：《史记》卷九十八《傅靳蒯成列传》。

安阳、杠里之战，界定了傅宽投效刘邦的时间下限，即“秦二世三年十月”。而“横阳”是地名，位置在睢阳左近，但本身就是睢阳的“贩缯者”的灌婴，在《史记·樊郦滕灌列传》中的记录是：

> 高祖之为沛公，略地至雍丘下，章邯败杀项梁，而沛公还军于砀，婴初以中涓从击破东郡尉于成武及秦军于杠里。[①]

也就是说，灌婴是在回撤途中加入的，而傅宽却是以“魏五大夫骑将从”。也就是说，他本人原来是魏军的“骑将”，在横阳加入了刘邦麾下。

另见《史记·傅靳蒯成列传》：

> 太史公曰：阳陵侯傅宽、信武侯靳歙皆高爵，从高祖起山东。[②]

傅宽明确写作“以魏五大夫骑将从”，故而有“高爵”之说。至曲遇之战后，即赐“卿爵”，而信武侯靳歙则只提及“以中涓从，起宛朐”，至开封东北一战结束，已封爵为“临平君”。说明靳歙的起家爵位相对于傅宽只高不低，那么，他的“高爵”要么是魏国的，要么是楚国的，才能得到刘邦集团的承认，秦爵肯定没法平移。

---

① 司马迁：《史记》卷九十五《樊郦滕灌列传》。

② 司马迁：《史记》卷九十八《傅靳蒯成列传》。

故此，“至霸上”封“建武侯”的靳歙与同乡起兵“至霸上”封侯的陈豨，都应属于“别将”，甚至就是“魏将”。对于愿意服从领导的“魏将”，手握楚怀王“尚方宝剑”和“魏豹”这个牌坊的刘邦是尊之、用之、并之。

巨大的变化发生在“秦二世三年十二月”，即在成武、杠里大破秦军主力王离所部却受挫于昌邑的刘邦和在栗县向前推进困难的魏豹，都接到了楚怀王“北上救赵”的指令，可魏豹部不但无力北上，还在栗县遭遇了秦军进攻。

故此，刘邦驰返栗县，以“救赵”的大义名分，将楚怀王借予魏豹的刚武侯（《汉书》作刚侯武）所部4000多名楚军吞并，并将魏豹所率领的皇欣、武蒲所部魏军全部控制在手里。

之所以如此，一个可能性猜测就是由于刘邦所部更靠北，交通便利，很可能已经掌握了赵国战场的最新信息，所以，刘邦选择更加专横、直接的方式，来占据“魏地”的名分。

刚武侯陈武也名柴武，前元年自薛起兵，属于楚将中的老资格，但是势力明显发展不快，从2500人到4000人，被刘邦一举吞并，而魏将皇欣（也作皇䜣）和魏申徒，也就是“司徒”武蒲的地位高些，属于“将、相”，也就没有吞并，属于驱赶着一同作战。

值得注意的是武蒲，他的名字与西汉的梁邹侯武儒音近，《史记·高祖功臣侯者年表》中表述侯功很简略：

兵初起，以谒者从击破秦，入汉，以将军击定诸侯功，比博阳侯，二千八百户。[①]

二千八百户，侯第排名前二十，绝非无名小卒，却并无功绩可循，而比较有意思的是在“功臣表”中有“定诸侯功”字样的，往往属于高阶的“投附者”，如雍齿以赵将从，周苛以秦卒史从，或是董渫“功比厌次侯”，而厌次侯陈平是以魏太仆、楚都尉的身份来投，另一个确知事迹的郦食其，也属后来者，不过其封户数只有九百。

当然，武儒即武蒲，只能算是一种猜测，并不能作为实证，但以上的信息已经足以表明，刘邦“西略地”的过程中，恰恰是其军事集团进一步扩张的“大机遇”，尤其不能忽视魏豹这个魏国合法继承人在魏地豪杰中的号召力。

更进一步说，还是刘邦在国别身份认同上的复杂性带来的好处，即魏国的“士大夫之家”移民后人，曾与魏国的豪杰圈子交游、仰慕信陵君，本身又在楚地长大、生活，好楚服、楚歌，这又授了“楚爵”“魏官”，属于楚、魏都能接受的角色，至少楚怀王信任他的立场，魏豹也能够接受他的“把持”和“安排”，这就够了。

刘邦真正露出獠牙是在“救赵”的命令发出之后，因为“救赵”的指令，方向向北，与“西进”的“先入关中者王之”约定存在明显的抵触。也就是意味着，这个决定着“汉王国”法

① 司马迁：《史记》卷十八《高祖功臣侯者年表》。

理依据的约定，这个将刘邦与项羽的分封秩序切割开的约定，可能在这个阶段根本就不存在。

或者说，当时有，这时改了，再或者说，当楚怀王得知项羽在巨鹿大破秦军之后，才发起这个“约定”，以激励各部西进灭秦。（具体考证见下文）

无论三种可能中的哪一个，我们都能发现，刘邦至“秦二世三年二月”，仍然在“较劲”于“北上”，第二次进攻了“昌邑”。“昌邑”是砀郡北部最后一个没有被刘邦集团攻克的县城，也是菏水沟通“方与”和“定陶”的交通枢纽。攻下它，就将丰、沛、方与、胡陵与砀郡连成了一片。

这也就意味着，在此月之前，刘邦的战略目标并不是“灭秦”，甚至不是“西进”，而是“略地”“拓地”。这也是乱世中“小军阀”的正常行为，甚至可以说，在楚怀王迟迟没有扶立魏豹的情况下，他一直致力于复制周市之前的成功案例，即全取魏地之后，挟魏豹以令魏国，完成自己向乱世将、相的人生跨越。

一个旁证见于《史记·魏豹彭越列传》：

> 沛公之从砀北击昌邑，彭越助之。昌邑未下，沛公引兵西。彭越亦将其众居巨野中，收魏散卒。项籍入关，王诸侯，还归，彭越众万余人毋所属……汉王二年春，与魏王豹及诸侯东击楚，彭越将其兵三万余人归汉于外黄。汉王曰：“彭将军收魏地得十余城，欲急立魏后。今西魏王豹亦魏王咎从弟也，真魏后。”乃拜彭越为魏相国，擅将其

兵，略定梁地。[1]

刘邦攻打昌邑时，彭越率兵协助，待刘邦引兵西入关，彭越就率众在巨野泽附近收拢魏国的散兵游勇，等到项羽分封诸侯后，彭越所部万余人却“无所属”。也就是说，彭越对于“魏国”的大旗非常重视，尽管砀郡被项羽划归“西楚”，魏王豹则到河东郡称王，使得他没有“魏王”“梁王”效忠，仍未投效项羽。

等到诸侯攻楚，彭越率三万人在外黄投奔刘邦，刘邦就说了，彭越占领了魏地十余座城池，想要拥立魏国后人为王，西魏王魏豹是魏王咎的从弟，是“真魏后”，就任命彭越为“魏相国”，专领其部下，攻略“梁地”。

这段记载中表明了彭越对“魏”“梁”的坚持，那么，他助刘邦，至少一部分原因是刘邦扯着“魏后”大旗，攻打砀郡、东郡是为“魏人”略地。既然之后的逻辑是魏豹为王，可以拜彭越为“魏相国”，而楚怀王未立魏豹为王，自然刘邦只是“砀郡长”，如果全面“定魏地”之后呢？楚怀王会不会拜刘邦为魏相呢？哪怕楚怀王不愿意，魏豹又怎么敢不拜刘邦为相呢？

要知道，周市的身份，也是“张楚”的陈王之将，底定魏地之后，请立魏王，自为魏相，陈王不也只能从了？

---

① 司马迁：《史记》卷九十《魏豹彭越列传》。

第四节

“先入关中者为王”的约定真的存在吗？

正因为在秦二世三年刘邦的权力拼图之中，魏豹是最重要一环，史书记载却拿掉了他的名字，才让相关的记载演变得异常诡异，多支“军团”的多线记录，抹掉一部分，变成了单线叙述，使得整个历史记录彻底乱套，让人摸不着头脑。

本阶段，刘邦的进军路线见《史记·高祖本纪》：

> 乃道砀至成阳，与杠里秦军夹壁，破(魏)[秦]二军。楚军出兵击王离，大破之。沛公引兵西，遇彭越昌邑，因与俱攻秦军，战不利。还至栗，遇刚武侯，夺其军，可四千余人，并之。与魏将皇欣、魏申徒武蒲之军并攻昌邑，昌邑未拔。西过高阳……食其说沛公袭陈留，得秦积粟。乃以郦食其为广野君，郦商为将，将陈留兵，与偕攻开封，开封未拔。西与秦将杨熊战白马，又战曲遇东，大破之。①

① 司马迁：《史记》卷八《高祖本纪》。

进兵路线为：

> 砀——成阳（应为成武，敌人为魏军）——杠里（“魏二军”及“王离部秦军”）——昌邑（秦军）——栗——昌邑（秦军）——高阳——陈留（秦军）——开封（秦军，赵贲）——白马（杨熊）——曲遇东（杨熊）

这之中，第一战为杠里会战，是重中之重，紧跟着是两次昌邑之战、陈留之战、开封之战和白马之战、曲遇之战，但看《史记·曹相国世家》的记载：

> （曹参）从攻东郡尉军，破之成武南。击王离军成阳南，复攻之杠里，大破之。追北，西至开封，击赵贲军，破之，围赵贲开封城中。西击秦将杨熊军于曲遇，破之，虏秦司马及御史各一人。迁为执珪。[①]

“成武”地在东郡与砀郡之南界，成阳、杠里均在巨野泽之西，定陶附近，刘邦集团三次会战皆胜。

曹参的参战路线为：

> 成武南（东郡尉）——成阳南（王离）——杠里（王离）——开封（赵贲）——曲遇（杨熊）

另见《汉书·樊郦滕灌傅靳周传》：

---

① 司马迁：《史记》卷五十四《曹相国世家》。

（樊哙）后攻圉都尉、东郡守尉于成武，却敌，斩首十四级，捕虏十六人，赐爵五大夫。从攻秦军，出亳南。河间守军于杠里，破之。击破赵贲军开封北，以却敌先登，斩候一人，首六十八级，捕虏二十六人，赐爵卿。从攻破杨熊于曲遇。[①]

樊哙的参战路线为：

成武（圉都尉、东郡守尉）——亳南——杠里（河间守军）——开封北（赵贲）——曲遇（杨熊）

确定参战的还有同传的灌婴和傅宽：

沛公还军于砀，（灌）婴以中涓从，击破东郡尉于成武及秦军于杠里，疾斗，赐爵七大夫。又从攻秦军亳南、开封、曲遇。

傅宽，以魏五大夫骑将从，为舍人，起横阳。从攻安阳、杠里，赵贲军于开封，及击杨熊曲遇、阳武。[②]

灌婴的参战路线为：

成武（东郡尉）——杠里（秦军）——亳南（秦军）——开封（秦军）——曲遇（秦军）

① 班固：《汉书》卷四十一《樊郦滕灌傅靳周传》。

② 同上。

傅宽的参战路线为：

安阳——杠里——开封（赵贲）——曲遇（杨熊）——阳武（杨熊）

根据《史记·傅靳蒯成列传》，参战的还要加上靳歙：

信武侯靳歙……击秦军亳南、开封东北，斩骑千人将一人，首五十七级，捕虏七十三人，赐爵封号临平君。[①]

靳歙的参战路线为：

亳南（秦军）——开封东北（秦军）

另见《史记·樊郦滕灌列传》：

复常奉车从击赵贲军开封，杨熊军曲遇。[②]

夏侯婴的参战路线为：

开封（赵贲）——曲遇（杨熊）

《史记·绛侯周勃世家》：

沛公拜勃为虎贲令，以令从沛公定魏地。攻东郡尉于城武，破之。击王离军，破之。[③]

---

① 司马迁：《史记》卷九十八《傅靳蒯成列传》。

② 司马迁：《史记》卷九十五《樊郦滕灌列传》。

③ 司马迁：《史记》卷五十七《绛侯周勃世家》。

“以令从沛公定魏地”即确定归属和作战方向，其参战路线为：

城武（东郡尉）——（未知）王离军

对照一下刘邦的路线和诸将的路线，就会发现，刘邦所部的行程绝对没有那么简单：

刘邦：砀——成阳（应为成武，敌人为魏军）——杠里（秦军、魏军）——昌邑（秦军）——栗——昌邑（秦军）——高阳——陈留（秦军）——开封（秦军，赵贲）——白马（杨熊）——曲遇东（杨熊）

夏侯婴：开封（赵贲）——曲遇（杨熊）

曹参：成武南（东郡尉）——成阳南（王离）——杠里（王离）——开封（赵贲）——曲遇（杨熊）

周勃：城武（东郡尉）——（未知）王离军

灌婴：成武（东郡尉）——杠里（秦军）——亳南（秦军）——开封（秦军）——曲遇（秦军）

樊哙：成武（围都尉、东郡守尉）——亳南（经过）——杠里（河间守军）——开封北（赵贲）——曲遇（杨熊）

靳歙：亳南（秦军）——开封东北（秦军）

傅宽：安阳——杠里——开封（赵贲）——曲遇（杨熊）——阳武（杨熊）

这里有几处地名的矛盾要解决：其一就是“成阳”，在《汉书·高帝纪》作“阳城”，“阳城”为误，因阳城在颍川郡，没可能飞跃，而“成阳”之前曾被刘邦、项羽军攻克，确有可能为刘邦居停之处，但除“本纪”外，《史记·秦楚之际月表》仅书“成武之战”，其余诸将“世家”“列传”记录“从”字者，则有“成武”而无“成阳”，仅曹参有“击王离军成阳南，复攻之杠里”之说，也就是“别部”攻王离军，又回师杠里决战。则《史记·高祖本纪》的“成阳”应为“成武”之误。

其二则是“亳”，肯定不是原注释中说位于今天河南偃师市的“亳”，否则刘邦所部只能是“空降”过去，因为那里还是秦三川郡的腹地。这个亳应为“薄”，地在今山东曹县南，正好是从砀郡到成武的途中。

其三，则是樊哙面对的“河间守军”，此“河间”有两个可能性，一个是通巨野泽的济水与通孟渚泽的获水之间的“河间”地域，即自“薄”南向北，要经安阳，至成武或定陶；一个则是“河间郡守”，即黄河与济水之间的“河间”地区，应为“魏国”的行政区划，所以，前辈学者去考证秦朝有无“河间郡”是错误的，这个“河间郡”应该是魏国设置的。

不过无论何种解释，“亳南”线都略等于“安阳”线。

确定了地理坐标，再来看这个区域中的势力，从《史记》《汉书》相关“本纪”“世家”“列传”中的表述来看，**刘邦集团进攻的绝不只是秦军，还包括“不服管”的魏军，甚至主要就是“魏军”。**

在“成武”的“东郡守”“东郡尉”“围都尉”，杠里的“河间守”，即均为“魏军”。在《史记·高祖本纪》中，前人有一勘误，即“与杠里秦军夹壁，破（魏）二军。楚军出兵击王离，大破之”，将“魏”字更为“秦”字，其实逻辑不通。

刘邦所部至杠里，与秦军“夹壁”，也就是“对垒”，这个“夹”为两相包夹之义，谁被“夹”在中间了呢？

只能是魏军，所以先破者绝非秦军。而这“二军”，正是在“成武”被刘邦击败后，退往杠里的“东郡守尉”“围都尉”所部，与本就在杠里与王离军对峙的“河间守军”的合称，在夹击击溃了魏军后，“楚军出兵击王离，大破之”，特意强调了“楚军”，如果战区只有“楚军”则根本不必强调。

这一处，在《汉书·高帝纪》中，就变成了“攻秦军壁，破其二军”，就属于错上加错了。

在确认了以上信息之后，再来对这个阶段的汉军行动进行还原，就会发现这个时期的刘邦集团已经在战争中磨合成为一支庞大的“大兵团”。

从时间顺序上看，最早发生的会战，是在“成武”，见《史记·秦楚之际月表》：

> （秦二世三年十月）攻破东郡尉及王离军于成武南。
>
> （秦二世三年十二月）至栗，得皇欣、武蒲军。与秦军战，破之。
>
> （秦二世三年二月）得彭越军昌邑，袭陈留。用郦食其

策，军得积粟。

（秦二世三年三月）攻开封破秦将杨熊，熊走荥阳，秦斩熊以徇。[①]

在章邯偷袭项梁之前，王离部是没有出现在魏地的，而在进攻项梁时，也有明确的记载是“**秦果悉起兵益章邯，击楚军，大破之定陶**”[②]。也就是说，王离、杨熊、赵贲理论上都是李由死后，秦朝发来的援兵。

从作战区域看，章邯北上攻赵之后，王离所部即替代了其任务，扫荡魏地，所以，在东郡和砀郡呈现出犬牙交错的势力格局。

而考证刘邦本人位置的一个重要参考是“常从”的夏侯婴的“战功”。非常有意思的是，夏侯婴在这个时期的参战记录极少，对比一下可知：

刘邦：砀——成武——杠里（秦军、魏军）——昌邑（秦军）——栗——昌邑（秦军）——高阳——陈留（秦军）——开封（秦军，赵贲）——白马（杨熊）——曲遇东（杨熊）

夏侯婴：开封（赵贲）——曲遇（杨熊）

也就是说，刘邦百分之百参加的是开封之战和曲遇之战。至于安阳、杠里之战，有傅宽的“从”为旁证，杠里有灌婴、

---

① 司马迁：《史记》卷十六《秦楚之际月表》。

② 司马迁：《史记》卷七《项羽本纪》。

樊哙的“从”为旁证，再战亳南，则有灌婴的“从”为旁证，而曹参、周勃、靳歙则属于时合时分，总体上属于分路作战。

在确认了以上行动轨迹之后，再来分析当时的军事态势，就能发现，章邯北上之后的“河南”战区并不是一边倒的高歌猛进，秦朝增援给章邯的军队，分成了几路“兵团”：

> 一路为王离统率的“济水道”（作者注：借用一下唐代的称呼，标识战区）兵团，其自“成阳”（城阳）至“成武”“昌邑”拉开阵势，因“成武”应在魏军控制下，则其主力一部在“成武”对峙，另一部在“杠里”驻扎。
>
> 一路为赵贲统率的“睢水道”“鸿沟道”兵团，其进攻路线分两路，一路沿睢水东进，扫荡雍丘、襄邑、睢阳，直至栗县打击魏豹所部，另一路则迂回刘邦部主力后方至亳南，被刘邦击败。
>
> 一路则由杨熊率领，活动区域在三川郡到东郡之间黄河南岸的“河水道”兵团。

至于三者的隶属关系，王离耳熟能详，却是章邯的下属，而杨熊和赵贲在史料中出现次数不多，杨熊被斩于荥阳，而赵贲则活到了刘邦还定三秦时，与内史保一同丢失了咸阳，他和杨熊究竟谁主谁从呢？

另见《史记·淮南衡山列传》：

而大将军材能不特章邯、杨熊也。[①]

这里是拿卫青与章邯、杨熊比较，可知章邯、杨熊在西汉武帝时人眼中是并列的方面大将。

而章邯北上攻赵时，《史记·高祖本纪》中说“此所谓河北之军也”。又见于《史记·项羽本纪》，且刘邦于鸿门见项羽时称“将军战河北，臣战河南”，则杨熊这个与章邯并列的人物，应该是“河南之军”的统帅。

而王离则应该归属于章邯麾下，受命在巨野泽西侧，阻击楚军主力北上救赵。所以，在成武、杠里战败后，王离部退往开封，曹参“追北”至开封击败了赵贲部，并包围之，而王离部则趁机北上归还建制，参与了巨鹿之战，可知，赵贲应该是杨熊的部下。

也就是说，杨熊的“河南之军”也没闲着，如果没有几场胜利，也不好意思和章邯并列，而这胜利肯定不是在北线的刘邦部身上得到的，只能是砀郡睢水沿线的一系列胜利，一通穷追猛打，魏豹和陈武连战连败，给了刘邦全军整编的口实，而编组“救赵军”，更是一个超越国别的“大义名分”。

所以，“秦二世三年十二月”刘邦率领整编完毕的“新魏军”二次北上进攻昌邑，不利，解围后，经亳南击败了秦军，全军会师开封。自此之后，刘邦所部再未向东，也没有向北进

---

① 司马迁：《史记》卷一百一十八《淮南衡山列传》。

攻定陶、城阳，为什么呢？

见《史记·高祖功臣侯者年表》“安国侯王陵”条下：

> 以客从起丰，以厩将别定东郡、南阳，从至霸上。[①]

所谓“厩将”，意思就是“客将”，也就是与刘邦集团共同行动，却并没有君臣主从关系的独立将领，身份上属于“同僚”，具体的考证下文详述。

“别定南阳”只能在入关灭秦之前，否则都没到过，自然无所谓“别定”，就像周勃的屡次“定魏地”都和他在砀郡活动作战有关。而王陵的“别定东郡”，自然也就是刘邦在将“魏豹军”吞并之后，自己又要西进入关，这才将魏豹所部指挥权，慷慨地转让给了他的“旧人”王陵。而上文中已经提到了魏豹的经历，是在“定魏地”二十余城之后，才得以“立王”。这二十余城，正是在东郡，恰与王陵的记录相合。

而这也就解释了，为什么会在刘邦的“本纪”中出现“白马之战”。“白马”地在濮阳左近，而曹参、周勃、樊哙、夏侯婴、灌婴、傅宽、靳歙这一群将领，竟然无一人有“白马之战”的记载，总不至于是刘邦一个人打的吧？

在知晓上述信息的前提下，可知，“白马之战”应该是刘邦主力已经开赴开封之后，魏豹、王陵所部北上直至濮阳，威胁白马津的黄河渡口，也就是“河北之军”的交通线，杨熊派兵

---

① 司马迁：《史记》卷十八《高祖功臣侯者年表》。

与之对抗，未提及胜负，应该就没有发生大战。

从逻辑上推测，应该是没能攻克开封的刘邦部沿鸿沟西进至曲遇东，有进一步进攻荥阳、威胁敖仓的可能性，杨熊只得调集主力，退却放弃东郡，援救开封。结果，反倒促成了与刘邦“西进兵团”的主力决战，最终被刘邦“大破之”。

当然，此时已经是“秦二世三年三月”，项羽在巨鹿大胜之后三个多月，不但王离已被俘虏，连章邯都多次战败，秦朝的灭亡已经是时间问题，所以，刘邦所部才开始了坚定的“西进”。

至于说之前的“先入关中者为王”的约定，王位虽好，也得有命坐才行，并不是说刘邦集团有怎样超卓的战略眼光，早在秦军即将灭赵的时候就定好了入关的目标，而是形势发展到这步，恰好只有他具备这个实力乘虚入关罢了。

结　语

本书的第一章到第四章，一直以时间线性的逻辑，以刘邦本人为主视角，叙述汉王朝开国的历程，但在接下来的第五章、第六章中，将会将目光转向《史记》《汉书》“功臣表”中承载的隐藏信息的解析，需要提前说明一二。

传统纪传体史书的叙事方式，并非全景式的，而是大事“编年体”与个人“纪传体”并存。“纪传体”好读，无非是文言文故事阅读，所以，一般读史者的信息架构往往是以这些故事为主要节点，刺激性越强的故事，记忆越深刻。

但是，“历史记忆”的流传也遵循同样的“传播规律”，所以，史事的“轻重”与“详略”并没有直接关系，“主讲述视角”和“戏剧性人物”往往占据主要篇幅，而真正的大事轮廓，其实是隐藏在“编年体”部分的。

正因为如此，司马迁也好、班固也好，他们的记录被今人诟病的“错误”，往往是“纪传体”部分的“逻辑细节”，而需要借助对当时制度背景来还原的“大事轮廓”，摸起来实在枯燥，一般论者往往连质疑的兴趣都没有。

具体来说，我们熟悉的“无赖皇帝”“抛妻弃子”“粗鄙少文”“因人成事”等标签，这些“故事性”“戏剧性”的描述，在一个当时社会公认的“英明神武”的“军功帝王”的基础上，属于丰富人物“多元化”的点缀，而“公认”的这部分，随着时间的流逝、记忆的累积，反而逐步淡化。文本承载的大信息量的“点缀”反而成了认识人物的“主视角”，时至今日，片面的“故事性记录”反而构成了汉初建国史的轮廓。

只有理解这一基本常识，才能在面对2000年前的史料时有所“敬畏”，不是说无条件地“相信”才是“敬畏”，而是对当时的著作者的“道义”“智慧”，有一个基本的理解。

即相信一国的史官，当时的知识精英，在提起史笔时，至少有“真话不全说，假话全不说”的基本“史德”，而非将其想象为全知全能的“绝对客观记录者”，并以此标准拷问之。现实是，人类历史上至今也没出现过这样的人，过往数千年的技术条件下，也不可能出现这样的人、这样的历史著作。

今人读史，钩沉真相、脱离原有的“故事化”要点，重构汉初开国史的事实轮廓其实是第一要务，具体来说，就是将司马迁、班固言之凿凿的内容与意犹未尽的信息，共同拼合成一幅事实图景，方能还原当时事实之一二。

而史迁、班固的未尽之语，恰恰就在“功臣表”之中。

第五章

一张汉初功臣表，半本历史密码簿

第一节

军功列侯“履历”的正确读法

李开元先生的《汉帝国的建立与刘邦集团：军功受益阶层研究》一书，让“丰沛集团”的概念广为人知，乱世同乡会的想象更是深入人心。

在李著第五章中，将统计例证法与刘邦集团的发展阶段结合，把刘邦集团内部划分为“丰沛元从集团”“砀泗楚人集团”“秦人集团”“多国合纵集团”四部分，得出刘邦集团是一个“内向凝结性”的、“层累的圆锥体结构”，以刘邦为顶点，四部分按等级延伸，共同构成汉初军功受益阶层。①

但是，李开元先生的论述之中，并没有说明汉初功臣们到底是以什么样的方式缔造汉帝国的，在各个集团形成与刘邦

① 李开元：《汉帝国的建立与刘邦集团：军功受益阶层研究》，生活·读书·新知三联书店，2000 年。

集团发展阶段的关系叙述上，也语焉不详，且具体的划分，与《史记》《汉书》的四“功臣表”记述之中多有抵牾，这到底是怎么回事呢?

答案仍在史料的细节之中。

在《史记·高祖功臣侯者年表》《史记·惠景间侯者年表》和《汉书·高惠高后文功臣表》《汉书·外戚恩泽侯表》中，有一列专记“侯功”，也就是因什么功劳得侯，近似于一个个“功侯履历”，但往往只记录关键信息点。

辅助解读“功臣表”的简略文字，大略可将其中的“通用表述”，分为九项：

（1）以“何职”在“何处”，“从起”或“起”，也就是跟随刘邦集团起兵，或是自行、跟随其他集团起兵，注意，这是两种情况；

（2）“至霸上”“破秦”“从击秦”，这是指参与了刘邦集团“先入关中”的战争，但又分为三等，即“参与灭秦并在刘邦集团的霸上军中”，“参与灭秦却未直接归属刘邦集团”，“跟随进攻秦地却未直接归属刘邦集团，未至关中”；

（3）“入汉”，又分为两类，一类是与刘邦主力军一同“入汉中”，这时“汉国”已经建立，所以，“入汉”等于“入汉中”；另一类则是在不同阶段加入“汉军”旗下的诸将，此类的“入汉”不等于“入汉中”。注意，此两类往往记录“入汉”时的职务。

（4）“定三秦”，也就是参与了进攻“三秦王”战争的诸将，部分也写作“攻雍”“攻塞王”之类的具体战功，往往有殊功特记；

（5）“击诸侯”，其中品流很杂，跨越时间也长，有跟随韩信平定西魏、赵、齐的功劳，也有跟随刘邦参加彭城之战前进攻各诸侯王的功劳，还有笼统包含全程的功劳；

（6）“击项籍”，这个是非常关键的时期，包括“守城”“阻击”“斩项羽”“击龙且”“破曹咎”等具体的功劳；

（7）“定诸侯”，与“击诸侯”不好区分，但具体的功绩可以看到，包括平定韩信、英布、韩王信、臧荼、陈豨、卢绾等异姓诸侯的功劳，最典型的人物是萧何，“佐上定诸侯”。

（8）“定天下”，有此字样的，全都是在西汉王朝建立过程中，在刘邦身边具有决定性功绩的人物，包括：汝阴侯夏侯婴、周吕侯吕泽、曲逆侯陈平。

（9）裙带关系，包括刘邦的子侄、妻族子，及诸侯王王子、相国得侯。

在信息简单归类的基础上，我们一点点地挖掘史书中对于功臣列侯记载的隐藏信息，先从明确写明“汉国”建立前“从起”地点的列侯入手，之所以以此时间点为界，根本原因在于按照李开元先生的讨论，对刘邦集团前期创业至关重要的“丰沛元从集团”“砀泗楚人集团”，即在此前形成，那么，论证上述两集团是否存在，以及以何种方式存在，自应由此入手详解。

符合条件的列侯有：

单父：3 人；（秦砀郡，魏地）

砀：13 人；（秦砀郡，先魏地后楚地）

方与：1 人；（秦薛郡，先魏地后楚地，缪文远考证，公元前 235 年，留、方与、铚、胡陵、砀、萧、相已由魏入楚[①]）

丰：10 人；（秦泗川郡，楚地）

杠里：1 人；（秦东郡，魏地）

横阳：1 人；（秦砀郡，魏地）

胡陵：1 人；（秦薛郡，先魏地后楚地）

郏：1 人；（秦颍川郡，韩地）

亢父：1 人；（秦薛郡，楚地）

留：4 人；（秦泗川郡，楚地）

陈留：1 人（《汉书》作留）；（秦砀郡，魏地）

齧桑：1 人；（秦泗川郡，楚地）

---

① 缪文远：《战国策考辨》，第 68 页，中华书局，1984 年；陈伟：《楚“东国”地理研究》，第 140 页注释 35，武汉大学出版社，1992 年。

沛：16人；（秦泗川郡，楚地）

岐：1人；（秦砀郡，魏地）

宛朐：2人；（秦东郡，魏地）

下邳：1人（仅张良）；（秦东海郡，楚地，张良出身应为韩地，不计入）

薛：8人（丁复，《史记》作郲，应有误；革朱，《史记》作丰，应有误）；（秦薛郡，楚地）

阳武：1人（张苍）；（秦三川郡，秦地）

阳夏（也作栎阳）：1人；（秦陈郡，楚地）

柘：1人；（秦陈郡，楚地）

昌邑：1人；（秦砀郡，魏地）

另有萧何（秦泗川郡沛县，楚地）、夏侯婴（秦泗川郡沛县，楚地）、吕泽（秦泗川郡沛县，楚地）、吕释之（秦泗川郡沛县，楚地）、周昌（秦泗川郡，楚地）、雍齿（丰，秦泗川郡沛县，楚地）、郦食其（秦砀郡陈留县，魏地），见"世家""列传"。

总数共：77人

以战国时国别分：

楚地：63人（含不确定1人，不计入先魏后楚，则为48人）；

魏地：11人（计入先魏后楚，则为26人）；

韩地：2人（含张良）；

秦地：1人。

以秦代郡别分：

泗川郡：37人；

砀郡：21人；

薛郡：11人；

东郡：3人；

陈郡：2人（含不确定1人）；

颍川郡：2人（含张良）；

三川郡：1人。

秦县总数今不可考，以《二年律令·秩律》中所记录“汉县”（不含分封诸侯国）计，约有270或271个县、道、邑[①]，而上述统计县、邑、里区划夹杂，统计为20个，则20比270，比例约为7.4%，如果计入齐、楚、吴、赵、代、燕、梁、淮南、琅邪、淮阳、常山等诸侯国的辖县，则这个比例也就2%左右。

为什么会是这里？

直至刘邦入汉中称王，刘邦集团经历了几个阶段[②]：

第一阶段：独立势力，自起兵至丰邑叛魏，进攻未果；

---

① 周振鹤：《〈二年律令·秩律〉的历史地理意义》，《学术月刊》2003年第1期。

② 行程地点据《史记》整理，**黑体**字为“功臣表”中涉及的列侯“从起”地点。

（扩军：二三千人）

地点：**沛**、**丰**、**方与**、**胡陵**；

官职：客、中涓、舍人、职志、队率、卒、令史（太仆）[①]、悼武王郎中。

第二阶段：景驹部下，自投奔秦嘉至攻克砀，再攻丰；（扩军：得五六千人，合至九千人）

地点：萧、**留**、**砀**、下邑；

官职：客、中涓、舍人、门尉、执盾队史、执盾、卒、厩将、户将、越将、慎将。

第三阶段：项梁部下，自投奔项梁至项梁在定陶被杀；（扩军：益卒五千、五大夫将十人）

地点：**薛**、兰、虞、济阳、户牖、雍丘、辕戚、东缗、栗、**齧桑**、**东阿**[②]、濮阳、蕲城、都关、定陶、**宛朐**、临济、寿张、卷、开封、狐父、祁善置、**亢父**、**柘**；

官职：客、中涓、舍人、特将、连敖、户卫、越将、越连敖、卒，**睢阳令**。[③]

第四阶段：怀王部下，以武安侯、砀郡长北上略魏地；（扩军：并刚武侯军四千余人）

---

① 司马迁：《史记》卷十八《高祖功臣侯者年表》，“（汝阴侯夏侯婴）以令史从降沛，为太仆，常奉车”。

② 司马迁：《史记》卷十九《惠景间侯者年表》，“（樊侯蔡兼）以睢阳令从高祖初起阿，以韩家子还定北地，用常山相侯，千二百户”。

③ 同上。

地点：阳城、**杠里**、成武、栗、**昌邑**、**高阳**、**陈留**、开封、白马、曲遇、**阳武**、**轘辕**、缑氏、尸北、亳南、横阳、安阳、**岐**、长社、宛陵、颍阳、阳翟、**郏**；

官职：客、舍人、将军、骈怜、卒、军匠。

第五阶段：怀王部下，以武安侯、砀郡长西进至武关（有兵：以二万人攻峣关，诈作五万人）；

地点：**犨**、**宛**[①]、丹水、**西陵**[②]、胡阳、析、郦、武关、穰、旬关；

官职：南阳郡守[③]，高武侯、襄侯[④]。

第六阶段：怀王部下，领军降秦王子婴，大军“至霸上”。（有兵：十万人，号称二十万）

地点：峣关、蓝田、芷阳、霸上；

官职（只是以此职务从破秦，即追随某依附刘邦的附庸势力，并非即此时“从起”）：谒者[⑤]、舍人[⑥]、越队将[⑦]、

---

① 司马迁：《史记》卷八《高祖本纪》，“乃以宛守为殷侯”，宛守即南阳郡守。

② 司马迁：《史记》卷八《高祖本纪》，“高武侯鳃、襄侯王陵降西陵”。

③ 同上。

④ 同上。

⑤ 司马迁：《史记》卷十八《高祖功臣侯者年表》，“（梁邹侯武儒）兵初起，以谒者从击破秦”。

⑥ 司马迁：《史记》卷十八《高祖功臣侯者年表》，“（成侯董渫）兵初起，以舍人从击秦”。

⑦ 司马迁：《史记》卷十八《高祖功臣侯者年表》，“（海阳侯摇毋余）以越队将从破秦”。

越户将[1]。

初步整理材料可知，第一阶段至第四阶段是刘邦集团逐步吸纳“新鲜血液”进入的时期，而第五、第六阶段，虽然刘邦所部获得了极大的扩张，“将吏”却并没有同期增加，能够在日后受封列侯的一个都没有。

反过来细究各个阶段中有资格封侯的“将吏”数量扩张，实与几次大变化有关：

（1）沛县起兵，丰邑驻守，有三千人左右；

（2）攻克砀地，收兵六千，合九千人左右；

（3）薛县归项，增兵五千，合一万四千人；

（4）略定魏地，收罗各部，刚武侯四千人，郦商四千人，合二万二千人，另有陈豨部、彭越部、皇䜣部、武满部从行（或即为“梁邹孝侯武儒”，不确定）不知其数。

之后兵力虽有极大扩张，“将吏”的规模却相对稳定，来源主体就是四个县、邑：沛、丰、砀、薛。**总数为 53 人，占 77 人总数的 68.83%。**

而“功臣表”既存在一些“汉元年”之后从起的“将吏”，也存在在前四阶段“从起”，没能在汉高祖一朝封侯，而在惠帝、高后、文帝时代封侯的情况，这并不能影响上文中的数据

---

① 司马迁：《史记》卷十八《高祖功臣侯者年表》，“（贳侯吕）以越户将从破秦，入汉”。

结论，因为细究其经历就会发现，之所以如此，与资历关联不大，而是“职务”的限制，以樊侯蔡兼为例：

> 以睢阳令〔从〕高祖初起阿，以韩家子还定北地。[1]

此“阿”地应为“东阿”之省称。而汉高祖转战“东阿”时，尚无任命睢阳令之职权。故此，蔡兼跟随高祖前，应为秦官或楚官，至“还定北地”时，则已是“还定三秦”，即灭三秦王时，而蔡兼只名“韩家子”，从其远离政治中心的状态已可知一二。

综合以上信息，“丰沛”“砀楚”出身的功臣列侯占整个汉初军功列侯绝大多数，完全可以作为定论，但是，由此引申出“丰沛元从集团”和“砀泗楚人集团”的存在，还缺少一个重要的论证环节，那就是“集团”是否存在。

道理很简单，地域身份只是一个政治人物诸多身份要素之一，甚至可以说只是个“基础角色”，要分辨一个“政治集团”，还需要细致地考察政治人物在权力结构中的位置，以及与权力核心的具体关系，这一点，过往的研究往往有所忽略。

而要解答这一问题，就必须对刘邦起兵之后的组织形态，进行重构。由于本传史料有限，主要补充信息，就是上述“功臣表”中记录的，功臣列侯“从起”时的官职，整理如下：

---

① 司马迁：《史记》卷十九《惠景间侯者年表》。

第一阶段：

客、中涓、舍人、职志、队率、卒、令史（太仆）[①]、悼武王郎中。[②]

第二阶段：

客、中涓、舍人、门尉、执盾队史、执盾、卒、厩将、户将、越将、慎将。

第三阶段：

客、中涓、舍人、特将、连敖、户卫、越将、越连敖、卒，睢阳令。[③]

第四阶段：

客、舍人、将军、骈怜、卒、军匠。

上述职务中包含萧何、吕泽、曹参、卢绾、周勃、夏侯婴、樊哙等刘邦集团核心成员，却与我们熟悉的三公九卿体制、将军部曲体制，乃至于卿大夫士体制都不相同，除了偶尔出现的将军、队率、卒，几乎无法与军事组织产生联想。

但恰恰是这么一个“混搭”的组织，取得了一系列的军事胜利，并在汉帝国建立之前，就创造出一群封君列侯。（表 5-1）

---

① 司马迁：《史记》卷十八《高祖功臣侯者年表》，“（汝阴侯夏侯婴）以令史从降沛，为太仆，常奉车”。

② 冯无择，应非从起时职务，详细考证见下文。

③ 同上。

表 5-1 刘邦集团成员封列侯情况

汉帝国封侯	姓名	从起职务	初封时间	初封侯、君号
平阳侯	曹参	中涓	项羽至，以沛公为汉王。汉王封参为建成侯。①	建成侯
绛侯	周勃	中涓	项羽至，以沛公为汉王。汉王赐勃爵为威武侯。②	威武侯
信武侯	靳歙	中涓	至霸上。沛公立为汉王，赐歙爵建武侯③	建武侯
堂阳侯	孙赤	中涓	以中涓从起沛，以郎入汉，以将军击籍，为惠侯。坐守荥阳降楚免。④	惠侯
颍阴侯	灌婴	中涓	至霸上，赐爵执珪，号昌文君……三年，以列侯食邑杜平乡。⑤	昌文君—昌文侯
乐成侯	丁礼	中涓	入汉，定三秦，侯。⑥	正奉侯
舞阳侯	樊哙	舍人	项羽入屠咸阳，立沛公为汉王。汉王赐哙爵为列侯，号临武侯。⑦	临武侯
蒯成侯	周緤	舍人	从东击项羽荥阳，绝甬道，从出度平阴，遇韩信军襄国，战有利不利，终亡离上心。上以緤为信武侯。⑧	信武侯

① 司马迁：《史记》卷五十四《曹相国世家》。
② 司马迁：《史记》卷五十七《绛侯周勃世家》。
③ 司马迁：《史记》卷九十八《傅靳蒯成列传》。
④ 司马迁：《史记》卷十八《高祖功臣侯者年表》。
⑤ 司马迁：《史记》卷九十五《樊郦滕灌列传》。
⑥ 司马迁：《史记》卷十八《高祖功臣侯者年表》。
⑦ 司马迁：《史记》卷九十五《樊郦滕灌列传》。
⑧ 班固：《汉书》卷四十一《樊郦滕灌傅靳周传》。

（续表）

汉帝国封侯	姓名	从起职务	初封时间	初封侯、君号
魏其侯	周定	舍人	以舍人从沛，以郎中入汉，为周信侯。①	周信侯
阳陵侯	傅宽	舍人	从至霸上。沛公立为汉王，汉王赐宽封号共德君……击项籍，待怀，赐爵通德侯。②	共德君—通德侯
鲁侯	奚涓	舍人	以舍人从起沛，至咸阳为郎中，入汉，以将军从定诸侯，侯。③	不详
斥丘侯	唐厉	舍人	为东郡都尉，击破籍武城，侯。④	颜师古注：初为成武侯。
周吕侯	吕泽	客	以吕后兄初起，以客从，入汉为侯。⑤	不详
高梁侯	郦食其	客	食其，兵起以客从击破秦，以列侯入汉，还定诸侯，常使约和诸侯列卒兵聚，侯。⑥	广野君⑦—高梁侯
安国侯	王陵	客（厩将）	上东，因从战不利，奉孝惠、鲁元出〔睢〕水中，及坚守丰，〔封〕雍侯，五千户。⑧	雍侯

① 司马迁：《史记》卷十八《高祖功臣侯者年表》。

② 司马迁：《史记》卷九十八《傅靳蒯成列传》。

③ 司马迁：《史记》卷十八《高祖功臣侯者年表》。

④ 同上。

⑤ 同上。

⑥ 同上。

⑦ 司马迁：《史记》卷九十七《郦生陆贾列传》，“遂下陈留。号郦食其为广野君”。

⑧ 司马迁：《史记》卷十八《高祖功臣侯者年表》。

（续表）

汉帝国封侯	姓名	从起职务	初封时间	初封侯、君号
阳夏侯	陈豨	特将	以特将将卒五百人，前元年从起宛、朐，至霸上，为侯。①	不详
曲周侯	郦商	将军	沛公略地至陈留，六月余，商以将卒四千人属沛公于岐。从攻长社，先登，赐爵封信成君……项羽灭秦，立沛公为汉王。汉王赐商爵信成君②……燕王臧荼反，商以将军从击荼，战龙脱，先登陷阵，破荼军易下，却敌，迁为右丞相，赐爵列侯，与诸侯剖符，世世勿绝，食邑涿五千户，号曰涿侯。③	信成君—信成君—涿侯
临泗侯	吕公	不详	元年封，四年薨，高后元年追尊曰吕宣王。④	临泗侯
留侯	张良	厩将	良乃间行归汉。汉王以良为成信侯，从东击楚。⑤	成信侯
芒侯	昭（《汉书》作：彫跖）	门尉	以门尉前元年初起砀，至霸上，为武定君。⑧	武定君

① 司马迁：《史记》卷十八《高祖功臣侯者年表》。

② 司马迁：《史记》卷九十五《樊郦滕灌列传》，前后两次赐爵“信成君”，前爵、后爵，应为“楚爵”或“魏爵”，而刘邦立汉王后，封“汉爵”。

③ 司马迁：《史记》卷九十五《樊郦滕灌列传》。

④ 班固：《汉书》卷十八《外戚恩泽侯表》。

⑤ 班固：《汉书》卷四十《张陈王周传》。

⑥ 司马迁：《史记》卷十八《高祖功臣侯者年表》。

在起兵后的第一阶段至第三阶段，刘邦的身份一直只是“沛公”，也就是“县公”，属于楚政权下属的一部；第四阶段至第六阶段，刘邦的身份升迁至武安侯、砀郡长，可以统领“砀郡兵”，却不代表可以任命“将军”，直到“至霸上，立为汉王”才开始封侯、拜将。

在上表之中，将军、特将，其实只有郦商、陈豨，他们的履历又有所区别：

> （陈豨）以特将将卒五百人，前元年从起宛朐，至霸上，为侯。[①]
>
> 曲周侯郦商者，高阳人。陈胜起时，商聚少年东西略人，得数千。沛公略地至陈留，六月余，商以将卒四千人属沛公于岐。[②]

很明显，陈豨、郦商都是独立成军，故此名“将军”“特将”，不过区别在于，郦商起兵在“陈胜起时”，与陈武类似，属于自行起兵，而陈豨则是“从起”刘邦。也就是说，陈豨人虽在宛朐，却和刘邦有联系，甚至是从属关系，而郦商的“从起”则要从刘邦略地至陈留时算起。

由此可见，“将军”与“特将”因团队立功封侯，并无异议，剩下的“侯”和“封君”，除了吕公这样的关系户，几乎都

---

① 司马迁：《史记》卷十八《高祖功臣侯者年表》。

② 司马迁：《史记》卷九十五《樊郦滕灌列传》。

是“客”“中涓”“太仆”“舍人”的身份。唯一例外的，就是门尉“芒侯昭（耏跖）”。

而“芒侯昭（耏跖）”的履历也很有意思：

> 以门尉前元年初起砀，至霸上，为武定君，入汉，还定三秦，以都尉击项羽，侯。[①]
>
> 以门尉前元年初起砀，至霸上，为定武君，入汉，还定三秦，为都尉击项羽，功侯。[②]

《史记》和《汉书》“功臣表”文字只差一个“功”字，但都未提及“从起”，而是“初起砀”。这个写法，在“起砀”的列侯之中是唯一一个，其余如：

> （颍阴侯灌婴）以中涓从起砀。
>
> （河阳侯陈涓）以卒前元年起砀从。
>
> （曲城侯蛊逢[③]）以曲城户将，卒三十七人初从起砀，至霸上，为执珪。
>
> （乐成侯丁礼）以中涓骑从起砀中。[④]

写法确有不同，有“从起砀”“起砀从”“初从起砀”“从起砀中”，但“从”字则必不可少，可见，“芒侯昭（耏跖）”很

---

① 司马迁：《史记》卷十八《高祖功臣侯者年表》。

② 班固：《汉书》卷十六《高惠高后文功臣表》。

③ 班固：《汉书》卷十六《高惠高后文功臣表》作“虫达”“西城户将”。

④ 司马迁：《史记》卷十八《高祖功臣侯者年表》。

可能在举兵之初并未归属于刘邦，而是另立所部，但一直跟随刘邦,“至霸上”才得以封君。这支兵力也就是刘邦攻克砀之后，扩军六千的一部分。

综上所述，仅汉高帝六年大封功臣列侯之前得以封侯、封君的人物，就可以看到多种组织形态：

> “客”“中涓”“太仆”“舍人”，绝大部分跟随刘邦行军，但也有“中涓”曹参、周勃分兵行动；
>
> “将军”，早已自行起兵，并聚集数千兵力的势力，后归入刘邦麾下，为“从起”，如郦商；
>
> “特将”，自起兵之初即与刘邦有从属关系，但不在一起活动，如陈豨；
>
> “厩将”，应为外邦“客将”；
>
> “初起”，即自行起兵，但兵力有限，等到刘邦略地至当地，则随从作战，直到身份转变，才从属于刘邦的小势力，如芒侯昭（耏跖）。

这就意味着，不同的组织形式应有不同的指挥序列，甚至是隶属关系。

第二节

中涓、门尉、执盾，汉帝国与《墨子》不得不说的故事

刘邦起兵之后号“沛公”，取名自楚国“县公”，即为一县之长，以通说而言，与军事组织的关联很小，但他又收兵达“二三千人”，这部分人是如何编制的呢？

在第一阶段从起的列侯之中，我们可以简单分类：

（1）客，包括妻族吕泽、秦卒史周苛、县令史萧何、大哥王陵等；

（2）太仆，包括夏侯婴，唯一的七大夫爵；

（3）中涓，包括曹参、周勃等；

（4）舍人，包括樊哙、周定、奚涓、周緤等；

（5）职志，包括周昌；

（6）队率，如卫无择[1]；

（7）卒。

---

① 司马迁：《史记》卷十八《高祖功臣侯者年表》作“队卒”；班固：《汉书》卷十六《高惠高后文功臣表》作卫毋择，“队率”，职位应从《汉书》。

“客”的问题，相对复杂，容后文细述，在此着重谈一谈“中涓”“舍人”与“队率”“卒”的区分，即分属两个序列。

先说“中涓”“舍人”，到底是什么呢？

“中涓”，颜师古注《汉书》曰：

> 如淳曰：“中涓，如中谒者也。”师古曰：“涓，絜也，言其在内主知絜清洒埽之事，盖亲近左右也。”①

也就是比拟宫中的“中谒者”职务，是府院中负责打扫卫生的人，属于亲近的身边人。

“舍人”，颜师古注《汉书》曰：

> 师古曰：“舍人犹家人也，一说私属官主家事者也。”②
>
> 舍人，私府吏员也。③

翻译过来就是，舍人类似于“家人”，另一个说法是私家府中的吏员，属于管理家事的家吏、家臣。

两者对照，“中涓”比“舍人”地位要高，如同在沛县起家的“曹参、召欧、周勃、孙赤”地位明显高于“樊哙、朱轸、周定、奚涓、审食其、周緤、徐厉”等人，“入汉”之后新册封的两位“将军”，也都出自“中涓”。

简言之，就是以“府主”为基点，“中涓”属于亲近左右，

---

① 班固：《汉书》卷三十九《萧何曹参传》“参以中涓从”条下。

② 班固：《汉书》卷三十九《萧何曹参传》“萧何薨，参闻之，告舍人趣治行”条下。

③ 班固：《汉书》卷九十九《王莽传上》“其令公奉、舍人、赏赐皆倍故”条下。

而“舍人”则距离较远，类似于府内。空间距离的远近，决定了地位高低。这种权力逻辑与东汉郡朝的属吏地位高低配置非常类似，这就是一个“府”“家”的治理结构。

那么，“家”如何治理“县”呢？

答案还在前四个阶段中的一部分官职中：

> 门尉、执盾队史、执盾、卒、户卫。

这些职务，见于《墨子·号令》：

> 吏卒侍大门中者，曹无过二人。勇敢为前行，伍坐，令各知其左右前后。擅离署，戮。门尉昼三阅之，莫，鼓击门闭一阅，守时令人参之，上逋者名。铺食皆于署，不得外食。守必谨微察视谒者、执盾、中涓及妇人侍前者志意、颜色、使令、言语之请。及上饮食必令人尝，皆非请也，击而请故。[①]

翻译过来，就是守卫守城主将官署大门的头目和士兵，每班岗不要多于两人，卫兵中勇敢的在前行，根据队、伍排列，让他们知道各自的左右前后是谁。擅自离开官署的人，杀掉。门尉每天白天点名三次，晚上击鼓关门后再点名一次，守将随时派人检查巡察，记上擅自离开岗位人的姓名。早晚两餐都在官署吃饭，不许在外面吃饭。守将一定要谨慎、细致地暗中观

① 墨翟及其弟子：《墨子》卷十五《号令》。

察侍从中的谒者、执盾、中涓以及料理日常生活的妇人等的思想、心理、脸色、动作和言语情况。每次端上饮食，一定要先叫人尝一尝再吃。若有异常情况，就立即抓起来予以盘问。

此处记载涉及的职务包括：

> 中涓、谒者、执盾、门尉、卒。

另见：

> 葆宫之墙必三重，墙之垣，守者皆累瓦釜墙上。门有吏，主者门里，筦闭，必须太守之节。葆卫必取戍卒有重厚者。请择吏之忠信者，无害可任事者。
>
> 令将卫，自筑十尺之垣，周还墙。门、闺者，非令卫司马门。[①]

这里说葆宫的围墙一定要修三道，在围墙的外垣上守卫应堆上破瓦烂锅之类的东西防止攀爬。宫门设主管官员，在内部负责宫门开闭，开关都必须有守城主将所给的凭证。葆宫的守卫一定要选拔忠厚的卫兵担当，官吏也须挑选忠诚可靠、谨慎而又能胜任的人。

“令将卫”，也就是“县令的护卫”要在官署和内寝四周自行修筑十尺高的围墙，守卫大门和内寝门户的卫兵，不要安排他们守卫“司马”的大门。

---

① 墨翟及其弟子：《墨子》卷十五《号令》。

此处记载涉及的职务包括：

葆卫、令将卫、戍卒。

另见：

城上吏、卒、养，皆为舍道内。各当其隔部，养什二人，为符者曰养吏一人，辨护诸门。

守城之法，敌去邑百里以上，城将如今尽召五官及百长，以富人重室之亲，舍之官府，谨令信人守卫之，谨密为故。①

翻译一下，守城的官吏、士兵、杂役都要在城上食宿，各自所属的武器装备区里，应安排每十个人配两个杂役，掌管符信凭证的养吏一人，监察守护各城门。

守城的方法是，敌人在离城百里之外的时候，守城将领就要把所有的官吏、小军官召集起来，并把富人、大族的亲眷全部集中起来到官府，派可靠的部下看守他们，越谨慎周密越好。

此处记载涉及的职务包括：

吏、卒、养、养吏、城将、五官、百长。

另见：

及傅城，守将营无下三百人，四面四门之将，必选择之有功劳之臣及死事之后重者，从卒各百人。门将并守他

① 墨翟及其弟子：《墨子》卷十五《号令》。

门，他门之上必夹为高楼，使善射者居焉。女郭、冯垣一人一人守之（使重室子）。五十步一击。因城内里为八部，部一吏，吏各从四人，以行冲术及里中。

伍人逾城归敌，伍人不得，斩；与伯归敌，队吏斩；与吏归敌，队将斩。归敌者，父母、妻子、同产皆车裂。[①]

翻译过来就是，等到敌人开始爬城墙强攻的时候，守城将领所在的兵营不得少于三百人，东西南北四个城门的将领一定要选择立过军功，以及烈士后人中谨慎厚重的人担任，每人带兵一百人。每一方城门的将领如果兼守其他城门，就必须在另一城门上建立起高楼，派善于射箭的士卒守在那里，城上矮墙、冯垣一个一个排列起士兵守护着。让贵家子弟来守。每五十步建置一个贮藏兵器的“隔”，按照城中里巷分为八部，每部设置一个头目，每个头目带领四人，在城中要道和街巷中巡逻。

同伴中有人翻越城墙投敌，同伴没有及时抓住，斩首；伯长叛变投敌，队吏要斩首；队吏叛变投敌，队将要斩首。叛变投敌的人，他的父母、妻子、儿女、兄弟都要处以车裂之刑。

此处记载涉及的职务包括：

守将、四面四门之将、门将、部吏、队将、队吏、伯长、伍人、卒。

---

① 墨翟及其弟子：《墨子》卷十五《号令》。

另见：

> 城外令任，城内守任。令、丞、尉，亡，得入当，满十人以上，令、丞、尉夺爵各二级；百人以上，令、丞、尉免以卒戍。诸取当者，必取寇虏，乃听之。
>
> 吏卒民无符节而擅入里巷，官府吏、三老守闾者失苛止，皆断。
>
> 吏卒民死者，辄召其人，与次司空葬之，勿令得坐泣。[1]

也就是说，“令”负责城外守卫任务，守城主将担任城内的防守职责。令、丞、尉等官，其部下有人逃跑，如果抓回俘虏的人数与逃兵数相当，那么功罪可以相抵；最终逃兵数超过十个，令、丞、尉各减爵位两级；逃兵数超过一百的，令、丞、尉就须被撤职罢官，罚戍。抓来抵偿罪过的一定要是从敌军抓来的俘虏才算数。

对于官吏、兵士和百姓没有凭证擅自进入里巷和官府的，如有关官吏、三老以及守里门者没有及时盘问和制止，都要定罪。

若官员、兵士和百姓战死了，要赶紧招来死者家属，同司空一道将死者埋葬，不得久坐哭泣。

此处记载涉及的职务包括：

---

① 墨翟及其弟子：《墨子》卷十五《号令》。

县令、县丞、县尉、三老、守间者、司空。

另见《墨子·备城门》：

城上十人一什长，属一吏士、一亭尉。百步一亭，高垣丈四尺，厚四尺，为闺门两扇，令各可以自闭。亭一尉，尉必取有重厚忠信可任事者。[①]

此处记载涉及的职务包括：

什长、吏士、亭尉。

另见《墨子·迎敌祠》：

凡守城之法，县师受事，出葆，循沟防，筑荐通涂，修城。百官共财，百工即事。司马视城修卒伍。设守门，二人掌右阉，二人掌左阉，四人掌闭，百甲坐之。城上步一甲、一戟，其赞三人。五步有伍长，十步有什长，百步有百长，旁有大率，中有大将，皆有司吏卒长。[②]

守城的办法是，县中的主官，要负责视察堡垒，巡视河沟城防，阻塞敌人的道路，修缮城墙。所有大小官吏要供应战争所需的粮饷钱款，一切有手艺的人都要各施所长。司马根据城防情况布派兵士守门，二人掌管城门右边门扇，二人掌左边门

---

① 墨翟及其弟子：《墨子》卷十四《备城门》。

② 墨翟及其弟子：《墨子》卷十五《迎敌祠》。

扇，四人共同掌管开关城门的职责，百名兵士带甲坐守城门。

城墙上每一步派一个带甲的兵士，一个握戟的兵士，另加三个帮手。每五步配备一个伍长，每十步安排一名什长，百步委任一名百长。在一侧各有“大率”；城的中央有“大将”指挥。这样逐级都有首领和各自的职责。

此处记载涉及的职务包括：

> 县师、司马、守门、伍长、什长、百长、大率、大将。

整体来说，《墨子·号令》可以说，就是一个“县邑”守卫的“操作手册”，繁杂的操作性的细节，使得该篇之中包含的制度性信息往往被人们所忽略。当然，其中诸多称呼的复杂性，也增加了理解的难度。

整理下上述“职名”：

> 中涓、谒者、执盾、门尉、卒、葆卫、令将卫、吏、卒、养、养吏、城将、五官、百长、守将、四面四门之将、门将、部吏、队将、队吏、伯长、伍人、县令、县丞、县尉、三老、守闾者、司空、什长、吏士、亭尉、县师、司马、守门、伍长、什长、百长、大率、大将。

另见《墨子·杂守》：

> 城守司马以上，父母、昆弟、妻子，有质在主所，乃可以坚守。署都司空，大城四人，候二人，县候，面一。

亭尉、次司空、亭一人。[1]

司马是守城内的主将，在他之上还有“令、丞、尉”，负责守卫城外，所以叫以上，家人必须在主帅府中留人质，才可以坚守，临时任命“都司空”，大城四人、候二人，县候则每面城墙一人，亭尉位次司空，每亭有一人。

这里实际上指出了一个很有意思的问题，即守城中的“司空”“候”“亭尉”都属于临时性质的职务，而且可以视为同一序列的“官职”。不过，很明显，“候”与“司马”有上下级汇报关系，见《墨子·号令》：

> 诸吏卒民非其部界而擅入他部界，辄收。以属都司空若候，候以闻守，不收而擅纵之，断。[2]

一切擅自闯入非居住地区域的官吏、士兵和百姓，都要由所在的都司空和候将其拘留，由候报告守将，不将其拘留而擅自放人的，杀头。

此处记载涉及的职务包括：

> 司马、都司空、候、亭尉。

先做一下排重，合并同类项：

---

① 墨翟及其弟子：《墨子》卷十五《杂守》。

② 墨翟及其弟子：《墨子》卷十五《号令》。

大将，通城将、守将，即“司马”；

四面四门之将，包括四门之将，即门将（五官），以及四面之将，即“候”与队将[①]（五官）；

百长，通伯长。

确定了这些信息，则细节颇有可观之处：

简牍所见的秦制职名：县令、县丞、县尉、县司空、县司马、守闾者（里监门）、吏、卒、养；

“守将”府吏：中涓、谒者、执盾、门尉；

官署守卫：令将卫、葆卫；

令、丞、尉负责城外，司马负责城内；

城墙守卫编制：候、队将、队吏、百长、亭尉、帛尉、吏士、什长、伍长、伍人（卒）；

城门守卫编制：门将、百长、什长、伍长、守门、卒；

城内守卫编制：候、都司空、亭尉、部吏、守闾者。

对照一下“功臣表”中记录的职务，不见于上述记载的有：

舍人、队率、户将、户卫、执盾队史、越队将，以及职志、连敖、越连敖、越将、慎将、骈怜、军匠。

恰好可以分作两类，即一部分为《墨子》中记录官名的变

① 墨翟及其弟子：《墨子》卷十四《备城门》“十万物之众，攻无过四队者”，可知城墙一面为“一队”。

体，如：

（1）舍人，通“令将卫”，即县令“沛公”之私臣、警卫。故此，樊哙本传中可见他以舍人身份“先登、斩首”。

（2）队率，即“队将（五官）”之同职异名，“越队将”“越将”“慎将”实为同一级别的编制，即“队”之“将”。

（3）户将，即“门将”，与“队率”“队将”为同级别职务，但执掌有所不同，其所统不过城门营中百人。故此，曲城侯蛊逢（虫达）“以西城户将三十七人从起砀”[①]这个语句，看起来不像叙述他加入刘邦集团后的职务，而是说明他的“决定性功绩”。以“门将”统“百长”的权限来看，他应该是开砀县西城门，迎接刘邦入城，带来了刘邦集团实力的翻倍飞跃，所以被酬功。

与他不同的是“芒侯昭（耏跖）”，“以门尉前元年初起砀”，这个“门尉”不涉及“表功”，应该是起兵时的初始职位，并非刘邦授予。

（4）“户卫”，负责门户开闭，且有“卫”之名，对应的是“葆卫”或“守门”，也就是所谓“葆宫”的门卫或是城门的门卫。不过，有此职位的只有一个人，即东武侯郭蒙，他是“以户卫起薛，属悼武王，破秦军杠里，杨熊军曲遇”，注意，缺一个“从”字。

① 班固：《汉书》卷十六《高惠高后文功臣表》，《史记》作“曲城”应有误。

也就是说，他的“户卫”职务归属于周吕侯吕泽，而非刘邦，也算与“葆卫”角色贴合，因为其本身与“门尉”类似，向“守将”即“司马”负责，而非“令将”，至于吕泽是不是刘邦军的“司马”，且待后文详述。

（5）最后说一下“执盾队史”，前文中“执盾”一职很清楚是对应的，所谓“队史”则与“队吏”字形相近，古籍中也经常讹误，而“队吏”低于“队将”，高于“百长”则是确定的，那么，所谓“执盾队史”很可能是“执盾队吏”之误写。

另按《汉书·百官公卿表》所记部分宫内职务：

郎掌守门户，出充车骑……中郎有五官、左、右三将，秩皆比二千石。

郎中有车、户、骑三将，秩皆比千石。

谒者掌宾赞受事，员七十人，秩比六百石。①

颜师古注“车骑户”三将：

如淳曰：“主车曰车郎，主户卫曰户郎。《汉仪注》：郎中令主郎中，左右车将主左右车郎，左右户将主左右户郎也。”②

---

① 班固：《汉书》卷十九《百官公卿表上》。

② 颜师古注《汉书》卷十九《百官公卿表上》，“车骑户”条下。

“五官”“户将”“户卫”“谒者”，这些职名无疑与《墨子》中记载的“城守”职名以及刘邦集团早期的职名，颇多近似，不能不让人联想其间存在因果关系。

不过，我们可以确定的是，刘邦在沛公、砀郡长时代到汉王时代，一直有一个“亲侍团队”。这个“团队”在“沛公”时代，配合他的身份和兵力，实则是以“县都邑”为单位，参照《墨子》中的记载进行构建的。而且，在其挥军入汉中之后，也并没有废弃这个“亲侍团队”，反而在其基础上进行了升级，构成了“汉国宫廷”内的“宦于王者”群体。

也就是说，尽管《汉书·百官公卿表》中的记载已经是西汉中后期制度，但作为变革的“结果”，其职名中，应该还会保存着一些西汉初年官制变革过程的蛛丝马迹，即尝试根据编制“倒推”。

左为“县廷”，右为“宫廷”：

中涓（中涓骑）——中大夫、中郎（中郎骑）

舍人——郎中

谒者——谒者

五官——五官中郎将

门尉——户将

葆卫——户郎

执盾、执矛、执铍、执金吾——执盾、执戟、武士

门将——卫士令、公车司马令、旅贲令

越将、慎将、楼烦将——骑郎将（郎骑将）

家车吏——驺

哪怕是从空间关系上，《墨子·备城门》和《墨子·号令》中展示的“县城”防守配置，也与“宫廷”中的宫内防御布置非常相近，尤其是一些官职名称，为前代所无，虽然《汉书·百官公卿表》中动辄称“秦官”，与简牍、印玺对照，却常有出入。也就是说，这之间存在变迁联系。

何炳棣先生早已撰文指出，《墨子》一书实为墨家在秦献公时代入秦后，对秦国基层制度进行改造的成果，并由此编写了详细的“城守”操作手册。[①] 这也就打通了秦国、秦朝“县制”与《墨子》记载制度之间的联系。

而刘邦和他的核心臂助们，作为秦朝的县吏，最熟悉的组织体系，当然是“县政”，所以，在起兵之初，就以“秦制”的“县守兵”为基础，构建了自己的干部组织体系，且并不拘泥于“守城之法”，而是由此提炼出了一套比“秦制”更加有效的军事组织体系，最终屡战屡胜。

① 何炳棣：《国史上的“大事因缘”解谜——从重建秦墨史实入手》，《光明日报》网，2010 年 6 月 3 日。

第三节

秦汉之际竟然有三套军事组织体制

秦军的出征军制并不复杂。“大将”（或上将军）统“将军”，“将军”之下分为几个序列：

（1）步兵：尉、司马、二五百主、五百主、百将、屯长、什长、伍长；

（2）轻车：尉、轻车司马、卒长、仆射；

（3）骑士：尉、骑司马、骑千人。[①]

当然，其中的“轻车”与“骑士”的编制，是根据西汉吕后二年前的《二年律令·秩律》补全的，里面只记载“有秩吏”，即“军吏”，并非军营编制：

① 见拙作《秦砖》第二章，北京联合出版公司，2020 年。

（1）材官：（中、郡）司马、〔中、郡、枸（勾）指〕发弩令、（中、郡）候、士吏；

（2）轻车：中轻车司马、（中、郡）轻车令、卒长；

（3）骑士：骑司马、骑千人。①

西汉中后期"军制"可以参考"大通汉简"的记载，"大将军"统"将军"，"将军"之下为几个序列：

步兵：校尉（也称"军尉"，编制称"校"）、司马（编制称"部"）、候（也称"千人"，编制称"曲"）、五百将（也称"五百""卒长"，编制称"官"）、未知（有独立军官称"士吏"，在县中则称"校长"，编制称"队"）、什长、伍长；

骑兵：左骑都尉、右骑都尉（平级编制），司马、千人。②

参考《通典》卷一百四十八《兵一》的记载以"补缺"：

一说："凡立军，一人曰独，二人曰比，三人曰参，比参曰伍，五人为烈，〈烈有头〉。二烈为火，〈十人，有长，立火子〉。五火为队，〈五十人，有头〉。二队为官，〈百人，立长〉。二官为曲，〈二百人，立候〉。二曲为部，〈四百人，立司马〉。二部为校，〈八百人，立尉〉。二校为裨，〈千六百

---

① 见拙作《秦砖》第二章，北京联合出版公司，2020年。

② 同上。

人，立将军〉。二裨为军。"〈三千二百人，有将军、副将军也。〉[1]

也就是：将军（编制为"军"，有将军、副将军）、裨将（也称"将军"，编制为"裨"）、校尉（编制为"校"）、司马（编制为"部"）、候（编制为"曲"）、官长（编制为"官"）、队头（编制为"队"）、火子（编制为"火"）、列头（编制为"列"）。

参照项氏初起兵时的"军制"：

项梁自任"会稽郡守"，即"郡将"，以项羽为"裨将"，之下为校尉、候、司马。

"骑兵"和"车兵"先不讨论，先看看记载最详尽的"步兵"部分。对照一下：

（1）伍长（5人）——什长（10人）——屯长（50人）——百将（100人）——五百主（500人，内短兵50人）——二五百主（1000人，内短兵100人）、司马、候（未知）——国尉（应有10000人，因内短兵1000人）；

（2）伍长——什长——未知（有独立军官称"士吏"，在县中则称"校长"，编制称"队"）——五百将（也称"五百""卒长"，编制称"官"）——候（也称"千人"，编

① 杜佑：《通典》卷一百四十八《兵一》。

制称“曲”)、——司马（编制称部）——校尉（也称“军尉”，编制称“校”，简牍中无编制人数）

（3）烈头（5人）——火子（10人）——队头（50人）——官长（100人）——曲候（200人）——部司马（400人)——校尉（800人)——裨将（1600人)——将军、副将军（3200人）

（4）司马——候——校尉——裨将——将军（无编制人数）

注意四个制度记载的“相似部分”：

伍长（火子）——什长（列头）——（不同）——候、司马、尉

这里需要解释的是两部分，一个是“司马、候”的变化；一个是“屯长”至“二五百主”之间编制的变化。最基层的什伍部分，反倒只是改了改名字。

前者的变化，其实在春秋、战国时代发生的，即“尉”为军之主官，司马、候只是其下的“军吏”，与其并列的还有“千石之令”“八百之令”“七百之令”“六百之令”，同级的还有“二五百主”。

也就是说，《商君书·境内》记录时代的秦军编制应写作：

尉——【千石之令、八百之令、七百之令、六百之令

（其中含司马、候）】与“二五百主”——五百主[①]

很明显，这与《二年律令·秩律》时代的西汉初期军吏管理序列有承继性，即司马、候秩级有差，却不体现编制的上下级关系。

反观另一处变法，则变化更大：

在（2）和（3）中，根本没有统兵 500 人的编制层级，而只保留了 100 人、50 人两级，且（2）和（3）中，统兵 100 人的编制都叫“官”，只是主官名字不同，一为“五百”、一为“官长”，可以视为一事。

在（2）和（3）中，统兵 50 人的编制都叫“队”，只是主官名字不确定，已知者为“队头”。

值得注意的是，（1）中有“五百主”，（2）中有“五百”，或称“五百将”。两者之间应有承继关系，但所辖兵力，（1）为 500 人，（2）为 100 人，差距较大。

问题都摆出来了，如何解释呢？变化的轨迹是什么样子的呢？

说到底，矛盾点有两个：

> 其一，“军”这个编制，到底是 10000 人，还是 3200 人？
> 其二，“官”这个编制，到底是 500 人，还是 100 人？

---

① 见拙作《秦砖》第二章第二节，第 69 ～ 77 页，北京联合出版公司，2020 年。

《商君书·境内》记录的秦国“军尉”统辖一个独立作战单位，以 1/10 的“短兵”比例看，必为“万人之军”，“将军”的“短兵”则是 4000 人，总兵力应为 40000 人。

反观“汉制”的“军”，已经不再以“尉”为统帅，一个独立作战单位以“将军”统率，总兵力为 3200 人。

这意味着什么?

意味着同样的出兵规模，“汉制”下的“将军”要比秦朝多得多。更直白地说，西汉的“将军”远不如秦朝的“将军”值钱，同级编制也应该比秦朝小得多，那么，在秦汉之交，到底发生了什么，造成了这样的变革?

答案还在《墨子》这本书里，见《墨子·备城门》:

> 守法：五十步丈夫十人、丁女二十人、老小十人，计之五十步四十人。城下楼卒，率一步一人，二十步二十人。城小大以此率之，乃足以守圉。[①]
>
> 诸男女有守于城上者，什六弩、四兵。丁女子、老少，人一矛。[②]

翻译过来就是，守卫之法是每五十步男子十人，成年女子二十人，老小十人，共计五十步四十人。城下守楼的士卒，则需要一步一人，计二十步二十人。按城的大小以此为标准，才足以守御。

① 墨翟及其弟子:《墨子》卷十四《备城门》。

② 墨翟及其弟子:《墨子》卷十五《号令》。

男女在城墙上防守的，每十个人，要配六把弩，四支兵器，成年女子和老少，每人一支长矛。

当然，这是在城中防守，还有在野外作战的情况，见《墨子·备城门》：

> 客攻以遂，十万物之众，攻无过四队者，上术广五百步，中术三百步，下术五十步。诸不尽百五步者，主人利而客病。广五百步之队，丈夫千人，丁女子二千人，老小千人，凡四千人，而足以应之，此守术之数也。[①]

《集韵》解“术”字：

> 徐醉切，音燧。六乡之外地。一曰道也，通作遂。

前述“客攻以遂”，说的就是攻“国”之外的“野”，也就是邑聚，只是没有大城巨郭，如果遭到进攻，哪怕十万之众，其展开的战线也就是面对的四队，而大的“术”宽五百步，中等的三百步，小的只有五十步，凡是不够一百五十步的，都是主人有利而进攻者吃亏，哪怕是一面城墙进攻的一队有五百步宽，只要成年男子一千，成年女子两千，老少一千，合计四千人，就足以抵挡，这是守“术”的算法。

也就是说，一个“术”需要一万六千人来防守。当然，《周礼·地官》中写作“万二千五百家为遂”，可见，一万六千男女

① 墨翟及其弟子：《墨子》卷十四《备城门》。

老少还是出得起，细究一下，就是成年男子，只占此次战争动员的 1/4。

更重要的是，《商君书・兵守》说得很清楚：

> 壮男为一军，壮女为一军，男女之老弱者为一军，此之谓三军也。①

至少在《商君书》的文本里，所谓“三军”是与《墨子》一样的构成，那么比例很可能也类似，以为参考，即“军尉”率领的 10000 兵力，扣除必然为壮男的 1000 短兵之后，仍有 9000 人，其中的壮男比例为 1/4，则有 2250 人，加上短兵，总数是 3250 人，恰与“汉制”下一军的 3200 人接近。

新制度中往往会保有旧制度的残留，比如“官名”。

在“大通汉简”之中，我们可以明确了解到，“五百将”也称“五百”，其所统辖的单位为“官”，“官”下又分“前后队”，而“队”的人数不确知。

但无论是 50 人一队，还是 100 人一队，此时的“五百将”都没能统率 500 人。就如《墨子》中的“五官”一样，这两个名称有明显的承继关系，即“五百”通“五官”，进而“五官”省称为“官”，也就是 500 人之主，问题是，被分配为“门将”的“五官”，级别不变，却只能统领一个城门军营处的“百长”，管理 100 名甲士。

---

① 商鞅：《商君书》十二《兵守》。参《二十二子》，上海古籍出版社，1986 年。

也就是：

> 司马（大将）——门将（五官）——百长

而一面城墙上的组织要复杂得多：

> 司马（大将）——候（四面之将，大率）——队将（五官）——队吏——百长（伯长）

多出来的“候”和“队吏”都不是一级编制，而是“专业干部”。这就意味着，在城守之中，“五官”的统兵数，无论在城门还是城墙上，都只有100人，而《商君书·境内》的“五百主”可以确定统兵数为500人。

也就是说，这个官职名虽然在“汉承秦制”中保留了下来，其“内容”已经“有所损益”了，正如《汉书·爰盎晁错传》收录的晁错策论中提到的：

> 臣又闻古之制边县以备敌也，使五家为伍，伍有长；十长一里，里有假士；四里一连，连有假五百；十连一邑，邑有假候。①

这个是不是“古制”无法确定，但“连”的长官为“假五百”，而以1家出1兵来算，1连的兵数应为200人，而非500人，1邑的兵数为2000人，设一“假候”，可见，“候”下为

① 班固：《汉书》卷四十九《爰盎晁错传》。

“五百”，属于汉文帝时的“常制”，而“五百”统率不到500人，就像“千人”不会统领1000人一样，那只是“旧制度”名称的残留物。

而这也表明了，到汉文帝时代，“候”已经不再与“司马”“司空”并列为“专业干部”，而变成了一级编制主官。

另见《汉官》记载：

> 屯骑校尉员吏百二十八人，领士七百人。
>
> 越骑校尉员吏百二十七人，领士七百人。
>
> 步兵校尉员吏七十三人，领士七百人。
>
> 长水校尉员吏百五十七人，乌桓胡骑七百三十六人。
>
> 射声校尉员吏百二十九人，领士七百人。

屯骑、越骑、长水校尉为“东汉北军”的骑兵编制，吏士总数略有区别，骑兵编制为828、827、893人；步兵校尉为步兵，射声校尉为“射士”，吏士总数为773、829人。也就是说，总数差距近100人，但是,“领士”数字却硬贴向了700人，这是巧合吗?

另见《后汉书·百官一》：

> 其领军皆有部曲。大将军营五部，部校尉一人，比二千石；军司马一人，比千石。部下有曲，曲有军候一人，比六百石。曲下有屯，〔屯〕长一人，比二百石。[①]

① 范晔：《后汉书》志第二十四《百官一》。

很明显，东汉“北军五校”的人数与“大将军五部”的编制体系，都与“大通汉简”中展示的西汉中后期边疆屯驻军队的编制、人数完全不符，让人百思不得其解。

答案，应该就在秦末汉初战争中，对“城守营兵”组织体系的发扬上，最终在“发屯战兵”体系之外，构建了一套新的“城守营兵”组织。

从上文中所引用的《墨子》和《商君书》中的军事组织来看，“战兵”和“守兵”在春秋、战国时代原本合一，即以全民动员为基础的战争组织为主流，无论是“城守”还是出战“三军”，都是壮丁与壮女、老幼共同参与。

但是，在军事组织编制的过程中，“乘城卒”或称“县卒”，这种常备“屯卒”的存在又担当着“城守”中武力核心的作用，《墨子·号令》中也强调了“营兵”的重要性，即：

> 及傅城，守将营无下三百人，四面四门之将，必选择之有功劳之臣及死事之后重者，从卒各百人。①

以及《墨子·迎敌祠》中提到的：

> 设守门，二人掌右阉，二人掌左阉，四人掌闭，百甲坐之。②

---

① 墨翟及其弟子：《墨子》卷十五《号令》。

② 墨翟及其弟子：《墨子》卷十五《迎敌祠》。

仅以甲士论，则应有：

守将营 300 人、四面之将 400 人、四门之将 400 人，总计 1100 人。

但真正的“营兵”，并不包含在城墙上与老弱混编接敌的 400 甲士，则只剩下：

守将营 300 人、四门之将 400 人，总计 700 人。

整理一下编制则为：

> 守将（司马，领 300 人）——大率（候，城内有 2“候”，则各领 2 门 200 人）——四门之将（户将，即“五官”“五百将”，领 100 人）——百长（领 100 人）——什长（领 10 人）——伍长（领 5 人）。

综上所述，《商君书·境内》所记载的秦军编制走向汉军编制“完全体”的变革进程中，恰恰插入了《墨子·号令》所展示的“城守兵”体系，尽管《墨子》与守城相关的多个篇章之中，反复强调了“全民动员”的思路，但在具体的守城编制之中，又将守四向城门的“营兵”甲士与守四面城墙的男女老幼分别开。

而《商君书·境内》中的“三军”一样是男女老幼一齐上阵，可以说，他们代表的是极度落后的军事体制，绝大部分兵力是乌合之众。

但是，史书可见的军事单位，仍有“卫卒”、“县卒”（乘城卒）、“都尉屯”，这些城守编制与野战编制之间的关联仍无从稽考，哪怕是上述“城守”相关的固定职位“司马、五官、百长”等和临时职位“中涓、候、队将”等，在里耶秦简中记录秦洞庭郡迁陵县官吏编制的《迁陵吏志》中也无对应记录。

之所以如此，应与秦国到秦朝的军事体制变革有关，在睡虎地秦墓竹简《秦律杂抄》中有“县司马”：

> 蓦马五尺八寸以上，不胜任，奔挚（絷）不如令，县司马赀二甲，令、丞各一甲。先赋蓦马，马备，乃粼从军者，到军课之，马殿，令、丞二甲；司马赀二甲，法（废）。

意思是，战马体高应在五尺八寸以上，如不堪使用，在奔驰和羁系时不听指挥，县司马罚二甲，县令、丞各罚一甲。先征取战马，马数已足，即在从军人员中选用“战士”，到军前考核，战马不合格，罚县令、县丞二甲，司马罚二甲，革职不叙用。

但到了秦始皇、秦二世时代的里耶秦简和岳麓书院藏秦简中，县级官吏中再无“县司马”，至西汉初年的张家山汉简《二年律令·秩律》中，则只见“郡司马”。

这就意味着，在秦代和西汉初年，在出征的“兴发”军事体制从县级区划剥离之后，连“城守”军事体制也从县级单位剥离，收缩到了郡级单位，也就是“郡守”“郡邦尉”“都尉”的统属之下。

至此，“郡县的日常军事制度”“兴发出征的编制”与“城守的军事编制”之间，出现了明显的分野。日常的官僚组织以《二年律令·秩律》中记录的“军吏”，如“中（郡）发弩”“中

（郡）轻车令”等为表现。

兴发出征的编制，则如上文中引用的项梁、项羽在江东起兵时所使用的编制，即校尉、候、司马体系，旁证见于《史记·傅靳蒯成列传》：

> 略梁地，别将击邢说军菑南，破之，身得说都尉二人，司马、候十二人，降吏卒四千一百八十人。
>
> 别攻破赵军，得其将司马二人，候四人，降吏卒二千四百人。①

都尉、司马、候的数量比例，应为1∶2∶4，所统兵力数量也在2090人以上，这也印证了秦楚之际的赵军、西楚军，采取的编制，都是类似的尉、司马、候组织体系。

城守的军事编制则以刘邦起兵至封汉王前的军事组织为代表，但在“入汉中”“还定三秦”之后，军事组织也走向了将军、都尉、司马的编制形态。

这也说明了，秦末汉初兵制大变革的发起者并不是刘邦，他只是众多“新兵制”试水者中的一个，由于其起兵后身份地位的限制，只能选择与“沛公”身份匹配的军事编制，这才在创业初期，显得与众不同。

① 司马迁：《史记》卷九十八《傅靳蒯成列传》。

第四节

刘邦入汉中之前的“诸将”是什么级别

正因为刘邦集团初始路线的特殊，使得西汉王朝军事组织体系的后续发展，也呈现出三线各自发育的态势，在延续日常官僚组织之外，“中卒制”扩张为“正卒制”，初创了“南北军”制度，[①]促使全面动员男女老弱的“兴发”体制被统领精锐正卒的“材官将军”“车骑将军”出征体制所替代，同时，也激发了“北军七校尉”“郡国兵”等以“营部”为单位编制的“城守兵”的变革。

在此基础上，统领精锐正卒的“将军”出征体制，逐步演变为《通典·兵一》中收录的“军——裨——校——部——曲——官——队——火——烈”编制。

以“北军七校尉”“城门校尉”“司隶校尉”为代表的“城

① 见拙作《秦砖》第三章第一节，第 121 ～ 128 页，北京联合出版公司，2020 年。

守兵”则在兵员上吸收了“徒”，见《汉书·百官公卿表》：

> 司隶校尉，周官，武帝征和四年初置。持节，从中都官徒千二百人，捕巫蛊，督大奸猾。后罢其兵。①

汉武帝时新置的司隶校尉，领兵1200人，来源是“中都官”，也就是长安都内各官署狱所领的“徒”，主要任务是察捕巫蛊，后来，撤销了它的领兵编制。

或许正因为兵员的复杂化，甚至直白地说，“贱役化”，使得“营兵”的主官名号变成了“校尉”，因为在《商君书·境内》中有如下记载：

> 爵自一级已下至小夫，命曰校、徒、操，出公。爵自二级已上至不更，命曰卒。
>
> 吏自操及校以上大将尽赏。
>
> 国尉分地，以徒，校分积尺而攻之。②

可见，“校”应该是“徒”之吏，“操”为“出公”之吏，但爵位都在“卒”之下，不得称之为“卒”，“校分积尺而攻之”，即以“校”为单位部署攻城中的“工程掘进”，工程量则以“尺”为单位核算。

也就是说，“校”，最早是“徒”的主官，其上级归属，自然是“司空”，故交叉管理关系为：

---

① 班固：《汉书》卷十九《百官公卿表上》。

② 商鞅：《商君书》卷第五《境内》。

其攻城围邑也，国司空訾其城之广厚之数。国尉分地……[1]

已知的信息是，“国司空”是“徒”的行政归属，作战指挥则由“国尉”，即“邦尉”分派。而在《墨子·杂守》中，“候”的任命是与“都司空”“亭尉”并列的，反倒是“县司马”，在《秦律杂抄》中的记录，统属的是战车的服马和“士”，在秦也称“中卒”。可见，实为“徒”“士”之分野。

将军所统的出征兵和以营部为单位的“城守兵”，最终走向“徒”“士”合一的原因，与兵种的变迁直接相关，即“步、车合一”。

“车兵之制”参见曹操《孙子略解·作战篇》：

陈车之法：五车为队，仆射一人；十车为官，卒长一人；车满十乘，将吏二人。

也就是说，打车战，5乘战车即为1队，“队”的长官叫“仆射”，2“队”则为1“官”，“官”的长官叫“卒长”，至10乘战车则设2个“将吏”，也就是“士吏”，此处，仍旧称“将”。

“官”的编制，“卒长”对应“五百将”，在“大通汉简”中仍有记载，而“队”的编制，“仆射”对应“屯长”，在“秦律”中早有记录，不存在的恰是“百将”设置。在人数上，“大通汉

① 商鞅：《商君书》卷第五《境内》。

简”明确提到“十人一车”，也就是说，《通典·兵一》中记录的50人为“队”，100人为“官”。

在秦汉之际，随着“车兵”的逐步淘汰，“车步合一”的历史进程无可阻挡，车兵作为当之无愧的“士”，地位更高，编制也远比步兵更小、更灵活，最终，以车兵编制为主，在“城守兵”体系的借鉴下，向下融合了步兵的编制。

不过，“大通汉简”和《通典·兵一》所记录的，应为西汉中晚期乃至东汉的制度，并非汉初制度，当时车战已然被战场淘汰，并不能作为刘邦集团编制的根据。

在秦汉之际，“车骑”仍是战场的“标配”，所以，车、步的兵种名称处于并行之中，而骑兵制度更是史书缺载，只能通过相关史料进行排比。

“车兵”“步兵”的“将”见《汉书·高惠高后文功臣表》：

> 博阳严侯陈濞：以刺客将入汉，以都尉击项羽荥阳。（“刺客将”——“都尉”）
>
> 阳夏侯陈豨：以特将将卒五百人前元年从起宛朐，至霸上，为游击将军。（“特将”——“游击将军”）
>
> 阳都敬侯丁复：以越将从起薛，至霸上，以楼烦将入汉……为大司马……为将军。（“越将”——“楼烦将”——“大司马”——“将军”）
>
> 东武贞侯郭蒙：入汉，为城将，定三秦，以都尉坚守敖仓，为将军破项籍。（“城将”——“都尉”——“将军”）

贳齐合侯傅胡害：以越户将从破秦，入汉，定三秦，以都尉击项籍。（“越户将”——“都尉”）

海阳齐信侯摇毋余：以越队将从破秦，入汉，定三秦，以都尉击项籍。（“越队将”——“都尉”）

曲成圉侯虫达：以西城户将三十七人从起砀，至霸上，为执金吾，五年，为二队将……以都尉破项籍陈下。（“西城户将”——“执金吾”——“二队将”——“都尉”）

河阳严侯陈涓：以二队将入汉，击项籍。（“二队将”）

柳丘齐侯戎赐：三队将入汉，定三秦，以都尉破项籍军，为将军。（《史记》作“二队将”——“都尉”——“将军”）

终陵齐侯华毋害：以越将从起留。（“越将”）

厌次侯爰类：以慎将元年从起留，入汉，以都尉守广武，功侯。（“慎将”——“都尉”）

清简侯室中同：以弩将初起，从入汉，以都尉击项羽、代。（“弩将”——“都尉”）

彭简侯秦同：以弩将入汉，以都尉击项羽、代。（“弩将”——“都尉”）

祝阿孝侯高色：以上队将入汉，以将军击魏太原、井陉。（《史记》作“十队将”——“将军”）

煮枣端侯革朱：以越连敖从起薛，别以越将入汉，击诸侯，以都尉侯。（“越连敖”——“越将”——“都尉”）①

① 班固：《汉书》卷十六《高惠高后文功臣表》。

整理一下，包括：

（1）兵种：“刺客将”“弩将”；

（2）编制：“二队将”“十队将”；

（3）民族：“越将”“慎将”“楼烦将”“越户将”“越队将”；

（4）特殊：“西城户将”“城将”。

这些“将”的共同点就是，都低于“都尉”，更低于“将军”，却分别出如此多的“类别”，都说明刘邦集团的军事编制中，上述之“将”，虽然冠以“将”之名，却并非“将军”级的人物，而是低于“二千石”秩级“都尉”的“军吏”。

具体来说，“二队将”应是“车兵”的“卒长”，统“二队”、10车，而称“二队将”；“十队将”应是“屯兵”的“二五百主”，统“十队”、即10官步兵，共1000人，而称“十队将”，只不过不是常规编制。[①]

而与此略同的，还有“弩将”“刺客将”“城将”“越将”“慎将”和“楼烦将”，也就是区分不同兵种的“将”，即“五官”“大率”“队将”级别，如“弩将”“刺客将”，统领人数应为100人，而“越”为族名，有“越骑”知名，“慎”“楼烦”均为族名，“楼烦将”以能骑善射知名，编制人数应与“骑将”略同。

---

① 班固：《汉书》卷十六《高惠高后文功臣表》，“祝阿孝侯高色”条作“上队将”，或为“二队将”之笔误，或为特殊经历者的特殊编制，后文详述。

曲成侯虫达以“西城户将”的职务率37人在砀郡随刘邦起兵，到了霸上担任“执金吾”（不是日后“中尉”改成的九卿官），应为“执戟”“执盾”“执矛”“执铍”这些近侍同列或首领，才转任“二队将”，也就是到了“一线部队”，管理10车。

也就是说，“户将”（门将）、“越队将”应该都是“五官”“五百”“队将”一级的100人编制。称“将”，是因为他们起家的“来源”特殊，属于相对特例。

与之相对的，是曲周景侯郦商、棘蒲刚侯陈武这样领兵4000人、2500人投靠的人物，他们的职务都是真“将军”，也才是真正的领军“将领”。

综上所述，以“秩级”回溯，“越将”“慎将”“弩将”“楼烦将”“二队将”等，应均为“卒长”“五官”“五百”同级，“二队将”升迁为都尉，而“十队将”升迁为将军，可见二者确实存在差距。

另外还有一个序列则是“骑兵”编组，见《汉书·高惠高后文功臣表》：

> 信武肃侯靳歙：以中涓从起宛朐，入汉，以骑都尉定三秦，击项籍，别定江汉。（“中涓”——“骑都尉”）
>
> 清河定侯王吸：以中涓从起丰，至霸上，为骑郎将，入汉，以将军击项籍。（“中涓”——“骑郎将”——“将军”）
>
> 阳陵景侯傅宽：以舍人从起横阳，至霸上，为骑将，

入汉，定三秦，属淮阴，定齐，为齐丞相。（“舍人”——“骑将”——“齐丞相”）

广严侯召欧：以中涓从起沛，至霸上，为连敖，入汉，以骑将定燕、赵。（“中涓”——“连敖”——“骑将”）

武疆严侯严不职：以舍人从起沛，至霸上，以骑将入汉，还击项籍，属丞相宁，功侯。用将军击黥布。（“舍人”——“骑将”——“将军”）

肥如敬侯蔡寅：以魏太仆汉王三年初从，以车骑将军破龙且及彭城。（“魏太仆”——“车骑将军”）

魏其严侯周止：以舍人从起沛，以郎中入汉，为周信侯，定三秦，以为骑郎将，破项籍东城。（“舍人”——“郎中”——“骑郎将”）

昌武靖信侯单究：初以舍人从，以郎入汉，定三秦，以郎骑将军击诸侯。（“舍人”——“郎”——“郎骑将军”）

宣曲齐侯丁义：以卒从起留，以骑将入汉，定三秦，破籍军荥阳，为郎骑将，破钟离眛军固陵。（“卒”——“骑将”——“郎骑将”）

阳河齐侯其石：以中谒者从入汉，以郎中骑从定诸侯。（“中谒者”——“郎中骑”）

中水严侯吕马童：以郎骑将汉元年从好畤，以司马击龙且，复共斩项籍。（“郎骑将”——“司马”）

杜衍严侯王翥：以中郎骑汉王二年从起下邳，属淮阴侯，从灌婴共斩项羽。（“中郎骑”）

赤泉严侯杨喜：以郎中骑汉王二年从起杜，属淮阴，后从灌婴共斩项籍。（“郎中骑”）

涅阳严侯吕腾：以骑士汉三年从出关，以郎中共击斩项羽。（“骑士”——“郎中”）

吴房严侯杨武：以郎中骑将汉元年从起下邽，击阳夏，以骑都尉斩项籍。（“郎中骑将”——“骑都尉”）

汾阳严侯靳彊：以郎中骑千人前三年从起栎阳，击项羽，以中尉破钟离眛军。（“郎中骑千人”——“中尉”）

高陵圉侯王虞人：以骑司马汉王元年从起废丘，以都尉破田横、龙且，追籍至东城，以将军击布。（“骑司马”——“都尉”——“将军”）

戚圉侯季必：以骑都尉汉二年初起栎阳，攻破废丘，因击项籍，属韩信，破齐，攻臧荼，为将军，击韩信。（“骑都尉”——“将军”）

纪信匡侯陈仓：以中涓从起丰，以骑将入汉，以将军击项籍。（“中涓”——“骑将”——“将军”）

张节侯毛释之：以中涓从起丰，以郎骑入汉，还从击诸侯。（“中涓”——“郎骑”）

平定敬侯齐受：以卒从起留，以家车吏入汉，以骁骑都尉击项籍。（“卒”——“家车吏”——“骁骑都尉”）

乐成节侯丁礼：以中涓骑从起砀，为骑将入汉，定三秦，为正奉侯，以都尉击籍。（“中涓骑”——“骑将”——“都尉”）

任侯张越：以骑都尉汉五年从起东垣，击燕、代，属雍齿，有功，为车骑将军。（“骑都尉”——“车骑将军”）[①]

从低到高的级别关系是：

卒、骑士、中涓、中谒者、舍人——家车吏——郎、郎中、郎骑、郎中骑、中郎骑——连敖——骑将、郎骑将、骑郎将——郎中骑千人——骑司马——都尉（骑都尉、骁骑都尉、大将之“司马”）——将军（车骑将军、郎骑将军）——齐丞相

由此可见，与“步兵”“车兵”类似，汉初的“骑兵”中冠以“将”之名的一样不等于“将军”，尤其是在“入汉”之时，“骑都尉”仅 1 人、骑郎将 1 人、郎中骑千人 1 人、“骑将”5 人。这些都说明，汉军中的“骑将”与“二队将”“越将”“慎将”“楼烦将”类似，都是“小编制”。其实在《汉书》的注释里，汉代人早已注意到这个问题，注释“千人将”时写作：

如淳曰：“骑将率号为千人。《汉仪注》：边郡置部都尉、千人、司马、候也。”[②]

① 班固：《汉书》卷十六《高惠高后文功臣表》。

② 班固：《汉书》卷四十一《樊郦滕灌傅靳周传》“斩骑千人将一人”条下。

具体来说，由于汉军在入关中前已收“军中马骑”，非常重视“车骑”，但还没有获得“秦骑士”和“楚骑士”的加入，也就没有大编制的骑兵部队。按照东汉的制度传统，“骑千人”才视为“骑将率”，而且，在边郡的职务设置上，“千人”高于“司马”和“候”。

这个肯定是不符合西汉初年传统的，因为《二年律令·秩律》中官职序列，明显是：

> 尉、骑司马、骑千人。

也就是说，东汉记载的“骑千人将”并不能否定其他级别编制也称“将”，那么，谁还是“将”呢？

见《汉书·樊郦滕灌傅靳周传》记载：

> 傅宽……从击项冠、周兰、龙且，所将卒斩骑将一人敖下，益食邑。
>
> 靳歙……击秦军开封东，斩骑千人将一人，首五十七级，捕虏七十三人，赐爵封临平君。又战蓝田北，斩车司马二人，骑长一人，首二十八级，捕虏五十七人。
>
> ……别西击章平军于陇西，破之，定陇西六县，所将卒斩车司马、候各四人，骑长十二人。
>
> ……别西击邢说军菑南，破之，身得说都尉二人，司马、候十二人，降吏卒四千六百八十人……击赵贲军朝歌，破之，所将卒得骑将二人，车马二百五十匹……别攻破赵

军，得其将司马二人，候四人，降吏卒二千四百人。[①]

记载所见傅宽、靳歙所破敌军吏有：

骑将、骑千人将、车司马、骑长、候、都尉、司马、候。

“都尉”“司马”和“车司马”高于“候”，高于“骑长”。

《六韬·犬韬》：

置骑之吏数，五骑一长，十骑一吏，百骑一率，二百骑一将。[②]

《六韬》公认是战国末期作品，正好可以参考史籍缺载的战国“骑兵编制”，即“五骑”有一个“骑长”，“十骑”有一个“骑吏”，“百骑”有一个“骑率”，“二百骑”就有一“骑将”。

参考上文中所引《六韬·犬韬》编制层级，即：

骑都尉（靳歙至霸上为“骑都尉”）——左、右骑将（即“大通汉简”“左、右骑都尉”，傅宽入汉中为“右骑将”）——骑司马（高陵圉侯王虞人，以骑司马汉王元年从起废丘），应非一级编制——骑千人将（骑将，200骑）——骑将（骑率，100骑）——骑吏（10骑）——骑长（5骑）

---

① 班固：《汉书》卷四十一《樊郦滕灌傅靳周传》。

②《六韬》卷六《犬韬》。

从上文考证里，我们已经很明确地了解到，“骑千人”与“骑将”在“功臣表”中并列出现，则两者应非一事，且“队”也可称“将”，而“骑队率”之名，于《史记》功臣表中仅见于“都昌侯朱轸”[①]，而《汉书》功臣表则作“队帅”[②]，而无“骑”字。《汉书·高帝纪》记载：

> 引水灌废丘，废丘降，章邯自杀。[③]

这与都昌侯朱轸的“侯功”：

> 以骑队率先降翟王，虏章邯，功侯。[④]

以水灌城，骑兵如何得用？并且虏获章邯，还让他自杀了，可见《汉书》此处修改应有所本。

反过来看，“千人”意思就“二五百”，且“功臣表”中，“骑都尉”仅1人、骑郎将1人、郎中骑千人1人、“骑将”5人。按常理推测，应该是“骑千人”高于“骑将”，而非反之，那么，“骑将”的统兵数，也就是“队”的水平，100骑。

刘邦在平城之战中出动大军32万人，参考兵马俑中的骑、步比例，约为1.16%，则32万人，骑兵总数约为3712人，出征汉军的骑兵，也就是4000人左右，这个比例与战国史料中各

---

① 司马迁：《史记》卷十八《高祖功臣侯者年表》。

② 班固：《汉书》卷十六《高惠高后文功臣表》。

③ 班固：《汉书》卷一《高帝纪上》。

④ 司马迁：《史记》卷十八《高祖功臣侯者年表》。

国的骑、步比例差不多，甚至还要高一些。

要知道，这个数字应该包括多个诸侯国的“车骑”，比如靳歙就曾以“车骑将军”职务，“并将梁、赵、齐、燕、楚车骑，别击陈豨丞相敞”。在此之前，灌婴为“骑将”统郎中骑兵，也不过有左、右校尉李必、骆甲，一校之骑兵，再多也不过数百骑，譬如东汉“北军五校”的吏士规模，也就 800 人左右。

而刘邦在彭城之战前，已经收关中车骑，比如高陵侯王虞人即“从起”废丘，则刚入汉中时的 5 骑将各统 200 骑，就太不可思议了，所以，只能是百骑为确。

综上所述，可以确认的是，无论是步兵、车兵，还是骑兵，“将”都不可能等于“将军”，比如骑兵的“千人将”是“将”，“骑率”也是“骑将”，只统百骑，步兵的“五百将”“队将”也是“将”，只统“百兵”，车兵的“卒长”也一样是“二队将”，统领“十车”。

旁证也是有的，据《汉书·高帝纪》记载：

> 夏四月，诸侯罢戏下，各就国。羽使卒三万人从汉王，楚子、诸侯人之慕从者数万人，从杜南入蚀中。[①]

也就是说，随从刘邦入蜀就国的，总共是“卒”三万人加上“慕从者”数万人。所谓“数万”应不满三万，总数不超过六万人。

---

① 班固：《汉书》卷一《高帝纪上》。

如全数为军人，则以 60000 人上限计算，唯有以 100 人的“步”“骑”“车”兵数计算“将”，才能装下这许多“将”。更何况，其中还有“诸将”逃亡者达到“数十”之多，可见“入汉中”的“诸将”应数以百计，放在今天，就是一群“连长”“排长”。

反过来看高级军官，据《汉书·高惠高后文功臣表》的记载，以“都尉”官“从入汉”的，只有成敬侯董渫一人，而在“击项籍”时，“都尉”则比比皆是。也就是说，此时的汉军“诸将”，只能是“二队将”“越将”“慎将”“骑将”之类的角色，“都尉”“将军”都是“贵重物品”，还没有“贬值”。

说得直白点儿，就是刚刚“入汉”的刘邦集团是以“队将”“卒长”“骑将”为界线，划分“诸将”的门槛，但又不能真的“类比”。因为“十队将”“二队将”“骑将”之上，并无后期汉制复杂的组织形态——“将、裨、校、部”等。

参见记载，只有 1 名骑都尉、1 名都尉、3 名左司马，1 名车司马，对照下《功臣表》“入汉”时所见的官职，简单梳理下序列：

将军——左司马、右司马——都尉、骑都尉、车司马

其下应为分兵种设置，即：

步兵：都尉——司马（“功臣表”入汉时未见）——候

（“功臣表”“入汉”时未见，或为“十队将”，即“二五百主”）——队将（也称“队率”“队帅”[①]）

骑兵：骑都尉——左、右骑将[②]——骑司马（“功臣表”入汉时未见）——郎中骑千人（骑千人，“功臣表”入汉时未见）——骑将（包括越骑将、郎骑将、骑郎将等）

车兵：车司马——二队将（卒长）——仆射（《功臣表》“入汉”时未见）

简单分析一下已有的信息，即刘邦军事集团，在“入汉”之前，还没有完成整编，而是以《墨子·备城门》《墨子·号令》等记载的“家吏”+“县守兵”体制，逐步转向诸侯王的“郎宦者”与“将军—都尉—司马—候”杂糅的军事体制。

① 班固：《汉书》卷十六《高惠高后文功臣表》，“乐平简侯卫毋择”“台定侯戴野”“博阳节侯周聚”“都昌严侯朱轸”条下。

② 班固：《汉书》卷四十一《樊郦滕灌傅靳周传》，傅宽为“右骑将”，可知“骑将”又分“左、右”，此应为“右骑将军”，与“骑队将”不同。

第五节

从“连敖”升职“都尉”，韩信为什么不开心？

刘邦集团的主力部队一直由刘邦本人亲统，陆续加入进来的“将军”“特将”，则形成了与之并立的编制组织，“入汉”时的三位“左司马”恰恰证明了这一点：

> （蓼夷侯孔聚）以执盾前元年从起砀，以左司马入汉，为将军，三以都尉击项籍，属韩信，侯。
>
> （费侯陈贺）以舍人前元年从起砀，以左司马入汉，用都尉属韩信，击项籍，为将军，定会稽、浙江、湖陵，侯。
>
> （斥丘懿侯唐厉）以舍人初从起丰，以左司马入汉，以亚将攻籍，却敌，为东部都尉，破籍，侯成武，为汉中尉，击布，为斥丘侯，千户。①

---

① 班固：《汉书》卷十六《高惠高后文功臣表》。

这三位“左司马”，从起于“丰”“砀”，肯定是老资格，但是时间不对，“前元年”刘邦刚刚起兵，前二年二月才攻克砀，则可知，孔聚、陈贺跟随起兵的只能是旁人，他们起家时归属的势力，应该就是“以门尉前元年初起砀”的“芒侯昭（耏跖）”。

不过都以“左司马”入汉，自然不可能归属一部。更重要的是，他们的履历里，没有“至霸上”“定三秦”，同样情况的还有唐厉，也没有相关记载，说明，虽然他们的出身不同，但分属三支不同的“别部”任将军的“左司马”。

而且，还要排除“陈豨”“郦商”两部，因为前者部下有“至霸上”，后者部下有“定三秦”，就连“芒侯昭（耏跖）”，也是“至霸上”“还定三秦”齐全，所以，此“左司马”并不能视为刘邦本部的职务。

在确定了这一点之后，再来看刘邦军“入汉”时的编制，高级将吏极少，绝大部分是“中下级”军吏，这也与刘邦本人名位维持在低位有直接关联。

而这还只是刘邦集团组织结构的“一半”，另一半，是与刘邦名位关联不大的“个人关系”系统，即：

> （1）刘邦本人的“家吏”系统，即在“中涓、谒者、门尉、执盾”等“县守吏”之外的，专属于刘邦的“舍人”“家车吏”“执矛”“执铍”“执金吾”“职志”等“私人”。前者，随着刘邦地位的上升，逐步转向了各级军职，尤其是“中涓”作为“亲信左右”，诞生了多个“将军”；后者，

随着刘邦地位的上升，则逐渐转化为“宦于王者”的“郎宦者”系统，在护卫刘邦本人征战的过程中，优秀者被授予军职，相对晚一些成为“将军”，最终完成了对战国、秦的高级贵族入仕机制的回归；

（2）刘邦集团的“客”系统。

两个组织序列相互依存，又独立于军队组织，唯有搞清楚它们的性质，才能理解楚汉之争之间的一系列“谜团”，以及所谓的“丰沛集团”真正的本来面目。

认知的切口，就在“连敖”和“客”身上，还是先从“连敖”说起。

在《史记·淮阴侯列传》的“连敖”条下有几个注释：

> 《集解》：徐广曰：“典客也。”《索隐》：李奇云：“楚官名。”张晏云：“司马也。”①

在《史记·高祖功臣侯者年表》中，韩信“入汉”时的官职是：

> 至咸阳，亡从入汉，为连敖典客。②

在《汉书·高惠高后文功臣表》中，则是：

---

① 司马迁：《史记》卷九十二《淮阴侯列传》，“连敖”条下。

② 司马迁：《史记》卷十八《高祖功臣侯者年表》。

至咸阳，亡从入汉，为连敖票客。[1]

前辈学者早有考据，“票客”应为“典客”传抄之误，所以,“连敖”与“典客”的关联性是确定的，而“典客”的官职，在《汉书·百官公卿表》里有记载：

典客，秦官，掌诸归义蛮夷，有丞。景帝中六年更名大行令，武帝太初元年更名大鸿胪。[2]

也就是说，掌管内附效忠的“蛮夷”，也见于《二年律令·秩律》中的“二千石”级：

御史大夫，廷尉，内史，典客，中尉，车骑尉，大仆，长信詹事，少府令，备塞都尉，郡守、尉，*（卫）将军，*（卫）尉，汉中大夫令，汉郎中、奉常。

“典客”作为“诸卿”之一，位列“内史”之后。而我们知道，夏侯婴长期担任“太仆”，为刘邦驾车，总不至于被救的死刑犯位列“二千石”前列却“无所知名”。

完全没有道理，因为这就是错的。

在唐代人颜师古为《汉书》作注后的1000多年里，“连敖”一职的解释，一直延续着旧说：

---

① 班固：《汉书》卷十六《高惠高后文功臣表》。

② 班固：《汉书》卷十九《百官公卿表上》。

如淳曰："连敖，楚官。《左传》楚有连尹、莫敖，其后合为一官号。"[①]

然而，随着考古发现的持续增加，"连敖"一职在出土文献中反复出现，甚至与"莫敖"连称，可知其并非"连尹"与"莫敖"合一。

已知的"连敖"记录有，"曾侯乙简"中出现2次，"包山楚简"出现14次，"楚燕客铜量"和"楚玺"中也有发现，也写作"连嚣"。对此，陈颖飞在《连敖小考——楚职官变迁之一例》[②]一文中进行了详细的辨析，他提到曾侯乙简中的"连敖"，均为"地名"+"连敖"，并都是驾车的驭者：

（1）邻连敖东臣所驭政车（曾12）；

（2）南陵连敖愇驭椯毂（曾73）。

"邻"通陵，和"南陵"都是地名，包山楚简中有9例，也是"地名"+"连敖"，其中"东陵连敖子发"，时代与《淮南子》中所见"上蔡令子发"相去不远，应为一人，死前已由"连敖"升任"县令"（县公），凶死后，其兄弟左尹昭佗之父袭封为"蔡公"。

也就是说，楚制下"连敖"职位低于"县公"，但差距不大，这与"楚燕客铜量"的铭文中"连敖"署名仅次于"莫

① 颜师古注《汉书》卷十六《高惠高后文功臣表》"隆虑克侯周灶"条下。

② 陈颖飞：《连敖小考——楚职官变迁之一例》，《出土文献》，2014年刊。

敖”，可以号令“工尹”“工佐”“集尹”“少集尹”“少工佐”的地位相呼应。也就是说，理论上，“县公”为一县之长，之下为“莫敖”“连敖”。

不过，陈颖飞在论文中也提到，出土文献中其他的记录，地名之外就掺杂了其他因素，如“新官连敖”，“新官”有“新官师”“新官令”“新官娄”“新官尹”“新官人”，应为楚国一个权限未知的政府机构，也设有“连敖”。

包山楚简中还有4例，在地名与连敖之间有“列”的字样，为某类“吏”的专称，“连敖”为其长官。

对此，他的解释引用了《周礼·地官》“乡师”中的记录：

> 大军旅、会同，正治其徒役与其輂辇，戮其犯命者。[①]

郑玄注云：

> 輂，驾马，辇，人挽行，所以载任器也，止以为蕃营。《司马法》曰：“夏后氏谓辇曰余车，殷曰胡奴车，周曰辎辇。辇，一斧、一斤、一凿、一梩、一锄，周辇加二版、二筑。”又曰：“夏后氏二十人而辇，殷十八人而辇，周十五人而辇。”故书辇作连。郑司农云：“连读为辇。”[②]

也就是说，“连”的本意为“辇”，也就是人力拉车，在周

① 郑玄注、贾公彦疏：《周礼注疏》卷十一《地官·乡师》，《钦定四库全书》经部四。
② 同上。

朝称“辎辇”，而《周礼》正文中则强调解释了“輂”和“辇”的用途和人力来源，即安排“徒役”参与战争和大事的运输与营造，所以在“周辇”之中要带斧子、凿子和锄头，乃至于版筑夯土的用具。

在论文中，陈颖飞对于“连敖”的相关记载的矛盾采取了“存疑”的态度，但也指出包山楚简中“连敖”承担名籍登记的职责，乃至于作为官府代表向越异贷款，都与军事职责并无关联。

不仅如此，在《上海博物馆藏战国楚竹书（九）》中的《邦人不称》① 一篇中也出现了“连敖”，即“叶公子高”的故事，一件事是他协助楚昭王抗吴复国，另一件事是白公胜之乱中，令尹子西和司马子綦被杀，楚惠王出亡到昭王夫人宫，叶公子高逆势平定叛乱，却不居功，也不受赏，国人不知其功劳。直到惠王长大，才赏给他焚国之田百畛，他的官职也一直是“叶连敖”和“蔡乐尹”。

值得注意的是，叶公子高辞让“令尹”和“司马”职位酬功时的理由是：

> 以叶之远，不可畜也，焉质为司马？②

也就是说，“叶”地距离郢很远，他做不了“司马”，而他

① 马承源主编：《上海博物馆藏战国楚竹书（九）》，上海古籍出版社，2012 年。

② 同上。

的职务为“叶连敖”和“蔡乐尹”。“上蔡”在上文中已经提及，楚国早已设“县”，“叶”应该是“邑”而非“县”。结合“敖”之字义，见许憼慧《战国时期楚国的“莫敖”考》一文梳理，“敖”实为楚国称王前称呼血缘部落酋长的名号，类似于“君”，“莫敖”则初期为楚国王族分支“屈氏”的“世职”。[①]

由此推知，春秋末期仍然处于“封建化”的楚国，“连敖”实际上是“县”之下“邑聚”的“世职”。这个中原称呼的“邑聚”，在楚国应称为“连”，这个“世职”的职责，实际上是管理“连”内的“野人”，即楚国本族之外的“徒役”，参与各种“辇运”和“营造”，即类似于秦制下的“司空”。

叶公在“世职”之外，尚有楚王任命的“官职”，即“蔡县”的“乐尹”，近似于秦制下的“县内诸官”。这就与“连敖”无关了。

在楚国的“县公”体制下，春秋时期“连敖”位次在略同于中原诸国的“司马”官的“莫敖”之后，因为“莫敖”实际上是本区域的“军政官”，其最早的角色可能是对楚国贵族“国人”的管理和动员，而“连敖”虽也为世袭，却在战争体系中被边缘化，所以只能为“县公”驭车。

随着整个政治组织的“集权化”“吏治化”，“国野合一”的楚国，“连敖”的职责越来越多，包括，号令“工尹”“集尹”“工佐”来进行“营造”，以及对“名籍”进行管理和登记，还有

---

① 许憼慧：《战国时期楚国的“莫敖”考》，《理论界》，2012 年第 5 期。

对财物进行管理，都与秦制下的“司空”官趋同，但同时，出土的“楚玺”中又有“连嚣（敖）之四”。李家浩在《楚国官印考释（四篇）》中指出，这一玺制与汉代虎符第一到第五计数类似，所以，“连敖”也应为“军职”。[①]

在“县”或相关机构中，“连敖”的位置可以参见“包山楚简”中“新官”和“县”的排序：

新官师——新官令——新官娄——新官连敖（另有新官尹、新官人不知排序）。

县令——莫敖——连敖——大工尹、集尹。

这个执掌，与《墨子·迎敌祠》中的记载颇有相似之处：

凡守城之法，县师受事，出葆，循沟防，筑荐通涂，修城。百官共财，百工即事。[②]

即“营造”“发役”“百工”“名籍登记”“财物管理”。可见，此处的“县师”，与《周礼》中的“乡师”，战国中期楚制的“连敖”，极有可能有某种联系。

那么，在“秦制”之中，与“连敖”的排序、职能最相近的职务是哪个呢？

只能是“司空”，或是管理“司空”并有一定军事功能的

---

① 李家浩：《楚国官印考释（四篇）》，《江汉考古》，1984 年第 2 期。

② 墨翟及其弟子：《墨子》卷十五《迎敌祠》。

“县尉”。

在此职责基础上，“楚制”的集权官制进行了一系列的发散，就像“秦制”的集权官制随着版图的扩张和政府职能的复杂化，“邦尉”“县尉”繁衍出了无数个“尉”一样。只不过，“连敖”的后续发展细节并不为人所知，所以，在汉初出现的“楚制”官职才显得突兀，不过其详情仍旧可以通过考证得知。

汉初的“连敖”位次，可以通过排比记载得知，见《汉书·高惠高后文功臣表》：

> （1）以“连敖从起”，也就是以“连敖”职位跟随起兵的有：“柳丘侯”戎赐“从起薛”，“河陵侯”郭亭“从起单父”，“煮枣侯”革朱“以‘越连敖’从起薛”，共3人；
>
> （2）以“连敖入汉”，也就是以“连敖”的职位跟随进入汉中的有：“广严侯”召欧、“隆虑侯”周灶、“朝阳侯”华寄、“河陵侯”郭亭、“俞侯”吕它之父吕婴，加上“淮阴侯”韩信，就是“入汉”之时，共6人；
>
> （3）日后升迁“连敖”职位的有：“祁侯”缯贺，“以连敖击项籍”，归附汉军较晚，到“汉三年”才在“晋阳”以“执盾”职位加入，共1人。[1]

在《史记·高祖功臣侯者年表》中：

---

[1] 班固：《汉书》卷十六《高惠高后文功臣表》。

（1）以“连敖从起”的有：“柳丘侯”“从起薛”，“阿陵侯”“从起单父”，“煮枣侯”“以‘越连敖’从起丰”，共3人，与《汉书》人物一致，细节略不同；

（2）以“连敖入汉”的有：“广严侯”“隆虑侯”“淮阴侯”“朝阳侯”“阿陵侯”，共5人，缺“俞侯”，见于另表①；

（3）日后升迁“连敖”的有：“祁侯”，共1人，与《汉书》记载一致。②

要排列高低，我们可以排列这些人的前后职务：

“柳丘侯”：连敖（起薛）——三队将（《史记》作“二队”，入汉）——都尉（破项）

“河陵侯”：连敖（起单父）——都尉（破项）

“煮枣侯”：越连敖（起薛，《史记》作起丰）——越将（入汉）——都尉（击诸侯）

“广严侯”：中涓（起沛）——连敖（入汉）——骑将（定燕、赵）

“隆虑侯”：卒（起砀）——连敖（入汉）——长鉟都尉（“鉟”通“铍”，击项）

“朝阳侯”：舍人（起薛）——连敖（入汉）——都尉（击项）

① 司马迁：《史记》卷十九《惠景间侯者年表》。

② 司马迁：《史记》卷十八《高祖功臣侯者年表》。

“俞侯”：连敖（入汉）——都尉（定诸侯，功比“朝阳侯”）。

“祁侯”：执盾（起晋阳）——连敖（击项）——将军（爵执圭，荥阳突围后）

从低到高的级别关系是：

中涓、舍人、执盾、卒——连敖——越将——二队将——都尉、长鋌都尉——将军、骑将

一群最终封侯的功臣，职位当然是越升越高，尤其是中间间隔几年的情况下，但是，这些职务仍旧杂乱无章，无从下手，这就需要对其进行分类和编排。

现在我们能够确定的，就是“连敖”远低于“都尉”，更低于“将军”，也不高于“越将”，完全可能是“平调”。

当然，对于“连敖”“二队将”“越将”的解法，历史学者周聘曾在《楚汉战争中刘邦军事集团战斗系列简述》一文中提出，“连敖”与“二队将”及“司马”均为悼武王吕泽在“佐高祖定天下”过程中独立统率军队的“特有官职”，尤其是“二队”，更是与刘邦亲自统领的“一队”或称“上队”相对。①

这种说法非常有突破性，但却缺少史料支撑，关于“二队将”“十队将”“越将”的具体职能，上文已有详解，实为已有

① 周聘：《楚汉战争中刘邦军事集团战斗系列简述》，政协徐州市委员会文史委员会编：《徐州文史资料》第19辑，1999年10月。

职务的“异名”，而“连敖”，综合以上信息可知，其应该具有几个方面的职务特征：

> （1）楚制“连敖”管辖的职能比较繁杂，包括：“营造”“发役”“百工”“名籍登记”“财物管理”等项，与“乡师”“县师”职能一脉相承；
>
> （2）因“连敖”有多枚印玺，与秦汉“符”之管理类似，而“符”的主要作用即“兴发”，则其“登记名籍”之职责，应在“名籍”基础上，包括“发兵”的军事职能；
>
> （3）“连敖”与“莫敖”的早期职能分野，即管辖“外族”与“本族”的区别，略通于“国野之别”，则“连敖”所统之“兴发”，极有可能近似于秦制下的“属邦”，即对“臣邦”之民进行管理和征调。

秦有“属邦”之名，为重要的中央官署，而汉代无“属邦”有“典客”，绝非偶然，盖因“秦制”下多有“归义蛮夷”，却不存在西汉初年数以十计的诸侯王国，“邦客”是一个社会管理问题，而不是政治、礼仪问题。当然，在刘邦团队的建立之初，这个问题还是一个军事组织问题。

确定了这一点，可以看一下，“入汉”时的四个连敖（缺河陵顷侯郭亭[①]）：

---

① 河陵顷侯郭亭的情况，后文详述。

广严侯召欧：以中涓从起沛，至霸上，为连敖，入汉，以骑将定燕、赵，得将军，侯。

隆虑侯周灶：以卒从起砀，以连敖入汉，以长铍都尉击项羽，有功，侯。

朝阳侯华寄：以舍人从起薛，以连敖入汉，以都尉击项羽，后攻韩王信，侯，千户。

俞侯吕它之父吕婴：以连敖从高祖破秦，入汉，以都尉定诸侯，功比朝阳侯。婴死，子它袭功，用太中大夫侯。[①]

吕婴为诸吕之属，这个记载很明确，可见其归属，但却没有“至霸上”，与周灶、华寄类似，且四人无一例外，无“还定三秦”之功。可见，他们哪怕进了汉中，也一定是“守家”的角色。如果“入汉”代表的只是归属汉军，那么，防守的城池就更远在关东。

整体来看，几个人直到汉二年之后，才有所表现，也就是彭城之战后，见《史记·高祖本纪》：

六月，立为太子，大赦罪人。令太子守栎阳，诸侯子在关中者皆集栎阳为卫。引水灌废丘，废丘降，章邯自杀……兴关内卒乘塞……汉王稍收士卒，与诸将及关中卒益出，是以兵大振荥阳，破楚京、索间。[②]

---

① 司马迁：《史记》卷十九《惠景间侯者年表》。

② 司马迁：《史记》卷八《高祖本纪》。

前线大败之际，关中的汉军聚集了全部“诸侯子”到栎阳都城守卫，更拔掉了废丘，灭亡了章邯的雍国。之后，则迅速恢复了关中的统治秩序，动员关中卒“行戍”，自然也就可以发兵。

所以，当刘邦在前方收卒再战时，关中诸将也带领武装起来的“关中卒”杀到了荥阳，在荥阳以南的京、索击败楚军。

由此可见，为什么这几位连敖都落在了后面，哪怕是“大将”韩信，也没有出现在彭城之战的战场上。因为他们正在巴蜀、汉中、关中，或是关东的地盘上整理后勤、编练部队，这也恰恰是连敖的本职，正如在夏侯婴推荐下跃过龙门的“治粟都尉”韩信，顾名思义，也只是管理军食的“粮官儿”一样。

第六节

为什么萧何是“客”，曹参是“中涓”？

说清楚了“连敖”，就该说一说《史记·高祖功臣侯者年表》中记录韩信担任的“连敖典客”了。

其实，这里应予断句，即“连敖，典客”，前为官职，后为执掌。

正如上文中提到的，“连敖”职名在楚制中的出现，与“莫敖”的执掌就是“一主一客”，王族同姓自然是“主”，楚国在春秋、战国时代不断扩张征服的外姓，自然就是“客”，比如刘邦家族，自大梁迁居“丰邑”。这一城的“故梁徙”，在楚国的“名籍”登记体系下，自然也属于“客”，也就是“客居”。

在战国时代，“客”其实非常普遍，以秦国为例，即有“客卿”与“邦客”之别，“客卿”甚至可以在秦国封爵，如《秦宗邑瓦书》即授予“客卿”以“宗邑”。也就是说，以“客”为名，也要看和“主”的关系远近，身份地位高者，则为“客卿”，低者，则为“邦客”。

无独有偶，在《墨子·号令》里也记载了类似的角色：

> 客卒守主人，及以为守卫，主人亦守客卒。①

“客卒”，即外地来帮助防守的士兵，在参与守卫的同时，主人还要防备他们。这一记录和秦律中的概念划分，表明了一个令人难以理解的，当时的“通行理念”，那就是，“我者”与“他者”的关系是以“邦”来区分的，其范围，要比今天理解的“国籍”概念要小，哪怕都是“一国”人，不同的“邦”之间，也需要防备。

关于“客”的问题，最鲜明的记载，即在李斯的《谏逐客书》中：

> 今乃弃黔首以资敌国，却宾客以业诸侯。②

黔首是百姓，宾客是士人，抛弃黔首是资敌，阻止宾客也是资敌，而其背景则是：

> 会韩人郑国来间秦，以作注溉渠，已而觉。秦宗室大臣皆言秦王曰：“诸侯人来事秦者，大抵为其主游间于秦耳，请一切逐客。”③

---

① 墨翟及其弟子：《墨子》卷十五《号令》。

② 司马迁：《史记》卷八十七《李斯列传》。

③ 同上。

也就是说，“逐客”之议，起因是郑国间谍被发觉，他的主要工作是修渠，秦宗室大臣提出“一切逐客”，包含的是“诸侯人来事秦者”，这就不仅仅包括“士大夫”，而是包括李斯所说的黔首和宾客两部分人。

可见，粗略划分，只要是“诸侯人事秦者”，都是“客”，也就包含在“邦客”的法律概念之内，而其中的“士大夫”，享受特殊的礼遇，所以区分为“宾客”。

所以，在刘邦集团之中，既有吕泽、萧何、周苛这样“封侯拜相”的“客”，也有普通的“客卒”，后者的地位，应该类似于“睡虎地秦墓竹简”《法律答问》中提及的“邦客”，即“远来至‘我邦’的非‘蛮夷’‘外邦人’”，也就是两种“客”。

类似于《战国策》中记载的“孟尝君”养客，分为“上中下”。既有为主爪牙的鸡鸣狗盗之徒，也有出有车、食有肉的“上客”，而考察刘邦团队中的“上客”和左右“中涓”、家吏“舍人”的最大区别，应该就是“身份”和“团队”两条。

具体来看，“以客从”者：

> 酂侯萧何：以客初从入汉，为丞相。
>
> 广阿侯任敖：以客从起沛，为御史，守丰二岁，击项籍，为上党守。[①]
>
> 周吕侯吕泽：以吕后兄初起，以客从，入汉为侯。[②]

---

① 班固：《汉书》卷十六《高惠高后文功臣表》。

② 司马迁：《史记》卷十八《高祖功臣侯者年表》。

建成侯吕释之：以吕后兄初起，以客从，击三秦。[①]

安国侯王陵：以客从起丰，以厩将别定东郡、南阳，从至霸上。入汉，守丰。[②]

北平侯张苍：以客从起武阳，至霸上，为常山守。[③]

桃侯刘襄：以客从，汉王二年起定陶，以大谒者击布。

高梁侯郦疥：父食其以客从破秦，以列侯入汉。

高宛侯丙猜：初以客从入汉，定三秦，以中尉破项籍。

平棘侯林挚：以客从起亢父，斩章邯所置蜀守。

彊侯留肸：以客吏初起，从入汉，以都尉击项籍。

祝阿侯高色：以客从起齧桑，以上队将入汉。

下相侯泠耳：以客从起沛，入汉，用兵击破齐田解军。

萧何和曹参，同为“县令史”，而萧何“举族”相从，曹参则仅以身相从，待到论功封侯时，萧何父兄子弟有食邑者数以十计。这就说明，“上客”与“中涓”的亲近程度接近，但身份却因“团体与个人”有差。

如果这只能算作“孤证”的话，还有吕氏兄弟的记载，其“侯功”文句与旁人明显不同：

以吕后兄初起，以客从。

---

① 司马迁：《史记》卷十八《高祖功臣侯者年表》。

② 班固：《汉书》卷十六《高惠高后文功臣表》。

③ 其余出处均同上。

对照下萧何及任敖、王陵、郦食其：

以客初从，入汉为丞相。

以客从起沛。

以客从起丰。

父食其以客从破秦。

相同点在于，都有“起”和“以客从”，但是，不同文字的排列，明显表明了不同的情况，即吕氏兄弟是“初起”在前，“以客从”在后；而萧何则加了个“初”字，也没有写地点；任敖和王陵的记录则中规中矩，有地点，无初字；郦食其也没有地点，只强调了“破秦”。

这些蛛丝马迹，已经说明了，吕氏兄弟都是自己“初起”，后“从”刘邦，而王陵、任敖各自转战、守城，既不会没有部下，也不会没有本地亲族，哪怕是萧何，也有明确的记载，父兄子弟跟随刘邦起事，唯一一个存疑的，可能就是“辩士”郦食其。

补充一下信息也能发现，郦食其根本不是孤身投靠：

郦生言其弟郦商，使将数千人从沛公西南略地。郦生常为说客，驰使诸侯。

汉十二年，曲周侯郦商以丞相将兵击黥布有功。高祖举列侯功臣，思郦食其。郦食其子疥数将兵，功未当侯，上以其父故，封疥为高梁侯。[①]

① 司马迁：《史记》卷九十七《郦生陆贾列传》。

很明显，郦食其投奔刘邦之后，带入了其弟郦商的兵马，而他的儿子郦疥也“数将兵”，只是军功不够封侯。这就意味着，郦食其也不是一个人投靠。

至于桃侯刘襄，也就是项襄，作为项氏族人，明显不是“元从”之一，写作：

> 以客从，汉王二年起定陶。

也就是说，到了汉王二年，刘邦所部，还有“客”的设置。这位“客”还是在定陶跟随刘邦的，只能是在汉二年四月左右，进攻彭城的途中，项襄主动“以客从”，作为项氏的守将，他当然不会是孤身投靠。

还有一定补充信息的，就是张苍，见：

> 及沛公略地过阳武，苍以客从攻南阳。苍坐法当斩，解衣伏质，身长大，肥白如瓠，时王陵见而怪其美士，乃言沛公，赦勿斩。①

等到刘邦经过阳武，张苍以“客”的身份跟随进攻南阳，“坐法当斩”，也就是遭遇“连坐”。而“连坐”，要么是“责任连坐”，要么就是“团队连坐”，或是“亲属连坐”，无论哪一种，都说明张苍这个“客”并不是一个人加入刘邦集团的。

---

① 司马迁：《史记》卷九十六《张丞相列传》。

不过，上文中也已经谈到了，“客”的地位又有高下，界定的标准，应该就是刘邦本人的赏识与否和私人交情，吕泽、萧何、周苛等人，自然都是“上客”，由刘邦亲自招待和管理，那么，“下客”呢？

新投效的“客卒”，身份属于“士”阶层，有能力却无宗族兵马，与刘邦又无私交，甚至还要等待王陵的赏识，自然只能是“下客”备用。

文献中也有旁证，见《史记·淮阴侯列传》：

> 坐法当斩，其辈十三人皆已斩，次至信。

韩信“坐法当斩”与张苍的命运类似，“其辈十三人”，说明韩信的“相关人”至少在10人以上。也就意味着，韩信的“连敖”职位的责任关系人至少在10人以上。结合上文中的考证，则“连敖”等于或低于“越将”，当属“队将”级别，也就是管理100人左右的后勤军官。

“上客”也好，“王之左右”也好，哪怕是“王之私吏”，也都是“士大夫”的角色，他们怎么可能去从事后勤杂役的工作呢？即使在秦制下，那也是“司空”所辖的“徒”的专责，作为一直流动的军队，没有“都”，也没有“县”的地盘，自然只能依靠队伍中的分工来保障后勤，而身份合适的，自然只有“下客”“邦客”“客卒”了。

正因为如此，刘邦在夏侯婴的推荐下，任命韩信为“治粟都尉”，才可以解释为“未之奇”。

因为刘邦至南郑后，对军事组织进行了重组，原本罕见的“骑都尉”“都尉”大量提拔，韩信的秩级虽有大幅上升，工作性质却并无变化，仍旧是后勤、辎重官，在汉军“诸将”中的相对身份也没有提升。

更进一步说，这个“下客”又是哪部分人呢？

《史记·高祖本纪》中交代了细节：

> 四月，兵罢戏下，诸侯各就国。汉王之国，项王使卒三万人从，楚与诸侯之慕从者数万人，从杜南入蚀中。去辄烧绝栈道，以备诸侯盗兵袭之，亦示项羽无东意。至南郑，诸将及士卒多道亡归，士卒皆歌思东归。
>
> 八月，汉王用韩信之计，从故道还，袭雍王章邯。[①]

也就是说，当年4月到8月间，就是上述事件发生的时间，顶多4个月，汉军已经打回了“关中”。

这绝对算是神速了，为什么仍旧有恐慌式的逃亡和思乡呢？

“楚与诸侯之慕从者”可以算“军官”和“志愿兵”，三四个月的时间就“日夜思乡”着实有点儿奇怪，唯一有可能的就是“客卒”，即上文中所说的“汉王之国，项王使卒三万人从”。

韩王信也曾劝说刘邦：

---

① 司马迁：《史记》卷八《高祖本纪》。

军吏士卒皆山东之人也，日夜跂而望归。[①]

也就是说，这3万人和其他“数万”人一样，都是“山东之人”，却并不是“秦卒”，而且是项羽派出的诸侯人，对于刘邦的汉国而言，当然属于“客卒”。

刘邦自己也说，诸将逃亡数十，这总不至于是“慕从者”连4个月都熬不住，只能是这3万人的“诸将”。大胆猜测一下，韩信作为“连敖”险些“坐法当死”，很可能就是因为属下、同僚的“逃亡”。也就是说，还没到“汉中”，这支3万人的“客军”已经濒临瓦解。

所以，本质上，这3万人是以“客军”的姿态，为汉军的“本部士大夫”担当“徒役”，其中的“连敖”肯定根本进不了汉军的“核心圈子”。

那么问题来了，为什么在起兵之初，就有三位“连敖”出现呢？难道那个时候已经有这么多的“客卒”和后勤需求了吗？

答案需要具体分析。

见《史记·高祖功臣侯者年表》：

煮枣侯赤：以越连敖从起丰，别以郎将入汉，击诸侯，以都尉侯，九百户。

柳丘侯戎赐：以连敖从起薛，以二队将入汉，定三秦，以都尉破项籍军，为将军。侯，千户。

---

① 司马迁：《史记》卷八《高祖本纪》。

阿陵侯郭亭：以连敖前元年从起单父，以塞疏入汉。[①]

在《汉书·高惠高后文功臣表》中，记载区别就大了一些：

煮枣端侯革朱：以越连敖从起薛，别以越将入汉，击诸侯，以都尉侯，九百户。

柳丘齐侯戎赐：以连敖从起薛，以三队将入汉，定三秦，以都尉破项籍军，为将军，侯，八千户。

河陵顷侯郭亭：以连敖前元年从起单父，以塞路入汉，还定三秦，属周吕侯，以都尉击项籍，功侯。[②]

无论是名字，还是“从起地”，都有区别。当然，“三队将”完全是仅见，应为班固不熟悉西汉初年官职而对“二队将”的抄写错误。其余如“上队将”以及人名，多可以理解为简牍书写中，同一个字识读的不同。

不过，煮枣侯应该确实从起于“薛”，即《汉书》的订正是正确的。至于阿陵侯（河陵侯）郭亭的经历，明显《汉书》也做了增补，应从之。

在确定了这一点的基础上，看从起于“薛”的连敖和越连敖，就会发现，他们与其他“从起薛”的列侯一样，没有标识“从起”的年份。万幸的是，有“定三秦”经历的，肯定不会是“后从”。

---

① 司马迁：《史记》卷十八《高祖功臣侯者年表》。

② 班固：《汉书》卷十六《高惠高后文功臣表》。

煮枣侯赤（革朱）没有这个记录，却属“越连敖”，“入汉”却用了个“别”字，应该作为“别部”，以“越将”的身份带领“越人”独立入汉中，直到平定三秦战争结束，才参与平定诸侯，极有可能他有另外的“将军”，故此称“别”。

阿陵侯（河陵侯）郭亭更是确定的，以“塞路入汉”或“塞疏入汉”，必然与刘邦本部分开，更何况他“入汉”时职务未载，但至少可以确定，他必然属于另外的管理序列。

柳丘侯戎赐在“薛”地时，是与“越连敖”并立的职位，到了“入汉”时，则不再是“连敖”，自然不存在非此即彼的关系。

综上所述，多路的“连敖”进入汉中，较大的可能是各管各的人，各自负责各自的后勤，相当于验证了刘邦集团之下，有诸多“别部”的存在，这些编制，正是过往被读史者所忽略的众多“小山头”。

结　语

官制、兵制的考据和重构，往往是最枯燥乏味的阅读体验。

但是，一个王朝的权力结构和发展脉络，往往就藏身于这些细节之中。

道理很简单，权力并不是无来由地“砸”在谁的头上，突然出现，作为“马上得天下”的君主，刘邦清醒地知道，西汉王朝并不是什么仁义先驱，而是戍卒娄敬口中的：

> 使天下之民肝脑涂地，父子暴骨中野，不可胜数。

说到底，因为他拥有最大的暴力，才得以垄断最大的权力，将天下收归一家，是为“家天下”。

那么，泗上一亭长，凭什么拥有普天之下最大的暴力？

他所仰赖的，绝不是一人一剑，或是乡情、德化影响下的三千丰沛子弟，哪怕这是最直接、最符合经验的答案。

事实上，他的三千子弟兵从来都不是铁板一块，甚至可以说是“叛服无常”。具体的解析，将在下一章中详细展开。

而他真正的倚仗，恰恰是制度的力量，也就是“秦制”给他的帮助。

自起兵开始，刘邦就以“县公”身份担任“主家”，建设了日后王朝的基础结构，那就是以《墨子·号令》中记录的秦制“县守兵”体系为基础的“二元体制”并行：

（1）主—客；

（2）吏—卒。

主客关系，是将“新人”以“宾客”的角色纳入刘邦的个人关系圈子之中，“客”的身份又分为“家族”“势力”和“诸将”三种：

（1）家族，如萧何、周苛、郦食其、吕泽等从属合作者；

（2）势力，如王陵、张良等“厩将”，属于“同盟合作者”；

（3）诸将，没有“客”之名，却以特将、将军、骑将、越将、慎将身份从属者。

吏卒关系，则是刘邦以“县公”身份为“城守”，所统属的“属吏”，以及“诸将”和“客”自行统带的“吏卒”：

（1）属吏，如曹参、樊哙等以中涓、舍人职位从起的部下；

（2）吏卒，如归属于王陵、陈豨、郦商等人的“军吏”与“卒”。

在战场之上，刘邦本人以“家吏”为直属队担当突击矛头，以“诸将”统领不超过100人规模的士卒为羽翼，再以此聚合成为“军队”，以刘邦个人的武猛强悍，将其他的“客”，压服在“沛公”的组织之下。

再以“沛公”暴力组织为资本，借取楚将、魏王的名义，压服其他的“将军”“特将”“列侯”，构成更大规模的“武安侯、砀郡长”组织。

进而以“武安侯、砀郡长”组织，与楚怀王、项羽周旋，获得汉王的权位，才完成了对部下“主客关系”和“吏卒关系”的改造，形成全新的“君臣关系”。

直白地说，这个集团自始至终以刘邦一个人为核心，发散出数以百计的“个人关系”网络，而并不是通过某个集团对其他集团的笼络、控制，“没有中间商赚差价”。

这也是韩信评价刘邦“陛下不能将兵，而善将将”，全句的精髓所在。

因为在很长一段时间里，刘邦不是“王”，甚至不是“侯”，对于脚下的任何一块土地都没有“天然”的权力，更对任何一个下属都不具备“绝对”的权威，楚人有楚王，魏人有魏王，直到他灭亡了秦朝，以汉社稷替代秦社稷，才算成了鸠占鹊巢“秦地”的汉王。

在这之前，他什么都不是，他只是刘邦。

第六章

根本不存在的功臣列侯“集团”

第一节

“丰沛同乡会”缔造了汉帝国？

在《史记·高祖功臣侯者年表》与《汉书·高惠高后文功臣表》中“从起”地，明确写为“沛”的，有如下16位：

平阳懿侯曹参（中涓）

广严壮侯吕殴（《汉书》作广严侯召欧，中涓）

绛武侯周勃（中涓）

舞阳武侯樊哙（舍人）

都昌庄侯朱轸（舍人）

魏其庄侯周定（《汉书》作魏其严侯周止，舍人）

鲁侯（《汉书》作鲁侯奚涓，舍人）

辟阳幽侯审食其（舍人）

蒯成尊侯周緤（《汉书》作蒯成制侯周緤，舍人）

堂阳哀侯孙赤（中涓）

广阿懿侯任敖（客）

戴敬侯彭祖（《汉书》作戴敬侯祕彭祖，卒）

中牟共侯单父圣（《汉书》作中牟共侯单右车，卒）

下相庄侯冷耳（《汉书》作下相严侯泠耳，客）

乐平简侯卫无择（队率）

祝兹夷侯徐厉（舍人）

另有表中未写明，“世家”“列传”记载应属于“沛”的，有：

酂文终侯萧何

汝阴文侯夏侯婴

总数18位。“从起沛”的应该是上述18人，再加卢绾、刘交，即20位，问题是，在沛县出身的十八侯中间，“至霸上”字样的，只有5人：

平阳懿侯曹参

广严壮侯吕殴（《汉书》作广严侯召欧）

绛武侯周勃

舞阳武侯樊哙

蒯成尊侯周緤（《汉书》作蒯成制侯周緤）

另有“至咸阳为郎中”的：

鲁侯（《汉书》作鲁侯奚涓）

加上“酂文终侯萧何”和“汝阴文侯夏侯婴”，总计8人。

无独有偶，有“还定三秦”字样的，有：

绛武侯周勃

舞阳武侯樊哙

魏其庄侯周定（《汉书》作魏其严侯周止）

蒯成尊侯周緤（《汉书》作蒯成制侯周緤）

而“都昌庄侯朱轸”有“以骑队率（汉书作：队帅）先降翟王，虏章邯，功侯”的记载，说明也参与了“定三秦”，但却没有“入汉中”，可知为“别道”。

另有“功比舞阳侯”的鲁侯奚涓以及“祝兹夷侯徐厉”，都和曹参、夏侯婴一样，参与了“三秦之战”，也就意味着，总数是9人。

两份名单的重合者为：

酂文终侯萧何

平阳懿侯曹参

绛武侯周勃

舞阳武侯樊哙

鲁侯（《汉书》作鲁侯奚涓，舍人）

汝阴文侯夏侯婴

蒯成尊侯周緤（《汉书》作蒯成制侯周緤）

这是“从起沛”者的基本情况，再看“从起丰”者。

在《史记·高祖功臣侯者年表》与《汉书·高惠高后文功臣表》中，明确记录为在“丰”“从起”的有：

安国武侯王陵（客）
清阳定侯王吸（中涓）
广平敬侯薛欧（舍人）
斥丘懿侯唐厉（舍人）
猗氏敬侯陈遬（舍人）
鄢陵庄侯朱濞（《汉书》作傿陵严侯朱濞，卒）
博阳节侯周聚（卒）
张节侯毛泽（《汉书》作张节侯毛释之，中涓骑或中涓）
纪信匡侯陈仓（中涓）
博成敬侯冯无择（悼武王郎中）

总计 10 人，另有：

煮枣靖侯赤（《汉书》作煮枣端侯革朱），越连敖，《史记》记“丰”，《汉书》记“薛”。

赤（革朱）的职务是确定的“越连敖”，在“丰”初从的列侯的记录里，都没有“前元年”“汉元年”之类的时间标注，可知，其初从均为刘邦起兵时，也并没有归属其他势力，而当时刘邦所部仍未建立严密的军事组织，而是以“家吏”+“县守兵”系统编制。具体可见，“丰”“沛”两地的列侯身份，只有：

客、中涓、舍人、卒。

这正符合刘邦“沛公”的身份。所以，赤（革朱）应该并非“丰邑”的元从，而是在“薛”加入的“越骑”统领,《史记》中的“丰”应该记载有误。

除了这一群，“世家”“列传”中还有3位与“丰”有关的人物，即燕王卢绾、楚元王刘交和汁方侯雍齿。但这三个人，“从起”地点却并非“丰”。

见《史记·韩信卢绾列传》：

> 卢绾者，丰人也，与高祖同里……及高祖初起沛，卢绾以客从，入汉中为将军，常侍中。①

可见，卢绾这个丰邑同里之人，刘邦的世交，是在沛县“从起”的。换言之，卢绾并不在芒砀山藏匿的壮士之列，而是在沛县“以客从”，即带领一部分力量加入。

另见《汉书·楚元王传》：

> 高祖既为沛公，景驹自立为楚王。高祖使仲与审食其留侍太上皇，交与萧、曹等俱从高祖见景驹，遇项梁，共立楚怀王。②

这里的时间点在景驹为楚王后，则可知刘邦的丰邑已经被

---

① 司马迁：《史记》卷九十三《韩信卢绾列传》。

② 班固：《汉书》卷三十六《楚元王传》。

雍齿占据，自己“还沛”。而从刘交与萧何、曹参等一同去留县见景驹，可知，刘交跟随刘邦四处征战的开始地点，应是沛县。

至于雍齿，虽然被刘邦派出“守丰”，其出身却是《史记·高祖功臣侯者年表》记录的：

> 齿故沛豪，有力，与上有郤，故晚从。[①]

“故沛豪”当然与“丰”不搭边，但是，需要注意的是，按照《史记·陈丞相世家》的记载：

> 王陵者，故沛人，始为县豪，高祖微时，兄事陵。[②]

王陵的籍贯是沛县，“县豪”自然是沛县的，但他在“功臣表”中的记录是：

> 以客从起丰，以厩将别定东郡、南阳，从至霸上。入汉，守丰。上东，因从战不利，奉孝惠、鲁元出〔睢〕水中，及坚守丰，〔封〕雍侯，五千户。[③]

他的记录本就令人费解，在丰邑“从起”为“客”，又以“厩将”的身份“别定东郡、南阳”，从“至霸上”“入汉”之后，又“守丰”“坚守丰”，几乎就围着“丰”转圈，在本传之中，却又是“不肯从沛公”，可谓是一大谜团。

---

① 司马迁：《史记》卷十八《高祖功臣侯者年表》。

② 司马迁：《史记》卷五十六《陈丞相世家》。

③ 司马迁：《史记》卷十八《高祖功臣侯者年表》。

然而，沛人“从起丰”，这是确定无疑的，可见，雍齿虽为“沛豪”，也不一定就“从起沛”，更重要的是，他的早期“从起”经历，汉王朝的文书档案并不承认。

那么，“从起丰”的应该是10位，其中：

> “至霸上”共3人：王陵、王吸、薛欧；
>
> “入汉”共9人：王陵、王吸、薛欧、唐厉、陈遨、朱濞、周聚、毛泽（毛释之）、陈仓；
>
> “定三秦”共0人。

对照一下《史记》《汉书》中功臣序位的“十八功侯”：

> 萧何、曹参、张敖、周勃、樊哙、郦商、奚涓、夏侯婴、灌婴、傅宽、靳歙、王陵、陈武、王吸、薛欧、周昌、丁复、虫达。

主要出入就是蒯成尊侯周緤（《汉书》作蒯成制侯周緤），亲则亲近已极，本传称“常为参乘”，且“战有利不利，终亡离上心”，也就是有“忠心”、有“功劳”，就是缺点儿“功绩”，所以排不进这前十八名。

丰沛子弟“二三千人”，十八功侯占一半，分别是：

> 萧何、曹参、周勃、樊哙、奚涓、夏侯婴、王陵、王吸、薛欧。

这里还漏掉了一个人，汾阴悼侯周昌，“功臣表”中写作：

> 初起以职志击破秦，入汉，出关，以内史坚守敖仓，以御史大夫定诸侯，比清阳侯，二千八百户。[①]

这里没有写“从起”地点，甚至缺一个重要的“字”，那就是“从”，另见《史记·张丞相列传》：

> 周昌者，沛人也。其从兄曰周苛，秦时皆为泗水卒史。及高祖起沛，击破泗水守监，于是周昌、周苛自卒史从沛公，沛公以周昌为职志，周苛为客。从入关，破秦。沛公立为汉王，以周苛为御史大夫，周昌为中尉。
>
> 以六年中与萧、曹等俱封：封周昌为汾阴侯；周苛子周成以父死事，封为高景侯。[②]

也就是说，周昌和周苛兄弟俩是一同以“秦卒史”身份跟随刘邦的，而从身份来看，周苛为御史大夫，周昌为中尉，周苛地位尊于周昌，而周苛为“客”，周昌为“职志”，也就是掌旗者。

再看“功臣表”，周苛之子周成继嗣，写作“高京侯”和“高景侯”：

> 周苛起兵，以内史从击破秦，为御史大夫，入汉，围

① 司马迁：《史记》卷十八《高祖功臣侯者年表》。

② 司马迁：《史记》卷九十六《张丞相列传》。

> 取诸侯，坚守荥阳，功比辟阳。苛以御史大夫死事。子成为后，袭侯。[①]
>
> 父苛以内史从击破秦，为御史大夫，入汉，围取诸侯，守荥阳，功比辟阳侯，骂项籍死事，子侯。[②]

注意《史记》与《汉书》的区别，就在于"周苛起兵"这四个字。可见，周苛"为客"，确实是"从"沛公，却是在独立的"起兵"之后，即周昌起兵时是周苛的跟随者，而之后才转入刘邦麾下，加上他们二位"起沛"，则"丰沛功臣"总数达到了32人，十八功侯就有10位。

这个数字对比，几乎可以完美解释"丰沛集团"的存在，即以地域乡情为纽带，构成的金字塔形状的官僚组织，以刘邦家庭为首，顶级功臣为中层管理者，一般功臣为基层管理者，形成组织内核，随着团队的扩张，伸张权力的触角，提升管理层级，完成汉帝国的组织建构。

但是，按照"丰沛集团"的理解框架，这30位列侯，应该均属于"子弟二三千人"的骨干力量，那么，他们理论上都应经历刘邦自沛县起兵至楚汉战争的全程，个体的区别主要体现出不同的分工，并与相应的中层管理者经历匹配。

问题是，事实真是这样吗？

现实是，除了十八功侯和刘交、卢绾、周緤3位高祖近臣，

---

① 司马迁：《史记》卷十八《高祖功臣侯者年表》。

② 班固：《汉书》卷十六《高惠高后文功臣表》。

上述列侯中有“至霸上”记录的丰沛功臣，只有 2 人：

广严壮侯吕殴（《汉书》作广严侯召欧）

阳夏侯陈豨

吕殴的“侯功”是：

以中涓从起沛，至霸上，为连敖，入汉，以骑将定燕、赵，得将军，侯，二千二百户。[①]

也就是说，他以中涓职位在沛县跟随起兵。到了霸上，担任连敖，入汉之后，就功绩空白，直到以“骑将”参与了定燕、赵之战，擒获了敌国“将军”，得以封侯，食二千二百户。

注意，这里的定燕、赵，绝不可能是淮阴侯韩信领兵攻诸侯王，而是汉高帝登基后，燕国臧荼反叛，又有陈豨反叛，他参与了这个时期的镇压。

如果只看“侯功”，吕殴绝对算是泯然众人矣，但是，汉高帝六年十二月甲申日，册封了 10 位列侯，次序是：

平阳懿侯曹参（二）[②]、信武肃侯靳歙（十一）、清阳定侯王吸（十四）、汝阴文侯夏侯婴（八）、阳陵景侯傅宽（十）、广严壮侯吕殴（二十八）、广平敬侯薛欧（十五）、博阳壮侯陈濞（十九）、曲逆献侯陈平（四十七）、堂邑安

① 司马迁：《史记》卷十八《高祖功臣侯者年表》。

② 括号内为“侯第”次序。

侯陈婴（八十六）[①]

第二波只有 2 个人，在汉高帝六年正月丙戌日：

周吕侯吕泽、建成侯吕释之[②]

第三波在汉高帝六年正月丙午日，封了 13 个列侯，即：

留文成侯张良（六十二）、射阳侯刘缠（无）、酂文终侯萧何（一）、曲周景侯郦商（六）、绛武侯周勃（四）、舞阳武侯樊哙（五）、颍阴懿侯灌婴（九）、汾阴悼侯周昌（十六）、梁邹孝侯武儒（二十）、成敬侯董渫（二十五）、蓼侯孔藂（三十）、费圉侯陈贺（三十一）、阳夏侯陈豨（无）[③]

第四波不是集中封赏，而是六年正月丁未、正月戊申、正月壬子、正月戊午各封 1 人，即：

隆虑哀侯周灶[④]（三十四）、阳都敬侯丁复（十七）、新阳胡侯吕青[⑤]（八十一）、东武贞侯郭蒙（四十一）[⑥]

---

① 司马迁：《史记》卷十八《高祖功臣侯者年表》，班固：《汉书》卷十六《高惠高后文功臣表》次序不同，王吸与夏侯婴对调，陈平与陈婴对调。

② 司马迁：《史记》卷十八《高祖功臣侯者年表》。

③ 司马迁：《史记》卷十八《高祖功臣侯者年表》，班固：《汉书》卷十六《高惠高后文功臣表》次序不同，郦商与周勃对调。

④ 班固：《汉书》卷十六《高惠高后文功臣表》作“隆虑克侯周灶”。

⑤ 班固：《汉书》卷十六《高惠高后文功臣表》作“阳信胡侯吕青”。

⑥ 司马迁：《史记》卷十八《高祖功臣侯者年表》。

前三批列侯，应该是实至名归，无可争议的，所谓诸将争功，实则是从第四批开始，陷入了停顿。

见《史记·留侯世家》：

> 上已封大功臣二十余人，其余日夜争功不决，未得行封……留侯曰："陛下起布衣，以此属取天下，今陛下为天子，而所封皆萧、曹故人所亲爱，而所诛者皆生平所仇怨。今军吏计功，以天下不足遍封，此属畏陛下不能尽封，恐又见疑平生过失及诛，故即相聚谋反耳。"……于是上乃置酒，封雍齿为什方侯，而急趣丞相、御史定功行封。①

雍齿封侯时间在汉高帝六年三月戊子日，诸将愣是争吵了两个月，那么，以上的29名"大功臣"，应该是基本无争议的人物了。

吕殴就在其中，凭啥？

上文中已经论述了"连敖"的执掌，再看他没有参与灭诸侯、平项羽战争的"侯功"，那么，只能是《史记·高祖本纪》中的这句话：

> （汉二年）六月，立为太子，大赦罪人。令太子守栎阳，诸侯子在关中者皆集栎阳为卫。②

① 司马迁：《史记》卷五十五《留侯世家》。

② 司马迁：《史记》卷八《高祖本纪》。

萧何以“客”为丞相，而吕殴以“中涓”为连敖，前者主持后方的政务，而吕殴以沛县元从、沛公属吏的身份，掌握栎阳都城的核心防务，集中统率所有“诸侯子”战略兵团，威慑关中，成为刘邦最坚实的后盾，唯有如此，他才能第一批先封而不引起争议。

而对于这29位“大功臣”，张良的评价是“皆萧、曹故人所亲爱”，再来细致分辨一下，他们的“从起”：

沛：曹参、夏侯婴、吕殴、樊哙、萧何、周勃、周昌；

丰：王吸、薛欧；

砀：陈濞、灌婴、孔藂、陈贺、周灶；

薛：丁复、郭蒙；

横阳：傅宽（魏五大夫骑将从）；

宛朐：靳歙、陈豨；

楚将：陈婴、吕青、刘缠（项伯）、陈平（魏太仆、楚都尉）；

韩将：张良；

未知：武儒（或为魏将武蒲）、董渫

很明显，确认为“丰沛”出身的有9人，占总数的31.03%。

吕泽、吕释之未写明为“从起沛”，且祖籍砀郡单父县，哪怕计入，也只有11人，占总数的37.93%。

反而至少一半的“大功臣”，在第四、五、六章中叙述的刘邦发迹过程中，都曾出现过，“故人所亲爱”就是按照个人关系发散的。**根本不是以“乡情”为纽带。**

当然，更有趣的就是，这份名单与“十八功侯”的名单并不重合，和“功臣位次”，也就是“侯第”的排位，也不重合，缺谁呢？

> 张敖、王陵、陈武、奚涓、蛊逢（《汉书》作虫达）。

当然，“十八功侯”一直有多个版本，但是“侯第”就在那里，“军功”多寡，明显与刘邦“故人所亲爱”不重合。

不仅如此，在《史记·萧相国世家》中还提到了：

> 列侯毕已受封，及奏位次……于是因鄂君故所食关内侯邑封为安平侯。是日，悉封何父子兄弟十余人，皆有食邑。[①]

案“鄂君”即安平敬侯谔千秋，其封日为汉高帝六年八月甲子日，可知为“功臣位次”讨论的时间下限。

但是，“功臣次序”的争论既然在“列侯毕已受封”，上奏位次后才开始，鄂君受封则是盖棺定论。这意味着，安平敬侯谔千秋之后的“列侯”，已经属于“开国功臣”之外的角色了。

那么，自雍齿向下，有哪些可以成为“开国功臣”的列侯呢？

还是按日期分批，汉高帝六年三月丙申日，只有1人封侯，即：

---

① 司马迁：《史记》卷五十三《萧相国世家》。

棘蒲刚侯陈武（十三）[①]

汉高帝六年三月庚子日则有 24 人封侯：

都昌庄侯朱轸（二十三）、武彊庄侯庄不识（三十三）、贳齐侯吕（三十六）、海阳齐信侯摇毋余（三十七）、南安庄侯宣虎（六十三）、肥如敬侯蔡寅（六十六）、曲城圉侯蛊逢（十八）、河阳庄侯陈涓（二十九）、淮阴侯韩信（无）、芒侯昭（无）、故市侯阎泽赤（五十五）、柳丘齐侯戎赐（二十六）、魏其庄侯周定（四十四）、祁谷侯缯贺（五十一）、平悼侯沛嘉（三十二）、鲁侯疵（七）、故城庄侯尹恢（二十六）、任侯张越（无）、棘丘侯襄（无）、阿陵顷侯郭亭（二十七）、昌武靖信侯单宁（四十五）、高苑制侯丙倩（四十）、宣曲齐侯丁义（四十三）、绛阳齐侯华无害（四十六）[②]

加上谔千秋同一批受封的列侯 8 人，含：

东茅敬侯刘钊（四十八）、斥丘懿侯唐厉（四十）、台定侯戴野（三十五）、安国武侯王陵（十二）、乐成节侯丁礼（四十二）、辟阳幽侯审食其（五十九）、蒯成尊侯周緤（二十二）、安平敬侯鄂千秋（六十一）[③]

---

① 司马迁：《史记》卷五十三《萧相国世家》。

② 司马迁：《史记》卷十八《高祖功臣侯者年表》。

③ 同上。

这一批人的特色在于“转封”与“侍臣”并存：

刘钊：“破臧荼，侯”，即高帝五年十月后平臧荼反叛中已封侯，又“捕韩信”立功，至此，增千户，封东茅。

唐厉：“击破籍武城，侯”，注解称一云“城武”，即破项羽后已封武城侯或城武侯，至此改封斥丘。

戴野：“转击临江，属将军贾，功侯”，即消灭项羽后，随刘贾进攻临江王，封侯，此事在汉高帝五年十二月左右，此时，转封台。

王陵：前已“封雍侯，五千户”，至此时“定侯安国”。

丁礼：“定三秦，侯”，后来“杀龙且，更为乐成侯，千户”。

当然，《史记·陈丞相世家》提到“陵本无意从高帝，以故晚封”，也就是“不亲爱”，肯定是原因之一。

至于审食其和周緤都是刘邦家族的侍从近臣，无所谓“战功”，“不敢离上”与谔千秋的“进贤受上赏”差相仿佛。也就是说，以最“严格”的尺度来看，汉王朝官方口径下的“开国功臣”，实际上只有“大功臣”29人，“功臣”26人，“转封”5人，“亲近”3人，总计63人。

此外，则不能算作“开国功臣”了。

对照一下，不在“大功臣”之列的“丰沛”列侯。

“沛”有10人：

都昌庄侯朱轸（舍人）

魏其庄侯周定（《汉书》作魏其严侯周止，舍人）
辟阳幽侯审食其（舍人）
堂阳哀侯孙赤（中涓）
广阿懿侯任敖（客）
戴敬侯彭祖（《汉书》作戴敬侯祕彭祖，卒）
中牟共侯单父圣（《汉书》作中牟共侯单右车，卒）
下相庄侯冷耳（《汉书》作下相严侯泠耳，客）
乐成简侯卫无择（《汉书》作乐平简侯卫毋择，队率）
祝兹夷侯徐厉（舍人）

“丰”有 7 人：

斥丘懿侯唐厉（舍人）
猗氏敬侯陈遬（舍人）
鄢陵庄侯朱濞（《汉书》作傿陵严侯朱濞，卒）
博阳节侯周聚（卒）
张节侯毛泽（《汉书》作张节侯毛释之，中涓骑或中涓）
纪信匡侯陈仓（中涓）
博成敬侯冯无择（悼武王郎中）

总计 17 人，只有朱轸、周定、审食其、唐厉在“功臣”之列。也就是说，32 个“丰沛列侯”中，有 13 个根本不能计入“开国功臣”，比例约占 40.63%。

那么，是不是这些没能入选的“丰沛列侯”贡献不够呢？

第二节

同为“丰沛列侯”，凭什么当不得“开国功臣”？

在“大功臣”之外的丰沛列侯，有17位，其中，朱轸、周定、审食其、唐厉列名“开国功臣”，另外13位，则打入了另册，下面就具体分析一下他们的“侯功”。

都昌庄侯朱轸“从起”于沛，却有一个特殊的“记号”——“前元年”，为所有丰沛列侯所无，另述“侯功”如下：

> 以舍人前元年从起沛，以骑队率先降翟王，虏章邯，功侯。[1]

也就是说，朱轸的唯二功劳就“降翟王”“虏章邯”，当时的职务还不高——队帅[2]，而汉军前期中最重要的几个功劳节

① 司马迁：《史记》卷十八《高祖功臣侯者年表》。

② 班固：《汉书》卷十六《高惠高后文功臣表》作“队帅”。

点，“至霸上”“入汉”“还定三秦”，他缺了两个，没有入汉中，却参与了“三秦之战”，难不成是飞过去的？

见“阳都敬侯丁复”条下：

> 以赵将从起邺（《汉书》作以越将从起薛），至霸上，为楼烦将，入汉，定三秦，别降翟王，属悼武王，杀龙且彭城，为大司马；破羽军叶，拜为将军，忠臣，侯，七千八百户。

这也是与“降翟王”功劳唯一相关的人物，又有个“别”字，则可知“丁复”所部为“别部”，但朱轸明显并不是与丁复一同行动的，因为丁复三个要素俱全。也就是丁复入汉中后，随大军回归关中，“定三秦”，又分兵统领别部招降“翟王”。

而朱轸既没有“至霸上”，也没有“入汉中”，直接收降翟王，又俘虏了章邯，以这么低的官位，立下这么大的功劳，说明他的资历、作用都有特殊性，极有可能在汉军入汉中时，他留在了关中，以个人关系担当了“内应”的角色，得以“降一王”“虏一王”，功绩足以封侯，但此后再无表现，极有可能是追随萧何留守在了关中。

反观魏其庄侯周定（《汉书》作魏其严侯周止）的“侯功”：

> 以舍人从沛，以郎中入汉，为周信侯，定三秦，迁为郎中骑将，破籍东城，侯，千户。

周定（周止）的绝对特殊之处在于，他以“舍人从沛”“郎中入汉”，竟直接封侯。这个待遇比拟樊哙和奚涓，说明在起兵初期，他在刘邦身边冲锋陷阵中立下殊功，但可能只有匹夫之勇而没有将帅之才，所以，“还定三秦”后，只能以“郎中骑将”这种中级军官的身份继续冲锋陷阵，随同灌婴的郎中骑兵在东城击败项羽，却没抢上斩杀项羽，最终封户也只有千户。

与周定（周止）类似，在建汉前已经封侯的唐厉，其“侯功”是：

> 以舍人从起丰，以左司马入汉，以亚将攻籍，克敌，为东郡都尉，击破籍武城，〔侯〕，为汉中尉，击布，为斥丘侯。千户。[①]
>
> 以舍人初从起丰，以左司马入汉，以亚将攻籍，却敌，为东部都尉，破籍，侯成武，为汉中尉，击布，为斥丘侯，千户。[②]

唐厉在“丰”参与了汉军的初起，是老资格，没有“至霸上”，也没有“还定三秦”，直接跳跃到以“亚将攻籍”，而且击退了对方，担任了东郡都尉，能够符合这个记载的事件，应该就是彭城之战后，刘邦集结主力于荥阳，见《史记·高祖本纪》：

---

① 司马迁：《史记》卷十八《高祖功臣侯者年表》。

② 班固：《汉书》卷十六《高惠高后文功臣表》。

汉王稍收士卒，与诸将及关中卒益出，是以兵大振荥阳，破楚京、索间。[①]

刘邦在荥阳收拢兵马之后，回归了关中，次月，返回荥阳，带回了大批的将领和关中兵，兵势大振，在河南郡击败了西进的楚军。

此战后，唐厉担任东郡都尉，在击破项羽后，即封为“武城侯”，也有说法是“城武侯”，他和周定（周止）一样，都是已有的列侯“转封”。

在“功臣表”中，还有一位可与他功劳相比的，就是高苑制侯丙倩（《汉书》作高宛制侯丙猜）：

初起以舍人从，入汉，定三秦，以中尉破籍，侯，千六百户，比斥丘侯。

初以客从入汉，定三秦，以中尉破项籍，侯，千六百五户，比斥丘侯。

“客”和“舍人”的性质完全不同，《汉书》修改应有所本，而其入汉后，又定三秦，在曹参之后接任中尉直到击破项羽，这个时间还在唐厉任中尉之前。可见，两人主要战功类似，丙倩（丙猜）则比唐厉权重，故此，整多了六百户。

相比之下，审食其的“侯功”就太简单了。

---

① 司马迁：《史记》卷八《高祖本纪》。

侍吕后、孝惠沛三岁十月（汉书作二岁），吕后入楚，食其从一岁，侯。[1]

也就是说，他一直以刘邦“舍人”的身份在沛县随侍吕后和太子刘盈，吕后被项羽抓走后，他又跟随了整整一年，最终以此功劳封侯。

毫无疑问，朱轸、周定与唐厉、丙倩完全不可比，尽管都因为某方面的特长而“曾经阔过”，却又因为能力跟不上团队的发展而掉出了第一梯队，所以，只拿到了“安慰奖”。但相比审食其，他们的功劳又是实实在在的，因为审食其的不叫“功劳”，而叫“苦劳”，与“上以为‘爱我’”的周緤完全一致，是刘邦家族的“忠犬”，只要皇帝乐意，列侯之位当然可以拿来“赏忠”。

那么，剩下的13位“丰沛列侯”，自然只能是在“功”和“忠”上差点儿意思。

先说乐平简侯卫无择，他的特殊性在于，他并不是汉高帝册封的列侯，而是在刘邦死后，吕后称制时得以封侯的，他的“侯功”中明言：

以队率从起沛，属皇䜣，以郎击陈馀，用卫尉侯，六百户。[2]

---

① 司马迁：《史记》卷十八《高祖功臣侯者年表》。

② 班固：《汉书》卷十六《高惠高后文功臣表》。

以队卒从高祖起沛，属皇䜣，以郎击陈馀，用卫尉侯，六百户。[①]

皇䜣此人，见《史记·秦楚之际月表》的“秦二世三年十二月”条下：

（汉）救赵至栗，得皇欣、武蒲军。与秦军战，破之。

皇䜣应即为皇欣，卫无择在沛县已经是“队率”（队卒应有误），却归属于魏军皇䜣部，直到汉三年“击陈馀”时，才任职为“郎”，到了吕后称制的时代才以“卫尉”官职封侯，这里没有说明“属皇䜣”的时间，就有三种可能性：

其一，他在“从起沛”之后，就已经归属魏将皇䜣[②]所部，直到“前三年十二月”才回归汉军序列，那么，接下来就要随主力军“至霸上”“入汉”“定三秦”，但是并没有；

其二，他在“从起沛”之后，一直追随刘邦作战，至“前三年十二月”，被划归皇䜣所部，没有“入关”，而是转入西魏王豹统属，至韩信自河东、太原攻赵时，才以“郎”跟随，回归了汉军序列；

其三，他在“从起沛”之后，一直留在沛县，直到汉

① 司马迁：《史记》卷十九《惠景间侯者年表》。

② 司马迁：《史记》卷八《高祖本纪》。

三年“击陈馀”的时候，才以“郎”的身份被派到已经随魏王豹投降汉军的皇䜣所部，参与了战争。

第一种可能性可以直接排除，第二、第三种可能性都存在，但第二种可能性有一个破绽就是，没有再次“入汉”的时间记录，这与雍齿、陈武等人的记载很不一样，那么，只能是第三种情况，即长期驻守沛县。

而这个经历，恰恰与他的角色对应，即“卫尉”，见《史记·高祖功臣侯者年表》“营陵”条下：

与高祖疏属刘氏，世为卫尉。[①]

营陵侯刘泽后封王，《汉书》中说他是刘邦的“从祖昆弟”，也就是同一个曾祖父的远亲，但却约定世代担任卫尉职务，可见卫尉职务的亲近、重要。而卫无择却能在吕后称制时以卫尉封侯，说明他绝对是吕后十分信任的人物之一。要取得吕后的信任，自然是在沛县的长期“奉卫”才能创造条件，但吕后毕竟不能当刘邦的家，她的自己人算不上刘邦的自己人，在战功有限的情况下，当然只能留待日后了。

由此发散，参考同样在沛为刘邦舍人的“祝兹夷侯徐厉”，他的功劳之一就是：

兵初起，以舍人从起沛，以郎（吏）入汉，还，得雍

① 司马迁：《史记》卷十八《高祖功臣侯者年表》。

王邯家属功，用常山丞相侯。[1]

此后，徐厉再无军功，甚至没有参与“楚汉战争”，所以根本不在《史记·高祖功臣侯者年表》里，而在《史记·惠景间侯者年表》中，最终“用常山丞相侯”，时间已是汉高后四年。

而他“入汉”之后，又有“还”字，在“定三秦”之后也没有随行出关，而是留在了关中，故而少“功”不得封侯，又以“元从”的身份为“郎吏”，应在栎阳宫廷中供职，或是追随萧何，或是奉卫太子刘盈，后来被提拔为“常山国丞相”。

这也就说明，有“还”的经历，则“功臣表”不应漏记。

再向下，则属于上述记载之外的“起沛”列侯：

戴敬侯彭祖（《汉书》作戴敬侯祕彭祖）

堂阳哀侯孙赤

广阿懿侯任敖

中牟共侯单父圣（《汉书》作中牟共侯单右车）

下相庄侯冷耳

乐成简侯卫无择（《汉书》作乐平简侯卫毋择）

彭祖（祕彭祖）是打开沛县城门的“卒”，后来担任“太公仆”，也就是“太公”在哪儿，他就在哪儿，前文中已经考证

① 司马迁：《史记》卷十九《惠景间侯者年表》。

过了，“太公”先在丰邑，由刘仲陪伴，在丰邑失守后，转移到了沛县，由刘仲与审食其共同奉卫，直到彭城之战后，“太公”与吕后一同被掳入楚，一年后放归。

任敖的功绩看似与此相关，却根本不同：

> 以客从起沛，为御史，守丰二岁，击籍，为上党守，陈豨反，坚守，侯，千八百户。后迁御史大夫。[①]

任敖与刘邦、吕后均有极深的交情，见《史记·张丞相列传》：

> 故沛狱吏。高祖尝辟吏，吏系吕后，遇之不谨。任敖素善高祖，怒，击伤主吕后吏……高后时为御史大夫。三岁免。[②]

之所以说不同，就在于任敖“为御史，守丰二岁”，对应时间，绝非起兵之后，而只能是刘邦立为汉王后，任命任敖为御史，自汉元年十月至汉三年后九月，设立太原、上党二郡为止。

那么，为什么不能是之前呢？

原因是，刘邦集团再夺丰邑已经是秦二世二年四月，自此至汉元年十月，只有一年零八个月，到不了“二岁”，而且，当

---

① 司马迁：《史记》卷十八《高祖功臣侯者年表》。

② 司马迁：《史记》卷九十六《张丞相列传》。

时沛公也好，武安侯、砀郡长也罢，都无权任命“御史”。

这也就意味着，任敖在起兵之后，较大的可能性就是带着“族党”留守沛县，曾经与他有过长期合作的人，除了审食其、刘仲，就是建成侯吕释之：

> 汉王入汉，而释之还丰沛，奉卫吕宣王、太上皇。[①]

吕释之在刘邦入汉中之后回到了“丰沛”，保护吕公和刘太公。

当然，更重要的是，上述列侯，在“功臣表”的“侯功”中均无“入汉”字样，其经历也切实地表明没有“入汉”。也就意味着，表中文字记载是相对严谨的，有就是有，没有就是没有。

那么，剩下的几个列侯的情况，就很有趣味了。

孙赤、单父圣（单右车）、冷耳（泠耳）三人的共同点是，都曾“入汉”，却没有“至霸上”，也没有“还定三秦”的记录？这个“汉”，他们是怎么“入”的呢？

先看孙赤，他是有“污点”的：

> 以中涓从起沛，以郎入汉，以将军击籍，为惠侯。坐守荥阳降楚免。后复来，以郎击籍，为上党守，击豨，侯，八百户。[②]

---

① 司马迁：《史记》卷十八《高祖功臣侯者年表》。

② 同上。

在集团早期，孙赤应该与刘邦关系很亲密，“入汉”的职务也和樊哙一样，封侯非常早，在荥阳大战之前已封“惠侯”，结果，守卫荥阳时投降了楚国，后来虽然重新回归汉军阵营，但一切清零，只能再当“郎”官打项羽，直到以上党郡守平叛陈豨才再次封侯，也只有八百户。

单父圣（单右车）更有意思，至击英布时仍为“郎中”，只是“始高祖微时，有急，给高祖一马，故得侯”。翻译过来，就是刘邦还没发迹时，有急事，给过刘邦一匹马，所以被封侯，封户还不少，多达二千三百户，说明是刘邦本人的故旧，而全无“至霸上”“还定三秦”“击项羽”的经历，就一个“从入汉”。

冷耳封户达二千户，却只有：

> 以客从起沛，入汉，用兵击破齐田解军，以楚丞相坚守彭城距布军，功侯。[①]

“田解”即“故齐胶东将军田既”，在《史记·田儋列传》中有记载：

> 韩信已杀龙且，因令曹参进兵破杀田既于胶东，使灌婴破杀齐将田吸于千乘。[②]

可见，冷耳的“用兵”二字，并非官职，其功劳并非为

---

① 班固：《汉书》卷十六《高惠高后文功臣表》。

② 司马迁：《史记》卷九十四《田儋列传》。

将，只是跟随曹参出战，发挥了较大作用，其后，又以楚王刘交丞相的身份坚守彭城抵抗英布反叛。这些都说明，冷耳应该属于有一定独立性的“文吏”。

以上三人，都没有跟随刘邦的本部行动，却有两个明确“入汉”。这就说明，刘邦集团有多路部署，既有“入汉”者，也有未“入汉”者，“入汉”者也根本不止一路，而是多路、多批次。

仅就以上“从起沛”的几位列侯经历来看，资格人人够老，“功劳”却乏善可陈，与刘邦、吕后的关系固然亲密，却过于偏向吕氏，而非刘氏，且都没有跟随刘邦本人“至霸上”，固然可以成为汉王家庭的“亲旧”，却实在算不上刘邦本人的“故人所亲爱”。

至于“从起丰”的列侯，情况比“从起沛”的列侯们更极端。

其中，博成敬侯冯无择的“侯功”最为特别：

> 以悼武王郎中从高祖起丰，攻雍，共击项籍，力战，奉悼武王出荥阳，侯。[①]
>
> 以悼武王郎中，兵初起，从高祖起丰，攻雍丘，击项籍，力战，奉卫悼武王出荥阳，功侯。[②]

“悼武王”即吕泽，他竟然在“兵初起”之时就有“郎中”

---

① 班固：《汉书》卷十六《高惠高后文功臣表》。

② 司马迁：《史记》卷十九《惠景间侯者年表》。

设置，非常奇怪，还特意强调了“从高祖起丰”，与卫无择“从高祖起沛”的笔法完全雷同，只是多了“兵初起”三个字。如果确定为区分，则应为“投靠”的时间，即冯无择在刘邦刚刚起兵的时候，就加入了起义军，那么，很可能是在刘邦带人自丰邑赶到沛县城下时，已经随行，只不过他本人的身份是吕泽派出的家臣。

正因为有许多矛盾之处，很可能问题出在文句之上，正确的写法应该是：

> 兵初起，从高祖起丰，攻雍丘，击项籍，力战，以悼武王郎中奉卫悼武王出荥阳，功侯。

冯无择属于吕泽“家臣”，也是最老的老资格，跟随刘邦在丰邑起兵之后，即长期驻留在丰沛之间，参与了进攻雍丘，即刘邦与项羽合作斩杀李由之战。之后，又进攻项羽，力战有功，并在楚汉拉锯战时，护卫吕泽逃出荥阳。

正因为冯无择是纯粹的吕氏家臣，所以，他家族的下场与远离政治中心的吕氏族人一样，在“诛除诸吕”的事变中遭到了清算：

> （博成侯冯代）高后八年，侯代坐吕氏事诛，国除。
>
> （沛侯吕种，即建成康侯吕释之幼子，负责“奉吕宣王寝园”）高后八年，侯种坐吕氏事诛，国除。[1]

---

① 司马迁：《史记》卷十九《惠景间侯者年表》。

综合以上信息可知，乐成简侯卫无择、博成敬侯冯无择二人都与吕氏渊源深厚，而后者比前者还要亲近，因为在“诛除诸吕”的变动之中，卫无择家族置身事外，而冯无择的继承人却身死国除。

其余的5位丰邑列侯，有2个中涓、1个舍人、2个卒，都没有写明为吕泽“部属”，自始至终没有“属悼武王”或“属周吕侯”字样，他们“入汉”时的职务如下：

陈仓，骑将；

毛泽（毛释之），郎将（郎骑）；

周聚，队卒（队率）；

朱濞，卒（从起时职务，入汉时职务未记）；

陈遬，舍人（从起时职务，入汉时职务未记）。

简言之，在汉军已经走向正规化时，这些人没有一个“方面大将”，在进攻项羽时，陈仓是唯一一个“以将军击籍”的，其余人都没能触及“位在卿上”的“将军”职务。

先说陈仓，他的“侯功”是：

以中涓从起丰，以骑将入汉，以将军击籍，后攻卢绾，侯，七百户。[①]

在“丰”从起，担任“骑将”入汉，没有“至霸上”，也

① 司马迁：《史记》卷十八《高祖功臣侯者年表》。

没有“定三秦”，到了进攻项羽时，直接跃升为将军，又因为进攻卢绾而封侯，只有七百户，无论如何算不上“功臣”。

猗氏敬侯陈遬是另一位在“丰”从起的“舍人”，他的记录是：

以舍人从起丰，入汉，以都尉击项羽，侯，二千四百户。[①]

基本情况变化不大，“起丰”“入汉”，以都尉进攻项羽，封侯。《汉书》“功臣表”记其“位次”为第五十，又称“长陵侯”，应该是最早的元从之士。

而张节侯毛泽（《汉书》作张节侯毛释之）的“侯功”也很简略：

以中涓骑从起丰，以郎将入汉，从击诸侯，七百户。[②]

以中涓从起丰，以郎骑入汉，还从击诸侯，侯，七百户。[③]

毛泽的经历，二书有抵牾，起兵时为“中涓”还是“中涓骑”，入汉时，是“郎将”还是“郎骑”，都无从稽考，只是说明了他擅长骑兵，没有“至霸上”，入汉中后，跟随进攻“诸侯”，这就比较宽泛，可以包括“三秦王”，也可以计入西魏王、赵王歇等六国后“诸侯”。当然，也可以包括楚王韩信、

---

① 司马迁：《史记》卷十八《高祖功臣侯者年表》，《汉书》作“千一百户”，另“位次曰长陵侯”。

② 司马迁：《史记》卷十八《高祖功臣侯者年表》。

③ 班固：《汉书》卷十六《高惠高后文功臣表》。

燕王卢绾等人。

可以确定的是，他没有参与灭项羽的战争，也没有担任过方面将领，这个列侯应该是作为早期起兵追随者的“资历”奖赏。

至于博阳节侯周聚，经历比毛泽传奇，封户也就多了一倍：

> 以卒从起丰，以队卒入汉，击籍〔成〕皋，有功，为将军，布反，定吴郡，侯，千四百户。[①]
>
> 以卒从丰，以队率入汉，击项籍成皋有功，为将军，布反，定吴郡，侯。[②]

同样起于“卒”的，还有鄢陵庄侯朱濞：

> 以卒从起丰，入汉，以都尉击籍、荼，侯，七百户。[③]
>
> 以卒从起丰，入汉，以都尉击项籍、臧荼，侯，二千七百户。[④]

这两位，都是以卒的身份“从”的。入汉时，分别为“队率”“卒”，到进攻项羽的时候，也不过是“都尉”“队率”，周聚的功劳还要大些，得以“为将”，参与了讨伐英布的战争，占领了吴郡，封户不少。

---

① 司马迁：《史记》卷十八《高祖功臣侯者年表》。
② 班固：《汉书》卷十六《高惠高后文功臣表》。
③ 司马迁：《史记》卷十八《高祖功臣侯者年表》。
④ 班固：《汉书》卷十六《高惠高后文功臣表》。

回顾完这5位丰邑列侯的经历，就会发现，共同点都是，没有“至霸上”，却都有“入汉”，又都没有“定三秦”，问题是，不经“霸上”，如何“入汉”？没有“定三秦”，又都在什么地方驻扎呢？

5位列侯中，中涓为陈仓、毛泽，舍人为陈遬，卒为周聚、朱濞，参与过“击项羽”的是陈仓、陈遬、周聚、朱濞等5人，只有毛泽是“从击诸侯”。

位次排位，则是：

> 陈遬（五十）、朱濞（五十二）、周聚（五十三）、毛泽（七十九）、陈仓（八十）。

所以，两个问题其实是一个问题，到底他们在跟随谁作战？解释了这一点，“功”与“忠”的问题，才算真正找到答案。

第三节

“石榴籽结构”才是汉王朝开国团队的本相

在之前的章节中，曾经重点讨论过刘邦集团中的“客”，作为一个特殊的组织身份，“客”在汉王朝开国进程中发挥了独特的作用。那么，他们在“开国功臣”之中居于怎样的位置呢？

“客”的分布是：

“诸侯王”中有 1 人：

卢绾

“大功臣”中有 3 人：

萧何、吕泽、吕释之

“功臣”中有 2 人：

王陵、丙倩（《汉书》作丙猜）

“非开国功臣”中有9人：

郦食其、周苛、任敖、张苍、冷耳、平棘懿侯执（《汉书》作林挚）、留胜（《汉书》作留肸，“客吏”）、高邑（《汉书》作高色）、刘襄（项氏降将）

“功臣表”中未提及封侯，还有《史记·郦生陆贾列传》中的陆贾：

陆贾者，楚人也。以客从高祖定天下，名为有口辩士，居左右，常使诸侯。[①]

只看这些名字就能明白，“客”对于汉帝国的建立绝不是可有可无的点缀，而是聚合了一大批合作者的重要名目，但在“封侯以赏”时，这些“客”并没有优先权，甚至远远不如刘邦集团起兵后任用的“属吏”“家吏”们，原因何在呢？

要回答这个问题，就要考虑一个词——“前元年”，这也是“功臣表”中的核心隐藏信息。

众所周知，秦代至西汉武帝太初元年，一直行“颛顼历”，即以“十月为岁首”，九月为一年最后一个月。

“汉元年”为公元前206年，所谓“前”纪年，即对刘邦称

---

① 司马迁：《史记》卷九十七《郦生陆贾列传》。

汉王前的纪年追溯，秦二世元年九月起兵当年为“前元年”，秦二世二年为“前二年”，秦二世三年至汉元年十月改元前为“前三年”。

旁证在“功臣表”中：

> （汁方侯雍齿）以赵将前三年从定诸侯，侯，二千五百户，功比平定侯。[①]
>
> （汾阳严侯靳彊）以郎中骑千人前三年从起栎阳，击项羽，以中尉破钟离眛军，功侯。[②]

可见，“前元”纪年至少有“三年”，所谓“前元年”确定无疑等于“秦二世元年”，而汉高祖起兵于当年九月，即岁末，也就是说，满打满算，这个“前元年”只有“一个月”的容量。

在“功臣表”中，列名前元年“起兵”或“从起”的人有：

> （棘蒲刚侯陈武）以将军前元年率将二千五百人起薛。
>
> （阳夏侯陈豨）以特将将卒五百人，前元年从起宛朐。
>
> （芒侯昭）以门尉前元年初起砀。
>
> （都昌庄侯朱轸）以舍人前元年从起沛。
>
> （厌次侯元顷）以慎将前元年从起留。
>
> （河阳庄侯陈涓）以卒前元年起砀从。

---

① 司马迁：《史记》卷十八《高祖功臣侯者年表》。

② 班固：《汉书》卷十六《高惠高后文功臣表》，《史记》“功臣表”作“前二年从起阳夏”。

（棘丘侯襄）以执盾队史前元年从起砀。

（蓼侯孔藂）以执盾前元年从起砀。

（费圉侯陈贺）以舍人前元年从起砀。

（阿陵顷侯郭亭）以连敖前元年从起单父。

（菌庄侯张平）以中涓前元年从起单父，不入关。①

总计 11 人。

而在《史记·秦楚之际月表》中写得很清楚，沛公初起是在秦二世元年九月，而第一次对外进攻，却是在：

（秦二世二年十月）击胡陵、方与，破秦监军。②

也就是说，刘邦在沛县起兵后，次月才向胡陵、方与二县进攻。此时，砀、单父、留、薛、宛朐这五个县，和他没有任何统属关系。

上述 11 人中，只有都昌庄侯朱轸从起于沛，其余 10 人“从”的是谁、“起”的是谁呢？

前文章节中，已经解释了棘蒲刚侯陈武是独立起兵于薛，他的“侯功”也标识了“起”，而无“从”。类似的还有芒侯昭，此人以门尉“初起”砀。可见，他们两个都是当之无愧的独立势力领袖。

由此可知：棘丘侯襄、蓼侯孔藂、费圉侯陈贺、河阳庄

---

① 司马迁：《史记》卷十八《高祖功臣侯者年表》。

② 司马迁：《史记》卷十六《秦楚之际月表》。

侯陈涓在前元年“从起砀”跟随的，只能是芒侯昭，而绝不是刘邦。

这就突显了一个问题，即“从起”的“从”字，并不与“从刘邦”画等号，而只是标识了“率众”或是“跟随”的起兵角色，比较特殊的就是阳夏侯陈豨。他在沛县以西数百里的宛朐起兵，却是“从起”。按理说，应该归属于其他的势力，但是，他的身份又有标识：“以特将将卒五百人”。

统兵500人，在刘邦集团“诸将”中，足以称“将军”。“特将”即分路将领，可知其与刘邦集团，早在起兵之初应已确立了“主从”关系，只是地理上有所隔断。

在《史记·韩信卢绾列传》中也有提到陈豨：

> 陈豨者，宛朐人也，不知始所以得从……赵相周昌见豨宾客随之者千余乘，邯郸官舍皆满。豨所以待宾客布衣交，皆出客下。[①]

“不知始所以得从”恰恰解释了“功臣表”中陈豨“侯功”大段留白的原因，在陈豨反叛之后，他的相关信息也随之湮灭，而周昌的举报中，明显可以看出此人“好客”，“宾客随之者千余乘”武装起来就是一支大军，他还能“出客下”，以“布衣交”，几乎就是在复制汉高祖的“长者之风”。

由于记载缺乏，并不足以知晓陈豨这种做派从何时开始。

---

① 司马迁：《史记》卷九十三《韩信卢绾列传》。

如果在起兵前，即与刘邦有“布衣交”，则相约起兵并非不可能，但也正因为其常为“特将”“游击将军”，游离于刘邦主力之外，其生平经历才鲜为人知。

反观，厌次侯元顷“从起”于“留”，留县在沛县之南，或许为邻县慕从者，而“慎将”之名，为记载仅见，颜师古注为“以谨慎为将也”，应为望文生义；章太炎考证为“犹明之参将”也应不确，如上文的秦、楚、汉军职体系中，均无此空间。

比较合理的考虑，应该是“慎人之将”，案《左传·哀公十六年》：

> 吴人伐慎，白公败之。①

“慎”为楚国所灭的诸侯国，西汉初年置慎阳国，地在今河南省正阳县。前文已提及，楚国户籍有“居处名族”的标识，“慎”地处“陈郢”左近，为楚顷襄王之后的“王畿”，慎人作为“族”的概念，转徙至留县，即淮北地，不无可能。

故此，厌次侯元顷应该也属于楚地豪强，响应刘邦或景驹、秦嘉所部，但加入刘邦大军的时间，绝不会是在“前元年”，而应在日后。

剩下的两位，即阿陵顷侯郭亭和菌庄侯张平，均为“从起单父”。“单父”恰恰是吕氏家族的故乡，而另外一位“从起单父”的列侯，为成陶夷侯周信：

---

① 左丘明：《春秋左氏传》卷十二。

（成陶夷侯周信）以卒从高祖起单父，为吕氏舍人，度吕〔后〕淮之功，用河南守侯，五百户。①

（成阴夷侯周信）以卒从起单父，为吕后舍人，度吕后，为河南守，侯，五百户。②

“以卒从高祖起单父”，就是跟随刘邦起兵，却担任了“吕氏舍人”，看似逻辑不通，故此，《汉书》做了调整，改“吕氏”为“吕后”。然而，吕后在刘邦为沛公时，肯定没有资格“分家”，哪怕是审食其一直随侍吕后，也是刘邦的舍人，所以，《汉书》应该是改错了。

阿陵顷侯郭亭和菌庄侯张平在“前元年”的“从起”，应是在本县县豪吕氏的动员下，参与刘邦起兵，成陶夷侯周信的情况也类似，只不过以他“卒”的身份，参与起兵的时间未必是“前元年”，而是后招募者跟随加入刘邦麾下。

类似的还有“门尉”芒侯昭，他在砀县的起兵部下，棘丘侯襄、蓼侯孔藂、费圉侯陈贺、河阳庄侯陈涓，职务分别是：执盾队史、执盾、舍人、卒，介入的就是刘邦的“县守兵”体系。

仅以以上有限的信息，在早期的刘邦集团之中，已经可以“分离”出几个小团体，即吕泽集团，芒侯昭集团和陈豨集团。这是在地理和时间上都能区分的角色，那么，在丰沛出身的功臣列侯之中，就真的是“铁板一块”吗？

---

① 司马迁：《史记》卷十九《惠景间侯者年表》。

② 班固：《汉书》卷十六《高惠高后文功臣表》。

答案当然是否定的。

萧何的情况，主要见于《史记·萧相国世家》：

> 汉三年，汉王与项羽相距京索之间，上数使使劳苦丞相。鲍生谓丞相曰："王暴衣露盖，数使使劳苦君者，有疑君心也。为君计，莫若遣君子孙昆弟能胜兵者悉诣军所，上必益信君。"于是何从其计，汉王大说。
>
> （高帝曰）且诸君独以身随我，多者两三人。今萧何举宗数十人皆随我，功不可忘也。
>
> 是日，悉封何父子兄弟十余人，皆有食邑。[①]

注意，萧何"举宗数十人"随刘邦起兵，至关中后，又将"子孙昆弟"能够拿起武器的全部送到前线，最终"父子兄弟十余人"获封有食邑的爵位。说明在军中萧氏宗族的力量不可小觑，而"数十人"之多，萧何这个"客"的族人，已经赶上了一个"将"所带的兵数，在刘邦集团早期的作用，绝不是"刀笔吏"三个字可以概括的。

而刘邦的表达，也说明了列侯绝大多数是"以身随我"，多者不过"两三人"，也就是周苛、周昌，郦食其、郦商、郦疥，吕泽、吕释之，已知的兄弟父子还有襄平侯纪通与其父纪成。这之中，周苛为"客"，郦食其为"客"，吕泽、吕释之均为"客"，郦商、纪成均为将军。

---

① 司马迁：《史记》卷五十三《萧相国世家》。

当然，也有吕婴、俞侯吕它父子，吕婴从起不过是个连敖，吕它最终“坐吕氏诛”，则吕婴、吕它均为吕后族人，其所跟随的当然是吕泽兄弟。

萧何、王陵作为已知的，带领族党加入的“客”，在功臣列侯之中，当然不会完全孤立，就像芒侯昭一样，领众将参加刘邦集团，本人却并没有一直统领“旧属”进而水涨船高，反倒被调整、消化，在不同阶段，分派到不同的团队之中，但其间的“抱团”关系还可见一斑。

比如同起于砀的陈贺和孔蘽一同转入韩信麾下，同起于单父的郭亭、张平、周信，乃至于家臣“冯无择”，经历均与吕泽有关。

那么，功臣列侯之中，又有多少人与萧何、王陵、卢绾、周苛、任敖、冷耳、丙倩（《汉书》作丙猜）、张苍、平棘侯执（《汉书》作林挚）、留胜（“客吏”，《汉书》作留肸）、高邑（《汉书》作高色）、郦食其等人有类似的香火情分，史书没有明载，只能根据“侯功”一个一个地推敲猜测，但从已知信息来看，“丰沛集团”和“砀泗楚人”集团绝非由核心向外围，一圈套一圈的扩张结构，而是互相依存的“石榴籽”状结构。

上文中提到过的乐成简侯卫无择（《汉书》作乐平简侯卫毋择）和安丘懿侯张说的经历，非常具有代表性，当然，也可以概括雍齿、王陵、陈武等人的状态：

> （卫无择）以队卒（《汉书》作队率）从高祖起沛，属

皇䜣，以郎击陈馀，用卫尉侯，六百户。[①]

（张说）以卒从起方与，属魏豹，二岁五月，以执铍入汉（《汉书》作一岁五月，以执盾入汉），以司马击籍，以将军定代，侯，三千户（《汉书》作二千户）。[②]

卫无择的“列侯”封自高后四年，整个经历异常复杂，跟随刘邦在沛县起兵的“老人”，却属魏将皇䜣，应该就是在刘邦吞并“魏军”后，派自己人“掺沙子”。

张说的情况也完全类似，起兵则“从起”，而非“特起”“初起”，当然不会是魏王豹直属的部下，二岁五月入汉，也就是 29 个月，刘邦起兵至立为汉王，总共 29 个月，应该有误，一岁五月，则是 17 个月，反推过去，即刘邦“将砀郡兵”时，一部兵马分属魏王豹，张说跟随其西进咸阳，自然也就不会“至霸上”，而应与淮阴侯韩信类似，随项羽驻军“新丰鸿门”，再作为“诸侯慕从者”随刘邦入汉中。

待到反秦义军齐聚关中之后，刘邦“十万”大军和项羽统率的“四十万”诸侯大军，宰割天下分封十八路诸侯王之后“解散”，吏卒各自归国，刘邦带入汉中的兵马，就包括项羽“发卒三万”和数万“诸侯慕从者”，其余的自然就是不愿“从入汉”的诸侯兵，比如王陵所部。

王陵作为“开国功臣”中的“异类”，其大部分记载，见

① 司马迁：《史记》卷十八《高祖功臣侯者年表》。

② 同上。

于《史记·陈丞相世家》：

> 及高祖起沛，入至咸阳，陵亦自聚党数千人，居南阳，不肯从沛公。及汉王之还攻项籍，陵乃以兵属汉。项羽取陵母置军中，陵使至，则东乡坐陵母，欲以招陵。陵母既私送使者，泣曰："为老妾语陵，谨事汉王。汉王，长者也，无以老妾故，持二心。妾以死送使者。"遂伏剑而死。项王怒，烹陵母。陵卒从汉王定天下。以善雍齿，雍齿，高帝之仇，而陵本无意从高帝，以故晚封，为安国侯。①

《汉书·张陈王周传》的记载也大同小异，故事是王陵在刘邦大业蓬勃发展之际，仍不肯从，在没有任何理由的情况下，刘邦进攻项羽，他又带着兵归属汉国了。

项羽则更狠，把王陵老母亲抓来做人质，还东向尊崇之，想要招回王陵，结果其母深明大义，夸了一通刘邦后，自杀了，项羽一生气把王陵之母的尸体烹了。奇耻大辱之下，王陵跟着刘邦一起把天下平定了。

由于王陵和刘邦的大仇人雍齿关系很好，又本心不愿跟随刘邦，所以封侯较晚。

但是，在《汉书·高帝纪》中却有一个奇怪的信息，就是：

> （秦二世三年）七月，南阳守齮降，封为殷侯，封陈恢千

① 司马迁：《史记》卷五十六《陈丞相世家》。

户。引兵西，无不下者。至丹水，高武侯鳃、襄侯王陵降。[①]

两者矛盾所在，古来论史者莫衷一是，还有认为此王陵非彼王陵的，实则大谬。

《史记·高祖功臣侯者年表》中记载安国武侯王陵的“侯功”为：

以客从起丰，以厩将别定东郡、南阳，从至霸上。入汉，守丰。[②]

在这里，王陵绝对是汉家忠臣，在丰邑“从起”之后，就以“厩将”的身份独立占领了东郡、南阳郡，并跟随汉军至霸上，汉国建立后，一直守卫丰邑。

正因为他“别定南阳”，才有了上文中他“居南阳”的记录，信息对照一下可知，当时只有一个王陵在南阳郡活动。

之所以会有这样的记载冲突，核心在于“句读”，《汉书·高帝纪》记载为：

至丹水，高武侯鳃、襄侯王陵降。[③]

《史记·高祖本纪》的记载则是：

---

① 班固：《汉书》卷一《高帝纪上》。

② 司马迁：《史记》卷十八《高祖功臣侯者年表》。

③ 班固：《汉书》卷一《高帝纪上》。

至丹水，高武侯鳃、襄侯王陵降西陵。[①]

《汉书》比《史记》缺“西陵”二字，所以，并非王陵降刘邦、降楚，而是王陵作为分部将领，降下“西陵”。

班固著述时，已经由于资料的湮灭，不了解王陵的身份角色，只见到了“陵亦聚党数千人，居南阳，不肯从沛公”，就觉得王陵是“不肯从”的小势力，既然“不肯从”，自然需要“降”一次，所以，以“西陵”二字为衍文，删掉了。

但是，事实恰恰相反，高武侯鳃、襄侯王陵应该就是汉朝的“临辕坚侯戚鳃”和“安国武侯王陵”。只不过，他们的“列侯”之位不是刘邦封的。在这个时间点，楚国的“武安侯”刘邦并不是“襄侯”“高武侯”的主君，只是他们的统帅。

在《汉书·高帝纪》中说得很清楚：

（楚怀王）卒不许羽，而遣沛公西收陈王、项梁散卒。

刘邦西进，并不是代表“汉”政权略地，此时还不存在这个旗号，他只是“楚”政权的武安侯、砀郡长，统领的大军也是“楚军”，所以，楚怀王给了他名义，让他收罗陈胜、项梁在各处的残部散卒，他只是代表“楚”政权行事。

更进一步来说，王陵这个“襄侯”的封地，前人穿凿对应南阳郡的“穰县”，其实有误，真正的封地是在“襄城”，地在

① 司马迁：《史记》卷八《高祖本纪》。

砀郡。也就是项羽在章邯灭陈胜攻项梁时，曾经“别将”屠戮过的“襄城”，也非颍川郡的“襄城”。

王陵获得“襄侯”之封，必须结合雍齿的经历来看，见《史记·高祖本纪》《史记·秦楚之际月表》和《史记·高祖功臣侯者年表》：

> 周市使人谓雍齿曰：“丰，故梁徙也。今魏地已定者数十城。齿今下魏，魏以齿为侯守丰。不下，且屠丰。”雍齿雅不欲属沛公。及魏招之，即反为魏守丰。[1]
>
> （秦二世二年四月，刘邦）击丰，拔之。雍齿奔魏。[2]
>
> （汁方侯雍齿）以赵将前三年从定诸侯，侯，二千五百户，功比平定侯。[3]

由此，大体可以勾勒出雍齿的经历，即秦二世二年十二月叛变，被魏国封侯，至秦二世二年四月，楚军攻克丰邑，雍齿出逃；同月，魏王咎被章邯围困在临济，魏相周市至齐、楚求救；两个月后，魏王咎自杀，临济降秦；秦二世二年七月，魏王豹逃奔东阿，依附齐国田荣败军，再次被秦军围困。

此时的魏国诸军应四散奔逃，所以才有刘邦后来在栗县收皇䜣、武蒲等魏将，彭越在巨野泽收魏军“散卒”，而雍齿则自

---

① 司马迁：《史记》卷八《高祖本纪》。《秦楚之际月表》录此事在“秦二世二年十二月”。

② 司马迁：《史记》卷十六《秦楚之际月表》。

③ 司马迁：《史记》卷十八《高祖功臣侯者年表》。

行奔赵，至“前三年”随项羽大军入关，再奔汉国。

雍齿与王陵关系很好，区别是他举旗反叛并出奔，而王陵则为“厩将”，与刘邦合作，张良这个“厩将”归属于“韩”，王陵这个“厩将”自然只能是归属于“魏”，与刘邦的关系，仍可以视为“从”。

正如之前章节对魏王豹作用的钩稽，这位“真魏后”并没有被立为魏王，却一直在与刘邦合作，所以，王陵跟随刘邦并不代表他屈居刘邦之“下”。他是魏国的“襄侯”，刘邦是楚国的“武安侯”，按照战国的标准，都是封君列侯，不存在“君臣之分”，只是楚怀王是诸侯“纵约长”，魏王豹还要依附于他的羽翼下，所以，刘邦得以用“将砀郡兵”的权限管辖魏将王陵。

也就是说，在“功臣表”中写作“以客从起丰”的王陵，并不能天然视为刘邦的臣属。这个进程，甚至在“汉国”建立之后，仍未完成，所以才有“居南阳，不肯从”。

以上一系列的记载都表明，刘邦集团在转战的过程中，哪怕是最早跟随刘邦“从起”的部属，一样与其他义军有“交流”，今天属楚，明天属魏，后天属汉，近乎常态。而“客”，正是其中的高阶者，一个个“石榴籽”的小核心，依靠刘邦日益上升的权柄地位将整个集团紧紧包裹在一起，簇拥着他个人魅力维持的组织内核，构成一个在外人看来机会更多的全新政治体，而并非从一开始，就以“丰沛列侯”为核心，形成一层压一层的金字塔式组织结构。

第四节

刘邦任命“将军”为什么喜欢后来者居上？

一个非常有意思的现象是，刘邦集团“入汉”之前的“将军”，没有一个《史记》和《汉书》“本纪”“世家”“列传”中的“熟脸”，“金字塔”的塔尖竟然都不是刘邦的“故人所亲爱”。

见“功臣表”：

> （曲周景侯郦商）以将军从起岐。
>
> （阳夏侯陈豨）以特将将卒五百人前元年从起宛朐。
>
> （襄平侯纪通）父城（通“成”字）以将军从击破秦，入汉，定三秦，功比平定侯，战好畤，死事，子侯。[①]

也就是说，纪成、郦商、陈豨是刘邦集团称王前，“唯三”

① 班固：《汉书》卷十六《高惠高后文功臣表》。

的“将军”。

尽管刚刚“至霸上”，刘邦还没有成为汉王，已经封了好几个“列侯”，但他坐拥十万大军，却没有新添一个“将军”，变化发生在“入汉”之后。

“功臣表”中“以将军入汉”的人不少，比如曹参，但在《史记·曹相国世家》中就明确指出：

> 从至汉中，迁为将军。①

《史记·绛侯周勃世家》中也说：

> 从入汉中，拜为将军。②

也就是说，这个提法指的是到了汉中之后任职“将军”，而非之前的职务，这里面，除了我们熟悉的曹参、周勃、韩信，还有一些人，见“功臣表”：

> （平阳懿侯曹参）以中涓从起沛，至霸上，侯。以将军入汉。③
>
> （绛武侯周勃）以中涓从起沛，至霸上，侯。定三秦，食邑，为将军入汉，定陇西。④

① 司马迁：《史记》卷五十四《曹相国世家》。

② 司马迁：《史记》卷五十七《绛侯周勃世家》。

③ 班固：《汉书》卷十六《高惠高后文功臣表》。

④ 同上。

（淮阴侯韩信）诸将皆喜，人人各自以为得大将。至拜大将，乃韩信也，一军皆惊。[①]

（长安侯卢绾）及高祖初起沛，卢绾以客从，入汉中为将军，常侍中。[②]

（复阳刚侯陈胥）以卒从起薛，以将军入汉，以右司马击项籍，侯，千户。[③]

进入汉中后新增了 5 个将军。

这之后，“还定三秦”过程又新增了 4 个“将军”：

（舞阳武侯樊哙）以舍人起沛，从至霸上，为侯。以郎入汉，定三秦，为将军。[④]

（荆王刘贾）汉王元年，还定三秦，刘贾为将军，定塞地。[⑤]

（蓼侯孔藂，不确定何时为“将军”，暂列于此）以执盾前元年从起砀，以左司马入汉，为将军，三以都尉击项羽，属韩信，功侯。[⑥]

（鲁侯奚涓）以舍人从起沛，至咸阳为郎中，入汉，以将军从定诸侯，侯，四千八百户，功比舞阳侯。死事，母

---

① 司马迁：《史记》卷九十二《淮阴侯列传》。

② 司马迁：《史记》卷九十三《韩信卢绾列传》。

③ 司马迁：《史记》卷十八《高祖功臣侯者年表》。

④ 班固：《汉书》卷十六《高惠高后文功臣表》。

⑤ 司马迁：《史记》卷五十一《荆燕世家》。

⑥ 司马迁：《史记》卷十八《高祖功臣侯者年表》。

代侯。[1]

以上 4 人中，孔藂、奚涓的任命时间不确定，但奚涓“功比舞阳侯”，樊哙拜将在“还定三秦”的战争中，功劳相“比”，自然不会差别太大，故此，列为一个时期，也就是 3 人或 4 人之别。

“出关”后的“将军”语焉不详的更多，大体有：

> （颍阴懿侯灌婴）以中涓从起砀，至霸上，为昌文君。入汉，定三秦，食邑。以车骑将军属淮阴，定济、淮南及下邑，杀项籍，侯，五千户。[2]
>
> （费圉侯陈贺）以舍人前元年从起砀，以左司马入汉，用都尉属韩信，击项羽有功，为将军，定会稽、浙江、湖阳，侯。[3]
>
> （梁邹孝侯武儒）兵初起，以谒者从击破秦，入汉，以将军击定诸侯功，比博阳侯，二千八百户。[4]
>
> （成敬侯董渫）兵初起，以舍人从击秦，为都尉；入汉，定三秦。出关，以将军定诸侯功，比厌次侯，二千八百户。[5]

---

① 司马迁：《史记》卷十八《高祖功臣侯者年表》。

② 同上。

③ 同上。

④ 同上。

⑤ 同上。

（平悼侯沛嘉）兵初起，以舍人从击秦，以郎中入汉，以将军定诸侯，守洛阳，功侯，比费侯贺，千三百户。[①]

（故城庄侯尹恢）兵初起，以谒者从，入汉，以将军击诸侯，以右丞相备守淮阳功，比厌次侯，二千户。[②]

（祝阿孝侯高邑）以客从起齧桑，以上队将入汉，以将军定魏太原，破井陉，属淮阴侯，以缻度军击籍及攻豨，侯，八百户。[③]

（堂阳哀侯孙赤）以中涓从起沛，以郎入汉，以将军击籍，为惠侯。坐守荥阳降楚免。后复来，以郎击籍，为上党守，击豨，侯，八百户。[④]

（纪信匡侯陈仓）以中涓从起丰，以骑将入汉，以将军击籍，后攻卢绾，侯，七百户。[⑤]

（博阳节侯周聚）以卒从起丰，以队卒入汉，击籍成皋，有功，为将军，布反，定吴郡，侯，千四百户。[⑥]

（阳都敬侯丁复）以赵将从起邺，至霸上，为楼烦将，入汉，定三秦，别降翟王，属悼武王，杀龙且彭城，为大司马；破羽军叶，拜为将军，忠臣，侯，七千八百户。[⑦]

---

① 司马迁：《史记》卷十八《高祖功臣侯者年表》。
② 同上。
③ 同上。
④ 同上。
⑤ 同上。
⑥ 同上。
⑦ 同上。

（东武贞侯郭蒙）以户卫起薛，属悼武王，破秦军杠里，杨熊军曲遇，入汉，为越将军，定三秦[①]，以都尉坚守敖仓，为将军，破籍军，功侯，二千户。[②]

（清河定侯王吸）以中涓从起丰，至霸上，为骑郎将，入汉，以将军击项羽功，侯，三千一百户。[③]

（广平敬侯薛欧）以舍人从起丰，至霸上，为郎中，入汉，以将军击项羽、钟离眜功，侯，四千五百户。[④]

以上共14人，不包含汉五年灭项羽之后，平灭各路诸侯王时新增的“将军”。

其中，武儒（《汉书》作武虎）与董渫的“侯功”在《汉书》中被混淆了。现实是，武儒的地位应该远较董渫为高。因为前者的“侯第”是第二十，他所“比”的博阳侯有两个，一个是博阳壮侯陈濞，一个是博阳节侯周聚。而陈濞“侯第”为十九，周聚为五十三，武儒“比”的自然只能是陈濞。

反观董渫，“侯第”为二十五，所“比”者为“厌次侯”，厌次侯元顷（《汉书》作爰类）“侯第”为二十四，其“侯功”有两处可举之处，即“前元年从起”和“以都尉守广武”，可知，而“比厌次侯”的，有董渫、尹恢，故城庄侯尹恢（《汉

① 班固：《汉书》卷十六《高惠高后文功臣表》作“入汉，为城将，定三秦”。

② 司马迁：《史记》卷十八《高祖功臣侯者年表》。

③ 同上。

④ 同上。

书》避汉明帝讳，改“庄”为“严”，故城作“城父”）很明确地写了以“右丞相备守淮阳”，且前“以将军击定诸侯”。可见，“侯第”二十四、二十五、二十六都很相近。

平悼侯沛嘉（《汉书》作：工师喜）守洛阳，“比”费侯贺，即费侯陈贺。他的最大特点就是“用都尉属韩信”，“侯第”三十一，无独有偶，“侯第”三十的也是“属韩信”的孔藂，他们两个人，正是：

> 五年，高祖与诸侯兵共击楚军，与项羽决胜垓下。淮阴侯将三十万自当之，孔将军居左，费将军居右，皇帝在后，绛侯、柴将军在皇帝后。项羽之卒可十万。淮阴先合，不利，却。孔将军、费将军纵，楚兵不利，淮阴侯复乘之，大败垓下。[①]

垓下决战中，韩信为中军，孔藂为左军、陈贺为右军，刘邦为后军，周勃和陈武在刘邦之后，韩信中军决战败退，靠着孔藂、陈贺横击才扭转战局，大败楚军，按照常理，可谓功高莫大，但是二人的封侯之功，却只与守卫洛阳的沛嘉相当。

类似的情况，还有祝阿孝侯高邑（《汉书》作：高色），“以将军击魏太原、井陉，属淮阴侯，罂度军破项籍及豨”，也就是跟随韩信东进西魏、赵，又进攻项羽和陈豨；“罂度军”，即韩信攻魏王豹的渡黄河之战；“井陉”则是“背水一战”的故事

---

① 司马迁：《史记》卷八《高祖本纪》。

发生地。可以说，这位“将军”随同参与了韩信的一系列战役，但是他的“侯第”只是七十四。

要知道，堂阳哀侯孙赤这种“降楚归来”的人物，以“郎”随同进攻项羽，又讨伐陈豨，就得封八百户，列“侯第”七十七。

纪信匡侯陈仓只是“以将军击籍”，没有任何其他的闪光点，直到高帝末年才进攻卢绾，列“侯第”仅八十，而博阳节侯周聚则是在成皋之战中进攻项羽有功，提升为“将军”，此后的建树主要在平英布、定吴郡，“侯第”就高得多，位列五十三，远远高于前面几位。

说了不公的，还有公道的，即王吸、薛欧和丁复、郭蒙，前两个还定三秦后，即以“将军”身份出武关，而后两个，均为周吕侯吕泽部下，资历要浅得多。不过丁复曾任大司马，在“叶”击败项羽，挫败其迂回南阳入洛阳的企图，以“侯第”十七的位次入十八功侯可谓实至名归。

而郭蒙的“侯第”则仅为四十一，排在他前面的，正是唐厉，而他们最出彩的功绩，郭蒙是以都尉守敖仓，还有个顶头上司就是内史周昌；而唐厉则是以东郡都尉抵抗项羽，可见，均为部属。

除此之外，还有易被混淆的“郎骑将军”，即昌武靖信侯单宁（《汉书》作单究）在《汉书》“功臣表”中写作“郎骑将军”，但在《史记》“功臣表”中则作：

（昌武靖信侯单宁）初起以舍人从，以郎中入汉，定三秦，以郎中将击诸侯，侯，九百八十户，比魏其侯。[①]

即“郎骑将军”实为“郎中骑将”,“侯第”为四十五,“比”魏其庄侯周定（《汉书》作周止），周定恰是“以郎中入汉”，后任“郎中骑将”。他在前期经历上与樊哙相同，甚至比樊哙还显赫，“入汉”即封“周信侯”，并率郎中骑兵在东城破项羽，其“侯第”即为四十四。

与他“比”，可见，单宁的前期经历与樊哙完全一致，后期的发展却远远不如樊哙，只能跟随灌婴的“郎中骑兵”，以中级军吏的身份追杀项羽，还没赶上最后诛杀项羽，功劳还要比周定次一等。

正如上一章中的考证，“郎中骑将”和等同的“郎骑将军”根本不是“将军”，而是骑兵中级军官，但因为其属于汉王刘邦的“直属队”，在封侯酬功时，享有绝对的优先权。

如果引入上文中“大功臣”“开国功臣”和“客”“属吏”“家吏”的概念界线，再来看上述“将军”，就会发现一系列有趣的事实，在讨伐项羽前册封的“将军”总计 26 人。

其中有“诸侯王”2 人：

“入汉”1 人：卢绾（亲友、客）；

“三秦”1 人：刘贾（亲族）。

① 司马迁:《史记》卷十八《高祖功臣侯者年表》。

"大功臣"14人：

"入关"2人：郦商（将军）、陈豨（特将）；

"入汉"2人：曹参（中涓）、周勃（中涓）；

"三秦"2人：樊哙（舍人）、孔藂（执盾）；

"出关"8人：灌婴（中涓）、陈贺（舍人）、武儒（谒者）、董渫（舍人）、丁复（赵将或越将）、郭蒙（户卫）、王吸（中涓）、薛欧（舍人）。

"开国功臣"4人。"入汉"1人：奚涓（舍人）；"出关"3人：韩信（连敖）、沛嘉（舍人）、尹恢（谒者）。

"非开国功臣"6人。"入关"1人：周成（将军）；"入汉"1人：陈胥（卒）；"出关"4人：高邑（客）、孙赤（中涓）、陈仓（中涓）、周聚（卒）。

显而易见的是，汉军的"将军"绝大多数出自"沛公"的"家吏"和"属吏"，"客"只有卢绾、高邑两位。而这两个人，一个是以太尉的身份常从左右，另一个是随淮阴侯韩信攻诸侯，与"前元年"跟随芒侯昭起家的孔藂、陈贺类似，都属于"客"划入了"特将"麾下，郭蒙、丁复的情况也类似，只不过他们确认的是跟随周吕侯吕泽。

至于淮阴侯韩信和刘贾，自不必说。

解释完"特例"，再看，除了"入关"前的3位"将军"，其余18位将军全都是"中涓""舍人""谒者""卒"出身，这是偶然现象吗？

当然不是，这恰恰是帝王封侯以赏的本质，双方从来不是合作关系，而是“主人”和“工具”的关系，这一点，在天下大定，广封功臣时，刘邦已经宣之于口：

> 高帝曰：“诸君知猎乎？”曰：“知之。”“知猎狗乎？”曰：“知之。”高帝曰：“夫猎，追杀兽兔者狗也，而发踪指示兽处者人也。今诸君徒能得走兽耳，功狗也。至如萧何，发踪指示，功人也。且诸君独以身随我，多者两三人。今萧何举宗数十人皆随我，功不可忘也。”群臣皆莫敢言。
>
> 列侯毕已受封，及奏位次，皆曰：“平阳侯曹参身被七十创，攻城略地，功最多，宜第一。”上已桡功臣，多封萧何，至位次未有以复难之，然心欲何第一。[①]

“功人、功狗论”人们已经耳熟能详，毋庸赘述，这里要强调几处文句：

> 群臣皆莫敢言；
>
> 及奏位次，皆曰……
>
> 上已桡功臣；
>
> 至位次未有以复难之，然心欲何第一。

从多封萧何的争议来说，功臣们对于“战功”的执着展示出了“集团”的共同意识，但是，当刘邦明确摆出理由：

---

① 司马迁：《史记》卷五十三《萧相国世家》。

> 今萧何举宗数十人皆随我，功不可忘也。

重点不只是“举宗数十人”，还有“皆随我”。也就是说，“军功”并不是斩将夺旗、斩首破军这种可见的标准，而是，“随我”，等于说，“封户多寡”和“功臣位次”的评价标准，由此一言而决，明确告知了功臣们，“侯功”并不是客观标准画线，而是对“我”的价值。

这一点，过往的讨论中往往有所忽略，即过于强调了“功臣集团”存在的“公共性”，而忽略了它对皇权的“寄生性”——没有汉王朝、没有刘邦，就没有这些“功臣列侯”，所以，他们的轻重排序，实际上是以刘邦本人为圆心向外发散的。

而群臣的反应，也说明他们理解了这一点，所以，“皆莫敢言”。

但是，“列侯”们仍旧在“集议”中坚持捍卫“军功”这个“客观标准”，所以才有“皆曰”曹参为第一。由此也可以引申出一个结论，那就是，如果“军功列侯集团”可以称为一个“集团”的话，它的首领从来都不是功臣第一的萧何，而只能是曹参。

问题在于，“列侯”们的“皆曰”，并不代表整个“军功集团”，在刘邦“已桡功臣”之后，关内侯鄂千秋站了出来，他的话非常有意思：

> 群臣议皆误。夫曹参虽有野战略地之功，此特一时之事……陛下虽数亡山东，萧何常全关中以待陛下，此万世之

功也。今虽亡曹参等百数，何缺于汉？……高祖曰："善。"[①]

鄂千秋由此建言之功晋封列侯，这话单纯是在说萧何吗？

当然不是，实际上鄂千秋作为"次等功臣"的关内侯，直接点出：

> 今虽亡曹参等百数，何缺于汉？

曹参是攻城野战之功第一，他这样的人肯定没有100个，但是功臣列侯恰恰有100多个，等于是一竿子打落一船人，只要刘邦有关中在，有文吏集团维持统治，"功臣列侯"已经一文不值，而这实际上是刘邦内心的独白，故而称"善"。

恰恰《史记·萧相国世家》的文字中没有记录"列侯""群臣"的反应，毫无疑问，当皇帝把话说到这个份儿上，任何"据理力争"都是苍白的。这时候，刘邦才像《史记·刘敬叔孙通列传》中所说的：

> 吾乃今日知为皇帝之贵也。[②]

这句话的前史是什么？

功臣们在汉朝建立之后的恣意妄为，引发了刘邦的厌恶，即：

---

① 司马迁：《史记》卷五十三《萧相国世家》。

② 司马迁：《史记》卷九十九《刘敬叔孙通列传》。

汉五年，已并天下，诸侯共尊汉王为皇帝于定陶，叔孙通就其仪号。高帝悉去秦苛仪法，为简易。群臣饮酒争功，醉或妄呼，拔剑击柱，高帝患之。[①]

毫无疑问，刘邦的“为简易”只能是以个人关系或是上下级关系来统领群僚，而叔孙通定朝仪和封侯定位次，本质上都是确立“君臣秩序”，将“主客关系”“上下级关系”“亲戚关系”彻底转换为纯粹的“君臣关系”，也就是由刘邦集团的“首领”，一跃成为秦制帝国的“皇帝”，那么，“贵”如何实现？

既然刘邦不能“站得更高”，那就只能让群臣、列侯、功臣们“跪得更低”了，唯有如此，才能保持君臣之间的“相对高度差”，也就是权力意义上的“贵”。

换句话说，鄂千秋的表态，最大的价值在于代表“次等功臣”群体发声，如果“顶级功臣”不老实，“今虽亡曹参等百数，何缺于汉？”

潜台词就是，彼可取而代之，只要皇帝需要。

类似阶层身份的功臣，还有宋昌、张武，见《史记·孝文本纪》和《汉书·高惠高后文功臣表》：

代王问左右、郎中令张武等。张武等议曰：“汉大臣皆故高帝时大将，习兵，多谋诈，此其属意非止此也，特畏

① 司马迁：《史记》卷九十九《刘敬叔孙通列传》。

高帝、吕太后威耳。今已诛诸吕，新喋血京师，此以迎大王为名，实不可信。原大王称疾毋往，以观其变。”中尉宋昌进曰：“群臣之议皆非也。”①

（壮武侯宋昌）以家吏从高祖起山东，以都尉从荥阳，食邑，以代中尉劝王，骖乘入即帝位，侯，千四百户。②

张武的地位如何无从确知，但他在代国任郎中令，应也是高帝时代的“次等功臣”，而宋昌很明显是高帝功臣，且有食邑。他们的看法略有不同，张武等人说的是，这些汉朝大臣都是大将出身，不是什么好人，野心也都不小，只是被刘邦、吕后压制，现在实在不可相信。

宋昌相当于力排众议，直接提出了三条刘氏帝位无可动摇的理由，并提到：

今大臣虽欲为变，百姓弗为使，其党宁能专一邪？③

哪怕大臣们想要反叛，百姓不愿被他们驱使，难道他们的党羽可以专权吗？

也就是说，宋昌也考虑了“汉大臣”叛乱篡位的可能性，作为“军功集团”一分子的他，为什么和张武有类似的看法呢？

见《史记·齐悼惠王世家》：

---

① 司马迁：《史记》卷十《孝文本纪》。

② 班固：《汉书》卷十六《高惠高后文功臣表》。

③ 司马迁：《史记》卷十《孝文本纪》。

> 始，悼惠王得自置二千石。[①]

齐王刘肥作为高帝子可以自行任命二千石官，相国、丞相由汉廷派遣，代王刘恒自然也有这个权力，所以，他聚集的是左右、郎中令、中尉议论继位，可知，中尉宋昌、郎中令张武实则是作为他的亲信角色讨论问题。

而他们的意见，自然也是“次等功臣”们对于“汉大臣”的普遍看法，他们明显不认为自己与长安执政的“顶级功臣”们同在一个集团内，根本不存在这个身份认同。

在明晰了以上认识之后，再来看“天下大定”之前各个阶段的诸位“将军”，就会发现很多隐藏的信息。

> 第一阶段（入汉前）：郦商、陈豨、纪通，另包括他国厩将：王陵（魏将）、皇䜣（魏将）、武蒲（魏将）、张良（韩将）、韩王信（韩将）、雍齿（赵将）、梅鋗（番君将）、陈武（楚将）；
>
> 第二阶段（入汉后）：曹参、周勃、韩信、卢绾、陈胥；
>
> 第三阶段（还定三秦）：樊哙、刘贾、（孔藂）、奚涓，或包括吕泽；
>
> 第四阶段（平诸侯）：陈武、陈贺（即费将军）、王吸、薛欧、丁复、郭蒙、灌婴、武儒、董渫、沛嘉、尹恢、高

① 司马迁：《史记》卷五十二《齐悼惠王世家》。

邑、孙赤、陈仓、周聚。

显而易见，第一阶段的沛公所部，自己的“将军”并不多，但他们的“行进路线”基本不与刘邦本人重合，且从起已为“将”。说明他们是独立拉起队伍，且多为独立活动。

此阶段大批他国将领的存在，也恰恰说明了，为什么刘邦的十万之众在鸿门宴后快速瓦解，只剩下数万“诸侯慕从者”，其余的三万卒还要项羽来“发”。

第二阶段，即进入汉中后，刘邦本队在将分统于各家“客”“将军”与“军吏”的“诸侯慕从者”纳入管辖之后，进行了整编，由刘邦统率“诸将”的组织形式，发展成为多路“将军”统兵的新编制。

第三阶段，分路略定“三秦王”地盘的征战需求大幅增加，刘邦集团亲族、近臣被提拔起来担任方面之任，如刘贾、吕泽为亲族，樊哙为妻族，与奚涓均为“从起沛”的舍人，除拜将时间未知的孔蘩外，其余四人都是类似身份。

第四阶段，整个楚汉战争开辟了多个战场，且开始设置“大将”统领几个“将军”的战略指挥格局，这时，陈武为回归之将，孔蘩、陈贺为配属韩信的分路将领；丁复、郭蒙则为归属于吕泽的分路将领，且“拜将”较晚。

其余者，有一“客”、二“谒者”、三“舍人”、四“中涓”和一“卒”。其中这一“卒”是因战功提升为将，其余均直接为“将军”，明显也是刘邦本人的近臣为主。

再加上：

以御史大夫守荥阳的周苛；

“以内史击诸侯”的长修平侯杜恬；

“以中尉击籍”的柏至靖侯许温（《汉书》作柏至靖侯许盎）；

“以中尉破项籍”的高苑制侯丙倩（《汉书》作高宛制侯丙猜）；

“以内史坚守敖仓”的周昌；

“治粟内史入汉，以上郡守击定西魏地”的棘丘侯襄；

“迁为殷相，击项籍”的故市侯阎泽赤（《汉书》作敬市侯阎泽赤）；

“为常山守，得陈馀”的北平文侯张苍；

“汉王四年，以燕相从击籍”的平州共侯昭涉掉尾。

这9个人，是汉王任命的二千石官吏，他们也因战功封侯，但是，这里面只有“大功臣”1人，周昌；“开国功臣”1人，丙倩。

可见，这些二千石[①]不但秩级比“将军”低，战功相关也低于“将军”，甚至与“亚将”“左、右司马”“都尉”等军吏相比，也只是自由度更高，战功则不如。

将上述“将军”“二千石”组合在一起，大体上可以看出汉军组织结构变化的脉络，那就是持续不断地提拔“近臣”，整编

①《二年律令·秩律》中记录，御史大夫也为二千石。

各个“旁系势力”，以“中涓”“舍人”“谒者”等“近臣”后来者居上，在刘邦起兵开始即亲领的“连队”之中，选择可信者直接提拔为“将军”，控制诸军。

偏师的“将军”并没有被免职，反倒因为远离主战场，取得了巨大的战果，但也正因为远离权力核心，与刘邦本人相关的功绩较少，在日后的“封侯以赏”中遭受冷遇。

这种用人模式，可谓源远流长，《史记·汲郑列传》记录了名臣汲黯对汉武帝发的一句牢骚，总结得至为允当：

> 陛下用群臣如积薪耳，后来者居上。[1]

用人犹如堆柴火，后来者居上，看似是“喜新厌旧”，但这种行径，真的只是看重“先后”吗？

不，权力的逻辑下，“山头”才是真问题。

---

① 司马迁：《史记》卷一百二十《汲郑列传》。

第五节

沛县起兵后的“第二把交椅”该谁坐？

上文中，已经反复提及周吕侯吕泽和建成侯吕释之的“侯功”：

> （周吕侯吕泽）以吕后兄初起，以客从，入汉为侯。还定三秦，将兵先入砀。汉王之解彭城，往从之，复发兵佐高祖定天下，功侯。①
>
> （建成侯吕释之）以吕后兄初起，以客从，击三秦。汉王入汉，而释之还丰沛，奉卫吕宣王、太上皇。天下已平，封释之为建成侯。②

这里有一个典型的句读问题，“功臣表”中，用“以”字开

① 司马迁：《史记》卷十八《高祖功臣侯者年表》。

② 同上。

头，其实就是“身份”强调，则“以吕后兄”和“以客从”就是并列结构，而非“初起”约束“以客从”的时间点，这就意味着，类似于射阳侯刘缠，也就是项羽的叔叔项伯，他的“侯功”介绍就是：

> 兵初起，与诸侯共击秦，为楚左令尹。[①]

很明显，这个“兵初起”不可能是刘邦起兵，也就是说，吕泽、吕释之真正跟随刘邦，一个是“从入汉”，一个是“从击三秦”，注意，是“击三秦”在前，“汉王入汉”在后，这也是一个隐藏信息，容后细解。

那么，吕泽在“入汉”前如何行动？

《史记》和《汉书》都没有单独立传，零星记载散见于“本纪”和“功臣表”中，且均为汉军出关后的记录，则这段史实回溯，还需要求助于旁人，即他的部下。

“功臣表”中明确记载曾归属吕泽指挥的有：

> 阿陵顷侯郭亭（《汉书》作河陵顷侯郭亭）、曲城圉侯蛊逢（《汉书》作曲成圉侯虫达）、阳都敬侯丁复、东武贞侯郭蒙、博成敬侯冯无择

另外，还有两位籍贯“单父”和经历上与吕氏相关的列侯：

① 司马迁：《史记》卷十八《高祖功臣侯者年表》。

菌庄侯张平（《汉书》作卤严侯张平）

成陶夷侯周信（《汉书》作成阴夷侯周信）

这些列侯的经历，上文中已有细述，此处重点梳理下时间和地点，见《史记·高祖功臣侯者年表》：

（阿陵顷侯郭亭）以连敖前元年从起单父，以塞疏入汉。（《汉书》作：以连敖前元年从起单父，以塞路入汉，还定三秦，属周吕侯，以都尉击项籍，功侯）

（东武贞侯郭蒙）以户卫起薛，属悼武王，破秦军杠里，杨熊军曲遇，入汉，为越将军，定三秦，以都尉坚守敖仓，为将军，破籍军，功侯，二千户。

（曲城圉侯蛊逢，《汉书》作：虫达）以曲城（《汉书》作：西城，应为衍字混入）户将卒三十七人初从起砀，至霸上，为执珪（《汉书》作：为执金吾，五年），为二队将，属悼武王，入汉，定三秦，以都尉破项羽军陈下，功侯，四千户。为将军，击燕、代，拔之。

（阳都敬侯丁复）以赵将从起邺（《汉书》作：以越将从起薛），至霸上，为楼烦将，入汉，定三秦，别降翟王，属悼武王，杀龙且彭城，为大司马；破羽军叶，拜为将军，忠臣，侯，七千八百户。

（博成敬侯冯无择）以悼武王郎中，兵初起，从高祖起丰，攻雍丘，击项籍，力战，奉卫悼武王出荥阳，功侯。[①]

① 司马迁：《史记》卷十九《惠景间侯者年表》。

以时间排列，归属吕泽部下的先后顺序是：

郭亭：应为秦二世元年九月，起兵时就在单父即跟随的老人，随从至关中，未至霸上，而经别道，“塞路”入汉，随汉军还定三秦后，再次归属吕泽指挥，即随其“将兵先入砀”，此后一直与项羽作战。

郭蒙：应为秦二世二年四月项梁益兵五千时从，归属吕泽即在此时，参与了杠里之战、曲遇之战，未至霸上，即入汉、定三秦，又守敖仓，破项羽。

蛊逢（虫达）：应为秦二世二年二月，收砀兵六千时从，或是秦二世二年九月，刘邦收兵聚砀，与灌婴、傅宽等一批人一同加入，至霸上，归属吕泽则在入汉中前。

丁复：如《史记》记录准确，则其应归属于雍齿部，随赵将雍齿在前三年加入汉军，但有“至霸上”之语，可知《汉书》记录其“起薛”才正确，那么，他归属跟随刘邦集团的时间也应是秦二世二年四月项梁益兵五千时，一直随本部行动，为“越将”“楼烦将”均为善射之骑将，直至还定三秦，以“别部”招降翟王董翳之后，才归属于吕泽，之后，斩杀龙且，任大司马，又在叶县击败项羽迂回南阳。

冯无择：冯无择属于吕泽“家臣”，属于最老的资格，跟随刘邦在丰邑起兵之后，即长期驻留在丰沛之间，参与了进攻雍丘，即刘邦与项羽合作斩杀李由之战，之后即以吕泽郎中身份随从作战。

参考这五个人的经历，加上“不入关”的张平和“吕氏舍人”周信，大体可以勾勒出吕泽的行动轨迹，但却有无法解释的难题，那就是，吕氏兄弟的资历问题。

如果按照上述记录来看，吕泽、吕释之应于秦二世元年九月后，在砀郡单父县“（兵）初起”，再以“客”的身份统兵与刘邦合作。

问题是，吕泽的部属，明确参与过的战斗，只有以下几次：

雍丘之战、杠里之战、曲遇之战

问题是，在此之前，刘邦集团明显就不止一个“指挥部”。

沛县起兵后，刘邦集团向北发展，进攻胡陵、方与，又转兵守丰，击破秦泗水郡监平所部，再救薛，于薛西击败泗水郡守壮，在戚县杀之，紧跟着，刘邦又转屯亢父，与周市所部对峙。

在亢父，刘邦部收入了新的“客”平棘懿侯执（《汉书》作林挚），与此同时，曹参、周勃则在胡陵、方与分兵，樊哙则分兵“东定沛”，分路进兵的状态，一直维持到了“砀东之战”，曹参、周勃、樊哙均参与了“砀东之战”，结果是“破之、却敌”。

而刘邦本人则与东阳宁君与秦司马枿战于“萧西”，结果却是“不利”。战后，刘邦“还收兵聚留”，周勃所部加入，而曹参部也集合攻砀，此战，刘邦、曹参、周勃、樊哙才是一起参战。

战后，刘邦集团又一次分兵，刘邦率周勃攻下邑。之后，周勃随曹参攻下邑以西，至虞、蒙，又攻秦章邯军车骑，而刘邦本人则回归丰邑，再攻不克，奔薛城求助项梁。

大体同时，曹参部和周勃则在分兵扫荡爰戚、东缗、亢父一线。注意，这些城市已经接近定陶，整体而言，是曹参在前，周勃在后。而刘邦本部，包括樊哙、夏侯婴，则只是偶尔参与战事，大部分时间，应该是在“薛”和“丰”活动。

直到项梁完成了各路义军的整编，出兵东阿救援齐国，刘邦集团的几个主要将领才汇集一处，在此之前，《史记·绛侯周勃世家》有一处吊诡的文字：

> 击章邯车骑，殿。定魏地。攻爰戚、东缗以往至栗，取之。攻齧桑，先登。击秦军阿下，破之。[①]

这里面，“定魏地”与《史记·樊郦滕灌列传》中樊哙的“常从”“复常从”，夏侯婴的“常以太仆奉车”“复常奉车”类似，应均为当时的“公文语言”，说明任务。在之前的章节里已经解释了，这个任务应不是刘邦发布的，而是项梁发出的。

---

① 司马迁：《史记》卷五十七《绛侯周勃世家》。

此处需要讨论的是，真的是发给周勃的吗？

不，正如前文所示的曹参、周勃二“中涓”的分兵使用，以及之前章节中考证的，曹参、周勃在项梁统治下，被从刘邦本部中分割出的事实，作为“沛公”部下的二人，只是“七大夫将”“五大夫将”，根本没有资格与刘邦平起平坐，自然也就不存在“别将”的资格。

这一点，可以从刘邦为“砀郡长”后，曹参仅为戚公、周勃仅为虎贲令的身份可知。他们的身份地位，远逊于列侯之尊的武安侯刘邦、长安侯项羽，乃至于司徒吕臣。

不过，在之前的章节中，我们也曾提到记载中的漏洞，那就是当项梁本人面对定陶附近的章邯北路秦军主力时，南路秦军主力由项羽、刘邦合兵一路，吕臣一路抵挡，曹参、周勃应被划归吕臣调度，问题还是一样的，那就是“名位”。

在《史记·陈涉世家》中记录，吕臣为陈胜的“涓人将军”，组“苍头军”复楚，其父吕青后为楚怀王令尹，本人为司徒，可见，名位与项梁趋近。

而刘邦此时仅为“沛公”，项羽为“裨将”，归属于“将军”吕青管辖应无异议，而曹参、周勃只是“沛公”之“中涓”，有什么资格直属于“将军”？则其上，必有统兵之将，地位与刘邦、项羽相牟者，这个人也是之前刘邦作战过程中，分兵指挥曹参、周勃的方面之将。

以身份而言，这时期，有五个“客”可供备选，即：

（1）吕泽，

（2）卢绾，

（3）萧何，

（4）周苛，

（5）王陵。

这里首选当然是亲族吕泽，但一个显而易见的问题就是，萧何、周苛并没有“为将”，而吕泽、卢绾封侯，都是在“入汉”之后，也就意味着两个人与曹、周同列，并没有超乎同侪的地位，那么，就只剩下一个符合条件的候选人——“襄侯”王陵。

唯有如此，才能解释，为什么王陵在毫无记载的情况下受封“襄侯”，又以“从起丰”的老资格，“居南阳，不肯从沛公”，又在毫无征兆的情况下，“及汉王之还攻项籍，陵乃以兵属汉”。

这两个谜团在之前的章节中都曾提出，说破了其实很简单，见《史记·张耳陈馀列传》：

> 馀年少，父事张耳，两人相与为刎颈交……张耳之国，陈馀愈益怒，曰：“张耳与馀功等也，今张耳王，馀独侯，此项羽不平。”……汉二年，东击楚，使使告赵，欲与俱。陈馀曰：“汉杀张耳乃从。”于是汉王求人类张耳者斩之，持其头遗陈馀。陈馀乃遣兵助汉。①

---

① 司马迁：《史记》卷八十九《张耳陈馀列传》。

陈馀、张耳是名闻天下的生死之交，陈馀把张耳当作自己的父亲一样尊敬，与刘邦“兄事”王陵如出一辙，等到“父亲”封王，自己封侯时，陈馀立刻就心理不平衡，只剩下大怒了，而他对西楚霸王的态度也是“恨”，所以，刘邦打项羽，他非常积极。

王陵的不忿，恐怕更胜陈馀，毕竟他是“兄”，还不是“儿子”。在入关破秦之前，刘邦是武安侯，他也是襄侯，刘邦封了王，只能说“此项羽不平”，凭什么他去“从沛公”呢?

所以，刘邦要打项羽，他照样举兵相随，而不是拼命抵抗。

正因为起兵之初，王陵坐着刘邦集团的“第二把交椅”，那么，吕泽的“相随”可能很早，独立领兵却非常之晚。

简言之，在秦二世元年九月刘邦起兵时，作为“妻族”，吕泽、吕释之也在砀郡单父县自行起兵，甚至联络了砀郡这片“旧魏地”范围内的诸多豪杰，但是，社会关系是一方面，军事能力是另一方面，吕氏宗族虽然拥有极广的人脉关系，却无从转化为军事实力，因为缺少能战的将帅。

故此，吕氏只能一直以“客”的身份附庸于刘邦，而刘邦又缺少宗族支持，正好以吕氏的力量来压制和威慑“独以身随我，多者两三人”的“下属”，凝聚这群“豪吏”“少年”，并在战场上身先士卒，成为主力突击的“矛头”。这一点，从樊哙这个“常从”的舍人，在起兵早期的“侯功”就可以看到，一系列的斩首、捕虏、先登，都是拿命拼下来的。

因为“沛公”的“家吏”“属吏”军事素养极佳，一旦意识到无力与刘邦和吕氏的姻亲家族对抗，自然而然地完成了早期的“官僚化”“臣属化”，这也是刘邦集团的核心武力本钱，更是胜利的保障。

所以，吕氏兄弟的加入，对于刘邦集团的价值，从来都不是“能打”，而是“看起来吓人”，以及在砀郡的人脉关系。

正因为如此，刘邦自然而然地成了集团中实力最强的“山头”和“盟主”，反观坐着“第二把交椅”的王陵，性格却有着无法克服的缺陷：

> 陵少文，任气，好直言。[①]

一个没文化，又脾气暴躁、轻率、幼稚的江湖大哥，当然没有能力团结四方的豪杰，但他刘邦“兄长”的角色，又恰好可以作为刘邦的私人代表，以“楚地豪杰”的义气、直率、公正，平衡魏地富户吕氏的交际、财富优势，与沛县“少年秦吏”曹参、周勃的武力、知识优势，形成“三足鼎立”的力量平衡。

在前期征战的过程中，刘、王二人也明显存在这一分工，刘邦靠“长者之风”拉拢“客”入伙，或是与“后台老板”景驹、陈婴、项梁打交道，比如带着刘交、萧何、曹参等人“俱”见景驹，就是因为都是读书人或文吏，能上得了台面。之后，

---

① 司马迁：《史记》卷五十六《陈丞相世家》。

至薛，共立楚怀王，也是这么一群人。

反观王陵，则只能统领同样“多质少文”的周勃等人在砀郡略地。所以，有周勃“定魏地”之说，这也就涉及另外一个信息的补全，那就是王陵的身份，为何是“厩将”？

道理很简单，王陵与雍齿“善”，雍齿占据丰邑为魏国列侯，刘邦将一部分兵马分给王陵在“魏地”略地，所打的旗号，当然不可能是“楚国”，而只能是“魏国”，否则，胡陵、方与这两个魏地在起兵初期的“三易其手”“四易其手”就是前车之鉴。

所以，实际上是刘邦与王陵在楚、魏交界区域，唱的一出双簧，一个打着“楚国”旗号押宝景驹，一个举着“魏国”旗号取悦周市，实际上还是一个团体，只是两块牌子。

从战果来看，周市没有理由对王陵率领的“魏军”不满意，又是击败秦司马尼，又攻克砀县，还袭击章邯的车骑部队。要知道，这些胜利都发生在魏王咎被章邯主力围困在临济的秦二世二年正月以后，“砀东之战”“砀县之战”“下邑之战”，都可以视为牵制秦军为临济解围的小胜利。

故此，才会发生之前章节中指出的吊诡现象，曹参、周勃屡立战功，却不如为刘邦驾车的夏侯婴升爵速度快。

周勃拜爵“五大夫”在下邑之战，即多路并攻下邑时，他为先登；曹参拜“五大夫”在亢父之战，即分兵攻爰戚、亢父、东缗时。此后，周勃随军至栗县，而曹参一直到东阿之战，无战功记载。

他们两个人的“五大夫”爵可谓长期持有，一直到项梁死后，曹参直封“执帛”卿爵，号“戚公”，这是楚爵、楚邑，说明曹参已转回楚将，确切地说，回归刘邦本队。

对此，项梁是洞若观火的，种种安排，应该就是将王陵这支魏军“别动队”与刘邦“本队”分开部署，以期消化之，直至项梁败死定陶。

不过，到这个时候，周勃参战立功虽多，爵位却远远落后：

> 沛公拜勃为虎贲令，以令从沛公定魏地。攻东郡尉于城武，破之。[①]

“定魏地”再次出现，而且，在几乎刘邦集团主要将领集中亮相的“杠里之战”中，夏侯婴并没有出现，刘邦的行程里却多了“栗县”，吞并了楚军陈武所部，又聚兵攻昌邑，吞并了魏军皇䜣、武蒲所部，西进陈留，获得了秦军积粟。

自此之后，已知的主要将领集中到了开封，会战秦军赵贲部，之后，则是与秦将杨熊在曲遇决战，周勃又没参加。

成武、成阳、定陶等地，都在东郡，栗县、昌邑、陈留、开封、曲遇东则在砀郡，诸将之中，“功臣表”中明确提到此时“东郡”的，只有王陵：

> 以厩将别定东郡、南阳。

① 司马迁：《史记》卷五十七《绛侯周勃世家》。

可见，周勃仍主要跟随王陵在东郡略地，魏王豹也用“救赵”为名，率领数千人进入东郡，趁着刘邦主力西进，开始“摘桃子”，王陵、周勃的角色愈发尴尬，所以不久后，这支“定魏军”也跟随主力西进，在颍川郡的长社会师攻城。

自此之后，刘邦本队与“定魏军”合兵行动，进入三川郡腹地，与秦军大战洛阳以东的“尸乡”之北，又南略颍川郡，北绝河津，阻击赵将司马卬南下后，集中兵力攻入南阳郡，围攻宛城。

反过来看周吕侯吕泽所部的将领，参加的战斗包括“雍丘之战”“杠里之战”和“曲遇之战”。“雍丘之战”排除了与曹参、周勃一同为“别部”的情况，早期应与刘邦本队一同作战，参加过“曲遇之战”则排除了与王陵、周勃一同“定东郡”，还是在刘邦本队中的可能性大。

也就是说，吕泽与张良很像，见《史记·留侯世家》：

> 张良多病，未尝特将也，常为画策臣，时时从汉王。[①]

张良是因为身体不好，没有分统兵马的精力，而是一直跟在刘邦身边为他出谋划策，而吕泽则可能是军事能力不足，虽然人脉深厚，却是作为刘邦本队的佐贰在领兵，并非方面军统帅，类似于《墨子·号令》中“县守兵”中的“司马”。

从他没有“至霸上”的经历来看，在刘邦军中，他所统

① 司马迁：《史记》卷五十五《留侯世家》。

辖的，很可能是留守诸将，所以，归属于他麾下的诸将，光十八功侯就有两个——排名十七的丁复和排名十八的蛊逢（《汉书》作虫达），郭亭、郭蒙也不弱，一个排名二十七、一个排名四十一。

菌庄侯张平（《汉书》作卤严侯张平）的“侯功”恰恰印证了上述结论：

> 以中涓前元年从起单父，不入关，以击籍、布、燕王绾，得南阳，侯，二千七百户。

张平确实没有“属悼武王”的字样，但他“前元年从起单父”的时间、地点只能解释为跟随吕氏起兵，他又“得南阳，侯”，打项羽、英布、卢绾，都不可能“得南阳”，唯二的时机，就是刘邦大军攻打秦南阳郡守时，或是王吸、薛欧出武关拿下王陵时。

前一次，有刘邦亲自操刀，轮不到张平，唯有后一次，张平“不入关”，只能是在南阳郡驻扎时，直接劝说或是兵变，改旗易帜拿下了王陵。

正因为吕泽的留守统帅角色，这才有了汉王出关后，他“将兵先入砀”的契机，如果没有深厚的人脉根基，一头扎进西楚九郡的核心地带，又有什么意义呢？

第六节

吕氏家族到底是不是被刻意遗忘的“创业合伙人”？

吕泽早在“入汉”时已经“为侯”，却并未为“将军”，同期封侯的功臣其实并不多，有：

曹参，建成侯；

周勃，威武侯；

樊哙，临武侯；

夏侯婴，昭平侯；

陈豨，未知；

靳歙，建武侯；

周定，周信侯；

郦商，信成侯。[①]

---

① 见第 252~254 页表 5-1。

以上“八侯”都是“汉军东进”之前所封，而吕泽并未跟随“灭秦”，所以，入汉后才有侯位。值得注意的是，在《汉书·外戚恩泽侯表》中记录了“临泗侯吕公”：

以汉王后父赐号。元年封，四年薨，高后元年追尊曰吕宣王。[①]

汉元年跨度不短，但大部分月份处于汉国与西楚的“蜜月期”，哪怕是刘邦北进关中，也没有和项羽“撕破脸”，而我们可以看到《史记·高祖功臣侯者年表》中有：

（吕释之）释之还丰沛，奉卫吕宣王、太上皇。

（合阳侯刘仲）兵初起，侍太公守丰。

（广阿侯任敖）以客从起沛，为御史，守丰二岁。[②]

另《汉书·高帝纪》：

（汉元年）九月，汉王遣将军薛欧、王吸出武关，因王陵兵，从南阳迎太公、吕后于沛。（汉二年夏四月）过沛，使人求室家，室家亦已亡，不相得。汉王道逢孝惠、鲁元，载行……审食其从太公、吕后间行，反遇楚军。

也就是说，自刘邦入汉中称王，任敖以御史的身份在

① 班固：《汉书》卷十八《外戚恩泽侯表》。

② 司马迁：《史记》卷十八《高祖功臣侯者年表》。

"丰"守卫达两年，即汉元年至汉三年彭城之战大败前，"丰"都没有丢失，吕释之回乡奉卫，则是兼顾沛、丰二地。

至汉元年九月汉军还定三秦，要迎"太公、吕后于沛"。也就说明，刘邦本人的家眷，太公、吕后、惠帝刘盈、鲁元公主都居住在"沛"，所以才有汉二年四月，彭城之败后，太公与吕后的一同逃亡。

"临泗"包含明显的地名信息，"沛"即在泗水之畔，而"丰"则远离泗水，说明"沛"极有可能是以吕公封地的形式存在，吕后之父封侯，汉王之父又没有奉为"太上王"，没理由薄待，则"丰"很可能是以"太公"的汤沐邑存在，成为西楚九郡中的一块"飞地"。

吕氏家族此时是"一门两侯"。相比之下，日后的楚元王刘交还只是"封君"，见《汉书·楚元王传》：

> 至霸上，封交为文信君。[①]

这也是刘邦亲族此时的爵位"上限"，另一位"从父兄"刘贾，连司马迁和班固都"不知其从起时"，只知道他在"还定三秦"的战争中担任了"将军"，也是刘邦集团有数的几个"将军"之一。至他立为"荆王"时，皇帝的诏书也只提及了"将军刘贾有功"，类似于代王刘仲，直封为王，而非如沛侯刘濞和营陵侯刘泽，先侯后王。且后两个侯封在高帝十一年十一月和

① 班固：《汉书》卷三十六《楚元王传》。

十二月。也就是说，在征战时代，刘氏宗亲并未封侯以赏，而吕氏却走在了前面，就“爵以赏功”来说，吕氏家族既亲且贵，除了姻亲关系，必然有重要的功绩在。

吕泽、吕释之兄弟的“侯功”写得很清楚：

> 以吕后兄初起，以客从入汉为侯。
>
> 以吕后兄初起，以客从击三秦。

“初起”在前，以客从在后，断句也可连缀，即“以客从入汉，为侯”和“以客从击三秦”。这个“客”的身份，略可比拟萧何，有权责而无官职，见《史记·萧相国世家》：

> 及高祖起为沛公，何常为丞督事……沛公为汉王，以何为丞相。①

“为丞”“督事”，这个“丞”也并非职务，至少楚简所见的楚制职官中并无“县丞”“郡丞”之类的称呼，而正式任命，已经是刘邦为汉王之后，担任丞相。同样，吕泽和吕释之也无“将军”之号。可见，“客”就是其长期的身份。

恰恰是这个身份，以及他“单父”的原籍，让他对砀郡这个“魏地”的核心地带，以及“魏人”“魏将”们有一定的亲和力。而这种角色，很可能是在刘邦起兵之后就已经开始扮演了。

---

① 司马迁：《史记》卷五十三《萧相国世家》。

要知道，王陵北攻东郡，刘邦西攻砀郡，算是很明显的分工，但是打下来的各县，治民、后勤或许可以由萧何以“丞督事”，但诸县镇守的部署和指挥，总需要有人统管，从史书记载来看，这个角色是缺失的。

从“丰沛列侯”中没能进入“开国功臣”行列的大部分经历来看，往往缺少“至霸上”的记录。而有“入汉”的资历，恰恰说明了他们留守关东的身份。有地、有兵、有军吏，却没有将领，甚至没有“县令”“县公”之类的记载，并不合理。

那么，能够补空的，只能是“大功臣”中几个有类似经历的人物：

> 博阳壮侯陈濞、周吕侯吕泽、梁邹孝侯武儒、成敬侯董渫、蓼侯孔藂、费圉侯陈贺、隆虑哀侯周灶、东武贞侯郭蒙

这8人之中，郭蒙“起薛”，却明确写作“从周吕侯”，而除了武儒、董渫未写明从起地点，其余全部是“从起砀”。

“开国功臣”中“入汉未至霸上者”有：

> 都昌庄侯朱轸、贳齐侯吕、海阳齐信侯摇毋余、河阳庄侯陈涓、淮阴侯韩信、故市侯阎泽赤、柳丘齐侯戎赐、魏其庄侯周定、平悼侯沛嘉、故城庄侯尹恢、棘丘侯襄、阿陵顷侯郭亭、昌武靖信侯单宁、高苑制侯丙倩、宣曲齐侯丁义、绛阳齐侯华无害、斥丘懿侯唐厉、台定侯戴野、乐成节侯丁礼

总计19人，其中，"起丰"1人、"起沛"2人、"起留"2人、"起薛"1人、"起单父"1人、"起砀"4人。

而未写明"从起地"的"初以客从""初以舍人从"或是"以越户将从"，以后接"破秦""入汉"的句式，实际上是说明其在"破秦"战争中，归属于某个跟随刘邦的"外国附庸势力"，并没有直属于刘邦集团，至"入汉"方才正式加入。

很明显，"至霸上""入汉"之际，就是刘邦集团成员和诸侯人的一次"大分流"，更是一次重要的"忠诚度"检测。"至霸上"几乎是"大功臣"的标配，而"入汉"则是"开国功臣"的重要指标。

那么，这些"功臣"从何处出发"入汉"呢？

西入关中前，就像楚怀王的老将们对于陈胜、项梁先后西进战败的命运耿耿于怀一样，刘邦一样担心重蹈周文的覆辙。

所以，刘邦的整个兵力布局并非是孤注一掷的，而是有所保留。这一点，在《史记·高祖本纪》张良的劝谏中，可见一斑：

> 张良谏曰："沛公虽欲急入关，秦兵尚众，距险。今不下宛，宛从后击，强秦在前，此危道也。"①

所以，刘邦也并不是"游击作战"，而是拥有五块地盘：

（1）以"丰沛"为代表的"老根据地"，在地理上属于

① 司马迁：《史记》卷八《高祖本纪》。

泗川郡，楚怀王于彭城定都，相当于楚国王畿之内的封邑，由刘仲、审食其等亲族、家吏保护家人；

（2）以刘邦的“砀郡长”职务保障的砀郡，除昌邑之外，几乎全境攻克；

（3）以“宛”为中心的整个南阳郡；

（4）颍川郡大部，包括阳翟、长社、颍阳的十几个县，由韩王成留守阳翟；

（5）向关中进攻的主力军，由刘邦自统，主要的占领范围，从武关至蓝田，再到咸阳的狭长地带，又派兵封闭函谷关，则咸阳以东的内史地也已占领。

要知道，南阳郡宛城是刘邦入关前攻克的最后一个郡治巨城，之后就挥师入武关，直驱关中，而郦商所部也是在南阳分道，别入汉中、巴蜀。也就是说，南阳郡是刘邦集团的后路基地，谁在镇守呢？

史书语焉不详。

这还只是已经拥有的地盘，入关中后的刘邦集团根本没有止步于咸阳，而是分兵略地，其中一路是自南阳郡溯汉水西进汉中、巴蜀，这一路由“将军”郦商统领。

在巴蜀至陇西，有西汉水可通，故此，汉王刘邦和雍王章邯，各自出动力量直接对抗，见平棘懿侯执（平棘懿侯林挚）的“侯功”：

斩章邯所署蜀守。[1]

不仅如此，“至霸上”的列侯本来数目就不多，去向绝大多数是“入汉”，也有几个例外的，比如：

> 棘蒲刚侯陈武、安国武侯王陵、北平文侯张苍、留文成侯张良、阳夏侯陈豨、信武肃侯靳歙

陈武本为刘邦劫夺的“楚将”，已有“刚武侯”的列侯爵位，跟随刘邦也不可能再升，所以退还关东，在情理之中。

王陵则是刘邦的合作者，已有“襄侯”的列侯爵位，与陈武情况类似，所以退出关中后即驻留南阳郡割据。

张苍在被王陵救命之后，一直跟随他，自然一同行动。

张良与刘邦的结缘，并不简单，见《史记·留侯世家》：

> 后十年，陈涉等起兵，良亦聚少年百余人。景驹自立为楚假王，在留。良欲往从之，道遇沛公。沛公将数千人，略地下邳西，遂属焉。沛公拜良为厩将。良数以《太公兵法》说沛公，沛公善之，常用其策。良为他人言，皆不省。良曰：“沛公殆天授。”故遂从之，不去见景驹。
>
> 及沛公之薛，见项梁。项梁立楚怀王。良乃说项梁曰：“君已立楚后，而韩诸公子横阳君成贤，可立为王，益树党。”项梁使良求韩成，立以为韩王。以良为韩申徒，与韩

---

① 司马迁：《史记》卷十八《高祖功臣侯者年表》。

王将千余人西略韩地，得数城，秦辄复取之，往来为游兵颍川。[①]

张良在陈胜起兵后聚集了100多人的队伍，想要投奔在留县的楚国“代理王”景驹，结果半道碰上了领着几千人在下邳西边作战的刘邦，于是归于刘邦的作战序列。刘邦“拜良为厩将”，后来讲解兵法发现刘邦天资极高，“故遂从之”，也就是干脆跟随刘邦，“不去”即不离开刘邦去见景驹。

待刘邦到了薛城见项梁，看到项梁立楚怀王，张良又游说项梁，韩国也可以有个王，比如韩王成就不错，项梁就让张良办这事儿，还任命他为“韩申徒”，让他和韩王成带着1000多人去夺韩国的地盘，结果占了几个城就被秦军夺回，只好在颍川郡流窜。

注意这个过程中的关键点，张良在下邳西遇刘邦，此时的刘邦是什么身份？

楚假王景驹认可的“沛公”，也就是一个带兵的县令。

刘张二人初遇，张良“遂属焉”，只是归属，而非从属，甚至不是投靠，张良是要“直投”楚王的，所以，俩人是平起平坐的关系。

而刘邦是“拜”张良为“厩将”。按理说，这么郑重其事，是不是确立了君臣主从的关系？张良开始“辅佐”刘邦了？

---

① 司马迁：《史记》卷五十五《留侯世家》。

当然不是。

还是身份问题作祟，一个“县公”，本身都够不上“将军”的地位，他能任命将军吗？所以，这里的“厩将”绝不是个官称，只能是“平等”的关系，也正因为如此，张良才有“遂从之”的必要。否则，接受任命已经确立主从关系了，怎么又“从”了一次？

在这之后的“从”才是真的“从”，但注意，“不去见景驹”，恰恰说明，“厩将”在身份上不是刘邦的下属。也就是说，此处的“从”是“跟从”，而非“主从”。

也正因为如此，跟随刘邦见项梁的张良才直接越过刘邦给项梁献计立韩王，而他本人直接就跳转到了“韩国”的“申徒”职务，也就是《汉书》中的“司徒”，相当于韩国的相国，而刘邦这时候的职务呢？

还是“沛公”。

也就是说，张良是韩国的相国，刘邦还只是楚国的县公，跳个槽就让刘邦只能仰视了。

所以，张良的选择，见《史记·留侯世家》：

> 汉王之国，良送至褒中，遣良归韩。[①]

诸侯人归国后，韩相张良送刘邦至褒中，自行回归韩国。

反观陈豨，虽然是刘邦部下的将领，却苦于记载太少，难

① 司马迁：《史记》卷五十五《留侯世家》。

以知晓他的行止。

不过，靳歙与陈豨都“起自宛朐”，前期战功记载也很有限，俩人很可能是一拨人。

更吊诡的是，在“功臣表”中提及靳歙“至霸上”“入汉，以骑都尉定三秦”，但在《史记·傅靳蒯成列传》中却无“入汉”字样：

> 至霸上。沛公立为汉王，赐歙爵建武侯，迁为骑都尉。从定三秦。别西击章平军于陇西，破之，定陇西六县。①

相当于“至霸上”之后，直接跳跃到“从定三秦”，而他统率的又是骑兵部队，陈豨后来又担任“游击将军”，那么，很可能在诸侯罢兵之后，陈豨与靳歙所部一路向西，诈作自陇西郡的武都、阴平入汉中，担当西线“还定三秦”的内应。

在前文中已经提到了都昌庄侯朱轸“降翟王”“虏章邯”，也没有“至霸上”“入汉”“还定三秦”的记录，很可能是刘邦埋在“翟王”身边，也就是上郡高奴的内应。

不仅如此，阿陵顷侯郭亭也是没有上述记载，却“自塞疏入汉”或“自塞路入汉”。过往的解说是，郭亭是断后之军，负责“烧绝栈道”，其实也可以解为“塞国”之路，即经咸阳以东的“丹灞道”，也称“武关道”入汉中。

说得直白点儿，汉军绝不是猬集一处，全自“蚀中”入汉

---

① 司马迁：《史记》卷九十八《傅靳蒯成列传》。

中，因为对于汉中、巴蜀的新封地而言，所有的通行线路都有了解的必要，更要探查出击的路线，所以，汉军“至霸上”的主力经“子午道”南下，而关东驻扎的守兵陆续入关，则只能经南阳郡西溯汉水至旬关，再西进南郑。

郭亭的特殊之处在于，他可能是跟随自“武关道”增援关中的汉军一齐行进，未至霸上时，诸侯兵已经散去，只能经灞水、丹水出武关，越至汉水，西行入汉中，这一路行进的地盘，已经属于“塞国”，故称“塞路”。

当然，以上只是合理的猜测，但可以确认的是，刘邦大军在入汉中前，曾经有复杂的部署，一部分人趁着关中三秦王新立，秩序未定，四散于其国境内潜伏，还有西进南下、东进南下，分路进兵探索道路以待时机，而非一窝蜂地南下。

也就意味着，刘邦先入关中，吕泽部居后，待到项羽令诸侯各就国时，王陵、张良、陈武等附庸势力四散，留守关东的吕泽所部，只能放弃上述五处地盘中的大部，除了以吕公、太公封邑名义保留的丰、沛，砀郡、颍川郡、南阳郡的汉军自然都要陆续“入汉”。

这个进程的存在，有“功臣表”中诸多列侯“侯功”中的“入汉”字样作为印证，相对于总数寡少的“至霸上”而言，“入汉”者有数倍之多，但是，大部“入汉”同时，部分将领也被留在了驻扎地，成为“内应”。

而这也是《史记》《汉书》书写中一系列谜题的关键所在，如“咸阳宫”“鸿门宴”等汉王朝重大历史事件记载中，吕泽、吕释之兄弟缺席的根本原因。

很多人臆测，由于“诛除诸吕”，使得《史记》中没有“吕氏兄弟”的事迹，他们被大规模“抹除”了。这个说法不能说完全没有道理，从细节来看，“吕氏兄弟”的故事几乎没有，但是，吕氏家族却拥有一篇《吕太后本纪》，如果说“抹除”，这一篇恐怕比吕氏兄弟的“事迹”更应该被“抹除”。

现实是，《史记》和《汉书》的“功臣列侯表”并未避讳“吕氏兄弟”，侧面说明在司马迁和班固修撰史书的时代，相关的“档案记录”并没有被人为消灭。

之所以他们“被隐身”，最大的可能就是他们的经历与“修史”的“主讲述视角”有偏离。这个“主讲述视角”毋庸置疑的是汉高祖刘邦本人的英明神武、深谋远虑，那么，不在他身边，甚至有嫌隙的角色，自然就会在“原始档案”中被略写，而非史家的刻意遮蔽。

比如，安国武侯王陵和汁方肃侯雍齿（《汉书》作汁防肃侯壅齿），前者位尊丞相，后者连刘邦都说“功多”，却只有一点点信息，这两个人没有参与政变，直到《汉书·张陈王周传》为王陵补上了本传，信息也并没有什么增加。

可见，坑是挖在“原始资料”里的。

如果我们梳理下《史记》和《汉书》的记录特点，就能发现十八功侯中的问题：

《史记》：《萧相国世家》（萧何）、《曹相国世家》（曹参）、《张耳陈馀列传》（张敖）、《绛侯周勃世家》（周勃）、《樊郦滕灌列传》（樊哙、郦商、夏侯婴、灌婴）、《傅靳蒯成列传》（傅宽、靳歙、周緤）、《陈丞相世家》（王陵）、《张丞相列传》（王陵、周昌）

《汉书》：《萧何曹参传》（萧何、曹参）、《张耳陈馀传》（张敖）、《张陈王周传》（王陵、周勃）、《樊郦滕灌傅靳周传》（樊哙、郦商、夏侯婴、灌婴、傅宽、靳歙、周緤）、《张周赵任申屠传》（周昌）

十八功侯，确凿无疑地缺：

奚涓、陈武、王吸、薛欧、丁复、虫达，以及半个王陵。

因王陵在《史记·陈丞相世家》中附丽，笔法类似于《史记·楚元王世家》，其史事、尊崇之缺，由《汉书》完成。

“世家”“列传”的标准，司马迁在《史记·太史公自序》中有提及：

二十八宿环北辰，三十辐共一毂，运行无穷，辅拂股肱之臣配焉，忠信行道，以奉主上，作三十世家。扶义俶傥，不令己失时，立功名于天下，作七十列传。[①]

① 司马迁：《史记》卷一百三十《太史公自序》。

二十八星宿围绕拱卫北辰，而三十根车轮辐条围绕一根轮毂，运转无穷。故此，将辅弼股肱之臣比拟之，强调的是忠信奉主，写了三十世家，为能够仗义而行，倜傥不羁，不浪费时机，建立功名于天下者，作七十列传。

在具体的章节之间，也有解释[①]：

> 维高祖元功，辅臣股肱，剖符而爵，泽流苗裔，忘其昭穆，或杀身陨国。作高祖功臣侯者年表第六。
>
> 楚人围我荥阳，相守三年；萧何填抚山西，推计踵兵，给粮食不绝，使百姓爱汉，不乐为楚。作萧相国世家第二十三。
>
> 与信定魏，破赵拔齐，遂弱楚人。续何相国，不变不革，黎庶攸宁。嘉参不伐功矜能，作曹相国世家第二十四。
>
> 运筹帷幄之中，制胜于无形，子房计谋其事，无知名，无勇功，图难于易，为大于细。作留侯世家第二十五。
>
> 六奇既用，诸侯宾从于汉；吕氏之事，平为本谋，终安宗庙，定社稷。作陈丞相世家第二十六。
>
> 诸吕为从，谋弱京师，而勃反经合于权；吴楚之兵，亚夫驻于昌邑，以戹齐赵，而出委以梁。作绛侯世家第二十七。
>
> 填赵塞常山以广河内，弱楚权，明汉王之信于天下。作张耳陈馀列传第二十九。

① 司马迁：《史记》卷一百三十《太史公自序》。

> 楚人迫我京索，而信拔魏赵，定燕齐，使汉三分天下有其二，以灭项籍。作淮阴侯列传第三十二。
>
> 楚汉相距巩洛，而韩信为填颍川，卢绾绝籍粮饷。作韩信卢绾列传第三十三。
>
> 攻城野战，获功归报，哙、商有力焉，非独鞭策，又与之脱难。作樊郦列传第三十五。
>
> 汉既初定，文理未明，苍为主计，整齐度量，序律历。作张丞相列传第三十六。
>
> 结言通使，约怀诸侯；诸侯咸亲，归汉为藩辅。作郦生陆贾列传第三十七。
>
> 欲详知秦楚之事，维周緤常从高祖，平定诸侯。作傅靳蒯成列传第三十八。

对照《史记》相关篇章就会发现，太史公非常“实诚”，说重点写哪里，就重点写哪里，但是有几个人除外，比如韩王信在颍川郡的活动，卢绾偏师的活动细节，乃至于明言“欲详知秦楚之事，维周緤常从高祖，平定诸侯”之后。这个“详”字完全无从谈起，周緤本传的文句，并不比《高祖功臣侯者年表》中的“侯功”笔墨更多。

在以上篇章之中，太史公明确提到要“详写”的，确实只有《高祖功臣侯者年表》，按照他的话就是：

> 维高祖元功，辅臣股肱，剖符而爵，泽流苗裔，忘其昭穆，或杀身陨国。

也就是说，到了司马迁的时代，距离开国也就是四代人，与皇后卫子夫之姊卫少儿私通的陈掌，就是陈平的曾孙。到这一辈人，已经对开国时的元功辅臣不甚了了，所以司马迁才进行了事无巨细的补充，也为我们保留了诸多“本纪”“世家”“列传”中没有提及的人物和事件。

整理一下，包括以下人物：

> 位列十八功侯的：王陵、奚涓、陈武、王吸、薛欧、丁复、虫达；
>
> 未列名十八功侯而有极高地位的：吕泽、吕释之、陈豨。

此外，还有列名“世家”“列传”却语焉不详的重要人物：

> 刘交、卢绾、淮阴侯韩信、张耳（张敖）、韩王信、魏王豹、傅宽、靳歙、周緤。

在这份名单之中，根据其他记载的蛛丝马迹，可以确认涉及反叛汉朝事件的人物有：

> 陈武（嗣子柴奇在汉文帝时代谋反）、吕泽（诛除诸吕）、吕释之（诛除诸吕）、陈豨（汉高帝时代反）、卢绾（汉高帝时代反）、刘交（诛除诸吕前与齐王刘襄联合起兵）、淮阴侯韩信（汉高帝时代在长安因谋反被诛）、韩王信（汉高帝时代反）、魏王豹（汉三年反汉）

毫无疑问，《史记》的记载受到了汉初政治变动的很大影响，不仅仅是“诛除诸吕”这一个历史事件，而是与反叛相关的功臣列侯，往往会失去一些材料，比如《史记·高祖本纪》中提到过的“通侯籍”，谋反除国，自然也就要从“籍”中抹去。

现实是，除了上述“大功臣”，还有很多列侯在汉初政治中，踩到了“地雷”：

> 厌次侯元顷之子元贺：汉文帝六年，侯贺谋反，国除。——淮南王刘长与棘蒲刚侯陈武太子柴奇合谋谋反案
>
> 高京侯周成（周苛之子）：汉文帝后五年，坐谋反，系死，国除，绝。——未知
>
> 魏其侯周定之子：汉景帝前三年，侯闲反，国除。——七国之乱
>
> 下相庄侯冷耳之子：汉景帝三年三月，侯慎反，国除。——七国之乱
>
> 高陵圉侯王周之孙：汉景帝三年，（侯行）反，国除。——七国之乱
>
> 纪信匡侯陈仓之孙：汉景帝三年，阳反，国除。——七国之乱
>
> 台定侯戴野之子：汉景帝三年，侯才反，国除。——七国之乱
>
> 辟阳幽侯审食其之子：汉景帝三年，平坐反，国

除。——七国之乱

昌圉侯卢卿之子：汉景帝三年，侯通反，国除。——七国之乱

阳陵景侯傅宽之曾孙：汉武帝元狩元年，侯偃以与淮南王谋反，国除。——淮南王刘安谋反

这些人都在史书中被抹掉了吗？不，他们身上本来就笔墨有限，正如上文中总结的，在众多功臣列侯之中，固然有大批的留守关东将领，没能从“至霸上”，是否就意味着他们都是留守关东后路的吕泽党羽呢？

能否就此引申出一个规模庞大的“吕氏集团”呢？

当然不可以，哪怕我们以最大的想象力来考量吕泽的力量，入关灭秦时的汉家天下，他也只能掌握五块中的一块，即砀郡。其余的，颍川郡有韩王成镇守；南阳郡有王陵接手；丰沛之间，有刘邦的兄长、舍人遮护；关中新地则有霸上大军亲自看护。

在此条件下，与其说砀郡是吕氏的“私土”，诸将是吕氏的“私兵”，不如说，吕氏是刘邦的“管家”，诸将看重的是附新晋汉王骥尾的青云前程，否则，直接学下陈馀，哪怕只有“南皮旁三县”，也敢“悉三县兵袭常山王张耳”，何必千里迢迢地“入汉”呢？

结　语

“丰沛集团”的固有概念流布甚广。

但是，这个集团究竟以怎样的组织形式存在，又如何发挥它的作用，行使它的意志，总是语焉不详，最后变成了将出自“丰”与“沛”的人群等同于“集团”的认知。

真正深入地探究这一问题的细节，尤其是对“功臣表”和列侯的经历进行梳理，就会发现，之所以“言之不详”，是因为这个“集团”根本就不存在。

同样，对于“丰沛集团”，乃至于“功臣列侯集团”同气连枝，可以以一个声音、一个规则来约束、影响汉帝国皇权的看法，也是望文生义的想象。

事实上，刘邦集团内部，自始至终都只有一个“关系核心”，那就是刘邦本人。也正因为如此，他才能够保证自己对下属的控制力，而非依赖制度性的转授权，正因为如此，在团队发展的不同阶段，他才使用了一系列权术技巧，将自己的家吏、亲信逐步安置到日益官僚化的汉军体系之中，形成了相对稳固的“大功臣”人群。

在这个过程中，吕氏家族也好，老大哥王陵也罢，都只是他“人事斗争”的道具，而对方也因为在军事能力上的缺陷，不得不依附于刘邦团队，寄望于佐命新朝所得的富贵权益。

这一点，与秦末汉初天下蜂起的众多豪杰并无二致。说得直白些，这就是一次规模巨大的“找工作”活动，只不过在“求职”之前，还要顾虑一下根深蒂固的“地域认同”和“血统身份”。而刘邦集团最大的优势就在于，这些全都“无所谓”，为了获取富贵，哪怕传统秩序全部毁灭，他们也在所不惜。

所以，他们赢了。

第七章

西楚霸王到底是谁的继承者？

第一节

子虚乌有的“六国贵族复辟亡秦”

关东六国之中，立国最早的当属楚、燕、齐，燕国记载较少，齐国经历田氏代齐，支族数量难以尽数。以楚国为例，芈姓公族就衍生出单姓 143 个、复姓 112 个，又各自繁衍。待到战国末年时，其人口多少我们不知其详数，但规模却可想象。

春秋战国上承西周之末，是否持续为“分封制”或可商榷，自始至终为“贵族国家”的性质却无疑问。那么，六国与秦国，本质上都是建立在这诸多同姓贵族与异姓贵族的联合统治之上的，只是其身份标识的法则，可以为“卿、大夫、士”的粗分，也可以是“公士到五大夫到大庶长”的军功爵细分，都是“封爵”，却是无法否认的事实。

直白地说，“有爵者”就是“贵族”，也未必在同姓同宗之国。最典型的例子就是孔子与田齐，孔子曾祖为宋国大夫奔鲁，子姓的殷商之后给姬姓的鲁国当大夫，肯定不会有人否定他家是“贵族”。同样，田齐的先祖陈完是陈国的公子，妫姓公子给姜姓的齐国当大夫，也没人质疑他不是“贵族”。

在这样的背景之下，“贵族”对“国家”的认知和我们今天的人是完全不同的，即前文所述的“坟墓所处、父母之国”,《论语·微子》中记录柳下惠的观点显示：

> 柳下惠为士师，三黜。人曰：“子未可以去乎？”曰：“直道而事人，焉往而不三黜？枉道而事人，何必去父母之邦？”①

柳下惠做官三遭贬黜，有人问他为什么不出走他国出仕？他回答说，秉持直道为人臣子，去哪儿不被贬黜？如果抛弃原则而去事人，又何必离开“父母之邦”？

这段话很有意思，隐含着世上无从施展“直道”的悲愤，也就是天下乌鸦一般黑，为什么要离开感情深厚的土地？但换句话说，君子从道不从君，如果有真正的“有道”之君，君子也会望风景从之。

再看孟子谈孔子,《孟子·万章章句下》：

> 去鲁，曰：“迟迟吾行也。”去父母国之道也。可以速而速，可以久而久，可以处而处，可以仕而仕，孔子也。②

孔子离开鲁国去齐国，恋恋不舍地走，这是离开“父母

---

①《论语》第十八《微子篇》。

②《孟子》卷十《万章章句下》。

国”的正确打开方式，一方面依依不舍，一方面决绝离去，结合后面的评价，其实就是说孔子明断、不拘泥，又有人情。

孔子和孟子的态度恰恰代表了春秋战国时代对“父母之国”最温情的态度。他们对君主的态度则坚持“礼”和“义”的互相约束，发展到战国末年帛书中记录的“君臣友道”，也就是君臣关系之“朋友关系”，合则建功立业，不合则去。

“君”和“国”已经初步分开了。

另外，还有一群“功利”主导的“贵族”，对于自己贡献智力换取富贵的“交换”完全直言不讳，对于“父母之国”自然也就谈不上什么感情可言，更不会影响他们“转仕”他国的决心。这些人心里只有自己，连“父母之国”的概念都不会有，比如吴起，杀妻求将在先，受魏国两代信重在后，晚年投楚国，带着楚军攻打魏国也没什么心理负担。

这种心态，颇为类似今天流行的说法，“只问利弊，不问对错”。

也就是说，在先秦时代，“贵族”可能会“择君”“择政”，或许有一点儿对“父母之国、坟墓所在”的温情，却绝不会有今时今日的“现代国家”概念。

这就意味着，“六国”的存亡根本与当时社会上广大的“贵族阶层”无关。从思想上，臆测他们存在“复辟本国”的动因就是可笑的。

现实情况是，史书上确实记载着存在“复辟”企图并付诸实施的，只有一个人——张良。

在过往的说史叙事中与张良并列出现的“旧贵族”，如项梁、项羽、魏咎、张耳、陈馀、景驹、韩成、田儋、田荣等人，“反秦”或许是他们的“最大公约数”，“复辟”则根本不是。

先来说说张良为什么“特殊”。

《史记·留侯世家》记载：

> 大父开地，相韩昭侯、宣惠王、襄哀王。父平，相釐王、悼惠王……卒二十岁，秦灭韩。良年少，未宦事韩。韩破，良家僮三百人，弟死不葬，悉以家财求客刺秦王，为韩报仇，以大父、父五世相韩故。①

对比一下张良曾辅佐的“韩王成”的经历，连传记都没有，散见他人列传：

> 良乃说项梁曰：“君已立楚后，而韩诸公子横阳君成贤，可立为王，益树党。”项梁使良求韩成，立以为韩王。②
>
> 及项梁之立木楚后怀王也，燕、齐、赵、魏皆已前王，唯韩无有后，故立韩诸公子横阳君成为韩王，欲以抚定韩故地。③

注意“韩王成”的原身份，“韩诸公子横阳君”，前者是出身，后者是封爵。类似的还有魏王咎和魏王豹，见《史记·魏

---

① 司马迁：《史记》卷五十五《留侯世家》。

② 同上。

③ 司马迁：《史记》卷九十三《韩信卢绾列传》。

豹彭越列传》：

> 魏豹者，故魏诸公子也。其兄魏咎，故魏时封为宁陵君。秦灭魏，迁咎为家人。[①]

《史记索隐》还特别注释了一下：

> 《彭越传》云："魏豹，魏王咎从弟，真魏后也。"[②]

有"真魏后"，自然就有"假"的。

"诸公子"一词，在《史记》记录战国时代人时常见，比如平原君赵胜和韩非，也就是某代"国王"之子，但肯定不是正统继承人，甚至连其父是哪代君王都不确定。

与之相反，张良父祖的"五世相韩"却一一明确，这一方面是由于信息保存的问题，另一方面也是对"六国后"的血缘身份的存疑。

正因为如此，虽然韩王成、魏王咎号称"六国后"，其与韩国、魏国"正统君王"权力核心的距离，都未必有张良这样的权臣之后亲近，更不用说富贵显赫了。所以，张良的"复辟"执念根本上来自家族荣耀和传统，而非血统义务。

在确定了这一点之后，再看这些起家的"六国后"，就会发现，没有一个"正统血脉"。

---

① 司马迁：《史记》卷九十《魏豹彭越列传》。

② 司马迁：《史记》卷九十《魏豹彭越列传》"其兄魏咎"条下。

道理很简单，秦始皇灭六国之后，对六国君主、亲贵的处置并不宽容：

> 长期被软禁在陈县的韩王安在新郑叛乱后被处死；
>
> 齐王建投降秦国后被迁居“共”地，《战国策》记载他最终饿死；
>
> 赵王迁则被秦始皇流放房陵深山，《淮南子》记载他在流放地作《山水》之歌，闻者落泪；
>
> 楚王负刍被俘虏后无记载，之后楚人又立昌平君为楚王，兵败自杀；
>
> 魏王假在大梁城破后被俘虏，《列女传》有“秦杀假”的说法，但无其他旁证；
>
> 燕王喜则在辽东被俘，后无记载。

六国的君王后妃、王子公主当然命运不会比他们的君王更好，甚至连血缘关系较近的“诸公子”也会受到牵连。比如魏王咎就是写明为“故魏时”的“宁陵君”，秦灭魏后，“迁咎为家人”。也就是说，秦始皇是搞过“近支王族”镇压的，所谓的“宽容”“手软”，都是无稽之谈。

所谓“秦王平六国”,“平”的恰是六个国家的“王室”。“亡国”,“亡”的是宗庙，也就是现任楚王、齐王、赵王的小家庭传承，再放大一点儿即“近支”亲贵。

依照先秦时代的世界观，“远支公族”没有直系继承权，根本就不能视作“六国”本身，完全没有镇压的必要，而新的王朝一样需要“异姓贵族”来效忠，对于愿意投效新朝的异姓贵族，像对商鞅、张仪、蔡泽之流一样，赐予他们爵位并保障权利，完全是可以理解的。

事实上，韩王成的“横阳君”就没有标明为韩国的封爵，极有可能是秦朝的封爵，另如：

> 秦灭赵，(赵奢子赵牧)牧子兴徙咸阳，秦封武安侯。①

由于资料有限，很难详细分辨在史书中出现的“故秦某某侯”是什么出身，因何封爵，但是，这个现象本身很有启发性，就是秦始皇在统一之后，很可能只是对“六国王室”不宽容，而对更广大的“贵族”群体给予了优待。

事实上，这也是秦制的传统，只是很多人不知道罢了。

《后汉书·南蛮西南夷列传》：

> 及秦惠王并巴中，以巴氏为蛮夷君长，世尚秦女，其民爵比不更。②

秦国吞并巴中之后，认可蛮人巴氏的蛮夷君长身份，世代娶秦女为妻，其民享受秦国“不更”爵待遇，也就是张家山汉简《奏谳书》中“毋忧案”中叙述的蛮夷待遇：

---

① 宋祁等：《新唐书》卷七十二《宰相世系二下》。

② 范晔：《后汉书》卷八十六《南蛮西南夷列传》。

有君长，岁出賨钱，以当徭赋，即复也。[①]

“不更”的最大特权就是“不与更徭”，也就是“复”。所以才有“其民爵比不更”之说。当然，这里是“比”，也就是今天所说的“享受同等待遇”，就不只是“复”了，在睡虎地秦墓竹简《法律答问》中记录：

臣邦真戎君长，爵当上造以上。有罪当赎者，其为群盗，令赎鬼薪鋈足，其有府（腐）罪，赎宫。[②]

臣邦就是蛮夷属国，他们的“君长”爵位等同于上造之上，享受的法律待遇也诸多优免。

这些都透露了秦制对于“身份”的尊重，哪怕你只是蛮夷戎狄的部落君长，也是秦国认可的“贵族”，自然不能和低贱的低爵黔首混同。对蛮夷尚且如此，“新黔首”固然是后征服者，其中的“贵族”毕竟同属“诸夏”，还比蛮夷君长高贵，秦朝当然没有理由不予以认可。

这一事实，一处又一处的考古发现给予了印证。

在第一章第四节引用的岳麓书院藏秦简《新黔首挟兵令》已经说明了，在秦朝新征服地区的“新黔首”，仍然爵位配套的“带剑”特权，而且还有“公乘”以上的高爵。

---

① 张家山汉简二四七号汉墓竹简整理小组编：《张家山汉墓竹简（二四七号墓）》，文物出版社，2011 年。

②《睡虎地秦墓竹简》整理小组编：《睡虎地秦墓竹简》，文物出版社，1990 年。

秦朝洞庭郡迁陵县的户籍简，展示了几个新鲜的信息：

表 7–1 里耶秦简“户籍”简中新黔首有爵信息

身份	人名	编号	小计
荆大夫	◇	K18	1
不更	[庆]	K43	
	昌	K17	
	彭奄	K30/45	
	说	K30/45	
	衍	K4	
	熊	K2/23	
	卫	K2/23	
荆不更	蛮强	K27	K3
	黄得	K1/25/50	
	大□	K43	
	黄□	K28/29	
	黄□	K17	
	伍亻□□	K8/9/11/47	
	□□	K42/46	
	樂喜	K4	
	宋午	K2/23	
	郑不实	K13/48	
	□◇	K38/39	
	李[歡]	K31/37	
	□疾	K33	

（续表）

身份	人名	编号	小计
小上造	□	K27	21
	台	K1/25/50	
	窬	K1/25/50	
	定	K1/25/50	
	视	K43	
	□	K43	
	□	K28/29	
	悍	K17	
	?	K17	
	状	K30/45	
	章	K4	
	犺	K4	
	传	K2/23	
	逐	K2/23	
	□	K2/23	
	剽	K2/23	
	虒	K13/48	
	□	K3	
	失	K3	
	□	K31/37	
	□	K31/37	

（朱锦程：《秦制新探》，湖南大学 2017 年博士论文。）

（1）“迁陵县”除了“不更”之外还有“荆不更”，并与之并列；

（2）“迁陵县”有一位“大夫”，却是“荆大夫”；

（3）“不更”爵下是“小爵”中的“小上造”，而且人数还不少。

“小爵”的问题，与主题无关，可以搁置，重点谈谈“荆”字的问题。这个问题在学术界也有一些争论，朱锦程的《秦制新探》[①]中收录了张春龙、邢义田、张荣强、陈絜等先生的解释，不外乎三种：

（1）“荆大夫”“荆不更”是楚爵，只是秦朝政府登记进去了；

（2）“荆大夫”是秦爵，楚地本来的“贵族”对应封爵加“荆”字，迁徙来的秦人不加“荆”字；

（3）“荆大夫”是秦爵，是临时性赐予，与故秦爵有待遇差别。

哪个对呢？恐怕，这些说法都不正确。

表中“荆不更”和“不更”的绝对数量很接近，以“内史”及“十二郡”的故秦地的人口存量，搞如此规模的“插花式”移民，不是“不经济”的问题，是毫无可行性。

而且，对照“里耶秦简”中的令文，秦朝的“徒”和“戍”往往是郡与郡之间的点对点派送，移民实边最合逻辑的当然也是这种方式。这也就意味着，“不更”也有可能是“故楚人”。

而在秦汉之际的简牍资料中，有一个非常类似的身份区分方式，见张家山汉简《奏谳书》“新郪信案”：

① 朱锦程：《秦制新探》，湖南大学2017年博士论文。

（信）以坚守荥阳，赐爵为广武君，秩六百石。苍，壮平君……赘，威昌君……丙，五大夫……皆故楚爵，属汉以比士，非诸侯子。[①]

这段话是叙述新郪县令“信”和同案犯的过往封爵，注意其中两个信息：

（1）故楚爵，属汉以比士；

（2）非诸侯子。

注意，此处的“楚爵”肯定不是项羽的“西楚”，而是“楚国”。也就是说，楚汉之交，也曾经发生过一次类似于战国末年、秦朝初年“改朝换代”的爵位变革。从经历来说，新郪县令“信”一直是在汉王刘邦麾下，却也由“故楚爵”，“属汉以比士”，“比”的用法在上文中“蛮夷君长”处已有，实则是“同等待遇”之意，后来又赐“汉爵”。

也就是说，西汉初年由“楚爵”到“汉爵”的过程，是以刘邦集团授出的“楚爵”为基准，一同转化为“汉爵”。那么，自然不会混杂“秦爵”——“荆大夫”“荆不更”。

在传世史料中，类似这种“写法”的也有，见《汉书·高帝纪》：

---

① 张家山汉简二四七号汉墓竹简整理小组编：《张家山汉墓竹简（二四七号墓）》，文物出版社，2011年。

楚子、诸侯人之慕从者数万人。[①]

另见《史记·惠景间侯者年表》:

以睢阳令〔从〕高祖初起阿，以韩家子还定北地，用常山相侯，千二百户。[②]

这里的“楚子”“韩家子”，以“国名”标记身份，真正对应的，自然是“诸侯子”。

汉初法律文书上要求标明“是否诸侯子”，意味着“诸侯子”这个群体在秦汉之际属于特殊群体，而汉初的图籍资料本就为萧何取自秦宫，地方上自然也是延续秦制，那么，这个标识，极有可能也是延续自秦制。

过往学术界对“诸侯子”的身份多有争论，李开元先生认为，“诸侯子”就是籍贯在原六国故地的、参与刘邦反秦战争的“诸侯人”，其实不确。[③]

曾磊在《“诸侯子”小议》一文中指出，“诸侯子”应该是“楚国及诸侯支系宗戚之从军者”，即六国的旧贵族子弟及他们的徒众，或者仅限于他们本人。[④]

另见《史记·高祖本纪》中记载:

---

① 班固:《汉书》卷一《高帝纪上》。

② 司马迁:《史记》卷十九《惠景间侯者年表》。

③ 李开元:《汉帝国的建立与刘邦军功集团》，第 28 页，生活·读书·新知三联书店，2000 年。

④ 曾磊:《“诸侯子”小议》,《南都学坛（人文社会科学学报）》，2010 年 3 月。

令太子守栎阳，诸侯子在关中者皆集栎阳为卫。

五月，兵皆罢归家。诸侯子在关中者复之十二岁，其归者复之六岁，食之一岁。[①]

可见，汉兴之初是将“诸侯子”视为可靠力量召集到太子所在的都城戍卫，并在罢兵之后享受特殊的待遇。这些人只能是六国的“旧贵族子弟”，在汉初的特殊时期，他们虽与普通黔首享受同样的爵位，却要在文书中特殊标注，既是以“血统身份”来强调他们比“秦民”更为可信，也是对他们的“个人能力”有所期望。

道理非常简单，在战国、秦、汉的社会背景之下，世袭血统贵族的家族教育，或称“家学”传承是非常重要的智力资源，秦朝的“学室”可以教授“史子”，却不可能培养出真正的军事贵族，而秦汉的“军功授爵制”，可以通过斩首选拔出“兵王”，却绝不可能在文盲中制造出“将帅”。

正因为如此，《史记·乐毅列传》记载：

其后二十余年，高帝过赵，问：“乐毅有后世乎？”对曰：“有乐叔。”高帝封之乐卿，号曰华成君。华成君，乐毅之孙也。[②]

仅仅因为祖父是名将乐毅，孙子就能受封封君，在今天很

① 司马迁：《史记》卷八《高祖本纪》。

② 司马迁：《史记》卷八十《乐毅列传》。

可能被理解为一种“名人集邮”，在当时，却是有现实意义的政治举动，就是“千金买马骨”。

理解了这一点，就会发现，姓名可辨识的“荆不更”多为“氏 + 名”的多字登记，而“不更”则多为单字“名”，而且，“荆不更”的“氏”很有说道，如：

> 蛮、黄、宋、郑、李。

蛮、黄均确定出自芈姓，楚国又有宋玉、郑袖、李园，似也可印证，“氏”为“血统贵族”出身之标识，“荆”则是区别其血统源自楚系。如果更多的简牍出土，或许还会有“齐大夫”“赵不更”之类的称谓面世。

而对照上文中所提及的汉初标识“诸侯子”的管理方式，也可以理解，秦朝户籍中标识封爵者国别的必要性，只不过与汉初完全相反，这是在标明“不可靠性”。

在睡虎地秦墓竹简第 6 号木牍黑夫、惊的家书中都提到：

> 新地人盗，衷唯毋方行新地，急急急。①

翻译过来就是，“新地”有盗贼出没，请衷不要去新地，急急急。更具体地说，“新地人”好“盗”，不只是偷盗，还有强盗、盗贼之意，可见在基层的百姓中，已经有这种“分别心”。

在简牍所见的秦朝统治“新地”措施上，又会区分“新黔

①《睡虎地秦墓竹简》整理小组编：《睡虎地秦墓竹简》，文物出版社，1990 年。

首”“新地吏”，乃至于以“故徼”为界设计镇压“反盗”的关中军事动员，可见，秦朝中央并未幻想“四海一家”，而是以“故地”为“可信”，以“新地”为“不可信”。

综上所述，“六国旧贵族”在秦朝治下身份不变、特权保持，唯一的问题就是作为“被征服者”不受信任，以及距离国家权力核心的距离过远，只能在郡、县组织沉沦下僚。但除了张良这样的权贵子弟，对于大多数“旧贵族”而言，这方面的机会，统一前后差别并不大。

所以，他们根本没有“复辟六国”的动机，那么，又为什么要“反秦”呢？

第二节

“王侯将相宁有种乎”的杀伤力到底有多大?

看一个人，不能听他说什么，而是要看他做什么。

刘邦固然亲历了秦末的“历史”，同样也选择性地“遗忘”了很多历史。

据《史记·高祖本纪》记载:

> (高帝十二年)十二月，高祖曰:“秦始皇帝、楚隐王陈涉、魏安釐王、齐缗王、赵悼襄王皆绝无后，予守冢各十家，秦皇帝二十家，魏公子无忌五家。”[①]

《汉书·高帝纪》中则直录了当时的诏书:

> 十二月，诏曰:“秦皇帝、楚隐王、魏安釐王、齐愍王、赵悼襄王皆绝亡后。其与秦始皇帝守冢二十家，楚、

① 司马迁:《史记》卷八《高祖本纪》。

魏、齐各十家，赵及魏公子亡忌各五家，令视其冢，复亡与它事。”①

两条记载的时间一致，可知事件是一个。但是，记载明显不同，具体区别就是，赵王守冢户《史记》作十家，《汉书》作五家，可为旁证的是《史记·魏公子列传》的记载：

> 高祖十二年，从击黥布还，为公子置守冢五家，世世岁以四时奉祠公子。②

由此可知，信陵君的守冢户为五家，没有疑问，但是在《史记·陈涉世家》则说：

> 高祖时为陈涉置守冢三十家砀，至今血食。③

这就出现了一个数量矛盾，如果楚隐王陈胜的守冢户是30家，则与高帝十二年所定的标准不符。而且，他的规格标准，不但超过了魏、齐、赵等国君主，更超过了秦始皇。

当然，更大的问题来了，楚国的后嗣，怎么就让陈胜给占了，而不是刘邦的旧主“楚怀王”呢？

前一个问题，在《汉书·陈胜项籍传》中说：

---

① 班固：《汉书》卷一《高帝纪下》。

② 司马迁：《史记》卷七十七《魏公子列传》。

③ 司马迁：《史记》卷四十八《陈涉世家》。

高祖时为胜置守冢于砀，至今血食。王莽败，乃绝。[①]

文句与《史记·陈涉世家》相似，但多了“王莽败，乃绝”。点明了时间，自刘邦为陈胜设置守冢户，一直到新莽灭亡，一直有人祭祀。而少了“三十家”之语，则应与班固所见资料的矛盾有关。

即班固收录的诏书是楚隐王守冢户十户，但是，作为“当代人”，在褚少孙（或司马迁）的时代看到的，陈胜官方祠祭涉及的守冢户明显是30家，这才有了特意的记录。否则《史记·高祖本纪》已经与《史记·陈涉世家》出现数量矛盾，褚少孙（或司马迁）既然去实地考察过仍有“血食”，没理由发现不了10家与30家的区别。

到了班固的时代，对照诏书，才删去了此处的“三十家”，也未采诏书中所见的“十家”之说，有三种可能性：

一是他所知的实地情况只有“十家”，“三十家”应为传抄讹误；

二是他所知的实地情况有“三十家”，而诏书底本为“十家”，为了消除矛盾，所以采信更权威的诏书，抹掉了“三十家”的记载；

三是他根本不知道实地的情况，诏书与《史记·高祖本纪》记录一致，则排除“三十家”之说。

---

① 班固：《汉书》卷三十一《陈胜项籍传》。

三种可能性都存在，究竟何者更接近真相，资料有限，我们不得而知。只以常理判断，刘邦的这一行动，本质上并不是周礼体系中“立二王三恪”的礼仪活动，而是对特定区域、群体的安抚。

因为几个受益者可以如下分类：

（1）秦朝皇帝：秦始皇；

（2）六国君主：魏安釐王、齐愍王、赵悼襄王；

（3）首义反王：楚隐王；

（4）少年偶像：信陵君。

其中，最反常的，就是对楚隐王陈胜的尊崇，省去了楚王负刍之前的楚幽王（故此《史记索隐》记：“系家作‘幽王’，名择，负刍之兄。”[①]对照诸书可知不确）、楚哀王，等于是修改了“楚国”的统绪，陈胜能和秦始皇以及六国君主同列，意味着他的帝王身份被新兴的汉帝国承认。

吊诡的是，这里面没有提及“义帝”楚怀王和“西楚霸王”项羽。后者是刘邦的敌人，以“鲁公之礼”安葬，不承认王位也说得过去，可“义帝”楚怀王这个“旧主”，为什么也不在其中呢?

对此，已故史学大师田余庆先生在《说张楚》一文中给出了解释：

---

① 司马迁：《史记》卷八《高祖本纪》“楚隐王”条下。

高祖为陈胜而不为义帝置守冢，而且户数多，优于其他帝王，正是由于汉初特重张楚法统的缘故。[①]

要理解田余庆先生的结论，需要普及一点儿历史常识，那就是“奉正统”的标志之一，就是“奉正朔”，“正”即正月，“朔”即元日，代指的就是“纪年历法”，在秦始皇一统天下之后，即令天下以“十月”为岁首，用“颛顼历”，后世汉武帝更制之后，则以“正月”为岁首，颁行“太初历”。

所以，“纪年”“正朔”，就是最重要的政治标志，田余庆先生指出：

70年代出土的长沙马王堆三号汉墓帛书，其《五星占》中的五星行度和另一种古佚书的干支表，具列秦及汉初纪年，其间有张楚而无秦二世年号……马王堆三号汉墓年代不晚于汉文帝时，该墓帛书以张楚纪年，证明此时人们在观念上尊重张楚法统。其所以形成这种观念，当是由于张楚有首事之功，如果没有张楚，就不会出现灭秦的战争，也就不会有汉。[②]

在民间传播的书中，以“张楚”纪年，无疑说明当时的大众观念中，秦始皇驾崩前的秦朝仍是“天下正统”，而秦始皇驾崩之后，已经进入“张楚”为天下正统的新时代，“秦二世”虽

---

① 田余庆：《说张楚》，《历史研究》，1989 年第 2 期。

② 同上。

名为皇帝，不过是与“张楚”对峙的一国罢了。

田余庆先生还提及：

> 《史记》立月表记秦末事，不名曰“秦汉之际月表”，而名曰“秦楚之际月表”，说明司马迁明确地意识到楚在秦末历史中具有独特地位……《史记》中的月表系年未用张楚而用楚义帝，是以义帝代表楚；《史记》中的本纪不立陈胜而立项羽，是以项羽代表楚。与帛书比较，《史记》尊楚虽旧，但张楚陈胜的地位却被义帝、项羽取代了。《史记》以陈胜入世家，比帛书书法降了一等。历代史家对《史记》立《陈涉世家》事，议论甚多，但都难于说透其中的道理。因为，若是如司马迁所说尊重亡秦首事，则张楚之功不在项羽之下，虽立《陈王本纪》亦无不可；若从陈胜不继世而亡言之，比诸侯立为世家也不合适，入列传就可以了，又何必立世家呢？①

田余庆先生认为这是《史记》的瑕疵：

> 书法于此确有缺陷，不惬人意而已。②

不过，辛德勇教授对此却有不同意见，他在《马王堆帛书“张楚”注记与〈史记·秦楚之际月表〉之尊汉、尊楚问题》一

---

① 田余庆：《说张楚》，《历史研究》，1989 年第 2 期。

② 同上。

文中指出，《五星占》等帛书干支表中的“张楚”字样，实为当时的作者添加的“注记”，也就是这一年出现重要事件的“注释”。没有秦二世纪年而由秦始皇纪年代之，也是作者为了便于编年，而非政治立场，不存在什么“尊楚”“尊汉”的初衷，至于司马迁在《史记》中的“矛盾”则不能称其为矛盾。[①]

尤其是指出《史记·秦楚之际月表》中的“太史公曰”另有深意：

> 太史公读秦楚之际，曰：初作难，发于陈涉；虐戾灭秦，自项氏；拨乱诛暴，平定海内，卒践帝祚，成于汉家。五年之间，号令三嬗。自生民以来，未始有受命若斯之亟也。[②]

太史公读秦楚之际的历史，个人意见是：发难于陈胜；灭秦依赖于项氏，不只是项羽，还包括之前的项梁；最后是“汉家”平定海内。五年之间，号令三嬗，也就是三次“转移”。自古以来，没有受命立朝如此迅速的。

另见《史记·太史公自序》：

> 秦既暴虐，楚人发难，项氏遂乱，汉乃扶义征伐；八年之间，天下三嬗，事繁变众，故详著秦楚之际月表第四。[③]

---

① 辛德勇：《马王堆帛书“张楚”注记与〈史记·秦楚之际月表〉之尊汉、尊楚问题》，《出土文献》第六辑，清华大学出土文献研究与保护中心编、李学勤主编，中西书局，2015 年。

② 司马迁：《史记》卷十六《秦楚之际月表》。

③ 司马迁：《史记》卷一百三十《太史公自序》。

“五年之间，号令三嬗”与“八年之间，天下三嬗”，也是辛德勇教授着重讨论的问题，他指出：

> “三嬗”实为“变化三次”，也就由秦至义帝之楚，义帝之楚至项氏之楚，项氏之楚再至刘氏之汉，四家更替三次，是为“三嬗”。①

这个解释，如果仅就《史记·秦楚之际月表》的纪年来看，完全正确，也应该符合太史公的初衷，属于其经过深思熟虑之后对纪年的“严谨”编排。

问题是，司马迁在汉武帝时代的“严谨解释”不等于在西汉初年的“解释”，文本的自圆其说，并不代表事实的“真实”。

甚至可以说，恰恰相反，因为西汉初年政权草创，利益牵扯极多，对诸多王朝“合法性议题”的定论，往往陷于自相矛盾的境地。

比如汉初的“水德”推定，乃至于汉为“水德”服色却定为“外黑内赤”，而旗帜仍旧如旧的“尚赤”；到了汉文帝时代又争论汉实为“土德”，直到汉武帝时代才正式改服色、正朔，算是尘埃落定；至于汉景帝时代辕固生与黄生对于汉高祖是“汤武革命”还是“篡逆”的争论，更是直接被皇帝亲自叫停。

---

① 辛德勇：《马王堆帛书“张楚”注记与〈史记·秦楚之际月表〉之尊汉、尊楚问题》，《出土文献》第六辑，清华大学出土文献研究与保护中心编、李学勤主编，中西书局，2015 年。

恰恰是历史遗留问题太多，才给后人提供了那么多“自圆其说”的机会。

至于“自圆其说”的《史记》，与帛书《五星占》中将“张楚”视为特殊时间点的类似说法，在《史记·天官书》中也有：

> 秦始皇之时，十五年彗星四见，久者八十日，长或竟天。其后秦遂以兵灭六王，并中国，外攘四夷，死人如乱麻，因以张楚并起，三十年之间，兵相骀藉，不可胜数。自蚩尤以来，未尝若斯也。项羽救钜鹿，枉矢西流，山东遂合从诸侯，西坑秦人，诛屠咸阳。汉之兴，五星聚于东井。[①]

此处，秦始皇之后即接“张楚并起”，进而为项羽合纵诸侯灭秦，然后是汉之兴，也可以说是“三嬗”。

结合上文中为先代帝王设守陵户的记载可知，这种认知矛盾可能自刘邦开始就已经埋下了，司马迁只是面对矛盾百出的官方记录进行了“挑战”和“记录”罢了。

读史至此，必须注意视角的区别，总计有五个：

> （1）《史记·高祖本纪》纪年，这是汉初视角，正统为秦始皇帝——二世皇帝——刘邦，但是承认陈胜为“楚隐王”，不提“义帝”“项梁”“项羽”纪年；
>
> （2）《史记·秦楚之际月表》纪年，正统为秦二世——义帝，陈胜为“义帝”之楚的前身；

---

① 司马迁：《史记》卷二十七《天官书》。

（3）《史记·秦楚之际月表》，叙述的三家为陈胜——项氏——刘邦；

（4）《史记·太史公自序》，叙述的三家为楚人——项氏——汉；

（5）《史记·天官书》，叙述的三家为张楚——项羽——汉。

五者对照后可知，就是两个大类：

（1）秦——楚（张楚、陈胜、义帝）——项氏——汉（包含上述2、3、4、5）；

（2）秦始皇帝——二世皇帝——陈胜——刘邦（包含上述1）。

区别一目了然，就是对“项氏”地位认知的区别。

汉初刘邦的认知中，“义帝”和项氏，属于被遮蔽的部分，并不希望将其视为“正统”，但这就存在一个逻辑漏洞，那就是，“时间溜走了”，陈胜的“张楚”只有不到1年，到“汉元年”还有1年多的空档。

对于西汉的官方叙事而言，这种“小问题”无所谓，但是到了“修史”的时候，“时间”就成了大问题。

所以，司马迁必须明确“三嬗”，才能补上这中间的时间空缺，而《史记》有《秦始皇本纪》《项羽本纪》《高祖本纪》，却无“秦二世本纪”“陈涉本纪”和“义帝本纪”，已经表明了基本态度。

“秦二世”事迹附丽于《秦始皇本纪》之后，“陈涉”事迹单列于《陈涉世家》，就是将陈胜起义建立“张楚”秩序之后与“秦国”的对峙，视为“有土诸侯”与“非正统皇帝”的对峙，既没有“秦朝”，也没有“楚朝”，而是“秦楚之际”。

“义帝”无本纪而项羽有本纪的原因，则在《史记·秦楚之际月表》中明言：

> 西楚主伯，项籍始为天下主命，立十八王。①

也就是说，西楚为“主伯”，诸侯中的“家长”“长子”，且项羽自此开始为“天下主命”，也就是主宰，为十八位诸侯王之主。

那么，项羽与“义帝”的关系是什么？见《史记·项羽本纪》：

> 项王欲自王，先王诸将相。谓曰：“天下初发难时，假立诸侯后以伐秦。然身被坚执锐首事，暴露于野三年，灭秦定天下者，皆将相诸君与籍之力也。义帝虽无功，故当分其地而王之。”诸将皆曰：“善。”乃分天下，立诸将为侯王。②

项羽的解释非常直白，为了反秦的大目标，所以才“假立诸侯后”，“假”就是“权宜”“代理”的意思。

---

① 司马迁：《史记》卷十六《秦楚之际月表》。

② 司马迁：《史记》卷七《项羽本纪》。

不过下面“义帝虽无功，故当分其地而王之”这句话就有不同解释了：

> （1）义帝没有功劳，所以，诸有功将相，应该分裂其名义所有的天下土地而为王。
>
> （2）尽管“义帝”没有功劳，但仍旧应该分给他土地，立他为王。

依照《史记》的表述，项羽率领入关灭秦的诸将，立楚怀王为“义帝”，然后宰割天下，实质上已经废止了诸将出身的各诸侯国的王权。这是以“楚”之君夺“五国”之君的土地，也就是最后一次利用“义帝”的名义，“先夺”。

“夺地”之后，再换一个标准来“分”，就是“功劳”，并明确点出“义帝虽无功”。“虽”如果不是衍字，则代表着项羽的本心，仍是要给“义帝”留一国诸侯的血脉。

也就是说，项羽以“灭秦功劳”分封十八路诸侯之后，已经成为新的“天下主命”，而非取自“义帝”，“义帝”已经成了“战国秩序”下的“周天子”，而非“西周秩序”下的周天子。

原则上，项羽自此已经开创了新朝，刘邦是十八王之一，自然在他的“主”下，所以，司马迁将项羽列入本纪。

正因为如此，“义帝”不但没有帝王“本纪”，连诸侯“世家”和名人“列传”都没能进入。而之所以在《史记·秦楚之际月表》中以“义帝”纪年，并非“尊义帝”，而是为了与“先入关中者为王”的正统故事配合，含糊解释汉王刘邦“以下犯上”

的悖逆行为，正如刘邦在当时采取“为义帝发丧”的政治号召一样，他对项羽的讨伐，不是“以臣伐君”，而是“定暴止乱”，即“以臣伐臣”，唯有在“义帝”之下，才能实现楚汉平等。

这种口径也见于《史记·项羽本纪》的太史公曰：

> 羽岂其苗裔邪？何兴之暴也！……分裂天下，而封王侯，政由羽出，号为“霸王”，位虽不终，近古以来未尝有也。及羽背关怀楚，放逐义帝而自立，怨王侯叛己，难矣。[①]

“背关怀楚”即背弃“先入关中者为王”的约定，又放逐义帝自立，总结即为“暴”字，再看上文中提及项氏，“虐戾灭秦”“项氏遂乱”，而汉室则是“拨乱诛暴”。这也是汉武帝时代司马迁统合全书“楚汉之争”时代的历史解释。

所以，所谓“五年之间，号令三嬗”和“八年之间，天下三嬗”的主体，根本就不包括“义帝”，而是秦——陈胜——项氏——汉。这也和前后文呼应，因为“号令三嬗”配套的是陈胜、项氏、汉家，“天下三嬗”配套的是“秦”、“楚人”、项氏、汉。而之所以前人学者困于“义帝”，归根结底则在于“秦亡”与否，秦未亡则正统无从嬗代。

这一逻辑表述，太史公已经在“用字”上区分开来：

“号令”，实为天下人认可，而非“正统”接续，说的是“秦”与“反秦”的“阵营”权力交接，由秦一统至陈胜起兵，

① 司马迁：《史记》卷七《项羽本纪》。

陈胜身死由项氏灭秦，汉家灭项氏止暴。

“天下”，则为正统变革，说的是“天下”的执掌，“秦朝”至“张楚、景驹之楚、义帝之楚，都是一贯的楚”，再到“项氏之西楚”，最后到“汉家”。

可以说，太史公的说法毫无矛盾，正好解释圆融。原因就在于他从历史的角落里寻访了真实历史上举足轻重的“项氏”，补上了这块历史空白。

反观刘邦时代的官方口径，则是忽略“义帝”“项氏”，直接接续秦末、陈胜，正如汉初“占星家”们的“无政治责任”写法，秦始皇直至汉高祖，纪年一竿子到底，才是汉初的“政治正确”，随手加个“张楚”的备注也不算错误。这种表述与《史记·天官书》中的说法类似。

可要是补上“西楚”“项王”就完全是另一回事了，在当时就是一个立场问题、政治问题。

不过作为立国80年后的“史官”，司马迁不可能像“占星家”一样大而化之，统绪必须分明。他要补上这一年之缺，就得重提项羽，要重提项羽就不得不提“义帝”以分“高祖”之谤。这是一环套一环的解释，而且他笔下的项羽之亡也完全是“贪暴”所致。也就是说，《史记》相关编撰非但不是“错谬”，而恰是司马迁在所处历史环境下“遗事钩沉”的“秉笔直书”。

那么问题来了，为什么刘邦对陈胜如此推崇，难道他不应该对“六国后”更加警惕吗？

第三节

"六国后"只是顺应地域认同的傀儡

"六国后"的王位到底是怎么来的？

见《史记·陈涉世家》：

> 当此时，诸郡县苦秦吏者，皆刑其长吏，杀之以应陈涉。乃以吴叔为假王，监诸将以西击荥阳。令陈人武臣、张耳、陈馀徇赵地，令汝阴人邓宗徇九江郡。当此时，楚兵数千人为聚者，不可胜数。[①]

这是陈胜起兵之后的一大举措，就是派出一路兵马，以吴广为代理之王，代表自己，统率众将进攻荥阳，又命令武臣、张耳、陈馀进攻赵地，邓宗攻九江郡，其实就是以陈县为中心扩张地盘。

① 司马迁：《史记》卷四十八《陈涉世家》。

很有意思的是他对葛婴的态度：

> 乃令符离人葛婴将兵徇蕲以东。攻铚、酂、苦、柘、谯皆下之。[①]
>
> 葛婴至东城，立襄彊为楚王。婴后闻陈王已立，因杀襄彊，还报。至陈，陈王诛杀葛婴。

两条记载连起来看，葛婴是他在攻克陈县之前派出略地的方面将领，到了东城之后，先立了襄彊为楚王，打出了“楚国”的旗号，在得知陈胜自立为王后，又杀掉了襄彊，回来报告、述职，到了陈县，就被陈胜杀了。

这是死的第一个“复国国王”，是陈胜部将所立。

接下来，是“赵王”：

> 武臣到邯郸，自立为赵王，陈馀为大将军，张耳、召骚为左右丞相。陈王怒，捕系武臣等家室，欲诛之。柱国曰：“秦未亡而诛赵王将相家属，此生一秦也。不如因而立之。”陈王乃遣使者贺赵，而徙系武臣等家属宫中，而封耳子张敖为成都君，趣赵兵亟入关。[②]

武臣是“陈人”，正经的“楚人”，也是陈胜派出的部将，却自立为赵王。

---

① 司马迁：《史记》卷四十八《陈涉世家》。

② 同上。

当然，他也不是一开始就露出了野心獠牙，刚开始时带着陈馀、张耳等三千人渡黄河，至诸县，说服当地豪杰，收兵数万，也只是号“武信君”，即封君而已。

没想到，接下来就面临挫折：

> 下赵十城，余皆城守，莫肯下。[①]

赵地根本不买他账，等到他赦免了秦朝的“范阳令”之后，靠着对方的游说，竟然不战而下者十余城，说明，此时赵地，仍是秦吏说了算，只有保障了人身安全和官职爵禄之后，才投降他。

在战国、秦汉，一般说齐国七十余城，赵国五十余城，除太行山以西的部分，武臣拿下了四十多座城邑，进了邯郸之后，当然有自立为赵王的心，而他本人是楚人，将相是魏人的事儿，也根本没人介意。

不想，武臣的部将李良投了秦朝，杀了武臣。

此后，陈馀、张耳立了赵歇做赵王。问题是，这个赵歇除了姓赵，连“诸公子”的身份都没提，与赵王室是否有血缘关系，也根本没人知道。

这是两个“复国”的赵王，一个陈胜部将，一个陈胜部将的傀儡。

武臣派出部下韩广去进攻燕地，又制造出了一个“燕王”：

---

① 司马迁：《史记》卷八十九《张耳陈馀列传》。

> 赵王以为然，因不西兵，而遣故上谷卒史韩广将兵北徇燕地。燕故贵人豪杰谓韩广曰：“楚已立王，赵又已立王。燕虽小，亦万乘之国也，原将军立为燕王。”①

韩广是“前上谷郡卒史”，自然是在旧燕地任职的秦吏，到了燕地，被人怂恿一下，就成了“燕王”。

可见，这位燕王是陈胜部将的部将。

至于魏国，本来陈胜派周市去略地很顺利，结果他跑去进攻狄县，被自立为齐王的田儋给打败，退回魏地，脑子也活泛了。

魏王豹的哥哥魏咎在魏国时候被封为宁陵君，秦灭魏他被免为庶人，等到陈胜起兵，他就跑过去投奔了。也就是说，他是陈胜的部下。

等到周市把魏国地盘打下来，手下人要立他为魏王，他不干，要求必须立魏国后人，五反，就是往返五次，才让陈胜允许魏咎当魏王，那么，主持魏国军政实权的是谁呢？是魏咎？当然不是，是魏相周市。

也就是说，魏王咎既是陈胜的部将，又是陈胜部将的傀儡。

六个国家恢复了四个，都算是“张楚”的人，而齐国却不在治下，因为田氏自有人才：

---

① 司马迁：《史记》卷四十八《陈涉世家》。

> 田儋者，狄人也，故齐王田氏族也。儋从弟田荣，荣弟田横，皆豪，宗强，能得人。①

这一句话说了仨齐王，而他们的身份是什么？“田氏族也”，也就是族人。田氏族可大了，一个祖宗生一堆儿孙，和正统王室的关系，可能还不如韩王信关系近。起码韩王信还有个可以确知的祖宗，当然，这一家子本来就是豪强，还杀了“狄令”，与项梁的举动如出一辙。

可以说，齐王是唯一一个不是陈胜部将，也不是陈胜部将傀儡的人物。但他也并不能算什么“复国”，血缘太远了，说是田氏豪强“再建国”还差不多。

唯独剩下韩国，一直没有“复国”，直到项梁说了算的时候，才有转机：

> 韩王信者，故韩襄王孽孙也，长八尺五寸。及项梁之立楚后怀王也，燕、齐、赵、魏皆已前王，唯韩无有后，故立韩诸公子横阳君成为韩王，欲以抚定韩故地。②

这里涉及俩韩王：

> 一个是之前的韩王成，身份清晰，韩国诸公子；另一个是韩王信，他是韩襄王的后裔。

---

① 司马迁：《史记》卷九十四《田儋列传》。

② 司马迁：《史记》卷九十三《韩信卢绾列传》。

韩襄王何许人呢？他是与秦武王同辈会盟的韩王，秦武王和秦始皇的曾祖父秦昭襄王是兄弟，他生韩釐王，韩釐王生韩桓惠王，韩桓惠王生韩王安，也就是说，韩王信这个“六国宗室”跟正统韩王血脉，都快出五服了。

至于陈胜之后的两位楚王：

> 一位是秦嘉所立的景驹，景氏，连楚王的熊氏都不是。要知道，屈、景、昭是楚国公族三大姓，但就类似于鲁国三桓，也就是某代楚王的非继承人子孙，这距离楚王正统，隔着春秋和战国。
>
> 一位是项梁所立的熊心，他号称是楚怀王之孙。

楚怀王何许人呢？他是被张仪欺骗扣在秦国的楚王。他生楚顷襄王，楚顷襄王生楚考烈王，楚考烈王生楚幽王、楚哀王。楚王负刍则一说为楚考烈王之子，一说为其弟弟。

寻访了一下，就找到了楚怀王的孙子，也就是楚考烈王同辈，就算他是真的，和正统楚王的血缘差了多远？

但无论如何，这两位楚王，均为陈胜半独立的部将所立，也是傀儡。

综上所述，被扶立为王的“六国后”，除了齐王，要么是陈胜部将，要么就是陈胜部将的傀儡。扶立他们的理由，见《史记·项羽本纪》：

> 项王欲自王，先王诸将相。谓曰：“天下初发难时，假

立诸侯后以伐秦。然身被坚执锐首事，暴露于野三年，灭秦定天下者，皆将相诸君与籍之力也。”①

项羽的解释很直白，为了反秦的大目标，才“假立诸侯后”。“假”就是“权宜”“代理”的意思，类似于韩信在楚汉之争中要求刘邦封自己为“假齐王”。被“假立”的“诸侯后”，就是个旗号，真正顶盔掼甲出头造反，拼死作战三年，终于灭秦定天下，靠的是各位将相和我项羽出力。

至于“假立‘诸侯后’”，只不过是给地方“豪吏、豪杰”们一个投降的理由，类似于托名“公子扶苏”“楚将项燕”，活的不行，死的也成。

对于这两面自相矛盾的旗子，李开元教授解释为“公子扶苏”应有楚人血统，所以对楚人有一定的号召力。

其实，对照项梁、赵佗的“两面派”打法，就可得出另一个解释：陈胜、吴广初起时，在蕲县这个项氏颇有名声的地方，见到项氏同情者就喊“楚将项燕”，见到秦朝的支持者就喊“公子扶苏”，哪面旗子管用就用哪面，都不管用就提着剑砍他，反正只需要给对方一个投降的理由罢了。

正因为如此，如非必要，根本没人把“六国后”当回事，而扶立“楚怀王”就是一个“必要”的时候，参见《史记·陈涉世家》：

---

① 司马迁：《史记》卷七《项羽本纪》。

秦嘉等闻陈王军破出走，乃立景驹为楚王，引兵之方与，欲击秦军定陶下。使公孙庆使齐王，欲与并力俱进。齐王曰："闻陈王战败，不知其死生，楚安得不请而立王！"公孙庆曰："齐不请楚而立王，楚何故请齐而立王！且楚首事，当令于天下。"田儋诛杀公孙庆。[1]

秦嘉这个不听陈胜号令的"大司马"听说陈胜战败跑了，就立刻立"景驹"为楚王，同时派出公孙庆出使齐国，招齐兵共同击秦。可见秦嘉本身对"张楚"法统根本不认同，只是迫于形势，抓到机会了，自然自己"立王"。

当然，秦嘉这个"楚"的势力和影响力不小，连丢失了丰邑的刘邦和东阳宁君都归属他的旗下。

注意，重点在下文的辩论，齐王指责楚国不应该没请示齐国就"立王"。这个逻辑在说，陈王就算是死了，臣下也无权私下立王，应该请示一下比他们地位更高的"齐王"。而公孙庆的反驳是：齐国不向楚国请示而自立，楚国立王又有什么道理请示齐国？况且，楚国是牵头起义的国家，理所应当号令天下。

结果，齐王杀了公孙庆。

也就是说，在"张楚"的体系之中，往往认为"张楚"和其继承者"楚"具有号令天下的资格。在他们的眼中，这个时代，就是"楚朝"，"六国后"的诸侯国是低一等的。

---

① 司马迁：《史记》卷四十八《陈涉世家》。

这种说辞和想法，在完全和“张楚”没有瓜葛，而且在打过仗的齐人眼里，当然完全没有说服力，甚至视为一种侮辱，所以杀了使者。

再看《史记·项羽本纪》：

> 项梁谓军吏曰：“陈王先首事，战不利，未闻所在。今秦嘉倍陈王而立景驹，逆无道。”乃进兵击秦嘉。……项梁闻陈王定死，召诸别将会薛计事。此时沛公亦起沛，往焉。①

从这两句话，可见项梁对陈胜的重视，先以秦嘉背叛陈胜立景驹为名，打垮他，又在得到陈胜确定的死讯后召集众将到薛议事。这才有了：

> 居鄛人范增，年七十，素居家，好奇计，往说项梁曰：“陈胜败固当。夫秦灭六国，楚最无罪。自怀王入秦不反，楚人怜之至今，故楚南公曰‘楚虽三户，亡秦必楚’也。今陈胜首事，不立楚后而自立，其势不长。今君起江东，楚蜂午之将皆争附君者，以君世世楚将，为能复立楚之后也。”于是项梁然其言，乃求楚怀王孙心民间，为人牧羊，立以为楚怀王，从民所望也。陈婴为楚上柱国，封五县，与怀王都盱台。②

---

① 司马迁：《史记》卷七《项羽本纪》。

② 同上。

注意范增的措辞，他两次提起“陈胜”，都不以“陈王”相称，而且两次说他失败是理所应当，实际上抹除了“张楚”政权的合法性，为什么之前对“张楚”和“陈王”大旗那么看重的项梁却“然其言”，态度出现了180度大转弯呢？

道理很简单，因为范增的这段话给项梁“解套”了。

陈胜作为“首事”之王，六个月就败亡，到底是不是“反秦”反错了？是逆天而行？

这是所有与会“诸将”必须思考的问题，如果都觉得这是大势所趋，章邯大兵压境，人心散了，队伍根本没法带，就不要提反秦大业了。

反观范增，将“反秦”各战场的失败解释为陈胜个人“逆天意民心”的失败，就为所有人提供了“免责”的理由，只要扶立“楚之后”，就走回了正确的“路线”，亡羊补牢为时不晚。

这就解析清楚了，“反秦事业胜利”必然性与“陈胜个人失败”偶然性之间的关系。

故此，项梁“从民所望”立楚怀王。至于楚怀王是不是真的“民心所向”，并不重要。在这个特殊时期、危急时刻，他必须“民心所向”，也就是“必要的时候，人们才把他当回事”。

之所以如此解释，根本原因即在项梁立楚怀王之后的举措，一方面以陈婴为“楚上柱国”并“与怀王都盱台”，把“楚上柱国”这个尊贵职位让给了陈婴，又把陈婴留在了楚怀王身边，他自己呢？

《史记·项羽本纪》记载：

> 项梁自号为武信君。[①]

注意，“武信君”根本不是楚怀王封的，而是项梁自号的。参照《史记·秦楚之际月表》，这个名号，为秦二世元年九月杀殷通之后自立的。

秦二世二年二月，项梁任楚“上柱国”渡江。自此，将“楚上柱国”职位交给陈婴，自己仍以“武信君”为号，不担任任何“楚国”官爵，项梁真的有将自己视为楚怀王之臣吗？

这种行为方式与之前的“两面派”手法，完全如出一辙。立楚后，不听楚令，反而以独立的身份号令“楚军”，与陈胜诸将扶立“六国后”完全如出一辙，甚至更加超然。这就无怪乎项羽进入咸阳之后，根本不把楚怀王当回事。

既然如此，陈胜的部将们又为什么纷纷拥立“六国后”为傀儡呢？

要回答这个问题，需要回顾秦末汉初的战争进程。

事实上，无论是陈胜、吴广、周文、宋留、葛婴，还是武臣、周市、田儋、项梁、韩广，他们的势力扩张、兵马增加，都离不开一个“徇”字，见《史记·陈涉世家》：

> 当此之时，诸将之徇地者，不可胜数。[②]

---

① 司马迁：《史记》卷七《项羽本纪》。

② 司马迁：《史记》卷四十八《陈涉世家》。

所谓“徇”，《说文》记录原意为“疾也”，不是疾病，而是“快速”，引申义为“巡行”“宣示”，“徇”的目的则是令众人顺从。

所以，“徇地”并非指“攻城掠地”的暴力行为，而是以大军“武装巡行”的方式令城邑降服。

正因为如此，考诸《史记·陈涉世家》《史记·项羽本纪》《史记·高祖本纪》《史记·张耳陈馀列传》《史记·田儋列传》及《史记·秦楚之际月表》的记载，就会发现，在秦军反应过来，冲出函谷关之前，尽管各地反叛者声势浩大、人数众多，陈胜集团有记录的野战，实际上只有两次——章邯破周文和田儋破周市。一次败仗，一次内讧。

那么，反秦义军的“徇地”，也就是“武装巡行”的伎俩为何能在半个秦朝屡屡得手？

究其根源，在秦灭六国之后，数百年来积累的“国别意识”并未自然消失，《史记》《汉书》中对于“某国人”的叙述至汉武帝时代才基本不见。这意味着跨越战国、秦、汉的变革时代，“某国”已经由“一家一姓”的“宗社”变成了“地域、文化”的代名词。

以陈胜、武臣、韩广，乃至于曾经被“拥戴为王”的周市为例，六国的豪杰们对于“六国后”的血脉并没有那么大的兴趣，真正有号召力的是“赵”“魏”“楚”“燕”这几个代表着“地域”的旗号本身。无论谁来“复国”，只要他有足够的实力，没人介意他是不是“王室”的血胤。

正因为这面旗帜是地域性的，所以“跨界”扩张的行为会遭到强力的阻击。比如武臣派韩广取燕地，燕人直接立国，而非服从赵王的统治；魏人周市掠地至齐境，就遭到了齐人的反攻；在周市略定魏地之后，也要迎立魏王；更进一步说，葛婴在不知道陈胜称“张楚王”时立襄彊为楚王，秦嘉在陈胜死后立景驹为楚王，都是对“故国”法统的执着。

而所谓“法统”“政权合法性”，本质上都是民众，尤其是地方精英分子对于政权的认可。这可以用马克斯·韦伯总结的“传统型权威”来解释。但更合适的，其实是对地域的认同，这也是“国”与“国”之间真正的区别，而不再是春秋、战国时代，一个个的君王宗社。

所以，当刘邦入关做了一些好事之后，曾经沐浴秦王王化数百年的秦民会有这样的反应：

> 人又益喜，唯恐沛公不为秦王。[①]

说得直白点儿，给个“王”就行，姓刘还是姓嬴，根本无所谓。

① 司马迁：《史记》卷八《高祖本纪》。

第四节

项氏起兵时的名义根本不是“反秦复楚”

在人们的普遍印象里，项羽是贵族阶层的代表，刘邦是市井无赖的代表。只要谈起“六国旧贵族”，就会把项羽拎出来当典型，更有甚者，还将他的失败归结于贵族阶级的骄傲或是某种“贵族精神”，而他在反秦战争中的胜利，更是“六国复辟”的胜利。

是耶？非耶？

现实中的项羽家族，在《史记·项羽本纪》中有如下记载：

> 项梁尝有栎阳逮，乃请蕲狱掾曹咎书抵栎阳狱掾司马欣，以故事得已。项梁杀人，与籍避仇于吴中。吴中贤士大夫皆出项梁下。每吴中有大繇役及丧，项梁常为主办，阴以兵法部勒宾客及子弟，以是知其能。[①]

① 司马迁：《史记》卷七《项羽本纪》。

项梁曾经在秦国旧都栎阳被逮捕，曹咎为蕲县狱掾，也就是“蕲县狱曹令史”，与沛县曹参同职，给当时的“栎阳狱曹令史”司马欣写了一封信，案子就解决了。

注意，是没事儿了。那么，这个罪有多大呢？注家有说是“坐事”“有罪相连及”，即被连坐了。

可再看后面一句——“项梁杀人”，结果却是“避仇于吴中”，而不是像陈馀、张耳一样“逃亡”“藏匿”，说明什么？

说明项梁当时“找关系”抹平的案子极有可能就是这桩“杀人案”，哪怕不是，他也背着另一件命案。

正因为秦法不治他这个杀人犯，仇人才要追杀他，项梁只好从老家逃奔“吴中”。这个时间确定在秦始皇三十七年始皇帝东游会稽之前。

这就意味着，在秦始皇仍然在世时，一个杀人犯靠着他的社会关系，可以牵动“蕲”这个旧楚地、“栎阳”这个旧秦地的两个中级司法官员，帮他把命案抹平。

所以，项梁在秦朝照样是一个“呼风唤雨”的人物，只是不再有“世代为楚将”的高官显爵罢了。更重要的是，他在“吴中”能够堂而皇之地主持大徭役和丧事，说明他并没有受到秦帝国的压制和打击。

既然如此，项梁为什么一直想反秦呢？

可谁又告诉过我们，项梁“一直想反秦”呢？

只是一种顺理成章的错觉而已。

回到《史记·项羽本纪》的记载上，根本就没这回事：

秦始皇帝游会稽，渡浙江，梁与籍俱观。籍曰："彼可取而代也。"梁掩其口，曰："毋妄言，族矣！"梁以此奇籍。

这段记录的画面感很强。项羽和叔叔家人一起旁观秦始皇的煌煌天威，来了一句"敢把皇帝拉下马"，项梁的反应是捂他的嘴，告诫他，不许胡说八道，会害死全家人。但也因此高看项羽一眼，觉得这孩子有大志向。

这说明什么？

说明项梁在此之前，从未对家族内部的"年轻成员"提及要反秦的事。否则，家族内的老话题被项羽掀出来，就不应该是"奇"，而是骂他傻瓜了。

项羽此时不过 23 虚岁，能有这个大见识，或许还有其他项氏子弟被威慑的样子做对比，这才让他感到"奇"。

注意，此时距离项梁反秦不到两年时间。也就是说，他之前都没有宣扬"反秦"之志，但是有一系列被人联系到"反秦"的行为，如《楚汉春秋》记载：

项梁尝阴养士，最高者多力，拔树以击地。(《太平御览》卷三百八十六)

项梁阴养生士九十人，参木者，所与计谋者也。木佯疾，于室中铸大钱，以具甲兵。(《太平御览》八百三十五)①

① 陆贾撰，洪颐煊辑：《楚汉春秋》，《问经堂丛书》本。

两条记载都说明项梁养士。

前一条说，最强悍的“大力士”能拔树砸地，当然，《史记·项羽本纪》也提到他用兵法部勒宾客及子弟。

后一条则说了数字，就是 90 人，其中一位还假装得病，在家中铸造大钱，以购置甲兵。

从里耶秦简的记录来看，至少在秦洞庭郡迁陵县的官方市场上，就有武器出售。也就是说，虽然秦朝有“挟兵令”，却不代表没有武器交易，其中一部分肯定是合法的。

当然，项梁的行为明显是违法的，养死士、私铸钱、具甲兵等，再结合他之前杀人脱罪的前史，又有包揽徭役、丧事的行为邀取地方支持，“吴中贤士大夫皆出项梁下”。这些行径在汉武帝时代有一个专门的说法——“横行不法，武断乡曲”，归类就是游侠豪强。

如果说项梁干这些事儿是“为了反秦”，那么，汉景帝、汉武帝动辄屠灭数百、数千家的游侠豪强，也是“为了反汉”？

当然不是，这种模式恰恰是战国时代以来“豪强巨室”习惯的生存方式，富贵则养士，养士则武断乡曲，与基层政权分庭抗礼，获取非法的经济利益，待经济力量聚集到一定程度，再养士邀名，或通过赀选，让优秀的子弟进入朝廷，获得更大的特权和富贵。

说得直白点儿，就是通过侵夺、窃取基层政府的暴力权限来“求财”。

只不过，项氏比《史记·酷吏列传》里被诛灭的豪强家族幸运的是，积攒够力量后赶上了大时代。

见《史记·项羽本纪》记载：

> 秦二世元年七月，陈涉等起大泽中。其九月，会稽守通谓梁曰："江西皆反，此亦天亡秦之时也。吾闻先即制人，后则为人所制。吾欲发兵，使公及桓楚将。"是时桓楚亡在泽中。
>
> 梁曰："桓楚亡，人莫知其处，独籍知之耳。"梁乃出，诫籍持剑居外待。梁复入，与守坐，曰："请召籍，使受命召桓楚。"守曰："诺。"梁召籍入。须臾，梁眴籍曰："可行矣！"于是籍遂拔剑斩守头。
>
> 项梁持守头，佩其印绶。门下大惊，扰乱，籍所击杀数十百人。一府中皆慴伏，莫敢起。梁乃召故所知豪吏，谕以所为起大事，遂举吴中兵。使人收下县，得精兵八千人。梁部署吴中豪杰为校尉、候、司马。
>
> ……于是梁为会稽守，籍为裨将，徇下县。①

秦二世元年七月，陈胜起义，两个月后，秦朝任命的会稽郡代理郡守殷通就把项梁叫过去说，长江以西的秦地都造反了，秦也灭亡了，我想先发制人，派你和桓楚为将军起兵。

此时的桓楚在"泽中"，也就是大湖间逃亡，类似于刘邦率众藏匿芒砀山。会稽郡守的想法和沛县县令的想法差不多，

---

① 司马迁：《史记》卷七《项羽本纪》。

集合“反贼”一起反秦，没想到项梁要“吃独食”，直接让项羽把殷通杀了。

项梁拿着郡守的头颅，身上佩戴着太守的印绶，来到郡守府众人面前。要知道，这些人都是“秦吏”，按照编制应该一群“卒史”“属”都在，还有吏的“养”，也就是刑徒服务员，人数并不少。以至于项羽独自击杀了近百人，郡府中人全都吓怕了，趴在地上不敢起来。

于是，项梁召集“故所知”豪吏，也就是熟悉的秦吏，告知他们，自己要“起大事”，又征发“吴中兵”，动员、武装会稽郡治所的兵马，并派人到属县征兵，得精兵八千，然后项梁任命吴中豪杰为校尉、候、司马，也就是各级军官。

做完这些事儿，项梁自称“楚将”项燕之后，复楚建国了吗？

没有，他仍旧拿着秦朝下发的“会稽郡守印”，以“会稽守”的名义，任命项羽为裨将，抚徇属县，即征服会稽郡管辖区内的各个县。

项梁这是在“反秦”吗？

当然不是，历史上有一位与他的行径非常类似的人物——赵佗，见《史记·南越列传》：

> （任嚣）即被佗书，行南海尉事。嚣死，佗即移檄告横浦、阳山、湟豀关曰：“盗兵且至，急绝道聚兵自守！”因稍以法诛秦所置长吏，以其党为假守。[①]

---

① 司马迁：《史记》卷一百一十三《南越列传》。

赵佗的本职只是龙川县令。按照服虔的注释，任嚣在死前伪造诏书，任命赵佗为南海郡尉，赵佗才有资格下公文，以防备北方群盗的名义封闭关口。之后，他又以“秦法”将秦朝正式任命的“长吏”，也就是令、丞、尉杀掉，派自己的党羽代理守卫。

可以说，项梁、赵佗的行径如出一辙，都是诈称“秦吏”统御部众，而非举大旗立“六国后”反秦复国。

也就是说，项梁从起兵到占领整个会稽郡的过程中，一直打的是“秦军”旗号，佩的是“秦吏”的大印，下的是“会稽郡守”的公文。

项梁真正走向“反秦”其实靠的是一个契机，一个人，甚至只是一张纸。

这张纸是一个叫“召平”的人送来的，见《史记·项羽本纪》：

> 广陵人召平于是为陈王徇广陵，未能下。闻陈王败走，秦兵又且至，乃渡江矫陈王命，拜梁为楚王上柱国。曰：“江东已定，急引兵西击秦。”项梁乃以八千人渡江而西。[①]

广陵人召平遵照陈胜分兵略地的指令回广陵老家武装游行，吓唬对方投降，没办成，又听说陈王大败，秦兵东来，就南渡长江至吴地，假传陈胜诏令，任命项梁为“楚王上柱国”，

① 司马迁：《史记》卷七《项羽本纪》。

对照《史记·秦楚之际月表》：

> 涉将召平矫拜项梁为楚柱国，急西击秦。[①]

可见，《项羽本纪》中的“楚王”指的就是“张楚”。因为这个时候只有这一个“楚政权”，所以，“召平”是把项梁视为“张楚”的救命稻草，用“上柱国”这个执政的职位诱惑项梁西征增援。

项梁也完全有理由相信这个“谎言”，毕竟“张楚”起兵之初就诈称“楚将项燕”和“公子扶苏”，作为“旗号”的家族代表被任命为大将、执政完全在情理之中，就算他明知是假，反秦共主“张楚”政权的二号人物，也完全值得冒险了。

所以，江东的猛虎出山了。

叙述完项氏起兵的全过程，可以看到一次“水到渠成”的夺权，与刘邦在沛县城下，反转、反转、再反转的经历相比，几乎没有任何波澜，多达 8000 人的江东子弟兵“本钱”就握在了项梁手中。

我们知道，过程的顺遂，往往并不是运气的加持，而是绝对实力的碾压，杀鸡用牛刀，则意外就少，那么，项梁到底隐藏了怎样的实力，或者说，顺应了什么样的潮流呢？

由于史料缺乏，我们可能永远都无法复原真相，只能猜测一二。

---

① 司马迁：《史记》卷十六《秦楚之际月表》。

楚将项燕自杀之地在“蕲县”，其子项梁在栎阳入狱，是“蕲县狱掾”曹咎写信给“栎阳狱掾”司马欣得以脱罪，项梁由此率宗族避仇江东，杀人大罪，在绵密的秦法体系下，竟然因为两个“县令史”，也就是“刀笔吏”的书信就抹平了。这个前罪犯，又在秦吏的眼皮子底下，铸造大钱、聚集甲兵、蓄养死士、训练宾客，一郡长吏还对他礼遇有加，甚至要邀请他合作反秦。

如果只是这些也就算了，真正的巧合在于，秦二世元年七月，陈胜首义的“大泽乡”，就在“蕲县”。

见《史记·陈涉世家》：

> 乃诈称公子扶苏、项燕，从民欲也。袒右，称大楚。攻大泽乡，收而攻蕲。蕲下。
>
> 乃令符离人葛婴将兵徇蕲以东。攻铚、酂、苦、柘、谯皆下之。①

在“蕲县”境内诈称“项燕”，攻大泽乡后，“收”而攻“蕲”。按照秦制，大泽乡应驻扎有亭校长和亭卒，“亭部”存有“五兵”，作为区域性的小堡垒，900名“斩木为兵”的戍卒，也没有经过战斗，直接“收”了，说明很轻松就投降了。

“蕲下”的“下”，注释说是，“兵临而即降也”，此时陈胜、吴广的兵马仅仅获得了一个“亭部”的“五兵”，还只是乌合之众，结果，对手又“降”了。

---

① 司马迁：《史记》卷四十八《陈涉世家》。

这里会不会有什么玄机呢?

“蕲县狱掾”曹咎当然没有理由跟随项梁宗族避仇，肯定还在县中，他起到了什么作用呢?史无明载，当他再次于史书中出现，已经是楚汉之争守成皋，职务是西楚的“大司马”，位高权重。我们只能猜测，他很可能早在陈胜时代，就参加了“首义”，并为“陈王”贡献了“第一桶金”。

要知道，刘邦仅仅以沛县一城之地，“少年豪吏如萧、曹、樊哙等皆为收沛子弟二三千人”，一乡到一县，不是简单的人力数字的叠加，还有“县仓”中的粮食，“少内”的钱币、物资，“库”中足够武装数千人的兵器，如果说之前他们是“乱民”，此时就已经变成“叛军”了。

自此之后，“楚兵数千人为聚者，不可胜数”。这些人并不需要陈胜出兵攻打他们所在的郡县，只需要将“守、令、丞”引出治所，当地的“豪杰少年”就会斩杀长吏、聚众为兵。

不过非常吊诡的是，这种情景只是出现在“楚地”和“齐地”。更为广大的“魏地”“赵地”“燕地”“秦地”和“韩地”，都像“静坐”一样在等待“新主”的到来，大权仍旧掌握在秦吏手中，只有“起义军”保障了他们的安全和爵禄，他们才会投效新朝。

毫无疑问，刘敬所说的“夫诸侯初起时，非齐诸田，楚昭、屈、景莫能兴”[①]绝非虚言，但绝非因为他们是什么“既得

① 司马迁:《史记》卷九十九《刘敬叔孙通列传》。

利益”的“旧贵族”，而恰恰应该是“人口比例”的因素使然。

楚国长期施行的类似“西周”的军事移民政策，让淮北、淮南、江南的城邑据点，拥有更大比例的并不富裕的“有氏家族”，齐国的情况也类似。所谓的“宗强”，本质上就是人多，而非“大量占有土地”的“豪富”，这也让他们躲过了秦始皇以财富标准画线的强制移民。①

因此，反秦的“齐”“楚”豪杰中应该充斥着像刘邦、项梁家族这样仍需致力稼穑、治产兴业的“士”。尽管他们拥有远远超过自身经济条件的知识、见识和武勇，在秦帝国的治下，最好的上升通道，也不过就是成为“亭校长”“令史”，乃至于“郡卒史”，为一群在秦国犯法坐免或因能力有限才被派遣到“新地”任职的“新地吏”服务。

这种境遇当然不能令他们满意，所以，在有记载的反秦秦吏中，有蕲县令史曹咎，沛县令史萧何、曹参、夏侯婴，东阳令史陈婴，泗水郡卒史周昌、周苛，上谷郡卒史韩广。他们都是本地的实权派，也是最熟悉秦制、秦吏的群体，他们对秦帝国的失望与他们在“有氏者”圈子中的“人脉关系”发生了化学反应，当然会引发基层统治的“雪崩”。

当然，他们不是为了“复辟”旧时代，只是为了“找工作”罢了。

---

① 司马迁：《史记》卷六《秦始皇本纪》。

结　语

讨论秦朝灭亡的原因，有诸多的口径，其中最有群众基础的，恐怕就是“六国旧贵族”为了复辟而发动反叛。

尽管在诸多的通说解析里，有说“暴政”下“情有可原”的，也有说“秦始皇太仁慈、宽容”却“好人没好报”的，立场各异，但这些所谓的解释，追根究底，仍是告诉你——“他是好人！”“他是坏人！”就像我们年幼时缠着父母问电视里的人物是谁时得到的“答案”。

如果这就是“答案”，那么，马齿渐长的人生积累，恐怕就剩下胡须了。一个成年人，更需要知道的是，他是谁，他从哪里来，要到哪里去，他在当时什么环境下做出了他的什么选择，这书才算读出了三分滋味。

具体到这个问题上，“六国旧贵族复辟摧毁大秦”这个事实本身就不存在，或者说毫无意义。

秦始皇是一个政治老手，他很清楚“复辟六国”的危险性，所以，将“有意愿”的六国王室近支一一镇压，而将“有能力”复辟的六国豪富，迁徙到了咸阳、巴蜀等秦政权的可信区域，以监视与利用。

简言之，就是以“关东六国”的王座为圆心，向外画出“既得利益者”的圆圈，先是王室小家庭，王本人、后妃、王子、公主；再是近支宗亲，比如封君魏咎，就被废为“家人”；再是贵戚、重爵，比如马服君赵奢的后人等，迁入了咸阳；最后是都邑商贾，比如卓氏，在邯郸以冶铁致富，赵灭被迁至蜀中。

“贵”与“富”，自始至终是权力身份社会圈层的“战利品”，离权力核心越近，关系越亲密，所得也就越多，当权力灭亡时，受到的关注和防备自然也就越多。

最终的结果是，六国复辟子虚乌有，陈胜一夫作难而七庙隳，“六国后”只是“张楚诸将”手中的“提线木偶”，他们一同缔造的“张楚秩序”的本质，就是一次“诸侯子”齐心协力的找工作运动，“国名”之下的“工作岗位”界限划分才是他们最大的痛点，他们真心想要的，只是：

王侯将相宁有种乎？

第八章

还原失败者项羽的本来面目

第一节

韩信为什么最终放弃了“仁君”项羽?

韩信的一生是一个“传奇”。

与历史上大部分“名将”不同，韩信的人生是以“要饭”的方式首先进入人们视野的。在南昌亭长家的“寄食”、向漂母的“乞食”，紧随其后的就是“胯下之辱”，可以说，无论出身背景如何，早年经历的“凄凉”绝对算得上登峰造极。

当然,《史记》《汉书》对淮阴侯韩信早年经历的记载很单薄，就那么几个有限的故事，一般人的“父母”“求学”“婚姻”“子女”，一概付诸阙如，说得直白点儿，韩信的个人成长经历近似于空白。那么，他的“身世”到底如何？是不是很多人想象的“平民逆袭”？

值得注意的是，从历史记录的角度来看,《史记·淮阴侯列传》的记载，实际上是从韩信“从项梁”之后开始的。他的早年经历故事，绝大多数是对他为“楚王”之后还乡的“快意恩仇”的举动的追述拆分。

《史记·淮阴侯列传》：

> 信至国，召所从食漂母，赐千金。
>
> 及下乡南昌亭长，赐百钱，曰：“公，小人也，为德不卒。”
>
> 召辱己之少年令出胯下者以为楚中尉。告诸将相曰：“此壮士也。方辱我时，我宁不能杀之邪？杀之无名，故忍而就于此。”①

对应的则是《史记·淮阴侯列传》中记录的几个故事：

> 有一母见信饥，饭信，竟漂数十日……
>
> 常数从其下乡南昌亭长寄食……
>
> 淮阴屠中少年有侮信者……②

除此之外，再来看韩信的早年故事，就只剩下《史记·淮阴侯列传》中的“太史公曰”：

> 吾如淮阴，淮阴人为余言，韩信虽为布衣时，其志与众异。其母死，贫无以葬，然乃行营高敞地，令其旁可置万家。余视其母冢，良然。③

---

① 司马迁：《史记》卷九十二《淮阴侯列传》。

② 同上。

③ 同上。

可见，这几个故事实际上应该是将韩信“快意恩仇”的段子切成了两半，前面放了前因，后面写了后果，加上“韩信葬母”的实地采风，就是韩信全部的早年经历了。

虽然这些故事很见“人物性格”，也符合司马迁的叙事偏好，却并不能提供多少关于韩信身份的信息。

万幸的是，在故事细节之中，有一样东西出现了两次：

> 淮阴屠中少年有侮信者，曰：“若虽长大，好带刀剑，中情怯耳。”
>
> 及项梁渡淮，信杖剑从之，居戏下，无所知名。

在第一章第四节中，已经详细解析过了，韩信“带剑”，说明他的家族应是“士”以上的“贵族身份”。这一身份在秦朝得到了保留，他在亭长家中寄食，亭长之妻只能暗示驱赶，也说明他并非随意“揉搓”的庶民黔首，让“吏”也必须顾及彼此的“体面”。

不仅如此，正如上述文章中提及的，有“氏”者，往往是“旧贵族”，或称“血统贵族”，尽管他们的爵位名与那些只有“名”的军功爵者一样，在秦朝的“户籍”里，仍是分别标识的，而韩信有“韩氏”，自然属于此列。

“有氏”“带剑”基本可以代表“贵族身份”，是社会认可的“士、大夫”阶层中人，而政治、政府认可的则是“权位”。这就需要近亲的“家世”和“教育”来背书。

能够实现从“地方贵族”到“朝廷贵族”跨越式发展的

“必要条件”，就是“世袭权贵”与“显学门徒”。这种“入仕”路径其实与秦、汉的“察举推荐”和“博士弟子”路线差相仿佛，本就是一脉相承的东西。

“士、大夫”阶层中无从跃居“朝廷”的，则只能依赖宗族的经济支持，蜗居“县廷”，成为“吏”。具体来说就是“诸官”和“史”，比如刘邦的“亭校长”和萧何、曹参的“令史”。

其中更不幸的，没有家族帮助的人物，如韩信，见《史记·淮阴侯列传》：

> 始为布衣时，贫无行，不得推择为吏，又不能治生商贾，常从人寄食饮，人多厌之者。①

过往的关注点，常在“无行”，其实最重要的是其“葬母”所体现出的“无父”，没有“宗族昆弟”的帮助，“家贫”只能将母亲“独自”葬在“高敞地”，如有其父之墓，则不会单言“母冢”。

综上所述，唯有将史书中对于韩信的有限记载，放置在“战国秦汉之际”的宏观社会背景下讨论，才能够对韩信的“布衣”身份有所理解。汉高祖的“布衣将相”，并非是说出自“社会底层”，或者说“劳动人民”。恰恰相反，他们只是属于统治者的“边缘群体”，也就是距离“富贵”“权力核心”较远的“社会精英”。

不过，既然是“传奇”，前半段的“贬抑”有多深，后半

---

① 司马迁：《史记》卷九十二《淮阴侯列传》。

段的“舒展”就有多“提气”，当韩信“杖剑”追随项梁之后，他的故事也就注定与众不同。

在《史记·淮阴侯列传》中对于这个“起步”的记载并不多：

> 及项梁渡淮，信杖剑从之，居戏下，无所知名。项梁败，又属项羽，羽以为郎中。数以策干项羽，羽不用。①

这一段记载，结合《史记·淮阴侯列传》中韩信对辩士武涉的回答：

> 韩信谢曰：“臣事项王，官不过郎中，位不过执戟，言不听，画不用，故倍楚而归汉。”②

寥寥数语，描绘出的是韩信在项氏集团麾下不受重用的“窘境”，这也是很多人的固有印象。问题是，回到历史事实辨析中来，“重用”是一个形容词，其“反面”并不一定是“不重用”，也有可能是“重用却没有达到预期”。

要知道，韩信讨论“不重用”的对比参照物是：

> 汉王授我上将军印，予我数万众，解衣衣我，推食食我，言听计用，故吾得以至于此。夫人深亲信我，我倍之不祥，虽死不易。幸为信谢项王！③

---

① 司马迁：《史记》卷九十二《淮阴侯列传》。

② 同上。

③ 同上。

这里有“上将军印”，有“数万众”“解衣推食”“言听计用”。这个待遇，“官不过郎中”“位不过执戟”“言不听，画不用”，肯定是比不了的，但是，其中涉及的几个职务名词，却完全可以观察韩信的升迁轨迹。

> （1）居戏下，无所知名；（时间为项梁渡淮，案《史记·秦楚之际月表》，应在秦二世二年二月、三月间）；
>
> （2）羽以为郎中。（案《史记·秦楚之际月表》应在秦二世二年九月）。

“无所知名”，依据阎步克教授的考证，实际上是一个重要的“宦皇帝者”或“宦于王者”，也就是“近臣”的级别概念，有“知名者”也有“不知名者”以分别高低。

再来看《史记·高祖功臣侯者年表》记“淮阴侯”：

> 兵初起，以卒从项梁，梁死属项羽为郎中，至咸阳，亡从入汉。①

《商君书·境内》中说，“爵二级以上至不更”称“卒”，则韩信投奔项梁时，应只是“士爵”，后来又有升迁，成为“无所知名”的“宦于王者”。

仅仅六七个月后，项梁被章邯击败，残部归属项羽，韩信又被提拔为“郎中”。

---

① 司马迁：《史记》卷十八《高祖功臣侯者年表》。

要知道，项羽在这个时刻，爵位是楚怀王册封的“长安侯”，救赵大军的“次将”。而刘邦一直到占领关中，其爵位为“武安侯”，职位为“砀郡长”。两人名位差距不大，部下职务配置也不至于差距太大。

参考一下刘邦麾下的“亲近人”樊哙，在刘邦被封汉王前，爵位只是“贤成君”，职位只是“舍人”，到了“汉兴”之后，才受封“临武侯”“迁为郎中”，还定三秦时，才“迁郎中骑将”“迁为将军”。

也就是说，刘邦的“连襟”樊哙，自秦二世元年九月起兵就追随刘邦，亲自上阵斩首近百、抓俘虏数百、受降秦卒数千之后，到汉元年三月，历时三年，才爬到韩信六个月就拿到的，“官不过‘郎中’”。

韩信说，“郎中”是“官”，“执戟”是“位”，而在秦汉“宦皇帝者”或称“郎宦者”之中，确有“执楯”“执戟”“武士”和“驺”。执勤的位置在“殿下”，不过，《二年律令》中记录的“汉制”表明，“中郎”高于“郎中”，“郎中”高于“外郎”，“谒者、执楯、执戟、武士、驺比外郎”。也就是说，“郎中”地位高于“执戟”。

这就出现了矛盾，以韩信的表述来看，“郎中”是“官”，而“执戟”也是“官”，两个官阶不应该形成并列关系，那么，就有两个可能：

（1）韩信叙述不严谨，他在项氏中的升迁经历应为：卒——执戟（项梁麾下，无所知名）——郎中（项羽麾下，知名）；

（2）韩信叙述准确，他在项氏中的升迁经历应为：卒（无所知名）——郎中（知名），“执戟”实为“楚爵”。

“楚爵”有“执圭”“执帛”为上卿，也有“五大夫”爵为“大夫爵”，基本上与周制的“卿、大夫、士”和秦汉爵制的“分层”对应，则“执戟”或为“楚爵”的“士爵”或“大夫爵”之一。

当然，《史记·高祖功臣侯者年表》有“执盾”“执铍”“执盾队史”的记录，前文已有考证，实则是《墨子》中记录的“县守”体系的“属吏”名称。而项羽除了是“长安侯”，还号“鲁公”，则可能韩信的“执戟”是项羽楚制封邑下的“属吏”。

假设“执盾”与“执戟”位阶相近，那么，韩信可以比拟的是蓼侯孔蘽、敬市侯阎泽赤，前者“以左司马入汉”，后者“入汉为河上守”，也就是“大用”之后，起码会担任二千石以上的高官。

对于一个身无长物的“游士”而言，6个月内升迁至有官有爵的“知名者”，并能够“数以策干项羽”。也就是说，获得了直接向项羽献策的“近臣”身份，项羽对韩信绝对不算“薄待”。

要知道，在项羽自立为“西楚霸王”之前，“楚政权”朝廷的高官主要由楚怀王的廷臣或项氏宗族长者把持，比如令尹吕青、柱国陈婴、左令尹项伯等。

真正的问题在于，项羽自立为王后，整个政治格局并无改观，反而更聚集到“项氏宗族”为主导。史书上出现过项它、项襄、项声、项悍、项冠、项庄等一系列项氏将领，其中项它早在汉元年即任魏相，之前，也曾被项梁派出与齐将田巴一同在魏相周市的率领下，援救临济[①]，而当时的项羽还只能和刘邦一同作为偏师行动，可见，项它的家族地位可能还在项羽之上。

日后楚汉战争中的诸多方面将领，仍为项氏族人或江东旧人，甚至连英布这样的旁系将领在“封王”后仍会发生反复。这些都说明，“西楚政权”的军政结构，趋于“小集团化”“小圈子化”。

在此条件下，也就难怪韩信对刘邦指斥项羽，见《史记·淮阴侯列传》：

> 曰：“大王自料勇悍仁强孰与项王？”汉王默然良久，曰：“不如也。”信再拜贺曰：“惟信亦为大王不如也。然臣尝事之，请言项王之为人也。项王喑噁叱咤，千人皆废，然不能任属贤将，此特匹夫之勇耳。项王见人恭敬慈爱，言语呕呕，人有疾病，涕泣分食饮，至使人有功当封爵者，印刓敝，忍不能予，此所谓妇人之仁也。项王虽霸天下而臣诸侯，不居关中而都彭城。有背义帝之约，而以亲爱王，诸侯不平。”[②]

---

① 司马迁：《史记》卷九十《魏豹彭越列传》。

② 司马迁：《史记》卷九十二《淮阴侯列传》。

这段话信息量极大，绝对需要细琢磨。

韩信先问刘邦，自认为的“勇、悍、仁、强”与项羽比，能比吗？

注意用词，是“勇”“悍”“仁”“强”，并不是通说中强调的“霸王之勇”，里面还有“仁”，而刘邦竟然在沉默半天之后回答：“不如。”

后面韩信描述项羽的为人，很明显强调的根本不是“勇”，而是“仁”。

简单地说，项羽“任属贤将”与否是个主观判断，而项羽对人的“恭敬慈爱”，是韩信已知的事实，甚至曾经享受过项羽的“殷殷关怀”。那么，项羽的“仁”的缺陷是什么呢？

简言之，“吝惜爵位”和“以‘亲爱’王”。

过往的通说是热衷将“吝惜爵位”等同于“吝惜官爵”，因为有汉高祖灭项羽之后问群臣自己何以战胜项羽的原话，见《史记·高祖本纪》：

> 高起、王陵对曰：“陛下慢而侮人，项羽仁而爱人。然陛下使人攻城略地，所降下者因以予之，与天下同利也。项羽妒贤嫉能，有功者害之，贤者疑之，战胜而不予人功，得地而不予人利，此所以失天下也。”①

总结起来很简单，就是刘邦“与天下同利”，而项羽“不

① 司马迁：《史记》卷八《高祖本纪》。

予人利”。

不过，若从项氏集团初起的记载来看，项氏的“官制”很整齐，见《史记·项羽本纪》：

> 使人收下县，得精兵八千人。梁部署吴中豪杰为校尉、候、司马。[①]

项梁为“会稽守”，项羽为“裨将”，以下的军职序列为——校尉、候、司马。这与“大通汉简”记录的西汉中后期“军职”类似，也和秦朝的“军职”类似。当然，这也可能与项梁起兵之初并没有打出“复楚”大旗有关，施行的是“秦制”。

正因为项羽所部“制度”严谨，起步就是经过严格考察的“军事干部”，并完成了“正规化”塑造，所以，真正“吝惜”的是“爵赏”，而非“官职”。

谈“对比”，自然要看一下项羽的对立面，也就是刘邦所部的“爵赏”做得有多好。

见张家山汉简《奏谳书》“新郪信案”中的细节：

> （信）以坚守荥阳，赐爵为广武君，秩六百石。苍，壮平君……赘，威昌君……丙，五大夫……皆故楚爵，属汉以比士，非诸侯子。

“新郪信案”中的角色分别是：“新郪令”信和“髳长”苍

---

① 司马迁：《史记》卷七《项羽本纪》。

对杀人供认不讳，“校长”丙、“发弩”赘纵放杀人犯，也承认犯罪事实，同案犯“求盗”布已死，“舍人”余在逃。最终，信、苍、丙、赘四人全部判处弃市，即死刑。

信——新郪县令（秩六百石），苍——髳长（秩一百二十石），丙——校长（秩一百二十石），赘——发弩（秩一百二十石），他们在汉高帝六年审决时，由于汉廷有新政策“赐爵一级”，竟然四个人全部都是“关内侯”，而在作案时，还只是“大庶长”……

由此可见，西汉初年“军功爵位”的“滥赏”达到了怎样惊人的程度。在秦始皇治下，“五大夫”还是皇帝身边近臣的“高爵”，“列侯”“伦侯”（关内侯）更是整个帝国有数的“顶级权贵”。到了刘邦灭亡项羽之后，已经是一个普遍“配置”了。

要知道，哪怕是“暴秦”，也一样要尊重战国时代以来的“卿、大夫、士”的血缘贵族传统，所以，才有“荆大夫”“荆不更”的分别。

项羽的“吝惜爵赏”，本质上是“守规矩”“重军法”；而“以亲爱王”，本质上是“重感情”“立盟友”；以“诸将为王”，更是“重灭秦战功”，从哪个角度来讲，项羽的作为都难以被挑剔，也就难怪刘邦“默然良久”后自愧不如。

从长治久安的“统治秩序”角度，项羽的选择当然要比刘邦的选择“高明”得多，维系“血缘贵族”和“军功贵族”的数量均衡，本质上是维护西周、春秋、战国以来的社会秩序，有利于整个国家尽快回归安定的正轨。

而历史的“反作用力”本身也至为巨大，“汉承秦制，有所损益”的政治、社会、经济体系，由于刘邦“滥封”的至少60万“军功授爵者”，以及他们300万人以上的家庭成员，占据了西汉初年1500万～1800万人口的近1/5，并占据了整个社会管理的绝大部分职位。

他们的子孙，实际上是西汉王朝此后100年间最大的“统治危机”所在，不仅是数以百计因酎金夺侯的“权贵”，也是日后汉景帝、汉武帝动辄屠灭千家、万家的“地方豪强”的“渊薮”，更是“算缗”“告缗”毁灭的“中产以上之家”的绝大多数。

然而，相对于“万世基业”，韩信之流，乃至于萧何、曹参、张耳、英布等人，真正需要的，恰恰是“不讲规矩”。否则，他们在秦朝也是“士”，可以靠着“武猛强力”“文无害”和“年资”混到“贤大夫”的位次里，又何必把脑袋绑在腰带上求这场富贵呢？

根本原因还不就是：

> 王侯将相宁有种乎？

他们想要的更多罢了。

第二节

没有韩信，就不会有汉帝国

韩信人生的转折点是在一个“法场”上。

《史记·淮阴侯列传》中记载：

> 汉王之入蜀，信亡楚归汉，未得知名，为连敖。坐法当斩，其辈十三人皆已斩，次至信，信乃仰视，适见滕公，曰：“上不欲就天下乎？何为斩壮士！”滕公奇其言，壮其貌，释而不斩。与语，大说之。言于上，上拜以为治粟都尉，上未之奇也。①

翻译过来就是，刘邦被封为汉王，入蜀地就国的路上，韩信逃离楚军，投奔了汉军，但仍旧没有“知于王”，担任了“连敖”职位。没想到因为犯法，“连坐”被送上了法场，一群人

① 司马迁：《史记》卷九十二《淮阴侯列传》。

13 个都被砍了，就剩下韩信，韩信仰视看到了夏侯婴，说："汉王不想得天下吗？为什么要斩杀壮士？"夏侯婴对他的话惊奇，又对他的相貌胆色很欣赏，就释放了他。与他聊了聊，非常高兴，推荐给了刘邦，刘邦就任命他为"治粟都尉"，并没有觉得他有什么特殊的奇才。

这个法场识别英才的故事很有戏剧性，在汉军中竟然还出现过两次，见《史记·张丞相列传》：

> 及沛公略地过阳武，苍以客从攻南阳。苍坐法当斩，解衣伏质，身长大，肥白如瓠，时王陵见而怪其美士，乃言沛公，赦勿斩。[①]

张苍这个前秦朝的"柱下史"作为当时重要的知识分子，身材高大，又胖又白，在砧板上显得无比奇怪，所以才被王陵"怪其美士"，也就是觉得这人长得漂亮，赦免了。

但是别想歪了，之所以"美"和"士"联系在一起，更重要的原因就是"营养"。要知道，在秦汉的饮食条件下，只有"贵族之家"才有可能大量"食肉粱"，以至于"肥白"，普通的黔首只能是营养不良的黑瘦本色。

也就是说，在编户齐民的农耕地域，出现"肥白美士"，只能是养尊处优的"贵族""豪吏"，所以，张苍实际上是通过特殊的方式，在死囚中脱颖而出。

---

① 司马迁：《史记》卷九十六《张丞相列传》。

同样，韩信也是在刑场上被“识别”出来的，靠什么呢？应该是他说的那句话：

> 上不欲就天下乎？

此时刘邦刚刚被立为汉王，正带着坛坛罐罐入蜀的途中，“争天下”是一个很遥远的事情，而夏侯婴作为刘邦的“亲信”，当然知道刘邦的野心，所以，对于一个“连敖”有这样的“决心”和“远见”，或者说敢于“吹这个牛”还是比较惊奇的，所以放了也就放了。

在此后的对话之后，能够“大说之”，“太喜欢了”“太兴奋了”，说明非常投契，推荐给刘邦，刘邦仅仅任命了“治粟都尉”，却没有夏侯婴的“奇”，不是很奇怪吗？

问题就是，“连敖”和“治粟都尉”到底是不是“仅仅”“区区”？答案当然是否定的。

汉元年四月，加入了刘邦入蜀大队的韩信，在“未得知名”的情况下，被任命为“连敖”。这也是他被押赴刑场之前的职务，在经历了人生的大转折之后，被任命为“治粟都尉”，又经历了“萧何追韩信”的插曲之后，被刘邦登坛拜将为“大将”，这也是韩信人生青云之路的第一次“跃进”。

在很多人的印象之中，韩信是从“无名小卒”一跃成为“大将军”，也是刘邦“识人才”“重人才”的表现，可以算作千古佳话，这是不是事实呢？

韩信在项梁麾下曾是“卒”“持戟”，转到项羽麾下担任

“郎中”，完成了由“卒”到“郎宦者”的飞跃。而秦汉制度下，“郎宦者”又是“千石”以上“高官”的候选人，所以，此时的韩信早已不是“无名小卒”。

刘邦自己也说，诸将逃亡数十，总不至于是“慕从者”，只能是项羽派出的3万卒的“诸将”。大胆猜测一下，韩信作为“连敖”险些“坐法当死”，很可能就是因为属下、同僚的“逃亡”。也就是说，还没到“汉中”，这支3万人的“客军”已经濒临瓦解。

所以，本质上，这3万人是以“客军”的姿态，为汉军的“本部士大夫”担当“徒役”，其中的“连敖”虽然级别不低，却根本进不了汉军的“信任圈子”。所以，当韩信大喊“上不欲就天下乎”的时候，实际上是“效忠”的“投名状”尝试，所以夏侯婴接下了招。

因为焚烧栈道向项羽表示不想东归，这是张良的“计策”，既是对外，也是对内的一次考验。

等到了南郑，汉国建立，“考察期”才算结束。这部分“客卒”的处理，就成为汉政权的新问题，如何消化他们纳入系统，需要一系列的手段。所以，萧何才会主动去与韩信接触，多次谈话，一方面是“发现人才”，另一方面也是“树立标杆”。

所以，萧何才力劝刘邦“拜”韩信为“大将”，连“拜”将军都不行，而且还要形式感十足地“拜”，要“登坛拜将”。这与其说是对韩信本人的尊重，不如说是对新纳入麾下“客卒”的一种激励，与日后刘邦先封旧仇雍齿为列侯有异曲同工之妙。

以上是不是过度解读呢？

这就涉及历史上的另一个谜团，那就是韩信在汉元年被“拜”为“大将军”之后，关于他的记载消失了。在“平定三秦”“略定韩魏”“兵出南阳”“兵发砀郡”和“彭城之战”的汉军第一次“大扩张”中，韩信毫无建树。

直到魏王豹叛汉附楚，韩信才以“左丞相”（另有记载为“将军”）的身份东渡黄河，讨伐魏豹。此时，已经是汉二年八月。那么，汉元年到汉二年底，“大将军”在做什么？他到底是不是汉军的统帅呢？答案很简单，不是。

刘邦“拜”韩信为“大将”，并非正式的官职名称——“大将军”，而是“诸将”之中的“大”者，具体可见《史记·淮阴侯列传》中韩信对楚使所说的：

> 汉王授我上将军印，予我数万众。解衣衣我，推食食我，言听计用。[①]

也就是说，韩信此时被“拜”的职位，应为“上将军”，更给予了他“数万众”，而并非“最高武职”概念下的汉军兵马尽属。这个职责，理论上是由“太尉”担当的，所以，司马迁在《史记·汉兴以来将相名臣年表》的“将位”一栏中放置的是：

> 太尉长安侯卢绾。[②]

---

① 司马迁：《史记》卷九十二《淮阴侯列传》。

② 司马迁：《史记》卷二十二《汉兴以来将相名臣年表》。

在“将相名臣年表”中，对于“太尉”“将军”“大将军”分得很清楚，并没有把韩信放置进去。换句话说，他这个“上将军”只是“诸将之首”，而非“诸将之长”。

参见《汉书·萧何曹参传》中的记载，曹参出三秦，独立领方面军则为“将军”，从属于汉王本部则称“将军中尉”。卢绾情况类似，先为“将军”，后以“太尉”常从汉王。另见郦商为“将军”取陇西郡，至于其他的“将军”，也往往是为方面军统帅，从属于他将（如左丞相、右丞相）则称“都尉”。

值得注意的是，在《史记》中记录的汉初“朝官”之中，萧何在汉中为“丞相”，未言“左、右”。而卢绾为“太尉”，则明言为“东攻项籍”之时，在汉中时仅为“将军”。而御史大夫为周苛，曹参为中尉，周昌为内史，主要“角色”配置齐全，在汉中时，汉国“朝官”已经将、相、卿齐备。

从时间上看，卢绾的“太尉”应该并未与淮阴侯韩信的“上将军”并存。汉二年八月韩信真正领偏师出征时，才被“拜为左丞相”“为将军”别击“魏豹”之前，其职位应该就是“上将军”，也就是俗称的“大将”。

那么，他是不是在汉王身边担当谋士参谋呢？

尽管上文中韩信对照了楚汉之间的“言听计用”，史书上明确记为韩信献计却并不多，只有他“拜将”后对刘邦详述的项羽为人和“出故道”攻章邯两件事。

从行文看，二者应该是连贯的一次性表述，所以才有《史记·淮阴侯列传》中说的：

于是汉王大喜，自以为得信晚。遂听信计，部署诸将所击。①

战略性的建策，也就这么一次。

问题是，《史记·高祖本纪》和《史记·韩信卢绾列传》对照，韩王信也向刘邦分析了类似的话。两个“韩信”属于英雄所见略同，但是这两个“韩信”在此之前，都没有“显赫”的军功作为地位的加持，也没有成功经验可以作为佐证，那么，“汉王大喜”的“喜”从何来呢？

结合上文中对于汉军组织体系的描述，一个“尴尬”的结论呼之欲出。

“入汉”之前的汉军组织结构实际上是以刘邦个人为核心构成的“家吏”和“县守”组织，战斗力中坚就是刘邦亲自率领的“精锐连队”和“营兵连队”，再以“个人关系”笼络拥有亲信部属的“客”和“将”，而他们的直接统属往往也就是步、车、骑兵 100 人左右。在“诸将”之上，固然会配置一些“左、右司马”“都尉”之类的临时管理者，但实质仍是松散管理。

在这样“直属队”数千人的基础上，以刘邦的个人威望吸引各种“厩将”“将军”，乃至于诸侯同盟者，就扩张成了霸上的十万之众。

① 司马迁：《史记》卷九十二《淮阴侯列传》。

问题是，刘邦集团限于“出身”的特性，依赖秦帝国县级基层组织管理，及其组织结构的“一都多县”的“细胞分裂”特质，以治“一县”的组织经验，可以拉起一支数以千计的“真正”军队，但这种组织能力又仅限于“一县”。

当面临真正的“国战”时，刘邦集团的一群“县吏”，根本没有足够的“经验”和“知识”来为“汉王国”进行正规化改造。唯一具有一定相关视野和经验的张良，在“汉国”建立之时离去，使得刘邦彻底退化成了一个“县吏”，淮阴侯韩信和韩王信的建议并没有什么超乎时代的跨越性，只是他们的存在，让原本只会抱着秦律照本宣科的“县吏”们看到了“知识”的力量，也就是进行组织改造的可能性。

但是，对于这样一群“底层官僚”出身的“丰沛集团”而言，“知识”永远只是工具，真正让韩信代掌汉军完成“取天下”大业是非常“尴尬”的事情，所以，刘邦在两年左右的时间里，让自己的“上将军”做的事，连史书都懒得记载。

不过古人不重视，不代表这事不重要。

诚然，淮阴侯韩信并没有独统方面军，如果韩信的语言表述一如《史记》的惯例，“数万”也就是不足“三万”，恰恰是“客卒”逃亡之后的规模，他本人自然要随从汉王行动；如果是“概数”，也就是汉军“尽属”，则之后汉王“自将”大军出故道攻章邯之后，他的领军权力，实际上也被剥夺。

但被留在关中的“上将军”韩信，还有更重要的事情要做，那就是推进“汉国”军事体制正规化进程，俗称“练兵”。

在《史记·淮阴侯列传》中有这样一句话：

> 四月，至彭城，汉兵败散而还。信复收兵与汉王会荥阳，复击破楚京、索之间，以故楚兵卒不能西。[①]

彭城大败后，韩信“收兵”与汉王会荥阳，“收”哪里的兵？答案在《史记·高祖本纪》中：

> 汉王稍收士卒，与诸将及关中卒益出，是以兵大振荥阳，破楚京、索间。[②]

刘邦在荥阳收拢败兵，而后方的诸将帅关中卒冲出函谷关，在京、索间一举击败楚军，可见，这里有韩信的参与。

而《史记·曹相国世家》中则提到：

> 击羽婴于昆阳，追至叶。还攻武强，因至荥阳。参自汉中为将军中尉，从击诸侯及项羽，败，还至荥阳，凡二岁。高祖(三)[二]年，拜为假左丞相，入屯兵关中。

曹参在颍川郡、南阳郡交界处“击羽婴于昆阳”。“羽婴”应非人名，而是面对楚军贯穿颍川郡的攻势，入昆阳“婴城”守卫，待敌军解围，又追击，而不言胜败，极可能是楚军见入南阳艰难，自行退兵。

---

① 司马迁：《史记》卷九十二《淮阴侯列传》。

② 司马迁：《史记》卷八《高祖本纪》。

武强则在河南郡境内，衍氏东南，更在荥阳、京、索之东，说明楚军进攻势头迅猛，曹参根本抵挡不住，只能一路后撤至荥阳。至此，全军损失殆尽，故刘邦将他调回关中屯兵修整、补充。

由此可见，京、索之战笔墨虽少，却十足重要，此战的胜利将楚汉战争的主战场稳固在了荥阳、成皋、敖仓一线。这次胜利，也让刘邦对韩信"练兵"之外的"领兵"能力放心。

刘邦发现，面对黄河南北双方面的军事压力，自己部下根本没有能够独当一面的统帅，哪怕是之前灭秦战争中表现最耀眼的曹参，也根本挡不住更"专业"的楚将、楚军，这才任命韩信以"左丞相"进攻西魏国。

这个"左丞相"在《史记·高祖功臣侯者年表》和《汉书·高惠高后文功臣表》中也很有玄机：

> （曹参）以将军入汉，以左丞相出征齐、魏，以右丞相为平阳侯。
>
> （韩信）萧何言为大将军，别定魏、齐，为王。[①]
>
> （曹参）以将军入汉，以假左丞相定魏、齐，以右丞相，侯。
>
> 萧何言（韩）信为大将军，别定魏、赵，为齐王。[②]

① 司马迁：《史记》卷十八《高祖功臣侯者年表》。

② 班固：《汉书》卷十六《高惠高后文功臣表》。

曹参要是“左丞相定魏、齐”，韩信干吗去了？

所以，《汉书》加了个“假”字，既可理解为“代理”，也可理解为“借”，算是圆了圆面子。其实，曹参属韩信，并非什么秘密，但史书中仍有所讳言，应该不是司马迁的手笔，而是之前史官早已下手，“为尊者讳”罢了。

当然，这并不能改变一群沛县“小吏”唯有在韩信的指挥下，才能与楚军抗衡的事实。

第三节

韩信悲剧的根源：能治天下不能治左右

日后韩信的悲剧命运，其实早已注定，见《史记·淮阴侯列传》：

> 信知汉王畏恶其能，常称病不朝从。信由此日夜怨望，居常鞅鞅，羞与绛、灌等列。信尝过樊将军哙，哙跪拜送迎，言称臣，曰："大王乃肯临臣！"信出门，笑曰："生乃与哙等为伍！"①

绛、灌虽然并称，灌婴算是后期骑将，也曾短暂归属于韩信指挥，但绛侯周勃却是最早的"元从"将领，韩信"羞"与其同列，可见他在进入刘邦集团后，对刘邦君臣的态度，绝不是惺惺相惜，就像他比较刘邦与项羽时，自己所说的：

---

① 司马迁：《史记》卷九十二《淮阴侯列传》。

惟信亦为大王不如也。[①]

我也知道你比不了项羽，而且是样样不如。

对于将校，他在“背水一战”战胜后说：

此在兵法，顾诸君不察耳……且信非得素拊循士大夫也，此所谓“驱市人而战之”。

这就在兵法里，只不过你们不知道罢了，这话已经很尖锐了。

“信非得素拊循士大夫”，这句话常因汉收精兵而解释为军队训练不足。其实“素拊循”的字面意思就是平时抚慰、顺从，对象是“士大夫”，可不是士卒，而是“诸将”。

这句话得连起来理解，说明的是韩信自己也知道，对下属的怀柔很少，私人关系近乎于无，所有的指挥权都来自汉王的“转授权”和“军法”，所以，和驱赶老百姓直接上阵没什么区别，这才搞了对内的“诈谋”，用在了自己人身上，逼下属拼死一战。

将一群“宿将”比喻成“驱市人而战之”，这对部下贬损到了什么样的程度？

等于是指着鼻子说，我不是针对谁，在座的都是垃圾。

而诸将的反应是：

诸将皆服曰：“善。非臣所及也。”[②]

---

① 司马迁：《史记》卷九十二《淮阴侯列传》。

② 同上。

“非臣所及也”，是“服”还是“惧”呢？只能是“惧”，像刘邦一样“畏恶其能”。事实上，在“功臣表”中能够看到，曾归属他的“列侯”实在为数不少：

（阳陵景侯傅宽）以舍人从起横阳，至霸上，为骑将，入汉，定三秦，属淮阴，定齐，为齐丞相，侯，二千六百户。

（颍阴懿侯灌婴）以中涓从起砀，至霸上，为昌文君，入汉，定三秦，食邑。以将军属韩信，定齐、淮南及八邑，杀项籍，侯，五千户。

（杜衍庄侯王翳）以郎中骑汉王三年从起下邳，属淮阴，从灌婴共斩项羽，侯，千七百户。

（赤泉庄侯杨喜）以郎中骑汉王二年从起杜，属淮阴，后从灌婴共斩项羽，侯，千九百户。

（深泽齐侯赵将夜）以赵将汉王三年降，属淮阴侯，定赵、齐、楚，以击平城，侯，七百户。

（昌圉侯卢卿）以齐将汉王四年从淮阴侯起无盐，定齐，击籍及韩王信于代，侯，千户。

（共庄侯卢罢师）以齐将汉王四年从淮阴侯起临淄，击籍及韩王信于平城，有功，侯，千二百户。

（祝阿孝侯高邑）以客从起齧桑，以十队将入汉，以将军定魏太原，破井陉，属淮阴侯，以缻度军击籍及攻豨，侯，八百户。

（戚圉侯季必）以都尉汉二年初起栎阳，攻废丘，破之，因击项籍，别属韩信破齐军，攻臧荼，迁为将军，击信，侯，千户。

（蓼侯孔蘩）以执盾前元年从起砀，以左司马入汉，为将军，三以都尉击项羽，属韩信，功侯。

（费圉侯陈贺）以舍人前元年从起砀，以左司马入汉，用都尉属韩信，击项羽有功，为将军，定会稽、浙江、湖阳，侯。[①]

这群人要分一下类，分批讨论：

定魏 1 人：高邑

定赵 1 人：赵将夜

定齐 6 人：傅宽、灌婴、王翳、杨喜、卢卿、季必

定项 3 人：卢罢师、孔蘩、陈贺

还有一位大人物，在《史记·曹相国世家》中有明确提到“从韩信”，即平阳侯曹参：

高祖（三）[二]年，拜为假左丞相，入屯兵关中。月余，魏王豹反，以假左丞相别与韩信东攻魏将军孙遬军东张，大破之。因攻安邑，得魏将王襄。击魏王于曲阳，追至武垣，生得魏王豹。取平阳，得魏王母妻子，尽定魏地，

① 司马迁：《史记》卷十八《高祖功臣侯者年表》。

凡五十二城。赐食邑平阳。

因从韩信击赵相国夏说军于邬东，大破之，斩夏说。韩信与故常山王张耳引兵下井陉，击成安君，而令参还围赵别将戚将军于邬城中。戚将军出走，追斩之。乃引兵诣敖仓汉王之所。

韩信已破赵，为相国，东击齐。参以右丞相属韩信，攻破齐历下军，遂取临菑。还定济北郡，攻著、漯阴、平原、鬲、卢。已而从韩信击龙且军于上假密，大破之，斩龙且，虏其将军周兰。定齐，凡得七十余县。得故齐王田广相田光，其守相许章，及故齐胶东将军田既。

韩信为齐王，引兵诣陈，与汉王共破项羽，而参留平齐未服者。①

只读《史记·淮阴侯列传》都很难对韩信的行程有这么清晰的认识，那么，除了曹参，又涉及另一位“大功臣”，即：

（阳夏侯陈豨）以特将将卒五百人，前元年从起宛、朐，至霸上，为侯，以游击将军别定代，已破臧荼，封豨为阳夏侯。

另见《史记·淮阴侯列传》记载：

汉王遣张耳与信俱，引兵东，北击赵、代。后九月，

① 司马迁：《史记》卷五十四《曹相国世家》。

破代兵、禽夏说阏与。

可见，破魏是左丞相韩信和假左丞相曹参合作进兵，配属的“将军”应该有两位——高邑和陈豨。

破魏之后，就是攻代、赵之战，刘邦又增派了张耳与韩信、曹参同行，先北攻代国，在邬东斩杀夏说。此时的代王是陈馀，赵王歇也是他的傀儡，所以，韩信先攻薄弱环节，击败代军主力后，即东进井陉，直奔太行山中部的要地襄国，陈豨则被留下略定代地。

在井陉之战大胜之后，韩信、张耳攻克襄国，斩杀了陈馀和赵王歇，相当于拿下了秦恒山郡，但巨鹿郡和邯郸郡大部仍为赵人据守，而刘邦在荥阳防御艰难，急需增援，实际上发出了两路别部迎接韩信、张耳军，即自河内郡东入冀州的靳歙部，以及自东郡北渡黄河至邯郸的灌婴部。

之所以如此重视，核心问题就是项羽也在插手赵地，见《史记·淮阴侯列传》：

> 楚数使奇兵渡河击赵，赵王耳、韩信往来救赵，因行定赵城邑，发兵诣汉。[①]

从靳歙本传的记载来看，曾多次在邯郸、安阳、邺附近盘桓，可知楚军奇兵北上，导致了该地的几次反复，只能一次次

---

① 司马迁：《史记》卷九十二《淮阴侯列传》。

攻城，也就拖住了韩信军南下的速度。

最终，韩信、张耳引兵南下敖仓支援刘邦，留曹参扫荡赵、代北方，结果在修武遭到夺军，二人归赵地发“未发兵”，预备攻齐。

至“历下之战”，几乎汉将皆属，此后，又在齐国任用将领，若论“山头”威势，应该无以复加，但是，韩信的军事生涯非常短暂，从汉二年四月收兵至京索之间击败楚军开始，一直到汉五年十二月垓下合围项羽，于定陶军营被刘邦驰入，夺兵权为止，前后不过两年零八个月时间，却自始至终，没有掌握过部下诸将和军队。

见《汉书·韩彭英卢吴传》记录的三次被夺兵：

> （第一次）信之下魏、代，汉辄使人收其精兵，诣荥阳以距楚。
>
> （第二次）四年，汉王出成皋，度河，独与滕公从张耳军修武。至，宿传舍。晨自称汉使，驰入壁。张耳、韩信未起，即其卧，夺其印符，麾召诸将易置之。信、耳起，乃知独汉王来，大惊。汉王夺两人军，即令张耳备守赵地，拜信为相国，发赵兵未发者击齐。
>
> （第三次）项羽死，高祖袭夺信军，徙信为楚王，都下邳。[1]

---

① 班固：《汉书》卷三十四《韩彭英卢吴传》。

同一个配方，三次奏效，如果加上汉高祖“伪游云梦”捕获韩信，就是四次上当。

等到他被废为淮阴侯，到樊哙家拜访，樊哙“跪拜迎送”，口称“大王”，自言“称臣”，这是何等的尊重或者说恐惧？

要知道，按照《汉书·高惠高后文功臣表》的记载：

> （广平敬侯薛欧曾孙薛穰）元狩元年，坐受淮南赂称臣，在赦前，免。[①]

一位列侯，接受了淮南王的贿赂“称臣”，就要废黜封国，樊哙面对已经废黜的诸侯王“称臣”，就算不犯法，也是犯忌讳的事情。

韩信还是不满意：

> 信出门，笑曰：“生乃与哙等为伍！”[②]

在韩信的本心里，樊哙哪里配与自己为伍，问题是，在《汉书·樊郦滕灌傅靳周传》中写道：

> 楚王韩信反，哙从至陈，取信，定楚。[③]

在《汉书·高惠高后文功臣表》中则有：

---

① 班固：《汉书》卷十六《高惠高后文功臣表》。

② 司马迁：《史记》卷九十二《淮阴侯列传》。

③ 班固：《汉书》卷四十一《樊郦滕灌傅靳周传》。

（舞阳武侯樊哙）从破燕，执韩信，侯，五千户。

（阳羡定侯灵常）以荆令尹汉五年初从，击钟离眜及陈公利几，徙为汉中大夫，从至陈，取韩信，迁中尉，以击布，侯，二千户。[①]

很明显，部署动手抓捕韩信的，就是刘邦的连襟樊哙，以及“二五仔”灵常，他的功劳全都是打西楚的同僚，还因为抓捕韩信升迁为中尉。

可见，刘邦为了“缚虎”做了万全的准备，没有使用曾经担任韩信下属的任何人。结果，一个武士就解决了这位天下名将，他曾经的下属们在他被“夺兵”“废王”“夷三族”时，都没有任何反应。

恰恰相反，在《汉书·高帝纪》中的记载是：

人告楚王信谋反，上问左右，左右争欲击之。用陈平计，乃伪游云梦。十二月，会诸侯于陈，楚王信迎谒，因执之。

“左右”抢着要去打韩信？他们敢吗？别说他们不敢，连刘邦自己都不敢，所以，安排了这次诱捕。在这期间，竟然连个给韩信报信的人都没有。

韩信的悲剧结局，看似是轻信主君、重情重义，实则是短

---

① 班固：《汉书》卷十六《高惠高后文功臣表》。

于治下，没有能够托付机密和生死的铁杆下属，看他人生的最后一次谋划，即在长安反叛的过程，就可见一斑。

见《史记·淮阴侯列传》：

> 陈豨拜为钜鹿守，辞于淮阴侯，淮阴侯挈其手，辟左右与之步于庭，仰天叹曰："子可与言乎？欲与子有言也。"豨曰："唯将军令之。"淮阴侯曰："公之所居，天下精兵处也；而公，陛下之信幸臣也。人言公之畔，陛下必不信；再至，陛下乃疑矣；三至，必怒而自将。吾为公从中起，天下可图也。"陈豨素知其能也，信之，曰："谨奉教！"
>
> 汉十年，陈豨果反。上自将而往，信病不从。阴使人至豨所，曰："弟举兵，吾从此助公。"信乃谋与家臣夜诈诏赦诸官徒奴，欲发以袭吕后、太子。部署已定，待豨报。
>
> 其舍人得罪于信，信囚，欲杀之。舍人弟上变，告信欲反状于吕后。吕后欲召，恐其党不就，乃与萧相国谋，诈令人从上所来，言豨已得死，列侯群臣皆贺。相国绐信曰："虽疾，强入贺。"信入，吕后使武士缚信，斩之长乐钟室。①

韩信与陈豨合作反叛的部署，非常周密，要知道，在《史记·韩信卢绾列传》中记录了这次反叛的严重性：

① 司马迁：《史记》卷九十二《淮阴侯列传》。

上自往，至邯郸，喜曰：“豨不南据漳水，北守邯郸，知其无能为也。”

上曰：“非若所知！陈豨反，邯郸以北皆豨有，吾以羽檄征天下兵，未有至者，今唯独邯郸中兵耳。吾胡爱四千户封四人，不以慰赵子弟！”皆曰：“善。”①

很明显，韩信与陈豨的密谋将刘邦本人吸引到了赵国，而天下兵马未至，也就意味着，刘邦是以邯郸一郡之兵，面对所有赵、代边兵，属于典型的军事冒险，而之后的平叛战争，也并不是靠着一郡之兵打赢的，刘邦其实只起到了稳固赵国都城邯郸的作用。

但是，韩信诈诏发徒奴的密谋，又因为“左右”的意外而被告发，可谓毫不吸取教训，最终被诱杀宫中，令人唏嘘，可谓是“能治天下而不能治左右”的典范了。

刘邦对此心知肚明，所以，他面对曾经“从游”的张耳，曾经的王者要“立王”时，二话没说，靠他当上“韩王”的韩王信要封王时，他也没话说，偏偏就是韩信要个“假齐王”的时候，他舍不得了。

要知道，韩信等于是拿了刘邦几万“弱卒”的“天使投资”，还给他一个魏国、一个赵国、一个齐国和一个燕国，加起来占天下的一半，最后只要一个齐国，还是“假王”，也就是

① 司马迁：《史记》卷九十三《韩信卢绾列传》。

“代理王”，刘邦就坐不住了，为什么？

熟悉职场的人应该能够理解这种心态，那就是，越是“底层逆袭”的“体制内成功者”，越对高于自己的“专业知识”感到敬畏、自卑。能够操纵这种“专业人士”时，其心态往往伴随着刘邦对韩信的那种“畏恶”，也就是“害怕”夹杂着“厌恶”，尤其是当对方希望以一种“平等交易”的姿态衡量付出与所得时，他们更是不满。

说得直白点儿，这类人的世界视野里，只有“向上看的屁股”和“向下看的笑脸”，“平等”和“交易”都是让人厌恶的存在。所以，刘邦可以接受张耳，可以接受英布，也可以接受韩王信、臧荼，对于韩信，则是千方百计不想给他施展能力的“天下”，唯其如此，才能对他约束一二。

故此，刘邦才在得到韩信的死讯时：

> 且喜且怜之。[①]

---

① 司马迁：《史记》卷九十二《淮阴侯列传》。

第四节

项羽的本相：借力打力的精明政客

刘邦建立的汉朝是如此，项氏叔侄同样如此，他们根本不是什么旧秩序的复兴者。

上文中已经提到过项梁在薛地扶立楚怀王之后，“自号武信君”，言下之意在于，项梁的“武信君”，非“封”、非“请”，而是“自号”，又将楚怀王与第二大势力陈婴扔在了盱台，更将召平矫诏封给自己的上柱国，也就是楚国最高执政的位置丢给了陈婴。

同时，在史书中完全看不到项梁接受楚怀王官职和封爵的记载，这种“自外”于楚政权的态度，无疑令人玩味。

也就是说，项梁虽然接受了范增的建议，“立楚后”，却并没有“奉楚王”，而是将其当成一面旗帜，放在了一边。

在这个时期，楚政权的政治光谱中，陈婴、吕青、吕臣，乃至蒲将军、英布、刘邦、陈武等人，都属于项梁系统之外的势力，虽然投身于一个“楚”字旗帜下，仍保留着自己独立的军队和势力。

项梁死前，项羽和刘邦实际上是其旗下的一支独立偏师，在外征战的同时不断扩充实力，也正因为在城阳、濮阳、定陶、雍丘等地的联合作战，甚至合作将章邯打到城里困守，斩杀三川郡守李由，两人的亲密程度自不一般。

在项梁死后，《史记》中对于楚怀王、项羽的记载很有意思，见《史记·高祖本纪》：

> 秦二世三年，楚怀王见项梁军破，恐，徙盱台，都彭城，并吕臣、项羽军自将之。[①]

这里，恐惧的是楚怀王，行动却是把都城迁到了前方，合并吕臣、项羽军，亲自统率。

而在《史记·项羽本纪》中则是：

> 沛公、项羽相与谋曰：“今项梁军破，士卒恐。”乃与吕臣军俱引兵而东。[②]

这里，恐惧的是“士卒”，行动是项羽带着兵一路退回了彭城，而刘邦则驻扎在砀县。

到了《史记·秦楚之际月表》“秦二世二年九月”条下则是：

---

① 司马迁：《史记》卷八《高祖本纪》。

② 司马迁：《史记》卷七《项羽本纪》。

章邯破杀项梁于定陶，项羽恐，还军彭城。

这里恐惧的，就成了项羽，并明确了退回彭城是因为害怕。

三者对照，项羽本人的“恐”应该是真的，楚怀王的“恐”怕是半真半假。要知道，项羽这时候才25虚岁，家族长辈主心骨倒下，他自然六神无主，而楚怀王能借机吞并兵力，整顿权力格局，又亲临前敌，说恐惧，怕也有限。

不过，正因为项羽走出了这一步，他叔叔项梁苦心经营的“超然自外”的项氏角色，瞬间崩塌了，项氏的军队被收走，他本人则成了楚国的“长安侯”，封于鲁地。

不仅如此，《史记·高祖本纪》中还提到：

独项羽怨秦破项梁军，奋，愿与沛公西入关。[①]

诸将都不敢西入关中，唯有项羽怨恨秦人击败了项梁大军，振奋、愤激，主动要求和刘邦一同西进入关。

可见，项羽渴求出外领兵的机会，但看深一层，击破项梁大军的是章邯，而章邯已经转兵攻赵，如果是因怒兴师的匹夫，要复仇，难道不应该北进斩杀章邯吗？

而“怀王诸老将，皆曰”：

项羽为人慓悍猾贼。

---

① 司马迁：《史记》卷八《高祖本纪》。

很明显，当时对他熟悉的人，对他最大的印象是“残忍彪悍”之余，还有“狡诈”。这可和今人的刻板印象大不相同，却与韩信这个身边人的印象“勇悍仁强”遥相呼应。在外人看，他彪悍猾贼，所过之处，一片焦土，在身边人看，他是恭敬慈爱，恨不得分人饮食的好兄弟。

这也是他性格中的两面性，所以，想要与刘邦配合入关，应该也是将刘邦视为“老大哥”的一种表现，见《史记·项羽本纪》：

> 汉王曰：“吾与项羽俱北面受命怀王，曰‘约为兄弟’。”

不过需要注意的是，这只是“一种表现”，因为这个“约为兄弟”的前提是“北面受命怀王”。可知是二人接受列侯策命时，在怀王面前做出的政治表态，既然表了态，就要维持政治人设，所以，项羽要求与刘邦同入关，既是本心想法，也是政治表态。

这一政治人设的塑造，终究会有回报。

要知道，项梁死后，楚怀王借机而起，实现了楚国军政的一统，又快速派出了“救赵军”，只因为宋义对齐国使者预测了项梁的失败，就以他为上将军救赵。

在人事布局上，见《史记·黥布列传》：

> 怀王使宋义为上将，范曾为末将，项籍为次将，英布、蒲将军皆为将军，悉属宋义。[①]

① 司马迁：《史记》卷九十一《黥布列传》。

以曾受项梁冷遇，且有“知兵之名”，又与齐国交好的宋义为统帅，又对项羽封“鲁公”拉拢之，让他作为项氏集团的一分子，与兼具楚怀王之臣范增分别担任二三把手，又配属以项氏集团外系“斗将”英布、蒲将军，反将曾经拥有独立势力的吕臣、陈婴全部以中央高职“挂起”，可谓兼顾了军队战斗力和权力斗争的诸多因素。

如果没有“意外”发生的话，楚国的主力兵权，在此次救赵之后，就牢牢地掌握在了楚怀王的手中，而屡经挫折的齐、楚联盟关系也将得到修复，整个形势的发展可谓“很战国”，即用权术和外交，完成攻守态势的营造，迫使敌国知难而退。

现实是，当宋义率“救赵军”行至安阳，就驻兵不进，反而：

> 乃遣其子宋襄相齐，身送之至无盐，饮酒高会。[①]

派遣臣子担任与国的相国，属于战国中后期常见的联盟手段，宋义以大军做出救赵的姿态，实际上是为楚国、齐国编织黄河防线去了。正是基于这个目的，才同时命令刘邦、魏豹多路进兵，分别控制砀郡和东郡，完善向西的防御体系。

所谓“西入关”，就如之前章节里讨论过的，在这个时期就算是“有”，也只是一种“托词”，而并非楚怀王、刘邦的真实目的。

---

① 司马迁:《史记》卷七《项羽本纪》。

也恰恰因为宋义的“救赵军”驻留不进，这才有了第二波“救赵军”，即刘邦和魏王豹受命“救赵”。

等到项羽斩杀宋义，整个军中的反应很有意思：

> 当是时，诸将皆慴服，莫敢枝梧。皆曰：“首立楚者，将军家也。今将军诛乱。”乃相与共立羽为假上将军。使人追宋义子，及之齐，杀之。使桓楚报命于怀王。怀王因使项羽为上将军，当阳君、蒲将军皆属项羽。[①]

诸将都说，出头立楚怀王的，是“将军家也”，现在“将军诛乱”，也就是，你家立楚，你诛杀叛贼，于是“共立羽为假上将军”，又派人追杀宋义之子，派出桓楚通报楚怀王。结果是，楚怀王任命项羽为上将军，又让英布、蒲将军归属于项羽。

“将军家”和“将军”本人，在很多人眼中是画等号的，这是根据后世的观念，认为项羽就是项梁政治地位的天然继承人，实则不然。

事实上，《史记》中记载了一群“项家人”，包括项梁兄弟辈的项伯，其他的，还有项它、项声、项庄等，且不说项梁之子是诸项中的哪个，就算是一群项家人聚在一起，项羽也没有什么天然的继承权。

秦汉法律规定的继承顺序如下：

---

① 司马迁：《史记》卷七《项羽本纪》。

子男——父——母——寡（妻）——女——孙——耳孙（即远孙，玄孙的曾孙，自自己向下八代）——大父（祖父）——大母（祖母）——同产子（兄弟之子，即侄子）。[①]

侄子的继承权，排在第10位，哪怕是宗族内部的主事权力继承，就算不能“父死子继”，也应该是“兄终弟及”。“叔死侄继”的结果，完全可以说是项羽自身努力的成果，是他在项梁大军溃败之际，带着一支完整的偏师回到彭城，并与楚怀王合作，获得了远超他的“辈分”“资历”“年龄”应得的权位。

所以，项羽的地位，起步确实是靠项梁侄子领兵，但他的前程是自己打出来的。而项羽对宋义的暴烈发难，属于完全的个人冒险，既出乎怀王需要，也肯定得到了项氏宗族的默许和支持，但他仍只是一个“家族代表”的角色，而不是凌驾于一群叔伯兄弟之上的“主上”角色。

在巨鹿之战中，项羽用行动向天下人表明，他是最优秀的将领，见《史记·项羽本纪》：

当是时，楚兵冠诸侯。诸侯军救钜鹿下者十余壁，莫敢纵兵。及楚击秦，诸将皆从壁上观。楚战士无不一以当十，楚兵呼声动天，诸侯军无不人人惴恐。于是已破秦军，项羽召见诸侯将，入辕门，无不膝行而前，莫敢仰视。项

① 魏文莉：《古今继承法——从现行法律看张家山汉简〈二年律令·置后律〉》，《法制与社会》，2008年10月（上）。

羽由是始为诸侯上将军，诸侯皆属焉。

注意里面的信息，“楚兵冠诸侯”是在战前的观感，也就是“天下强兵”，而诸侯军救巨鹿，屯兵的军营就有十余处，没有敢出兵的，等到楚兵进攻秦军，诸将都“从壁上观”，明显是不看好，但是看到楚兵的悍勇，更是坐实了“楚兵冠诸侯”的恐惧。

等到击破秦军，诸侯将是被“召见”的，进了军营营门之后，只敢低头膝行，只能说是吓坏了，也是靠着“吓”，项羽自此“始为诸侯上将军，诸侯皆属”。也就是说，不存在“共推”“共立”，直接项羽法令，莫敢不从，就自然而然了。

如果说，这种“劫诸侯兵”的方法，还看不出项羽的政治智慧，那么，在战后对章邯、秦军的处置上，绝对看得出章法：

> 章邯使人见项羽，欲约……项羽乃与期洹水南殷虚上。已盟，章邯见项羽而流涕，为言赵高。项羽乃立章邯为雍王，置楚军中，使长史欣为上将军，将秦军为前行。①

这里的“约”，什么意思，是一般理解的投降吗？

在之前陈馀给章邯的信中，其实已经解释了：

> 将军何不还兵与诸侯为从，约共攻秦，分王其地，南面称孤。②

---

① 司马迁：《史记》卷七《项羽本纪》。

② 同上。

这是让章邯还兵关中，“与诸侯为从”，即“合纵”、联盟，约定共同进攻秦国，分其地为王。

很明显，项羽是与章邯“约盟”“约纵”，要与“雍王”章邯合作向西进攻秦朝。

这段史事中有两个要点需要点明：

> 其一，从陈馀的信来看，“先入定关中者王之”的“约”，在巨鹿解围之后，已经为天下人共知，可见，此时必有此“约”；
>
> 其二，从项羽立“雍王”来看，他也是拿着“先入定关中者王之”的约定忽悠章邯和诸侯将随他一同入关灭秦。

说得直白点儿，直到秦二世三年十二月，项羽大破秦军巨鹿下，赵国解围之后，“先入定关中者王之”才开始响彻天下，并展现出号召力。而在此之前，楚军与各诸侯军的动向，都是以“救赵”为名义。

所以，在史书的记载中，这个“约”极有可能是被有意识前置的。

现实是，到秦二世三年二月，刘邦所部才袭击陈留，得秦军积粟，开始了西进作战。而秦二世三年四月，为了阻击从河内郡渡河的赵将司马卬部，刘邦所部甚至“北绝河津”。而这个时候，河北战场上的章邯大军还在赵地坚持，赵将已经迫不及待地“入关”来了。

秦二世三年六月，在宛城城下，秦使者陈恢也能说出“臣闻足下约，先入咸阳者王之”。这就很有意思了，到底是刘邦与人“约”，还是楚怀王与诸将“约”？

到了咸阳，又出了第三个版本：

> 吾与诸侯约，先入关者王之，吾当王关中。[①]

这又变成了刘邦与诸侯“约”了。

到了鸿门宴时，樊哙所说的，是第四个版本：

> 怀王与诸将约曰：先破秦入咸阳者王之。[②]

注意，这几个版本都不一样，里面的核心信息就是，究竟是“王谁”？“王哪里”？

陈馀和项羽理解的版本相似，“约共攻秦，分王其地”，也就是参与灭秦的“将军”们，都有资格在秦地“立为王”。

而刘邦集团一路上的这四个版本，则是“王诸侯”“王诸将”“王关中”“王咸阳”各有侧重。

按照我们熟悉的理解，“先入关中者王之”，主语是关中，则谁先打进关中，谁就是关中王，毫无歧义。

可“先破秦入咸阳者王之”，则至少有三种解释：

> （1）先灭秦、入咸阳者当封王；
>
> （2）先灭秦、入咸阳者，当王于秦；

---

① 司马迁：《史记》卷八《高祖本纪》。

② 司马迁：《史记》卷七《项羽本纪》。

（3）先灭秦、入咸阳者，当王咸阳。

“先入定关中者王之”，一样可以解释为：

（1）先入定关中者，为关中王；

（2）先入定关中者，在关中分地为王。

更重要的是，楚怀王是与“诸将约”，那是一群“楚将”，和“诸侯”有什么关系，别的诸侯哪怕尊重楚怀王是“纵约长”，还必须遵守他对“楚将”做出的约定吗？

所以，很明显，这个“约”，只能适用于“诸将”，总不能齐王跑到秦地去分块地盘当雍王吧？

正因为如此，陈馀、项羽他们的理解才应该是这个“约”的初衷正解，史书中出现的多个版本，其实是有意识地混淆概念，以强调项羽“背约”的非法。

但是在章邯与项羽“盟”的时候，项羽明显是以这个“约”在团结、吸引六国的诸将围绕在自己身边，一个最典型的例子就是张耳。

见《史记·秦楚之际月表》：

（秦二世三年端月）张耳怒陈馀，弃将印去。

（汉元年十月）张耳从楚西入秦。①

---

① 司马迁：《史记》卷十六《秦楚之际月表》。

"诸侯将"能跟上的，都跟着项羽西入关中，四十余万诸侯兵自然唾手可得，不过，也有个时间点，从分封诸王的情况来看：

> 徙魏王豹为西魏王，王河东，都平阳。
>
> 瑕丘申阳者，张耳嬖臣也，先下河南，迎楚河上，故立申阳为河南王，都雒阳。
>
> 赵将司马卬定河内，数有功，故立卬为殷王，王河内，都朝歌。
>
> 赵相张耳素贤，又从入关，故立耳为常山王，王赵地，都襄国。
>
> 鄱君吴芮率百越佐诸侯，又从入关，故立芮为衡山王，都邾。
>
> 燕将臧荼从楚救赵，因从入关，故立荼为燕王，都蓟。
>
> 齐将田都从共救赵，因从入关，故立都为齐王，都临菑。
>
> 故秦所灭齐王建孙田安，项羽方渡河救赵，田安下济北数城，引其兵降项羽，故立安为济北王，都博阳。[①]

这是"从入关"的诸侯、诸侯将们，其中，在巨鹿之战后投奔项羽的，应该有济北王田安、燕王臧荼、齐王田都这几家，加上楚军，恐怕总数都不到二十万人，否则诸侯何必坐实楚军破秦，这里还要扣掉赵王歇、陈馀的兵力。也就是说，诸侯军在人数不知、粮食有限的情况下，"无奈"与章邯"约盟"。

---

① 司马迁：《史记》卷七《项羽本纪》。

等汉元年十月，项羽大军到了河南郡雒阳，情况就大不一样了。以《史记·秦楚之际月表》记录来看，张耳、魏王豹都是此时加入的，申阳、司马印也应该是此时加入，衡山王吴芮也应该是此时加入，这才有了四十余万大军。

到了这个时候，“前行”的二十多万秦军已经是所有人的累赘了。

> 及秦军降诸侯，诸侯吏卒乘胜多奴虏使之，轻折辱秦吏卒。
>
> 秦吏卒多窃言曰：“章将军等诈吾属降诸侯，今能入关破秦，大善；即不能，诸侯虏吾属而东，秦必尽诛吾父母妻子。”
>
> 诸将微闻其计，以告项羽。项羽乃召黥布、蒲将军计曰：“秦吏卒尚众，其心不服，至关中不听，事必危，不如击杀之，而独与章邯、长史欣、都尉翳入秦。”于是楚军夜击坑秦卒二十余万人新安城南。

章邯是“约盟”，还立为雍王了，怎么部下的秦军就变成“降诸侯”了？

《史记·秦楚之际月表》“秦二世三年七月”条下，写的还真就是：

> 项羽与章邯期殷虚，章邯等已降，与盟，以邯为雍王。[1]

---

① 司马迁：《史记》卷十六《秦楚之际月表》。

正因为是“诈吾属降诸侯”，秦军将士并没有享受“约盟”的红利。因为那是大人物之间的约定，秦人士卒，在诸侯兵眼中，就是奴虏，可以随意折辱。

正因为如此，秦军并不稳定，从时间上看，秦二世三年七月，章邯约盟；秦二世三年八月，才“以秦降都尉翳、长史欣为上将，将秦降军”，即完成了整编；到了汉元年十月，“项羽将诸侯兵四十余万，行略地，西至于河南”。

三个月的时间，从河南省安阳市走到了河南省洛阳市，又过了一个月，即汉元年十一月，大军才走到“新安”，也就是崤函谷地的入口，屠杀了二十万秦兵。

这是时间、风险问题，更重要的是“诸将微闻其计，以告项羽”。这说明，屠杀秦兵的决定是项羽和黥布、蒲将军做出的。这个意图，却是“诸将”的共识。这个“诸将”之中，甚至就有章邯、长史欣和都尉翳这三个人。

道理很简单，关中既然是诸将“分王其地”的乐土，为什么要留这些不安心做“奴虏”的秦卒在自己的地盘上呢？

当然，如此决绝地屠杀，与项羽性格中的“剽悍猾贼”脱不开干系，但却绝不是他政治智慧低下的表现。恰恰相反，这个决策绝对是他审时度势的结果，而章邯、司马欣、董翳“三秦王”也并没有记载说对此有什么异议，可见，整个处置应该出自“众意”。

既然是“从众”，怎么能算项羽糊涂呢？

第五节

鸿门宴真正的赢家，一顿饭吃下半个楚国

鸿门宴的故事，人们耳熟能详，甚至被想象成楚汉之争的胜负手，由于项羽没能心狠手辣地杀死刘邦，导致了日后的身死国灭。

其实，包括这个事件的缘起，过往的理解可能都有偏差。

见《史记·项羽本纪》与《史记·高祖本纪》的记载：

> 行略定秦地。函谷关有兵守关，不得入。又闻沛公已破咸阳，项羽大怒，使当阳君等击关。项羽遂入，至于戏西。沛公军霸上，未得与项羽相见。沛公左司马曹无伤使人言于项羽曰："沛公欲王关中，使子婴为相，珍宝尽有之。"项羽大怒，曰："旦日飨士卒，为击破沛公军！"[①]

① 司马迁：《史记》卷七《项羽本纪》。

或说沛公曰：“秦富十倍天下，地形强。今闻章邯降项羽，项羽乃号为雍王，王关中。今则来，沛公恐不得有此。可急使兵守函谷关，无内诸侯军，稍征关中兵以自益，距之。”沛公然其计，从之。十一月中，项羽果率诸侯兵西，欲入关，关门闭。闻沛公已定关中，大怒，使黥布等攻破函谷关。十二月中，遂至戏。沛公左司马曹无伤闻项王怒，欲攻沛公，使人言项羽曰：“沛公欲王关中，令子婴为相，珍宝尽有之。”欲以求封。亚父劝项羽击沛公。方飨士，旦日合战。①

项羽“大怒”了两次，一次是攻函谷关时，一次是到了“戏”，刘邦左司马曹无伤派人去告密，说刘邦想要占据关中称王，让秦王子婴为相，占据珍宝，其目的是“欲以求封”，项羽闻言大怒，准备第二天动手，这才有了亚父范增的进言。

项羽第一次“怒”和第二次“怒”的原因是什么呢？

在张良和刘邦的对话里有答案：

张良曰：“谁为大王为此计者？”曰：“鲰生说我曰‘距关，毋内诸侯，秦地可尽王也’。故听之。”②

这句话与前文中的“或……曰”是一回事，两者结合就可以还原下意图。

① 司马迁：《史记》卷八《高祖本纪》。

② 司马迁：《史记》卷七《项羽本纪》。

那就是在张良完全不知情的情况下，有人劝说刘邦，项羽已经立了雍王，想要在关中为王，现在来了，你很难占据关中之地，赶紧派兵守住函谷关，不要诸侯军进来，再动员关中兵马扩充实力，则“秦地”都是刘邦的。

再看“约法三章”时的表述：

> 且吾所以还军霸上，待诸侯至而定约束耳。[①]

刘邦很清楚“约”是与诸侯同定，所以他一个人说了不算，闭关不纳诸侯兵，是纯粹的私心，是背约理亏之举，但是刘邦集团对外是一口咬定的：

> （刘邦对项伯说）所以遣将守关者，备他盗之出入与非常也。日夜望将军至，岂敢反乎！
>
> （樊哙对项羽说）故遣将守关者，备他盗出入与非常也。劳苦而功高如此，未有封侯之赏，而听细说，欲诛有功之人。[②]

很明显，刘邦集团内部有“小九九”，但是没有宣示于外，曹无伤作为内部人士，举发了要“毋内诸侯，秦地可尽王也”的内部讨论，导致了项羽的“大怒”。

那么，项羽为什么叫停进攻呢?

---

① 司马迁：《史记》卷八《高祖本纪》。

② 司马迁：《史记》卷七《项羽本纪》。

项伯的劝谏是：

> 于是项伯复夜去，至军中，具以沛公言报项王。因言曰：“沛公不先破关中，公岂敢入乎？今人有大功而击之，不义也，不如因而善遇之。”项王许诺。[①]

注意项伯的行为，是“具以”（通“俱以”），把所有刘邦说的话，全部汇报给了项羽，劝他，刘邦打下了关中是你的前驱，他有大功，你进攻他，不义，不如善待他。项羽的反馈是——“许诺”。

无论项伯本人是以私人身份擅自去见张良，还是带着项羽的私人意图去提醒刘邦，他都把所有信息反馈给了项羽。那么，他实际上是作为项羽乃至项氏集团的代表去“霸上”的，故此，项羽才有许诺。

也就是说，项羽和项氏集团也有一个“内”“外”的态度之别。对“外”，以诸侯上将军的身份，必须为“约”讨个说法，刘邦先入关中，那么项羽四十万诸侯军里的“诸将”能不能“王关中”？还是只有刘邦军中的“诸将”有资格“王关中”？

至于对内，消灭刘邦，对于项氏集团的危害就是“不义”，统领“诸侯将”本就没有合法性，还把最大的功臣灭掉，那么，“诸侯将”和“旁系诸将”会不会恐惧项氏也灭掉他们？这个后果是未知的。

---

① 司马迁：《史记》卷七《项羽本纪》。

尤其是，范增在这个过程中非常积极，他为什么在项羽的“怒”上浇油？他的立场是为了谁？

过往，由于“亚父”这个称呼，以及刘邦说“项羽有一范增而不能用，此其所以为我擒也”，都将范增视为项羽的亲信谋主。问题是，从史书记录来看，谋主确有可能，亲信则未必。

因为范增的背景是：

> 居鄛人范增，年七十，素居家，好奇计，往说项梁。[①]

很明显，范增不是江东起兵的旧部，而是主动投奔还要求“复楚”的老谋士。他在“救赵军”中担任“末将”，绝不可能是楚怀王看重他是项氏的谋士亲信，而只能是他与楚怀王也保持了良好的关系。

此时，项羽还没有称他为“亚父”。可见，这个“亚父”是在“救赵”“灭秦”途中认下的，这只能视为项羽对范增的拉拢，可不代表范增就真的相信自己比项伯这个亲叔叔，项它、项声这些亲族更亲近。

现实来说，如果项羽进攻刘邦，轻松胜利之下，项羽可以“王关中”，“诸侯将”为“卫”，替代了秦国，天下就回到了战国七雄并立的时代，项羽和楚怀王都是“赢家”。

如果项羽进攻刘邦，关中大乱，拉锯日久，各自寻求关东诸侯的支持，项羽大概率还是胜利者，则楚怀王仍旧是最后的

---

① 司马迁：《史记》卷七《项羽本纪》。

“赢家”。

而这些谋划的基础，都是项羽、刘邦对外表现出的尊重“怀王之约”的姿态，也正是因为这个姿态，对于函谷关的冲突，双方的定位都是：

> 今者有小人之言，令将军与臣有郤。①
>
> 与项羽有郄，见之戏下，讲解。②
>
> （留侯张良）解上与项羽之郄。③
>
> （射阳侯项缠）汉王与项羽有郄于鸿门，项伯缠解难。④

简言之，刘邦与项羽生了“嫌隙”“误会”，鸿门宴是为了“讲解”“解难”，解除误会，而非一次大规模的政治冲突。

对于一次“误会”，范增这样的“智者”，鼓动项羽灭掉入关的最大功臣，目的何在呢？

就此而言，“有一范增而不能用”，可绝不仅仅是项羽“言不听计不用”的问题，而是范增对于项羽个人的忠诚到底排序在什么位置的问题。

正因为以后的诸多因素，鸿门宴就只是“讲解”，而项羽的最大成果，就是完成了与刘邦之间君臣、高下的定位，即“座次”：

---

① 司马迁：《史记》卷七《项羽本纪》。

② 司马迁：《史记》卷十六《秦楚之际月表》“汉元年十二月”条下。

③ 司马迁：《史记》卷十八《高祖功臣侯者年表》。

④ 同上。

项王、项伯东向坐，亚父南向坐。亚父者，范增也。沛公北向坐，张良西向侍。

对于座次体现的礼仪关系，日本学者佐竹靖彦在《刘邦》[①]一书中已有分析，不多赘述。总之，项羽获得了“老大哥”刘邦的臣服，在“怀王之约”中添加了自己的决定者角色。

当然，从范增的反应来看，他对于刘邦的忌惮是真实的：

项王则受璧，置之坐上。亚父受玉斗，置之地，拔剑撞而破之，曰：“唉！竖子不足与谋。夺项王天下者，必沛公也，吾属今为之虏矣。”[②]

问题是，项羽此时是“王”吗？项王又有天下吗？何来“夺天下”之说呢？

恰恰是项羽没有天下，鸿门宴之后，他才出招：

居数日，项羽引兵西屠咸阳，杀秦降王子婴，烧秦宫室，火三月不灭；收其货宝妇女而东。人或说项王曰：“关中阻山河四塞，地肥饶，可都以霸。”项王见秦宫室皆以烧残破，又心怀思欲东归，曰：“富贵不归故乡，如衣绣夜行，谁知之者！”说者曰：“人言楚人沐猴而冠耳，果然。”项王闻之，烹说者。

---

① 佐竹靖彦：《刘邦》，北京联合出版公司，2020 年。

② 司马迁：《史记》卷七《项羽本纪》。

> 项王使人致命怀王。怀王曰："如约。"乃尊怀王为义帝。项王欲自王，先王诸将相。谓曰："天下初发难时，假立诸侯后以伐秦。然身被坚执锐首事，暴露于野三年，灭秦定天下者，皆将相诸君与籍之力也。义帝虽无功，故当分其地而王之。"诸将皆曰："善。"乃分天下，立诸将为侯王。①

这里有个先后顺序，就是项羽先屠咸阳，杀秦子婴，火烧秦朝宫殿，又劫掠了金宝妇女东去，这是一个行为。

而有人劝谏他说，关中可以称王，项羽拒绝了，并且说"富贵不归故乡，如衣绣夜行，谁知之者！"

论者往往只看到了项羽这句话的"愚妄"，却没有看到，项羽在这时候已经表露了他"东归为王"的态度，这是与前面毁灭关中的举措配套的政治方针。

然后，或者说同时，项羽派出人向楚怀王汇报已经灭秦，而怀王的回复是"如约"。那么，结果就是项羽为统帅的诸侯灭秦诸将，包括刘邦，全部应该"分土""王关中"，这就形成两种政治方针了。

则项羽之前所有行径，都是为了摧毁"怀王之约"的吸引力，一个残破的关中，金宝妇女都被掠夺东去，"分地王之"，还有什么价值？

---

① 司马迁：《史记》卷七《项羽本纪》。

正因为前面的一系列铺垫，到了宰割天下时，才有“诸将皆曰：‘善。’”

还是上一节“新安坑卒”时的策略，“从众”。

那么，项羽为什么不“王关中”，而非要宰割天下呢？

道理很简单，项羽的四十万大军、刘邦的十万之众，实际上都是荟萃诸侯的“联军”，凝聚他们一起齐集关中的是“灭秦之威”和“怀王之约”，并不是说，这两家已经可以宰割天下了。

现实是，项羽自巨鹿之战后南下，所过之处，包括秦巨鹿郡、邯郸郡、三川郡、内史地，但巨鹿、邯郸都是“赵地”,“救赵”胜利后，自然要让出，至于附庸诸侯、诸将带来的地盘，包括司马卬占据的河内郡、申阳占据的河南郡（三川郡），魏王豹占据的东郡，番君占据的庐江郡、衡山郡，田安带来的济北郡数县。那么，项羽自己能掌握的地盘，就只有大军脚下从函谷关到咸阳的内史地。

而刘邦集团则直接占有砀郡、南阳郡、泗川郡北部的“丰沛”，附庸韩王成占有颍川郡，以及大军脚下从武关到咸阳的内史地。与此同时，刘邦派出的“别将”，正在一步步占领汉中郡、蜀郡和巴郡。

楚怀王剩余的控制区则包括，薛郡、东阳郡、东海郡、鄣郡、会稽郡、九江郡，共尉进攻的南郡，其中，东海郡、东阳郡为陈婴势力范围，九江郡、陈郡不详，而会稽郡、鄣郡地处江东，应该是项氏集团的控制区，薛郡则为诸多附庸势力与项氏共有。

也就是说，以楚地而言，早已被多家分割，项氏集团只获得了其中的一小部分，由于人口、经济的因素，甚至还处于绝对弱势。

这还是说项氏集团整体的利益，以项羽个人而言，除了一支规模庞大的军队和“诸侯上将军”的虚名之外，在反秦战争中什么都没得到。

一般来讲，人们总觉得“项强刘弱”，实则是“四十万”与“十万”的兵力对比得出的结论，以控制区、直辖力量而论，此时的刘邦已经远远超过了项羽。

那么，对于项羽个人而言，利益最大化的选择，绝不是“王关中”，因为哪怕他用“主盟”的身份切割最大的战利品蛋糕，当诸侯兵散去之后，他个人仍旧不是刘邦的对手，就更遑论项氏集团与楚怀王对抗了。

更何况联军内部爆发出的“秦人”与“诸侯人”的冲突，只会让他担心建立统治的困难，同时，愈演愈烈的缺粮问题，也是迫在眉睫的威胁。

事实上，哪怕是军队规模远比项羽要小的刘邦集团，在从汉中杀回关中之后，也面临着旧秦地大量脱产人口无法养活的问题，见《汉书·高帝纪》：

> （汉二年六月）关中大饥，米斛万钱，人相食。令民就食蜀、汉。[①]

① 班固：《汉书》卷一《高帝纪上》。

在古代战争条件下，吃饭问题是最核心的经济问题，而自秦始皇时代开始的大规模迁民，让咸阳周边地区的农业生产，根本不足以支撑规模如此巨大的脱产人群，如果仅仅依赖关中“分地而王”，最终的结果，只能是兵散粮尽。

所以，项羽的宰割天下分封诸侯前后的行为，本质就是“空手套白狼”，用自己的“威名”吓唬住没有随行的“六国后”诸侯，用封王的厚利来诱惑诸侯“救赵军”的将领，又用这些人数远远超过楚军的外系军队来恐吓和牵制自己内部的“楚臣”和“项氏宗族”，形成牵制性的平衡，自己则高踞其上。

整个过程，用日本战国历史上的一个词语就是“下克上”，项羽要拉着更多的人和他一起完成这次集体的“下克上”。

当他完成这一堆拉拢六国旧臣的分封之后，原本的“六国后”诸王，就变成了空架子，甚至他自己九个郡的封地，都是从一群王手里夺下来的，包括旧楚地的一大部分，旧魏地的一大部分，即：

> 正月，项羽自立为西楚霸王，王梁、楚地九郡，都彭城。[①]

由于史书中对于具体哪九个郡并无记载，所以，后人多有考证，见颜岸青《项羽之西楚九郡释疑与西楚国疆域变迁考实》一文中之总结，应为砀郡、东郡、薛郡、会稽、泗水、东海、鄣郡及陈郡、东阳郡，而西楚国后来的扩张，则增加了九江郡

① 司马迁：《史记》卷八《高祖本纪》。

与琅邪郡，即十一郡。[①]

注意，这连成一片的九个郡，乃至于后来的十一郡，最大的特点就是完全以“内河水运”贯穿。

黄河、济水、淮河、长江等天然主干水道，通过鸿沟、邗沟等人工运河连缀在一起，形成了密集的运输水网，在淮河以北的旧楚地、魏地，人口众多、物产丰饶，点缀以多个水陆枢纽上的商业中心。

西楚九郡走了一个“刀把形”布局，东北方与旧齐国，也就是“三齐王”（济北王、齐王、胶东王）以济水、泰山为界；北方与旧赵国（常山王）以黄河为界。

天下的交通枢纽，旧秦国河内郡（殷王），旧周、韩故地（河南王、韩王），旧楚地（九江王、衡山王）则是缓冲和傀儡国，以一郡之力，作为西楚的屏障，以不落入任何大势力口中为胜利。

至于齐、赵、秦、燕，都是战国时代的大国，采取分治的方式，即，齐分为三（济北、齐、胶东），赵分为二（常山、代），秦分为六（雍、塞、翟、汉、西魏、临江），燕分为二（燕、辽东）。

仅从项羽的分封诸侯疆域来看，其地缘政治水平绝非凡品，考虑极为充分，诸侯也有不同的功能和分级。

---

① 颜岸青：《项羽之西楚九郡释疑与西楚国疆域变迁考实》，《历史地理》，2016 年第 1 期。

之所以项羽的九郡看似“地缘差”，是因为项羽没有拿下赵地和齐地，而这两个地方本身在战国时代就是特殊的文化区和经济区。

更重要的是，齐国本身的人口和物质力量在统一战争中损失极小，诸田的势力极大，在救赵军中，其出力也不多，所以，项羽在分封后，主要的战争对象就是齐国。

而在诸侯军罢归之后，首先挑起战乱的，则是赵国。

由于项羽的“新政权”对于齐、赵的介入程度低，也正是他为自己脆弱的政权预留的“用武之地”，一旦他完成了对齐、赵的征服，则整个关东地区，就全部纳入了“西楚”的版图。

说得直白点儿，项羽在“西楚”政权中一样用的是郡县制，只是他无力一次性吃掉全国，所以拿下了最适合“进攻进取”的九个郡作为自己“统一战争”的根基。这之后的战争，本质上和刘邦称帝之后翦灭诸侯王的战争是一样的，都是为了“统一”。

只不过，项羽作为“先行者”，以诸侯“伯长”的身份，也只是四分天下有其一。对于天下诸侯，只能分封拉拢，又拉又打，而在垓下之战后的刘邦，则是三分天下有二，所以可以入齐王韩信军营，夺其军，入赵王张敖宫中任意恣肆。这是实力对比导致的区别，而不是什么项羽短视，要恢复封建制度。

可以想象的是，如果在咸阳城中，项羽没有分封十八路诸侯，诸侯将们会散去、刘邦会散去、楚将们会散去，他的宗族亲长们又会如何对待他？让他当中央直辖、分割郡县的“真皇帝”？

当然不可能，对于“诸将”，他的首要选择是安抚，比如刘邦，见记载：

> 项王、范增疑沛公之有天下，业已讲解，又恶负约，恐诸侯叛之，乃阴谋曰：“巴蜀道险，秦之迁人皆居蜀。”乃曰：“巴蜀亦关中地也。”故立沛公为汉王，王巴、蜀、汉中，都南郑。

项羽和范增担心汉王“有天下”就太有前瞻性了，重点是“恶负约”，所以，才要封刘邦于巴蜀，而且理由是“巴蜀亦关中地也”。现实是，巴蜀确实是“关中地”，也是“秦地”，虽然是两个郡，却要从刘邦手中换走砀郡，至于南阳郡为王陵所居，极有可能是以“列侯”之位据一郡，类似于陈馀的南皮三县。

由此来看，项羽对刘邦的防备无以复加，但是，在功臣表里又有记载：

> 为汉王请汉中地。[①]

具体的操作见《史记·留侯世家》：

> 汉元年正月，沛公为汉王，王巴蜀。汉王赐良金百溢，珠二斗，良具以献项伯。汉王亦因令良厚遗项伯，使请汉中地。项王乃许之，遂得汉中地。

① 司马迁：《史记》卷十八《高祖功臣侯者年表》。

也就是说，封王之后，又通过贿赂项伯的方式，为刘邦请汉中地，那么，“都南郑”之说应在此后，汉国由此有三郡之地。

项羽之所以能轻易允许增封刘邦，与前述“疑沛公之有天下”似有矛盾。其实不难理解，项羽与刘邦“约为兄弟”，私人关系上，绝对算是“亲爱王”，相比之下，“三秦王”之中，只有司马欣与项梁有“德”，而不是与他项羽交好，其余二人则完全没有个人关系基础，留“汉中”不封，本来就等着刘邦来讨，否则，无论是封给“三秦王”还是任意的“诸侯将”，刘邦“请”得着吗？

说到底，项羽对刘邦还在“考察期”，但信任度仍是高于旁人的。

而且，从结果来看，从没有继承权的侄子、无尺寸之地的亚将，到项氏集团的首脑、西楚九郡的王者，天下诸侯的“伯王”，项羽已经是入关灭秦的最大赢家，只要秦地的诸侯王们互相牵制个几年，西楚霸王终究会让天下重归一统。

第六节

为什么项羽选对了所有答案，还是失败了？

对于刘邦的东出，项羽肯定是有防备的，但对于刘邦的立国，他又是支持的，比如：

> 汉王之国，项王使卒三万人从。[①]

《史记·留侯世家》：

> 良至韩，韩王成以良从汉王故，项王不遣成之国，从与俱东。良说项王曰："汉王烧绝栈道，无还心矣。"乃以齐王田荣反书告项王。项王以此无西忧汉心，而发兵北击齐。[②]

一方面，担心刘邦力量不足以"王巴蜀"，派出了外兵帮

① 司马迁：《史记》卷八《高祖本纪》。
② 司马迁：《史记》卷五十五《留侯世家》。

助刘邦镇压地方；另一方面，又担心刘邦东出，或者说“介怀”跟随刘邦的诸侯。

这种矛盾的心理，根源就是初入关中的项羽“无立锥之地”。虽然用威势裹挟了强兵，但是并没有稳固的后方地盘，所以，他的一切所得，都是“赚”的，但是“生意”终归要有个基础，他选定的就是彭城至鲁县的泗水一线，恰恰也是与刘邦“共有”的基地。甚至可以说，刘邦家族的支持，是他能不能稳住自己统治核心区的关键，因为除了砀郡，泗川郡北部和薛郡南部，也是刘邦集团曾经来回转战的地方。

所以，项羽“不得不”对刘邦抱有希望，因为除了“相信”刘邦，他别无选择，“不信”，就意味着楚国诸将的内战。

那么，他就必须对丰沛、砀郡、颍川、南阳的刘邦“关系户”有所防备和打压，所以，对于与刘邦走得极近的“厩将”张良，他用韩王成来牵制，相当于收押一个“人质”，希望张良不倒向刘邦。

这个手法，也用在了襄侯王陵身上，所以，项羽扣押了他的老母。

但是，这一套还真不见得管用，在《史记·留侯世家》中有一处记载：

> 良说项王曰：“汉王烧绝栈道，无还心矣。”[①]

① 司马迁：《史记》卷五十五《留侯世家》。

此事在张良投书项羽说明刘邦“如约而止”之前。也就意味着，张良骗了项羽两次，这个第一次直接触发了韩王成之死。

汉元年四月诸侯罢兵，刘邦入汉中，张良送至褒中，又至韩地。又有“说”项羽和“不遣（韩王）成之国”的记载，说明张良是在楚军归国途中留在了汉地，而韩王成被扣押，作为项伯的朋友，能为汉王“请汉中地”的关系纽带，张良实际上是一个“担保人”，而韩王成则是张良忠诚的“担保人”，或称“人质”。

结果，依据《汉书·高帝纪》的记载：

> （汉元年）五月，汉王引兵从故道出袭雍。[①]

此事，《史记·高祖本纪》系年于汉元年八月，《史记·秦楚之际月表》也未记五月事，只在“八月”条记录汉围雍王于废丘与塞王、翟王降服，相当于关中大部降服，也就是结果的记录。

不过，汉军就算再强悍，战斗、行军也需要时间。也就意味着，汉元年五月应该是刘邦自南郑出发，经“故道”袭击陈仓的时间。那么，至少汉元年七月，汉军出兵夺取关中的消息，应该已经传到彭城了。

同时传来的消息，还有田荣在齐国故地的快速“统一”。

故此，项羽才有废韩王成为侯，而后杀之的举动。这是

① 班固：《汉书》卷一《高帝纪上》。

对张良第一次欺骗的报复，也是为了用郑昌替换张良守韩地做准备。

仅仅一个月后的汉元年八月，汉军“平定三秦”和“田荣并吞齐地”的消息都已成为事实，韩王成被废的消息自然也会传到韩地，也就引来了张良的第二次欺骗，见《史记·项羽本纪》：

> 乃以故吴令郑昌为韩王，以距汉。令萧公角等击彭越。彭越败萧公角等。汉使张良徇韩，乃遗项王书曰：“汉王失职，欲得关中，如约即止，不敢东。”又以齐、梁反书遗项王曰：“齐欲与赵并灭楚。”楚以此故无西意。而北击齐。[1]

可见，齐王田荣并不满足于齐地，还要拉着赵国、韩国、彭越一起灭楚。这就形成了一个巨大的“反楚联盟”，可谓变生肘腋，正因为张良知道这一点，这才下了猛药。

事实上，在刘邦以迎接太公、吕后为名派王吸、薛欧出武关时，楚汉之间仍旧没有“撕破脸”，所以，楚军才只是出兵距之阳夏，令其“不得前”。

直白地说，就是项羽在楚地九郡的统治根本没时间建立，对砀郡、颍川、南阳诸郡的刘邦集团势力只能羁縻，对张良的羁縻手段就是扣韩王成做人质，对王陵的羁縻手段，就是拿其母做人质。

---

① 司马迁：《史记》卷七《项羽本纪》。

所以才有“世家”“列传”中的戏剧性记载，其中一个明显的矛盾信息就是王陵母的遗言：

> 汉王，长者也，无以老妾故，持二心。①

刘邦在“微时”对王陵“兄事之”，一下子变成“长者”了，可能吗？

其实重点是先后顺序：

> 及汉王之还攻项籍，陵乃以兵属汉。项羽取陵母置军中，陵使至，则东乡坐陵母，欲以招陵。②

汉元年八月，王吸、薛欧等人至南阳时，王陵“属汉”了没有？

应该是没有的，因为这支军队的表面名义是“迎太公、吕后于沛”。也就是说，不是来打仗的。此时的王陵部，与整个刘邦集团一样，都没有直接进攻楚军，否则，项羽也不可能“安心”地在齐地烧杀抢掠。

整个局势的打破，是在项羽杀义帝之后，负责进攻韩王昌的也不是王陵，而是刘邦封的韩太尉韩信，在颍川方向最终灭掉郑昌的，也是韩王信。

所以，真正将王陵推到刘邦方面的，恰恰是项羽的“杀人

---

① 司马迁：《史记》卷五十六《陈丞相世家》。

② 同上。

质”。如果不是项羽的主动行为，何必要在王陵母伏剑自尽之后，“烹”她？不过，不管项羽是为了泄愤，还是与韩王成的命运一样，只是因为利用价值丧失，在王陵的立场上，项羽都是他的杀母仇人。除了投奔刘邦，他没有任何复仇的可能。

反过来看，刘邦之所以派出王吸、薛欧两个丰邑“老兄弟”到南阳“因王陵兵”，以一个“不反楚”的理由要求协助，也是“打感情牌”，实属当时政治环境下最佳的“阳谋”。

因为刘邦集团并没有完全平定“三秦”，章邯仍旧被围困在废丘。《史记·秦楚之际月表》的“雍王”一列也显示，几个月后章邯才被虏，汉军“拔我陇西”。如果项羽和诸侯兵西向，汉军很可能会腹背受敌，所以，在维持和项羽和平状态的前提下“拓地”，才是最佳选择。

此时的刘邦集团，军事力量集中于“西方”，而东方的“旧地”为了让项羽安心，已经逐步抽空，转交给了前厩将张良、王陵和项羽。名义上脱离了归属，楚国腹地的砀郡自然也已被项羽接管，否则彭越在巨野泽进攻的就是汉军了。

那么，就只剩下“丰沛”有一部分家吏防卫。

也就是说，刘邦在东方旧地的“潜势力”需要将吏的激活，一旦有足够的军事力量输入，即联络豪杰，就会对西楚政权形成威胁。

所以，刘邦对王陵的要求很简单，就是“借道”，而非出征。否则哪儿来的“不得进”？真打了一仗，要么胜、要么败，要么攻克、要么退走，都没有，恰恰说明“没打”。

"没打"的情况下，项羽却沉不住气，把王陵的母亲扣作人质死在了自己手里，恰恰是把王陵推到了刘邦一边。

在这一系列操作的同期，项羽还进行了一项意义深远的大事业：

> 汉之元年四月，诸侯罢戏下，各就国。项王出之国，使人徙义帝，曰："古之帝者地方千里，必居上游。"乃使使徙义帝长沙郴县。趣义帝行，其群臣稍稍背叛之，乃阴令衡山、临江王击杀之江中。[①]

汉元年四月，是各国诸侯就国的时间，项羽到了彭城，就派人迁徙义帝，使者送他去长沙郡郴县，催促对方行动，其群臣有丁点儿的背叛意图，就私下命令衡山王吴芮、临江王共敖将义帝击杀在长江里。

但是，《史记·秦楚之际月表》中表明：

> （汉二年十月）项羽灭义帝。

但在《史记·黥布列传》中，这个时间和人都不一样：

> 项氏立怀王为义帝，徙都长沙，乃阴令九江王布等行击之。其八月，布使将击义帝，追杀之郴县。

汉元年八月，英布就派出将领追杀义帝，一直到郴县，才

① 司马迁：《史记》卷七《项羽本纪》。

杀死了他。如果两个时间都没错的话，英布追杀义帝并不轻松，从八月出兵，到十月，才在义帝的都城郴县杀死了对方。要知道，长江水路比较便利，固然是逆流而上，义帝汉元年四月从彭城出发，八月还没到郴县，却已经过了九江王的地盘，所以，英布之将还要“追”。

问题是，项羽联络杀死“义帝”的诸侯王有三个：

临江王共敖、衡山王吴芮和九江王英布。

前二者受命，最终将“义帝”杀死在郴县的却是九江王英布。

之所以如此，正因为临江王封地在南郡以南，衡山王吴芮封地在邾（今湖北黄冈，也就是“吴头楚尾”）。二人共有所谓的“南楚”之地。而九江王英布封地在江淮之间，与项羽分享“西楚”之地，项羽的九郡则横跨西楚、东楚、魏国，四者结合恰是“故楚之地”。

只要“义帝”活着，他们的王座合法性就在摇晃，境内的楚人也无法只向他们这些“新王”效忠，所以，项羽实际上是向其余三王要“四分楚国”的投名状。

故此，项羽当时面临的选择，其实并不是“天下”的到手与否，相信项羽笃信“十八路诸侯”是自己的臣子的人，无疑太过低估了古人的智力水平。所以，项羽先要稳固西楚九郡，把项梁当年都没有吃下的“肥肉”咽进肚子里，“义帝”必须死、彭越不能留、田荣必须镇压，刘邦也必须挡住，他有太多的“必须”。

从历史记载来看，项羽“消化”领土的能力并不弱，在汉二年的彭城之战后，其攫取的东海郡、东阳郡、九江郡、陈郡、琅邪郡，薛郡大部、泗川郡南部，乃至于东郡、砀郡，都曾将汉军的势力驱逐出境，在战争中保持了稳定，没有再出现叛服无常的情况。

直到汉四年二月，韩信的偏师灭亡了西魏、代、赵、齐，成为齐王之后，整个战争态势进入了绝对逆转，项羽才结束了对汉王主力的绝对优势，西楚境内开始分崩离析。

所以，本质上，刘邦和项羽都在为新生的政权争取时间。

项羽忙着打破齐、赵、梁三个方向的围攻，要清理掉义帝这个与他争夺楚地法统的不安定因素，要废掉韩王成，换上老熟人韩王郑昌，又要抽调九江王英布的兵力一同攻打齐国。这些行动，都是围绕着消化楚地九郡这个大方针进行的。

而刘邦则在“还定三秦”之后，派遣韩王信替换张良维持颍川战场，又亲自出函谷关向河南王、殷王和西魏王炫耀武力，拉拢这些小势力投降；另一路则是让“老兄弟”攫取南阳郡；与此同时，则是在废丘对雍王章邯旷日持久地围攻。这些行动，则是围绕着在关外建立藩篱屏障，保证消化关中地区这个大方针进行的。

项羽并不是无视刘邦的扩张，而是陷入了思维定式，认为刘邦与自己一样，都是“穷人乍富”，初得偏远的巴蜀、汉中，又占残破的“三秦”，怎么也得花点儿时间稳固政权吧？

这个想法在任何“正常”朝代的社会废墟上都是合理的，

因为新的统治者凌驾于社会之上，都会受到社会内“精英阶层”的反击，哪怕无力反叛，也会怠工和讨价还价。

但是，“秦制”不是“正常”的制度，秦朝社会自然也不是什么“正常”的社会。

长达近200年的“秦制”浸泡，秦国旧地的臣民们早已被驯化成了合格的“韭菜”，也就是不会反抗、不会喊叫的植物。这个不是虚言，以汉二年“关中大饥”为例，新生汉国的主力军已经开出了函谷关，唯一的“善政”也不过是允许关中人“自行”到巴蜀“就食”，千里蜀道之上，累累饿殍可以想见，仍旧是：

> 关中事计户口转漕给军，汉王数失军遁去，何常兴关中卒，辄补缺。[①]

代价就是：

> 丈夫从军旅，老弱转粮饟。[②]

当刘邦集团以一群“秦吏”代替关中的“秦吏”时，整个秦地重新回到了秦制的旧轨道，敲骨吸髓地吸取秦民膏血，这和充斥着地方豪强的楚、魏旧地完全不同，楚汉双方恢复秩序的速度和效率也完全不可同日而语。

① 司马迁：《史记》卷五十三《萧相国世家》。
② 司马迁：《史记》卷三十《平准书》。

不过，秩序恢复的能力，只能保证“不输”，却无法保证“能赢”。

在建立“家天下”的过程中，刘项二人的起点并无二致，“宗族”“妻族”都只是权力的砝码，如果没有他们拿命搏来的权位，这些族人绝不会与他们共患难，所以，他们俩都是在为“自己”打天下，而不是为“功臣集团”或是“项氏家族”打天下。也就是当利益冲突时，选“自己”还是选“集团”的问题。

而要“为自己”，就必须“得人”。详见《汉书·张陈王周传》中张良劝谏刘邦不要立“六国后”的第七条理由：

> 且夫天下游士，离亲戚，弃坟墓，去故旧，从陛下者，但日夜望咫尺之地。今乃立六国后，唯无复立者，游士各归事其主，从亲戚，反故旧，陛下谁与取天下乎？[①]

这话听起来简单，却说尽了秦末汉初动荡的本质就是“天下游士”在秦朝灭亡的废墟之上，马上取功名，力图改变身份命运的大混战。如果各自从亲戚、归还故旧，就意味着在地域、个人关系的基础上重建秩序，那么，刘邦集团还能不能存在呢？答案是，不能。

那么，项氏家族还能不能存在呢？答案是，可以。

所以，在《史记·项羽本纪》的最后记录了项氏家族的去向：

---

① 班固：《汉书》卷四十《张陈王周传》。

诸项氏枝属，汉王皆不诛。乃封项伯为射阳侯。桃侯、平皋侯、玄武侯皆项氏，赐姓刘。[①]

其中，射阳侯项伯名列“大功臣”，是最早册封的十侯之一，但最为亲贵者，却是桃侯项襄，“功臣表”中记录“侯功”为：

以客从汉王二年从起定陶，以大谒者击布，侯，千户。为淮阴守。项氏亲也，赐姓。[②]

在汉二年，诸侯大军杀向彭城的时候，作为项氏宗亲的项襄，就在定陶投降了刘邦。而可知的，就是在定陶附近，曹参、灌婴等部与项羽将（前齐将）龙且、魏相项它大战胜利，项襄应为主动投靠。

那么，为什么会出现这种情况呢？

一个史书可见的理由就是，项羽并没有分封项氏子弟为王、侯，则宗族为其“小家”征战的热情自然有限，忠诚度也不会很高。

另一个理由则从陈平的经历中可见，那就是项羽法度过于森严，不如刘邦“简易”。

见《史记·陈丞相世家》：

---

① 司马迁：《史记》卷七《项羽本纪》。

② 司马迁：《史记》卷十八《高祖功臣侯者年表》。

> 久之，项羽略地至河上，陈平往归之，从入破秦，赐平爵卿。项羽之东王彭城也，汉王还定三秦而东，殷王反楚。项羽乃以平为信武君，将魏王咎客在楚者以往，击降殷王而还。项王使项悍拜平为都尉，赐金二十溢。居无何，汉王攻下殷。项王怒，将诛定殷者将吏。陈平惧诛，乃封其金与印，使使归项王，而平身间行杖剑亡。①

陈平随从入关灭秦，又是“卿爵”“封君”，又曾率魏王咎之“客”出征，逼降了殷王，得以拜都尉、赐黄金。整体来看，属于西楚政权的新贵，但是，当刘邦攻下殷地之后，项羽大怒，要诛杀参与定殷的将吏，陈平害怕被杀，就封金挂印，只身逃跑。

乍一看，像是项羽不重视人才，要滥杀无辜，导致人才出逃。但是，如果对照秦律，就会发现，并不是这么回事儿。

陈平是“击降殷王而还”。殷王投降后，依旧在当地，而秦律之中有“举吏连坐”的规定，即“被推举人”犯法，“推举人”也要连坐的责任制。陈平明显与殷王是这个关系，则“失地之罪”，当然要“连坐”，而且是一条责任线上的人都要担责。

尽管项羽阵营一方的记载较少，对于其行“秦法”的旁证难以齐备，但仅就陈平的遭遇而言，项羽的处置明显表现出了“秦法”的特征。

---

① 司马迁:《史记》卷五十六《陈丞相世家》。

这也就能够解释，为什么项襄这样的亲族，在汉二年就主动投奔了刘邦，而且还没有在楚强汉弱的形势下反复，从而深得刘邦的信任，到了讨伐英布时，已经成为汉廷的“大谒者”这样的近臣。

根本原因就是，项羽与刘邦一样，要建立的是“小家”之天下，“大家族”在渡过了创业初期的艰难之后，就只剩下累赘了。当西楚霸王的法度与亲族冲突时，法度的优先级更高，那么，在亲戚项羽治下，最好不过封侯以赏，最差却是依法论刑的境遇，远比不过刘邦治下轻松简易，还能博个封侯前程来得爽快。

说到底就是，项羽破坏秩序，还留了一条条规矩红线，而刘邦则不介意任何破坏，大不了从头再来。

谁会更受欢迎呢？

陈平对刘邦已经解答过了：

> 项王为人，恭敬爱人，士之廉节好礼者多归之。至于行功爵邑，重之，士亦以此不附。今大王慢而少礼，士廉节者不来；然大王能饶人以爵邑，士之顽钝嗜利无耻者亦多归汉。
>
> 彼项王骨鲠之臣亚父、钟离眛、龙且、周殷之属，不过数人耳。[①]

---

① 司马迁：《史记》卷五十六《陈丞相世家》。

项羽治下，有规矩法度，清廉节操、喜欢礼仪的士人多归附他。到了行功论赏时，又慎重以授予爵邑，士人因此不愿做他的臣子、下属。现在刘邦为人轻慢无礼，也就是不讲规矩，有德者都不来，但却能够慷慨地授予人爵位、封邑，所以，那些愚顽、迟钝、贪婪、无耻者都归附过来。不过，项羽手下的有德之臣，也就那么几个人而已。

什么意思呢?

“争天下”不是考试，哪怕你选对了所有答案，胜利可能也属于“人多”的那一边。

结　语

“秦制”的原始状态，实际上是“都”—“县”二级。“县廷”才是“王廷”的权力触手和复制。而“郡”也好，“执法（御史）”也好，都是为了分“县廷”职权、防止割据的权上之权。

正因为如此，“秦”也是中国历史上最接近真正“中央集权”概念的时代，之后的2000年“郡县制”实际上是在东汉“以郡为国”的“半封建转授权体制”基础上发生的演化，与“秦制”关联不大。

正因为“王廷”与“县廷”的关系是这样，所以，“秦制”本质上一直面临一个贵族“在都”和“在县”的两重性问题。“高爵”的顶级贵族“在都”，“低爵”的大夫、士“在县”，各自“入廷”服务，也就形成了事实上“仕途”隔绝。二者唯一的合流，也只有“战争”。这个功能恰恰是“周代”的遗产，而非“秦代”的创造，在“天下已定”后，这个流动渠道自然逐步干涸。

不过，“县廷”对于本地“政治生态”和“经济生态”的主宰是绝对的。也就意味着，“低爵”贵族一旦进入“县廷”，掌握了实权，在经济和行为自由上的“特权”就会难以估量。

见《史记·高祖本纪》记载：

> 高祖为亭长，乃以竹皮为冠，令求盗之薛治之，时时冠之，及贵常冠，所谓“刘氏冠”乃是也。①

过往看这条记载常从服饰、礼制出发，而从社会管理的角度来看，刘邦这个“亭长”绝非一般。因为在“秦制”下，人口流动被严格限制，黔首远行甚至需要“县尉”的批准。从“沛”到“薛”不但是“跨县”，还是从“泗川郡”到“薛郡”的跨郡行动，他可以派一介“求盗”去求购制作，可见其“隐权力”之重。

不仅如此，刘邦起兵之后的团队骨干，虽然常合称“丰沛”，实则却以沛县出身者居多，而刘邦本人家族三代定居的丰邑，只有一小部分元从，且并非一直跟随。要知道，刘邦本人的地域认同偏向“魏人”，核心团队却几乎都是“故楚人”，打的也是“张楚”的旗号，奉“张楚王”陈胜的正朔，都说明刘邦的“团队凝聚力”并不是以“乡土情谊”构建的，而是另有一套“权威系统”。

---

① 司马迁：《史记》卷八《高祖本纪》。

类似的人物还有项梁，他可以在犯法、杀人之后，通过“体制内”的朋友疏通而逍遥法外，又能够包揽寄居地的“大徭役”等吏事，交游的对象是秦朝的郡守，都说明，他也是“县”中的“霸主”，体制的附庸。

所以，项梁、刘邦、萧何等辈，都是“秦制”的一部分。他们与王翦、李斯、蒙恬、赵高地位有高下之分，却都是“秦制”的“自己人”，只不过地位高者要用尊荣、爵赏和黄金笼络合作，而地位低者只需要给予官职、秩禄和“寻租权力”就可以驱使。

恰恰由于这中间的地位有别，秦帝国的“帝室”才将“人身控制”和“爵禄驱使”视为理所当然。作为数百年的贵族之家，“帝室”养成了只将自己同类看作是“人”的习惯。所以，在种种政策之中，一直自下而上地侵夺底层的权力，也就是“不讲规矩”。按照晁错的说法就是先坑贫民，再坑富户、吏家，最后坑宗室、重臣，一步步把所有人得罪光。

其实，这种思维方式在“西楚霸王”项羽身上也有留存，就是对“上层人士”讲规矩、讲感情，对“底层社会”的利益诉求却不屑一顾。所以，强调项羽的所谓“贵族精神”必然导致“分封制”也是不恰当的。

坚持编户齐民的秦帝国，一样对世袭血统贵族另眼相看，因为那是“同类”。而项羽的“分封制”和刘邦的“郡县制”并没有区别，在其治下照样有“砀郡长”“薛郡长”，施行的还是“郡县制”。

如果项羽是最后的胜利者，应该会重建一个“郡县制”的帝国，甚至会比“底层逆袭”的西汉王朝更像秦朝也说不定。因为吝惜爵邑的项羽，绝不会创造出占总人口 1/5 的“军功贵族”阶层来稀释“血统贵族”。

事实上，这些“新贵族”的“利益下沉”与“吏治帝国”的斗争，正是之后 100 年间历史的“潜流”，推动着汉帝国乃至于之后 1000 年的华夏文明向着更加“特色化”的方向前进。

这个后果，恰恰是贯彻秦制、法度森严的项羽所竭力避免的。只不过，作为旧秩序的维护者，他的支持者远比刘邦少得多，所以，无论他选对了多少答案，都会在疲于奔命之中，走向失败。

最终究竟是体制塑造了人，还是人塑造了体制，已经纠缠在一起，无从厘清。

毕竟，历史就在那里，不容许假设。

第九章

刘邦建立的统治秩序也是“二世而亡”

第一节

中国历史上第一位选举登基的皇帝

汉高帝五年正月，一份请愿书放在了汉王刘邦的案头。

上书人是当时身份非常尊贵的7个人，分别是楚王韩信、韩王信、淮南王英布、梁王彭越、故衡山王吴芮、赵王张敖和燕王臧荼，他们有一个共同的名字就是诸侯王。

诸侯王们共同拥戴与他们同级的汉王刘邦即皇帝位。

原文见《汉书·高帝纪》：

> 诸侯上疏曰："楚王韩信、韩王信、淮南王英布、梁王彭越、故衡山王吴芮、赵王张敖、燕王臧荼昧死再拜言大王陛下：先时，秦为亡道，天下诛之。大王先得秦王，定关中，于天下功最多。存亡定危，救败继绝，以安万民，功盛德厚。又加惠于诸侯王有功者，使得立社稷。地分已定，而位号比拟，亡上下之分，大王功德之著，于后世不

宣。昧死再拜上皇帝尊号。”

汉王曰：“寡人闻帝者贤者有也，虚言亡实之名，非所取也。今诸侯王皆推高寡人，将何以处之哉？”

诸侯王皆曰：“大王起于细微，灭乱秦，威动海内。又以辟陋之地，自汉中行威德，诛不义，立有功，平定海内，功臣皆受地食邑，非私之地。大王德施四海，诸侯王不足以道之，居帝位甚实宜，愿大王以幸天下。”

汉王曰：“诸侯王幸以为便于天下之民，则可矣。”①

推举“上皇帝尊号”的理由是：

（1）灭亡无道暴秦，先入关中，虏获秦王，于天下功最多；

（2）刘邦对各个诸侯王裂土封疆，有大恩德，立皇帝尊号，方能区别上下。

看到这封奏疏，刘邦没有搞什么“三请三让”，而是推让了一次后，就急不可待地以既然各诸侯王觉得“便于天下之民”为理由，泰然受之。换句话说，“诸侯王代表天下选择了他”，让他成为中国历史上第一个被选举上台的皇帝。

七个诸侯王的“民主程序”走完后，在定陶附近的一条名为汜水的小河北岸，故齐王韩信的军营旁边，在三十万征尘未洗的灭楚将士的注视下，七位心情各异的诸侯王，与汉太尉卢

---

① 班固：《汉书》卷一《高帝纪下》。

绾带领下的三百名官员，一同见证了这个历史性的时刻。一个四十二岁的壮年，曾经的泗水亭长，父亲口中的“无赖”，一步步走上皇位。

这个仪式，在中国历史上也是空前的创举。

之前可知的记载里，商汤是“天命玄鸟”的后人，是殷商部族的领袖，建立的是天邑商、大邑商。他灭亡夏桀是诸侯伐君，在这之前早已有自己的宗庙、臣民。

此后的周武王是后稷的子孙。在古公亶父的时代，已经建立了自己的方国，到周文王已经是西土的“伯主”，牧野一战灭商，是周武王的能力也是世代的积蓄。

并吞天下的秦始皇，他的祖先是传说中辅助大禹治水的伯益，是商朝的忠臣飞廉、恶来，经过周朝的蹂躏和统治，嬴姓后人，终于在周的分封之下，建立了秦国、赵国，经过五百年的努力，一统六合。

简言之，他们都是“有土诸侯”。

而刘邦，《史记》《汉书》连他爷爷的名字都没有记载，只作“丰公”，他的父亲作“太公”，母亲“刘媪”还是个妾，到他父亲这一代，不要说诸侯，连卿、大夫、士都说不上了。

前代叫并吞，叫取代，前代有亲族、臣从，他有什么？

刘邦什么都没有，所以他的王朝起步并不是“家天下”，而是一圈圈的联盟，他和妻子吕雉家族的联盟；他和萧何、曹参等“大功臣”的联盟；他和一群“开国功臣”代表的“元从”之士的联盟；他和韩信为代表的、从入汉中的“诸侯子”联盟；

他和张耳、臧荼、韩王信等“六国后”残余的联盟；他和英布、利几等项羽残余势力的联盟。

联盟的对手，就是天下的百姓，以上所有人都在竭尽全力用手里的刀剑，将本属于一个个“黔首”的前途、财富、家庭，乃至于生命，掌握在自己的手里。而刘邦则希望凌驾于所有人之上，他的一生，就一直沉浸于分辨自己人和敌人的“剥玉米”游戏。

这个游戏，放在《史记·高祖本纪》里总结，就是一句：

> 嗟乎，大丈夫当如此也！[①]

“争天下”的时候，刘邦力图把自己的“联盟者”搞得“多多的”，敌人搞得“少少的”。所以他不吝爵邑，不重礼仪，行简易，有长者之名。但“得天下”之后，要建立稳固的“家天下”，一个以刘邦个人“小家庭”为核心的帝国宗社，就必然致力于将自己的“联盟者”，也就是“分利者”搞得“少少的”，一层层剥掉，自然，敌人也就会变得“多多的”。

这个“争”与“得”的转折点，就在定陶，就在韩信的军营旁边，就在那个草台班子一样的祭天高台之上。

在此之前，刘邦是法理上与七位诸侯王平起平坐的汉王，只是他拥有的武力最强，足以压倒所有的竞争者。在这些潜在竞争者的眼里，刚刚灭亡项羽的刘邦，不过是又一个位在诸侯

---

① 司马迁：《史记》卷八《高祖本纪》。

之上的西楚霸王。

在这之后，刘邦成了诸侯王的君王，是他们的效忠对象，是天下的共主，反对他，就是在反对之前共同做出的盟誓和承诺，面对的就是“天下共击之”。所以，刘邦宁可在皇后吕雉、丞相萧何、太子刘盈这样的重要人物全部缺席的情况下，完成这个简陋的仪式。

趁着灭亡项羽的时机，七个诸侯王身在联军之中，搞一下“民主”，把自己的皇帝身份敲定，确认上下名分，是刘邦的最优选择。相对这个结果，定陶不是长安、洛阳，汜水之阳不是长乐宫，政府班子不齐整，礼仪制度不完备，全都不是事儿。

这就是“名分”的力量，也就是“秩序”的力量，或者说“天下”的力量，那么，谁是有能力“天下共击之”的“天下”呢？

当然不是予取予夺的黔首们，而是七个被确立了封疆的诸侯王，一百多个裂土的列侯，数以千计的高爵食邑，总数高达六十万、至少有大夫爵的汉军老兵们。他们手里的刀，才是真正的“天下”。

事实上，百战得天下的汉高祖刘邦，无论他打仗的水平是高是低，灭亡西楚霸王他究竟出了多少力，面对千疮百孔的帝国时，最具习惯的工具和依靠，仍旧是武力。

《史记·刘敬叔孙通列传》中记录了穿着破烂羊皮袄觐见皇帝的娄敬所说的一段话：

且夫秦地被山带河，四塞以为固，卒然有急，百万之众可具也。因秦之故，资甚美膏腴之地，此所谓天府者也。陛下入关而都之，山东虽乱，秦之故地可全而有也。夫与人斗，不搤其亢，拊其背，未能全其胜也。今陛下入关而都，案秦之故地，此亦搤天下之亢而拊其背也。①

翻译过来就是，你进关中建都，关东再乱，退，可以保有秦国故地，进，可以与天下斗，就和人打架一样，掐住对手的脖子咽喉，狠捶后背，可以稳赢，你入关建都就是这个效果。

刘邦为什么听了动心？

他杀人放火争天下，屠城的事儿都没少做，还指望着关东的老百姓把他当“大救星”感恩戴德？不可能，他唯一可依赖的，就是这三千丰沛老兄弟，加上六十万汉军老兵，说别的都白玩。大不了再打一次！

所以，刘邦将随他平定天下的功臣们迁入了关中，《汉书·高帝纪》记载：

（高帝十二年）三月，诏曰：“吾立为天子，帝有天下，十二年于今矣。与天下之豪士贤大夫共定天下，同安辑之。其有功者上致之王，次为列侯，下乃食邑。而重臣之亲，或为列侯，皆令自置吏，得赋敛，女子公主。为列侯食邑者，皆佩之印，赐大第室。吏二千石，徙之长安，受小第

---

① 司马迁：《史记》卷九十九《刘敬叔孙通列传》。

室。入蜀、汉定三秦者，皆世世复。吾于天下贤士功臣，可谓亡负矣。其有不义背天子擅起兵者，与天下共伐诛之。布告天下，使明知朕意。”

这封诏书的大意是，我对功臣们够意思了，有大功者封王，差一点儿的封侯，再差一点儿的也有食邑（爵位在七大夫以上）。列侯建国，自己任命官吏，吃赋税，还在长安有大宅第；二千石的高官则迁到长安，有小宅第，跟着他进蜀中又打回三秦的老兄弟，则世代免劳役。

“亡负”就是“无负”，我对得起你们，你们也得对得起我，如果有人造反，你们这些老兄弟得帮我收拾他。

想想刘邦这道诏书喊话的对象，肯定不是被他迁徙的六国豪杰，而是跟随他的老兄弟、老兵们，也就是明确地划定汉初“既得利益集团”的范围。

“高帝五年诏”中说：

军吏卒会赦，其亡罪而亡爵及不满大夫者，皆赐爵为大夫。

也就是说，所有汉军都被赐“大夫”爵位，仅垓下之战，参战的汉军就有六十万人，以“五口之家”来算，就是三百万人，他们拥有的特权就是本人和本户家人免劳役。

葛剑雄教授在《西汉人口地理》一书中考证，西汉初年全国总人口数应为 1500 万～1800 万。也就意味着，以上“既得利益集团”加起来，占全国总人口的16.7%～20%。

什么叫统治基础？这就是。

不过，刘邦没有意识到的问题是，“既得利益”只是他为功臣之前的服务付的“尾款”，之后的服务，可不是免费的。

《史记·郦生陆贾列传》记载了这样一个故事：

> 陆生时时前说称诗书。高帝骂之曰：“乃公居马上而得之，安事诗书！”陆生曰：“居马上得之，宁可以马上治之乎？且汤武逆取而以顺守之，文武并用，长久之术也。昔者吴王夫差、智伯极武而亡；秦任刑法不变，卒灭赵氏。乡使秦已并天下，行仁义，法先圣，陛下安得而有之？”
>
> 高帝不怿而有惭色，乃谓陆生曰：“试为我著秦所以失天下，吾所以得之者何，及古成败之国。”陆生乃粗述存亡之征，凡著十二篇。每奏一篇，高帝未尝不称善，左右呼万岁，号其书曰“新语”。①

这段引文信息量比较大，需要详细解释。

陆贾是汉军的老资格，刘邦与项羽分兵，入关中时，就派郦食其和陆贾两个辩士糊弄武关的秦军守将，刘邦对他文化人的说话方式很反感，张嘴就是：“你爸爸我”，或者“老子”，马上得天下，用得着你那些玩意儿吗？

陆贾的回复，也不谈《诗》《书》有多好，反而谈“秦任刑

---

① 司马迁：《史记》卷九十七《郦生陆贾列传》。

法不变”，指责的是秦的律令制度有问题，更直接反问，要是秦朝好好干，哪有你的份儿？

刘邦“不怿而有惭色”，换个词就是“恼羞”，却没有成怒，所以才命令陆贾总结前代的经验教训，系统讨论“秦何以亡，汉何以兴”。

对于刘邦和陆贾的这段对话，过往的解释是讲“仁义”，而忽略了一个隐藏信息，那就是对于这些“老资格”而言，作为“开国神话”的参与者，甚至就是操作者，创业合伙人们对于新鲜出炉的皇权不可能有什么真正的敬畏之心。他们心知肚明，你刘邦有今天不是你有多优秀，而是你“捡了个漏儿”，就连天下是“居马上得之”，还是摘项羽、韩信桃子得之，都要画个问号。

这个“漏儿”要不想被别人捡去，你就得和秦朝不同。

这种平等、直白的交流方式，不可能因为叔孙通个老儒定了朝礼就发生根本的改变。这些大将、名臣只不过不再用砍大殿柱子的方式公开表示不满罢了。

要知道，这段对话，《史记》记录在陆贾册封赵佗回长安之后，也就是汉高帝十一年，此时汉高祖刘邦已经油尽灯枯，异姓诸侯王也收拾得七七八八，多换上了刘氏子侄，政权倾覆的最大威胁解除，再往后，就算有什么意外，也是“肉烂在锅里”的问题。

刘邦确实有时间、有精力考虑怎样才能让刘氏江山万万年了。可惜，又过了一年，他的身体急转直下，汉高帝十二年三月颁下了上文中那道通篇都是“我对得起你们，你们也得对得起我”的诏书，基本可以算作他的政治遗嘱，也是对所有政治秩序的确认。

仅仅一个月后的四月甲辰（二十五日），汉高祖刘邦驾崩于长乐宫。

第二节

吕后一介女流为何能够独掌朝政十五年？

这个时候，轮到接掌帝国大权的吕雉头疼如何购买“勋贵们”的服务了，《史记·高祖本纪》这样记录刘邦死后的情景：

> 四月甲辰，高祖崩长乐宫。四日不发丧。吕后与审食其谋曰：“诸将与帝为编户民，今北面为臣，此常怏怏，今乃事少主，非尽族是，天下不安。”人或闻之，语郦将军。

“怏怏”就是不爽，原因就是诸将和刘邦都是老百姓出身，现在地位突然不平等了，你是君，我是臣，你说你是老天爷的儿子，是天子，我们都认识你爸爸“太公”啊！这些人连伺候父亲的时候都时有不服，何况面对儿子？干脆全宰了他们好了，也算消除隐患。

这里最惊悚的其实不是吕后的计划，而是“人或闻之”，也就是有人听到这个消息，告诉了要被“族”的人，郦将军，

《汉书》指明是郦商，汉朝的曲周侯。

试问，即使没有郦商劝审食其说服吕后，吕后一意孤行，在宫禁被渗透得如此厉害的情况下，这个计划有可能成功吗？

做梦！所以，这话真的是密谋吗？说的话就是想做的事吗？当然不是。

要理解这个故事，必须了解前史，忽略了它，则无从理解吕后何至于如此。

因为刘邦在临死前为“废后”“易太子”所做的准备言行并不少，一方面是讨论这个议题，受到叔孙通、张良等人的劝阻，另一方面，则是派周勃、陈平携带诏书到军中斩杀樊哙，吕家的另一个女婿。

之所以如此，盖因楚汉之争中，刘邦集团的势力布局分成几块：

关中萧何；
河南吕氏；
河北韩信；
前线刘邦。

最大的野战集团被刘邦掌握在手中“自将”，并时时抽调关中和韩信部下的精兵赴荥阳、成皋补充，维持了数年时间。

这之中，韩信的情况在之前的章节中已有揭示，由于他“能治天下而不能治左右”，根本没有形成一个“势力”，而关中萧何也有提及，为了让刘邦放心，将自家的父兄子弟能够拿得起兵器的，全部送到了刘邦军中，也得到了十余人食邑的回报，萧何本人更是在刘邦的强力干预下，成为“功臣第一”。

问题是，萧何也是“大功臣”中，没有谋反的情况下，唯一一个被捕入狱的人物，经历了刘邦一次次的试探和敲打，以至于以远比刘邦年轻之身[①]，表现出超乎寻常的老态：

> 相国年老，素恭谨，入，徒跣谢。

这个时间点，就在汉高帝十二年，刘邦征讨黥布回归之后，“废太子”“敲打萧何”“斩杀樊哙”的一系列举措，都发生在刘邦这位枭雄自知命不久矣的时刻，绝非偶然。

汉高帝十一年，黥布反叛，刘邦干了一件很奇怪的事情，见《史记·樊郦滕灌列传》中的记载：

> 先黥布反时，高祖尝病甚，恶见人，卧禁中，诏户者无得入群臣。群臣绛、灌等莫敢入。
>
> 十余日，哙乃排闼直入，大臣随之。上独枕一宦者卧。哙等见上流涕曰：“始陛下与臣等起丰沛，定天下，何其壮也！今天下已定，又何惫也！且陛下病甚，大臣震恐，不见臣等计事，顾独与一宦者绝乎？且陛下独不见赵高之事乎？”高帝笑而起。[②]

---

① 见拙作《秦砖》第九章第五节，北京联合出版公司，2020 年。

② 司马迁：《史记》卷九十五《樊郦滕灌列传》。

英（黥）布谋反时，汉高祖刘邦还没有出征之前，曾经病情严重，不愿意见人，命令看门的郎宦不得允许群臣进入，所以，周勃、灌婴等都不敢进入。十多天后，樊哙冲入宫门，带着大臣一起进入。只见刘邦自己靠着一个宦官在躺着，樊哙痛哭流涕说，你和我们一起在丰沛起兵定天下，何其壮勇，而今，天下安定，你又何其惫懒？

这些话，都还算是好话，后面就不好听了。

你病情严重，大臣们都很紧张，不接见我们这些人议事，难道只对着一个宦官……注意，这之后的“绝乎？”已经直指高祖将死，而接下来的质问是，难道你没有看到赵高在秦始皇死后废立的事儿吗？

刘邦闻言笑着起身。

这里，刘邦究竟是什么目的，事件有什么背景？

为什么周勃、灌婴等人领衔，而真正的执政者相国萧何和吕后没有反应？反而让樊哙排头？

要解释这些疑问，就要知道此时还发生了什么事。

《史记·留侯世家》：

> 上欲废太子，立戚夫人子赵王如意。大臣多谏争，未能得坚决者也。吕后恐，不知所为。
>
> 汉十一年，黥布反，上病，欲使太子将，往击之。
>
> 汉十二年，上从击破布军归，疾益甚，愈欲易太子。留侯谏，不听，因疾不视事。叔孙太傅称说引古今，以死

争太子。上详许之，犹欲易之。

结合上文可知，刘邦闭门不见群臣，应该就是在汉十一年黥布反时，得病，想让太子领兵讨伐黥布，而从刘邦的行为来看，当时实为“装病”，否则也就不能“笑而起之”。而因为涉及让太子领兵，吕后无计可施，所以，只能让樊哙假装“愣头青”去撞破这个“骗局”，再由自己“承间为上泣涕而言”，刘邦的反应是：

上曰：“吾惟竖子固不足遣，而公自行耳。”[①]

这句话的怨气十足，对于太子刘盈完全无力为自己分担征战失望至极，进而怀疑面对这么一群马上宿将、诸王，究竟有没有能力保住皇位。

所以，大败英布回归之后，刘邦病得越厉害，越想换太子，无论重臣怎么劝谏都不听，就有了商山四皓的出场，而刘邦在看到这四个老头之后，对戚夫人说道：

我欲易之，彼四人辅之，羽翼已成，难动矣。吕后真而主矣。[②]

然后俩人就是楚歌对酒，凄风冷雨，刘邦说，太子羽翼已成，动不了了，吕后以后是你的主人了！

---

① 司马迁：《史记》卷五十五《留侯世家》。

② 同上。

为什么呢？

《史记·吕太后本纪》中说：

> 吕后为人刚毅，佐高祖定天下，所诛大臣多吕后力。吕后兄二人，皆为将。长兄周吕侯死事，封其子吕台为郦侯，子产为交侯；次兄吕释之为建成侯。[1]

“佐高祖定天下”的功绩评价，在“大功臣”中也只有吕氏兄弟和萧何得到，可见吕后本身是怎样的女中豪杰，而且，正如上文所提及的，蛊逢、丁复、郭蒙、郭亭、冯无择、张平等人，都曾是吕泽的部属，作为曾在起兵初期为刘邦“守砀”的“客”，出关后，又“将兵先入砀”的列侯，以及楚汉战争中，在荥阳、洛阳一线镇守的将军，吕泽虽然战功有限，人脉关系却足以让刘邦侧目。

吕氏兄弟至少在人脉上，足以达到刘邦“合伙人”的层次，只是由于汉初外戚也属于宗室，且有吕后作为势力代表，才屈居“上侯”，而非封王。这是汉初政治格局的一个轮廓，在大家一致对外时，分歧并不明显，但当涉及“废长立幼”这种根本问题，所有人的政治态度都要“一一过刀”。

尴尬的是，随着对“联盟者”的讨伐和剥离，到了汉高帝十二年，刘邦个人关系最亲密的支持者已经没有了，与他一同长大的卢绾，前为太尉，后为燕王，却在高帝末年反叛了……

---

① 司马迁：《史记》卷九《吕太后本纪》。

而张良、陈平、周勃、灌婴等人，归根结底是后来者，并非刘邦真正的“个人亲信”，他们中的站队，有张良这种本不欲掺和，却被吕释之拉上“贼船”的“太子傅”，也有陈平、周勃这种典型的“投机骑墙派”。

还没说到谁？萧何、曹参。

这两个人在汉高帝的“易储”故事中一直没有出现，但是，曹参在惠帝时代担任相国，其子曹窋为惠帝近臣“中大夫”，在高后一朝，官至御史大夫，直到汉文帝登基，才因“与大臣共诛吕禄等，免”[①]将他罢职为侯，说明曹氏家族并不反对吕氏专政。

萧何，这个隐藏在迷雾中的人物，在楚汉之争中，就不停地“展示忠诚”，而刘邦首选的汉帝国首都，也不是关中的栎阳或咸阳、长安，而是“洛阳”，直到戍卒娄敬和张良反复劝谏后，才迁都长安，难道只是顾虑列侯们的“还乡”愿望吗？

事实上，我们看到，在汉高帝建都长安后，丰沛元从中，唯一一个入狱且要用“自污”手段自保的，唯有相国萧何，恰恰说明了萧何地位的举足轻重。

正因为如此，一直隐居在关中南山的“商山四皓”，刘邦屡次礼聘不来，却进入了太子的团队，并不是这四个人有多么强大，事实恰恰相反，虽然刘邦让他们辅佐太子，之后却再无记载事迹。

---

① 司马迁：《史记》卷九十六《张丞相列传》。

他们的出现，实际上是“尊太子派”向刘邦的一次“力量示威”。在这之前，刘邦征英布时，已经有“易储之心”，张良本置身事外，结果：

> 吕后乃使建成侯吕泽（应为吕释之）劫留侯。[①]

吕释之亲自出手，拉住张良出主意，就是拉张良入局，所以，张良上船之后，先设计请“商山四皓”，执行过程是：

> 于是吕后令吕泽使人奉太子书，卑辞厚礼，迎此四人。四人至，客建成侯所。

紧接着，刘邦第一次“易储”的尝试，因为张良的劝谏而止，即：

> 上曰：“子房虽病，强卧而傅太子。”[②]

第二次：

> （刘邦）疾益甚，愈欲易太子。留侯谏，不听，因疾不视事。叔孙太傅称说引古今，以死争太子。上详许之，犹欲易之。[③]

也就是说，张良劝谏已经无用，所以，双方本身就是图穷

---

① 司马迁：《史记》卷五十五《留侯世家》。
② 同上。
③ 同上。

匕见之局，所以，“商山四皓”出场，刘邦和他们的问答是：

> 吾求公数岁，公辟逃我，今公何自从吾儿游乎？
>
> 四人皆曰：“陛下轻士善骂，臣等义不受辱，故恐而亡匿。窃闻太子为人仁孝，恭敬爱士，天下莫不延颈欲为太子死者，故臣等来耳。”①

刘邦的基本盘是与吕后共享的，哪怕是张良、陈平这样的外来户，都站在了吕后这边，意味着刘邦在废太子的议题上，彻底成了孤家寡人。这种情况下，以他个人的威望，当然能动太子，也能废吕后，甚至杀吕后，但是然后呢？

关中“商山四皓”的出现，让刘邦联想到的绝不止张良，还有在关中拥有庞大潜势力的萧何的向背。

所以，哪怕他完全一意孤行，戚夫人和赵王如意也将面对整个列侯基本盘的反扑，而这些人实际上是汉朝镇压天下的主要同盟军，他们的人心散了，队伍自然就没法带了。

刘邦实际上是理智战胜了感情，拿戚夫人和儿子的生命做代价，换取了王朝的存续，而两人也是心知肚明，所以，戚夫人痛哭流涕，刘邦连酒都喝不下去了。

在刘邦死后，最能见吕后威势的，是吕后死后，代国君臣的评价，代王问左右郎中令张武等。张武等议曰：

---

① 司马迁：《史记》卷五十五《留侯世家》。

汉大臣皆故高帝时大将，习兵，多谋诈，此其属意非止此也，特畏高帝、吕太后威耳。[①]

“特畏高帝、吕太后威耳”，刘邦杀人放火一辈子有威不奇怪，吕太后一个深宫妇人敢拿尽杀诸将来敲打下属，还不够“威”吗？

不过，值得注意的是，刘邦对萧何的囚禁和敲打，从时间看，应该也与“商山四皓”事件有关，属于一种意志受挫的发泄，而对樊哙，则纯粹是“恨”了。

见《史记·樊郦滕灌列传》：

哙以吕后女弟吕须为妇，生子伉，故其比诸将最亲。[②]

两人的关系是“连襟”，所以在诸将中最为亲昵。

但是，这种亲密关系，在刘邦即将不久于人世时，成了重要的隐患：

其后卢绾反，高帝使哙以相国击燕。

是时高帝病甚，人有恶哙党于吕氏，即上一日宫车晏驾，则哙欲以兵尽诛灭戚氏、赵王如意之属。

高帝闻之大怒，乃使陈平载绛侯代将，而即军中斩哙。

陈平畏吕后，执哙诣长安。至则高祖已崩，吕后释哙，使复爵邑。[③]

---

① 司马迁：《史记》卷十《孝文本纪》。

② 司马迁：《史记》卷九十五《樊郦滕灌列传》。

③ 同上。

也就是说，刘邦快死的时候，有反吕者跟他告发，如果你死了，樊哙会带兵把戚夫人、赵王都杀了，刘邦大怒，派出陈平和周勃去杀樊哙，夺他的兵权。

注意，刘邦杀樊哙的旨意的真正目的是借人头警示吕后，不要报复戚夫人和赵王。结果，陈平害怕吕后，只是把樊哙抓回了长安，这个警示作用也就不存在了，尤其是在高祖死了之后，吕后干脆赦免了樊哙。

综上所述，刘邦对樊哙的杀心，早在他想换太子的时候，就已经埋下了，因为樊哙明显根本不和自己一条心。所以，在将死之际，安排后事也想把樊哙弄死，削弱吕氏的力量，同时警告吕氏，不要太过分，而且，让掌握重兵的周勃、陈平与吕氏彻底站在对立面，也有利于形成互相牵制的局面。

只是没想到，人走茶凉，一切凉凉。

第三节

汉文帝登基意味着刘邦的汉朝已经死去

汉文帝登基后，西汉政坛的基本规则，已经不再以刘邦预期的剧本向下演出，而是不断地消解、架空，直至被一个全新的规则完全替代。

《史记·张丞相列传》记载：

> 自汉兴至孝文二十余年，会天下初定，将相公卿皆军吏。①

在刘邦的时代，相国是中央政权的代表，南、北军兵权，是中央军权的代表，诸侯王相，是地方政权的代表。这些权力都掌握在军功集团的金字塔尖，一部分权势在列侯手中，站在他们头上的，则是刘姓的皇室和刘姓的诸侯王。

---

① 司马迁：《史记》卷九十六《张丞相列传》。

双方的关系，说到底就是，“政由葛氏，祭则寡人”，所以才有《史记 · 吕太后本纪》里司马迁的赞词：

> 故惠帝垂拱，高后女主称制，政不出房户，天下晏然。[①]

惠帝治下的七年，基本延续了刘邦为其划定的政治轨迹。萧、曹两代相国的相权也完全覆盖了皇权，日常事务完全不需要皇帝插手，故而称“垂拱”。

除了对赵王刘如意的鸩杀是吕后与刘邦暗斗的余波，也没有针对诸王和列侯的政治举措，人事安排上也保持了延续。

随着惠帝的突然死亡，平衡被打破了。《史记 · 吕太后本纪》记载：

> 七年秋八月戊寅，孝惠帝崩。发丧，太后哭，泣不下。留侯子张辟彊为侍中，年十五，谓丞相曰：“太后独有孝惠，今崩，哭不悲，君知其解乎？”丞相曰：“何解？”辟彊曰：“帝毋壮子，太后畏君等。君今请拜吕台、吕产、吕禄为将，将兵居南北军，及诸吕皆入宫，居中用事，如此则太后心安，君等幸得脱祸矣。”丞相乃如辟彊计。太后说，其哭乃哀。吕氏权由此起。[②]

惠帝驾崩，吕后哭不出眼泪，张良的儿子张辟彊才十五

① 司马迁：《史记》卷九《吕太后本纪》。

② 同上。

岁，就去劝丞相，皇帝没有成年的儿子，太后怕你们这些高祖旧将，唯有让吕氏子侄掌握南、北军兵权，让诸吕入宫掌握权力，你们才能脱离祸患。

这段记载有两处不可解，一是“太后畏君等”，怕的是什么？二是为什么是张良的儿子张辟彊来说“君等幸得脱祸”？

先说第一个问题，吕后想让吕氏家族篡逆，怕被忠臣们阻拦？还是吕后以女人称制临朝怕被老臣们反对？

都不是，核心在“帝毋壮子”，也就是惠帝的太子太小，而她已经五十四岁了，根本不足以扶上马送一程，这是吕后的远虑；近忧则是上述汉初政治结构中，驾驭功臣集团的刘氏集团，皇室幼弱无力，诸侯王又血缘逐渐疏远，拱卫大宗的意愿愈发薄弱。

如果吕后死去，这些问题将集中爆发，她必须预做准备，而这一系列加强“宫廷势力”的举措，实则一直在汉高祖设定的框架内，而无所谓“篡逆”。

比如“诸吕”封王者，其实都是之前的列侯，见《史记·吕太后本纪》：

> 吕后兄二人，皆为将。长兄周吕侯死事，封其子吕台为郦侯，子产为交侯；次兄吕释之为建成侯。[①]

而由侯至王的跨越理由，《史记·吕太后本纪》也有记载：

---

① 司马迁：《史记》卷九《吕太后本纪》。

问左丞相陈平、绛侯周勃。勃等对曰："高帝定天下，王子弟，今太后称制，王昆弟诸吕，无所不可。"

太傅产、丞相平等言，武信侯吕禄上侯，位次第一，请立为赵王。太后许之，追尊禄父康侯为赵昭王。

令其子寄往绐说吕禄曰："高帝与吕后共定天下，刘氏所立九王，吕氏所立三王，皆大臣之议，事已布告诸侯，诸侯皆以为宜。"[①]

这里，就涉及第二个问题，为什么是张良的儿子提出"君等幸得脱祸"的问题。

原因很简单，张良曾经为惠帝设谋保住了太子位，可见他是惠帝正统的支持者，属于倾向吕后的人物，而他承袭留侯爵位的儿子张不疑，也成了汉文帝初年有限的被"夺国"的顶级功臣列侯，应该就与此有关。

换句话说，吕后称制的基础，并不单单因为她是刘邦的发妻，更重要的资本是她与刘邦"共定天下"，"诸吕"子弟在汉朝平定天下的战争中也有军功，所以才有吕禄这个"勋二代"的"上侯，位次第一"。

最重要的一点是，吕后封建诸吕，立三王，完全符合组织程序，法理上也没有瑕疵，即"皆大臣之议，事已布告诸侯，诸侯皆以为宜"。

---

① 司马迁：《史记》卷九《吕太后本纪》。

如果说拿高祖的“白马之盟”来说事，那么，吕氏封王的时候，诸侯王和列侯们就应该履行盟誓“天下共击之”，然而，他们没有。

相反，陈平、周勃共同的表态是“无所不可”，后来更积极地促成吕禄封王。可见，只要固有的权力格局不变动，究竟是不是“非刘氏不得封王”，他们并不在乎。

政变的诱因，甚至不是吕后之死。

对于汉高祖政治结构的突破，实则来自于诸侯王的压力。确切地说，来自于强藩的挑战。

在汉初的分封体系之中，齐王刘肥作为汉高祖的庶长子，封国广大、领民众多。《史记·齐悼惠王世家》里写道：

> 高祖六年，立肥为齐王，食七十城，诸民能齐言者皆予齐王。[①]

齐言，就是齐国方言，此时天下初定，百姓流散，把所有能说齐国方言的人都给齐王，这等于是让刘肥恢复战国时代齐国的旧疆。再加上齐都临淄在战国时代就是著名的商业都会，有民七万户，又占鱼盐之利，齐国绝对算是汉初诸侯国中最富庶的一个。

《汉书·高帝纪》记录得更详细：

① 司马迁：《史记》卷五十二《齐悼惠王世家》。

以胶东、胶西、临淄、济北、博阳、城阳郡七十三县立子肥为齐王。[①]

另一个大国是赵国，自张氏赵国定封，高祖九年时，赵国有邯郸、巨鹿、恒山、河间、清河、云中、雁门、代郡，也就是在赵王如意的时代，刘邦给最喜欢的儿子封了八个郡，人口肯定不如齐国多，但地盘比齐国还大。

高帝十一年，分赵地一部建代国，以皇子刘恒为代王，都晋阳，这之后的赵国，还剩下五个郡，即邯郸、巨鹿、恒山、河间、清河。

惠帝、吕后时代，对于齐、赵两个大国，基本上是集中火力地削藩。

惠帝二年，齐王献城阳郡为鲁元公主汤沐邑；吕后元年，割齐国济南郡为吕王奉邑；吕后元年，分赵国常山郡建常山国；吕后七年，割齐国琅邪郡建琅邪国。

齐国去三郡，仍以刘肥之子为齐王，赵国去一郡，封吕禄为赵王。

结果，第一个构难起兵的，也正是齐王刘襄，汉高祖的长孙。他的两个兄弟，刘章、刘兴居为吕后封侯宿卫，甚至以吕氏女下嫁，仍一直在长安奔走反对吕氏。需要注意的是，齐王起兵之后，首先夺取了琅邪王刘泽的封地和军队，进而西进与

---

① 班固：《汉书》卷一《高帝纪下》。

汉将灌婴对峙，得到承诺后又回军攻占为吕后割取的齐国旧地，这个过程中是不是只有齐国发难了呢？

看似如此，但在《史记·吕太后本纪》里有一些隐藏信息：

> 吕禄、吕产欲发乱关中，内惮绛侯、朱虚等，外畏齐、楚兵，又恐灌婴畔之，欲待灌婴兵与齐合而发，犹豫未决。[①]

《汉书·高后纪》中也有类似记载：

> 具以灌婴与齐、楚合从状告产。[②]

起兵诛除诸吕的内战，至少应该有齐国、楚国两个刘姓诸侯国出兵。然而，无论是《史记·楚元王世家》，还是《汉书·楚元王传》，都没有楚国参与此次事件的记录。

楚元王刘交是刘邦在世为王的唯一弟弟，近支宗室中辈分最高者，封国为薛郡、东海、彭城三十六县，地盘不大，占据西楚霸王旧都，是举足轻重的人物，比起他来，这时候吴王刘濞还是个小年轻，正守着荒僻的封地埋头种田。

汉高祖十二年驾崩，留下八个儿子：老大刘肥为齐王，老二为惠帝，他后面是刘如意为赵王、刘恒为代王、刘恢为梁王、刘友为淮阳王、刘长为淮南王、刘建为燕王。另有汉高祖幼弟刘交为楚王、侄子刘濞为吴王。另有吴氏长沙王。

---

① 司马迁：《史记》卷九《吕太后本纪》。

② 班固：《汉书》卷三《高后纪》。

到吕后死时，这个格局完全改变，高祖兄弟为王的，仅楚国刘交；诸子为王的，只有代王刘恒、淮南王刘长；亲孙子为王的有齐王刘襄、梁王刘太、淮阳王刘武、常山王刘朝；族人为王的有琅邪王刘泽、吴王刘濞；另有吕氏为王的梁（吕）王吕产、赵王吕禄、燕王吕通，刘邦、吕后外孙鲁王张偃。吴氏仍为长沙王。

前后一比较就能发现，到吕后死时，已经建立了一个以少帝亲兄弟为核心，以吕氏诸王为重镇的“内圈”藩屏。齐国这个最大的威胁也被切割掉了一半，纸面实力和吴、楚这种中等封国差不多了。

对于朝堂的重臣列侯们，这个状态虽然脆弱，却是最稳定的。然而，齐王刘襄的决绝起兵，打破了整个平衡。

楚国的参与程度，我们今天不得而知，在前文中，我们已经有过猜测，刘交的起兵，很可能与吕后临终前将刘邦之母刘媪提升至“太后”有关，这等于否定了刘交之母太公正妻的身份，太上皇后的尊号也岌岌可危。

所以，作为宗室长者，刘交的起兵，政治意义超乎寻常，齐国六郡、楚国三郡，已有九郡发难。另有代国、淮南国、吴国，都是刘氏子侄，如果响应起兵，就意味着一场新的楚汉战争即将爆发。

此时，长安的重臣列侯们完全没有必要为了吕氏家族的权柄，将自己既得的身份、利益全部压上赌桌，哪怕之前他们早已与吕氏政权合作了多年。也正因为如此，才能解释，为什么长安重臣在“诛吕安刘”之后，扶立了汉文帝刘恒，因为他们只有这一个选择，没有第二个。

对于他们而言，在齐、楚等刘姓诸侯王还没有取得军事优势之前，以自己的力量重新掌握中枢讨价还价，才是保障权力、地位的唯一出路，这才有了周勃、陈平、灌婴等人的一致行动，通过“宫廷政变”而非“国内战争”的方式，出卖吕氏家族。

勋贵们抛弃了吕后十多年间提拔起的所有新贵，甚至出卖了少帝这个合法皇帝的生命，抢在齐王之前，迎立了代王刘恒。这个选择，史书上的解释是看“母家”，防止重现吕后。

其实，把上述诸侯王的名字、阵营摆一摆就很清楚。

抹掉吕氏家族及其拥立的少帝、三王之后，候选人只剩下楚王刘交、齐王刘襄、代王刘恒和淮南王刘长。

楚王亲缘太远，立他，汉高祖的牌位都没地方放了，只能从高祖子孙中选择，齐王谋反自有班底，两兄弟刘章、刘兴居，舅父驷钧为相、郎中令祝午为内史、中尉魏勃为将军。这一群人等到齐王当皇帝，必然要酬功安置，那么，高祖的功臣们要摆在哪儿呢？

更重要的问题就是，立齐王为皇帝，他起兵讨伐诸吕就是皇帝的“功劳”，属于不可抹杀的政治正确，那么，屈从诸吕，甚至“公议”封吕氏为王的丞相、太尉、列侯们是什么？这不等于给自己制造“政治污点”，等新皇来抓吗？

淮南王刘长从小由吕后养育成长，说起来比少帝还亲，立他就要面临秋后算账的风险。

至于后人常提起的周勃“忠诚”，或者说刘邦临终识人之准，其实都是后世一层又一层贴上去的。

代王刘恒在下决心入长安即位之前，咨询了左右近臣，郎中令张武的顾虑代表了绝大多数人的意见，这时，代国中尉宋昌站出来，说了三条：

> 群臣之议皆非也。夫秦失其政，诸侯豪桀并起，人人自以为得之者以万数，然卒践天子之位者，刘氏也，天下绝望，一矣。高帝封王子弟，地犬牙相制，此所谓盘石之宗也，天下服其强，二矣。汉兴，除秦苛政，约法令，施德惠，人人自安，难动摇，三矣。[①]

第一条，这天下是刘氏打下来的，是斗争的结果，历史的选择；第二条，刘邦分封子侄之后，力量上刘氏足以压倒所有人；第三条，汉朝对秦朝旧体制改造很成功，大家发财，没人想反。

这三条硬道理，雄辩地说明了开国功臣们为什么要扶立刘氏，也变相说明了刘邦为什么要分封同姓王。这些都是现实的政治角力，不是什么郡县制比分封制先进的简答题。

道理说了千千万，代王刘恒还是担心，又是找薄太后商量，又是占卜，又是派亲舅舅薄昭去见周勃确认信息，最后才笑着对宋昌说：

---

① 司马迁：《史记》卷十《孝文本纪》。

果如公言。

六个人坐着传车疾驰到关中高陵，还要派宋昌进长安“观变”，可以想象当时刘恒既兴奋又忐忑的心情，真是一步天堂一步地狱。

且不论中间一系列的推让，只说代王刘恒接受了劝进，以天子法驾入宫，《史记·孝文本纪》的记录是：

皇帝即日夕入未央宫。[①]

也就是说，真怕夜长梦多了，干脆，傍晚日落时分就住进未央宫，这过程中还出了个插曲。

见《史记·吕太后本纪》：

有谒者十人持戟卫端门，曰：“天子在也，足下何为者而入？”代王乃谓太尉。太尉往谕，谒者十人皆掊兵而去。代王遂入而听政。

请注意，此事发生在东牟侯刘兴居、汝阴侯夏侯婴将少帝迁居少府之后，已经汇报宫中安排妥当的情况下，竟有“谒者”端着长戟挡驾，解除他们的武装，还要太尉周勃亲自说话，明显就是“下马威”。

所以，文帝当天晚上干了四件事：

① 司马迁：《史记》卷十《孝文本纪》。

乃夜拜宋昌为卫将军，镇抚南北军。

以张武为郎中令，行殿中。

还坐前殿，于是夜下诏书曰："间者诸吕用事擅权，谋为大逆，欲以危刘氏宗庙，赖将相列侯宗室大臣诛之，皆伏其辜。"①

夜，有司分部诛灭梁、淮阳、常山王及少帝于邸。②

掌握军队，控制长安；任命亲信，保护自己；杀死旧主，以防后患；下诏定性，安功臣之心，就发生在一夜之间，汉文帝行为之果决可见一斑。

问题是，占尽优势的功臣集团为什么没有反抗汉文帝的收权？

因为这个时候，功臣勋贵们需要汉文帝对他们之前的行为进行政治确认，将他们列为"诛除诸吕"的主导者，双方才算完成政治交易。

所以，汉文帝在入宫当夜，就以诏书的形式确认了"诸吕谋为大逆"，将之前的政变定性为"平叛"。那么，这场政变的主谋和参与者们等于又立新功，而不是一群无视"虎符""节杖""诏书"，擅自发兵进宫捕杀相国、诸侯王的反贼。

更细节的处理，在于"赖将相列侯宗室大臣诛之"的排位，将、相、列侯、宗室、大臣，有齐王、楚王什么事儿吗？

---

① 司马迁：《史记》卷十《孝文本纪》。

② 司马迁：《史记》卷九《吕太后本纪》。

诸侯王是没写的，轻描淡写地划入了“宗室”。

用一句现代的话来总结，就是功臣列侯彻底篡夺了“革命果实”，齐王等人的“正义”行动，不但无功，反而有罪。

《史记·齐悼惠王世家》记录了这么一个故事：

> 灌婴在荥阳，闻魏勃本教齐王反，既诛吕氏，罢齐兵，使使召责问魏勃。勃曰：“失火之家，岂暇先言大人而后救火乎！”因退立，股战而栗，恐不能言者，终无他语。灌将军熟视笑曰：“人谓魏勃勇，妄庸人耳，何能为乎！”乃罢魏勃。[①]

魏勃是齐王的谋主，在政变之后，面对灌婴的责问使者，也只敢解释一句，家里着火不可能事先汇报给家长再救火，以开脱齐国无诏兴兵的罪责，然后就吓得两股战战，不敢说话。灌婴老将自然鄙视他，嘲笑他还能干点儿啥？直接罢免了他的官职。

可见，兴兵有罪，但汉文帝又对齐国动了软刀子：

> 孝文帝元年，尽以高后时所割齐之城阳、琅邪、济南郡复与齐，而徙琅邪王王燕，益封朱虚侯、东牟侯各二千户。[②]

---

① 司马迁：《史记》卷五十二《齐悼惠王世家》。

② 司马迁：《史记》卷五十二《齐悼惠王世家》。

看起来很大方，可且不说这三郡属于齐国旧地，在齐王发兵后，齐军也已实际攻取了三郡，等于不多不少，反倒是琅邪王刘泽，坚决反对齐王登基，推举代王上台，由琅邪一郡的地盘，一跃成为地连数郡的大国，这才是正经的酬功。

紧接着，汉文帝又封淮南王舅父赵兼为周阳侯，齐王舅父驷钧为清郭侯（“诸侯表”作清都侯，后为邬侯），周阳在上郡、邬在太原县，虽然封侯，但是远迁，仍是削弱齐王、淮南王母家的支持。同年，齐王刘襄死去，谥号为哀王，也不知道是因为错失良机气死的，还是有别的什么不测，终究是死了，去汉文帝心头一大患。

更能反映汉文帝对齐王起兵“诛除诸吕”的真实态度的，是对于齐相召平之子的安排。齐相召平在齐王擅自发兵时坚决抵制，想事先出兵包围王宫，没想到被魏勃欺骗，反被围于相府，无奈之下自杀。

汉文帝十年四月，封召平之子召奴为犁侯，封东郡一千四百一十户，“诸侯表”中写明事由就是：

> 以齐相召平子侯。[①]

这个时候，汉文帝的政权已经相当稳定，当事人齐哀王刘襄也死去多年，齐国地盘几经削分，已经不足为患。重提这个旧案，可见也是攒了多年的念头。

---

① 司马迁：《史记》卷十九《惠景间侯者年表》。

在了解以上信息之后，反过来去看汉文帝元年的政治斗争，也就能够洞悉其间隐秘的关联了。

齐、楚的无诏起兵，触发了重臣们的危机感，促成了长安“诛除诸吕”的宫廷政变，联合出卖了之前经过合法程序认可的“吕氏领导班子”，又在事变后的利益分配中，将齐、楚排除在外，引入了最符合他们利益的代王刘恒，立为皇帝。

代王刘恒则投桃报李，对于之前的历史问题，重新做出解释，将丞相、太尉、列侯对于“白马之盟”的背弃，解释为暂时的隐忍；将“无诏夺军”的非法政变，解释成为“人心思刘”的传奇故事，当然也要“下不为例”；又对始作俑者齐王的起兵，不置褒贬，只是归还吕氏侵夺的齐、楚旧地。

对于汉王朝而言，这次“靖难之役”的影响可谓翻天覆地，汉高祖刘邦规划的，汉惠帝、吕后勉力维持的汉初分级封建的平衡体制，至此已名存实亡，之后“代系诸帝”对于合作者的理解，与惠帝嫡传的路线，完全不同，也就只能走上一条新路。

第四节

一场政变“吓”出了文景之治

汉高帝十二年，年迈的汉高祖刘邦指示“老兄弟”陆贾：

试为我著秦所以失天下，吾所以得之者何，及古成败之国。①

简言之，即：

秦何以亡，汉何以兴？

这个问题在长达 15 年的惠帝、高后时代销声匿迹，直到汉文帝以诸侯王入继大统，才频繁出现在史书上。

贾山、贾谊、晁错等人，都曾经以秦亡汉兴为主题，讨论过现实问题，张释之、冯唐则都被汉文帝主动问询过这个问题，

① 司马迁：《史记》卷九十七《郦生陆贾列传》。

具体的言论没有记载。

那么问题来了，一是汉太宗文皇帝为什么关心这个“虚头巴脑”的问题？二是究竟秦何以亡，汉何以兴？

700 年后的另一位太宗文皇帝李世民，又为什么也一样关心“隋何以亡，唐何以兴”的问题？

2000 年来，对于第二个问题的解答，基本延续了陆贾、贾谊、贾山等人的思路，其中最著名的莫过于贾谊的名篇《过秦论》，归结起来就是：

> 仁义不施而攻守之势异也。[①]

具体怎么个“仁义不施”，《汉书·贾山传》记载了他的评论：

> 秦王贪狼暴虐，残贼天下，穷困万民，以适其欲。[②]

千载之下，一说起秦朝就是严刑峻法、杜塞言路、穷奢极欲、好大喜功，一说起文景之治就是轻徭薄赋、虚怀纳谏、与民休息、劝课农桑、无为简朴，几乎就是对着样板“反着来”的政治经验。

说到这儿，还是先聊聊汉文帝这个人。

见《史记·吕太后本纪》的引文：

---

① 司马迁：《史记》卷六《秦始皇本纪》。

② 班固：《汉书》卷五十一《贾邹枚路传》。

夜，有司分部诛灭梁、淮阳、常山王及少帝于邸。[①]

这个“夜”，就是汉文帝入宫之夜，事件列于文帝派亲信掌握宫禁防卫之后，足见太史公记录的心思，即诛杀汉惠帝诸子，并非出自重臣们的心意，而是文帝的重大政治举措。

梁王、淮阳王、常山王和少帝，由于功臣列侯们的政治需要，由汉惠帝的亲儿子，被贬成了“非亲子”，一方面可见功臣列侯们的滔天权势，真是说你不是，你就不是；另一方面，到底是也不是呢？如果是抱养一个“假儿子”，尚且说得过去，这是4个，再加上之前已死的另一位少帝，就是5个，都是“假”的？

在《史记·外戚世家》里还有一条信息：

（窦姬）至代，代王独幸窦姬，生女嫖，后生两男。而代王王后生四男。先代王未入立为帝而王后卒。及代王立为帝，而王后所生四男更病死。孝文帝立数月，公卿请立太子，而窦姬长男最长，立为太子。[②]

代王王后生的4个儿子，肯定是“亲生”的，在汉文帝登基“数月”间死去……咱们看看这个“数月”有多久。

高后八年九月，发生诛除诸吕的政变，功臣列侯迎代王；文帝元年十月辛亥，“皇帝即阼，谒高庙”，也就是登基了，十

① 司马迁：《史记》卷九《吕太后本纪》。

② 司马迁：《史记》卷四十九《外戚世家》。

月壬子，“遣车骑将军薄昭迎皇太后于代”；文帝元年正月，有司言曰：“蚤建太子，所以尊宗庙。请立太子。”

汉承秦制，以十月为岁首，所以这几个月份是连着的，也就是说，3～4个月内，汉文帝“恰巧”病死了4个儿子，还全是代王后所生……

这到底是汉文帝的手笔，还是窦姬的狠辣，我们不得而知，不过说汉文帝毫不知情是不可能的，而事后也并没有公开的反应，反而在文帝元年三月，由薄太后出面答复有司：

> 三月，有司请立皇后。薄太后曰：“诸侯皆同姓，立太子母为皇后。”[①]

结合前后文，只能说明，汉文帝死了4个有继承权的儿子，没有任何反应，这是对“子”。再看对世上仅存的一个“弟”。

《史记·淮南衡山列传》载：

> 制曰：“计食长给肉日五斤，酒二斗。令故美人才人得幸者十人从居。他可。”
>
> 于是乃遣淮南王，载以辎车，令县以次传。是时袁盎谏上曰：“上素骄淮南王，弗为置严傅相，以故至此。且淮南王为人刚，今暴摧折之。臣恐卒逢雾露病死。陛下为有杀弟之名，奈何！”上曰：“吾特苦之耳，今复之。”县传

① 司马迁：《史记》卷十《孝文本纪》。

淮南王者皆不敢发车封。淮南王乃谓侍者曰："谁谓乃公勇者？吾安能勇！吾以骄故不闻吾过至此。人生一世间，安能邑邑如此！"乃不食死。至雍，雍令发封，以死闻。上哭甚悲，谓袁盎曰："吾不听公言，卒亡淮南王。"盎曰："不可奈何，原陛下自宽。"上曰："为之奈何？"盎曰："独斩丞相、御史以谢天下乃可。"上即令丞相、御史逮考诸县传送淮南王不发封馈侍者，皆弃市。①

皇帝下制书，絮絮叨叨地要求给淮南王刘长每天 5 斤肉、2 斗酒，还允许 10 个姬妾同行，这是法外开恩，却是说给天下人听的。

当然，从《史记》里非常少见地照录了公布淮南王刘长罪行的诏书来看，汉文帝对他的处置不算严厉，甚至异乎寻常的软弱。

在真正操作的时候，却让人从长安用"辎车"运送淮南王，一个县一个县地接力到巴蜀去。所谓"辎车"，就是前后都有车篷、帘子遮蔽的马车。结果呢，沿途各个县的官吏都不敢启封送食物给淮南王刘长，一路上竟然守着一天 5 斤肉、2 斗酒的饮食待遇，饿死了。直到雍县（今陕西凤翔南），县令启封，才发现刘长已经死得透透的了。

那么，淮南王是不是自己绝食死的？

---

① 司马迁：《史记》卷一百一十八《淮南衡山列传》。

不是。

“诸县传送淮南王不发封馈侍者”，是汉文帝抓捕的责任人。这个“馈”字，意思是进食于人，与“不发封”并列，说明献食物需要“发封”，可见从长安到雍县这一路上，300多里地，淮南王刘长是没得吃，而不是不想吃。

反过来再说，这事儿汉文帝是否知情？

当然知情，所以才有“上曰：‘吾特苦之耳，今复之。’”翻译过来就是，我故意让他吃吃苦头，既然你这么说，就饶了他吧。

在这个过程中，他最关心的是弟弟刘长的生死吗？不是，重点是袁盎所说的，“陛下为有杀弟之名，奈何！”在处置淮南王不法时的种种不忍，《史记》中罕见地记录淮南王刘长做过的每一件具体的“恶事”，都说明汉文帝非常希望在消灭除自己之外唯一的高祖之子的时候，能有足够的“合法性”。

袁盎之所以能成为文景之际的名臣，绝非浪得虚名，一出手就抓到了汉文帝的七寸，那就是“名”。在淮南王刘长已死的情况下，他给出的补救措施很直接，“斩丞相、御史”，让重臣背锅，天下人自然说不出什么。问题是，你杀得了吗？

此时的丞相是北平侯张苍，灌婴的继任者，《史记·张丞相列传》里这样描述他的身份：

> 苍与绛侯等尊立代王为孝文皇帝。①

---

① 司马迁：《史记》卷九十六《张丞相列传》。

另一位要被“斩”的是行御史大夫事宗正刘逸。此人事迹史书缺载（也可能是名字记错了），但其前任为楚元王刘交之子刘郢客，因袭封楚王卸任，后任为楚元王之子平陆侯刘礼，七国之乱之后也封楚王。基本上，汉初为宗正者，一定是封列侯的宗室长者，且多为楚王世系，既亲且贵。

一个佐命功臣、一个宗室亲贵，当替罪羊分量确实足够，可能让你像杀鸡一样宰掉吗？

所以，汉文帝只能去收拾小喽啰，结果天下人的眼睛还是“雪亮”的，《史记·淮南衡山列传》里写道：

> 孝文十二年，民有作歌歌淮南厉王曰：“一尺布，尚可缝；一斗粟，尚可舂。兄弟二人不能相容。”上闻之，乃叹曰：“尧舜放逐骨肉，周公杀管蔡，天下称圣。何者？不以私害公。天下岂以我为贪淮南王地邪？”乃徙城阳王王淮南故地，而追尊谥淮南王为厉王，置园复如诸侯仪。[①]

那时候没有互联网，所以民谣就代替了网络谣言的功效，直接讽刺皇帝不能容兄弟，逼得汉文帝在处置了兄弟六年之后，才给亲弟弟恢复政治待遇，即追尊诸侯王才有的谥号和陵园。但是，这个谥号一样暗藏着盖棺论定的政治目的。

因为谥法规定，“暴慢无亲曰厉”，通俗地解释，就是性情暴戾又没有素质，造成众叛亲离。

---

① 司马迁：《史记》卷一百一十八《淮南衡山列传》。

问题是，民谣起自淮南旧地，刘长有无“民心亲附”已是一目了然。这歌谣指斥汉文帝刻薄的用心昭然若揭，而汉文帝的处置方式非常老辣，一方面以圣贤逐杀骨肉譬喻自解；另一方面又用钦定谥号将造成兄弟反目的锅甩给了死人。

什么是政客？这就是优秀的政客。

只有了解到汉文帝是一位如此“优秀”的政客，才能从过往各种鸡汤故事里设定的“敦厚长者”形象里走出来，从而不再被各种“仁义”“无为”之类的抽象标签所迷惑，看到“文景之治”的真实景象。

与另外一位太宗文皇帝李世民一样，汉文帝并非帝国合法的继承人，即“得国不正”。因此，对于“生前身后名”的渴求也就超乎寻常得强烈。这不是矫情，或者说个人爱好，而是成熟政治家必然的选择，因为他们的皇位，比自己新兴的政权更欠缺合法性。

这种“合法性”，本质上就是树立“权威”。而“权威”不等同于“权力”，而是一种“正当的权力”，人们对权力安排的服从可能有被迫的成分，但是对权威安排的服从则属于认同。

公共行政学最主要的创始人之一，马克斯·韦伯认为，任何组织的形成、管治、支配均建构于某种特定的权威之上，适当的权威能够消除混乱、带来秩序；而没有权威的组织将无法实现其组织目标。

根据服从形成的基础，马克斯·韦伯区分了三种权威类型：传统型权威源于历史，卡里斯玛（即超凡魅力）型权威来自个人的非凡品质，法理—理性型权威则建立在一套非人格化的规则基础上。

当我们用这个工具来解剖秦汉之际的政治变化，就能发现，秦朝和反叛六国后项羽的西楚政权都具备传统型权威，但又限定于特定的地理范围之内，因为战国时代历史之长，足够让秦始皇、张耳、刘邦这样的战国人，习惯自己不同国别的身份。

新的大一统王朝的构建，必然会脱出战国时代的历史逻辑，才能形成新的权威。作为创业者，刘邦夫妇拥有“卡里斯玛型权威”，对于功臣列侯具有强大的威慑力，让他们不得不认同当朝的权力。至于后代皇帝的权威的树立，却是以理性和法律规定为基础，通过规则给予领导者权力，而被领导者习惯规则自然就是认可了权威。

然而，意外发生了，吕后死后，“诛吕安刘”的政变践踏了太多“法律”和“程序”。汉文帝刘恒的外藩入继、叔夺侄位，更是突破了权力传承的规则底线。通俗地说，就是神像被功臣列侯和汉文帝一起踹倒了，怎么扶起来，却要汉文帝自己操碎心，因为这买卖已经是他的，还将是他的子孙的。

在这方面，汉文帝毫无优势，因为他没能沾上汉初统一战争的光，更重要的是，他的“靖难之役”和唐太宗的“玄武门之变”中间，隔着 100 多个汉初的军功列侯。

唐太宗是以军府替代政府，新贵替代旧臣，因为他手里有兵，而汉文帝却不可能无视军功列侯集团，因为人家手里有兵。

那么，他可选择的余地并不大，只能将自己的政治角色塑造成一个法理—理性型权威，即现行体制的维护者和仲裁者。对于拥有暴力资源的军功列侯集团则尽力地尊重群体、打压个体、借力打力，再以完美政治道德的践行者和体制允许范围内的最大施惠者形象出现。所以，细究他的政治路线，反倒是执行吕后的思路远比他父亲刘邦的想法更多。

在《史记·吕太后本纪》中，有这样一段记载：

> 诸大臣相与阴谋曰："……不如视诸王最贤者立之。"或言"齐悼惠王高帝长子，今其適子为齐王，推本言之，高帝適长孙，可立也。"大臣皆曰："吕氏以外家恶而几危宗庙，乱功臣。今齐王母家驷钧，驷钧，恶人也。即立齐王，则复为吕氏。"欲立淮南王，以为少，母家又恶。乃曰："代王方今高帝见子，最长，仁孝宽厚。太后家薄氏谨良。且立长故顺，以仁孝闻于天下，便。"乃相与共阴使人召代王。①

这里要看的不是"皆曰"，而是"或言"，提出了立刘肥之子齐王刘襄，结果是"大臣皆曰"，也就是遭到反对，然后是"乃曰"立代王，最终，一起悄悄派人召代王。

在《史记·陈丞相世家》中说：

---

① 司马迁：《史记》卷九《吕太后本纪》。

> 立孝文皇帝，陈平本谋也。[1]

可见，这个“乃曰”是陈平，那么，“或曰”是谁呢？

见《史记·张丞相列传》：

> 以平阳侯曹窋为御史大夫。高后崩，与大臣共诛吕禄等。免，以淮南相张苍为御史大夫。苍与绛侯等尊立代王为孝文皇帝。[2]

曹窋与大臣一起诛杀诸吕还犯错了？当然不是，《史记·吕太后本纪》中记录政变过程中，曹窋介入极深，功劳不小，却被免除了御史大夫，而接任御史大夫的却是淮南相张苍，而张苍又与周勃等人一同尊立代王为汉文帝。

这段话其实已经暗示了，曹窋积极参与了“诛除诸吕”，却错过了“立文帝”，也就是那位“或言”。因为曹参曾多年为齐相，与齐王刘肥关系极深，曹窋与刘襄应该也是旧交，他之前为惠帝近臣，再次押宝，却押错了，彻底被排除在了核心圈，而且，撵他出去的，还不是文帝，此时的“代王”还没有入长安，诸大臣已经把他“撤职”了。

同时被赶出去的，还有太仆夏侯婴，对惠帝曾有救命之恩，在迎接文帝入宫时，虽然为太仆积极驾车，在劝进的奏议和新朝的封赏中，还是被忽略了，见《汉书·文帝纪》的记录：

---

① 司马迁：《史记》卷五十六《陈丞相世家》。

② 司马迁：《史记》卷九十六《张丞相列传》。

闰月己酉，入代邸。群臣从至，上议曰："丞相臣平、太尉臣勃、大将军臣武、御史大夫臣苍、宗正臣郢、朱虚侯臣章、东牟侯臣兴居、典客臣揭再拜言大王足下……"

诏曰：前吕产自置为相国，吕禄为上将军，擅遣将军灌婴将兵击齐，欲代刘氏。

婴留荥阳，与诸侯合谋以诛吕氏。

吕产欲为不善，丞相平与太尉勃等谋夺产等军。

朱虚侯章首先捕斩产。

太尉勃身率襄平侯通持节承诏入北军。

典客揭夺吕禄印。

其益封太尉勃邑万户，赐金五千斤。丞相平、将军婴邑各三千户，金二千斤。朱虚侯章、襄平侯通邑各二千户，金千斤。封典客揭为阳信侯，赐金千斤。①

一群功臣，陈平、周勃、陈武、刘郢、刘章、刘兴居、刘揭，唯独省略了曹窋和夏侯婴，后任御史大夫的张苍却有迎立之功，问题是，他之前是淮南王丞相，怎么会参与迎立代王呢？

道理很简单，《汉书·高惠高后文功臣表》"安国武侯王陵"条下写道：

高后八年，哀侯忌嗣。

① 班固：《汉书》卷四《文帝纪》。

在《史记·陈丞相世家》中写作：

> 高后欲立诸吕为王，问王陵，王陵曰："不可。"问陈平，陈平曰："可。"吕太后怒，乃详迁陵为帝太傅，实不用陵。陵怒，谢疾免，杜门竟不朝请，七年而卒。[①]

王陵虽为太傅，却闭门不朝请，他在做什么呢？他的追随者张苍，又怎么会在这个敏感时刻回到长安呢？更重要的是，张苍为什么能在周勃、陈平之后，担任丞相十余年呢？

如果我们把这次政变的相关人物列在一起，就会发现一个共同点：

> 陈平，阳武户牖人也；张苍，阳武人也；灌婴，睢阳贩缯者也；周勃，其先卷人也，徙沛；郦商，高阳人。

这五个人，都是"魏人"，而"尚符节"的襄平侯纪通，"父城以将军从击破秦"。这个笔法是"诸侯将"随刘邦入关，极有可能也是"魏将"，而王陵虽是"沛豪"出身，却在起兵之初，领周勃定魏地东郡，应该也是"魏人"，又收张苍于阳武，可以说，宛如众人之纽带，甚至就是主事者，可惜死于高后八年，胜利的前夕，只能让张苍这个"父事"自己的政治继承人接盘，所以：

---

① 司马迁：《史记》卷五十六《陈丞相世家》。

陵死后，苍为丞相，洗沐，常先朝陵夫人上食，然后敢归家。[①]

其实，我们再排列一下高帝、惠帝、高后三代的丞相、御史大夫、太尉，就能看出端倪：

	高帝		惠帝		高后	
丞相	萧何	沛（楚）	萧何	沛（楚）	陈平	阳武（魏）
			曹参	沛（楚）	审食其	沛（楚）
			王陵	沛（魏＋楚）		
			陈平	阳武（魏）		
御史大夫	周苛	沛（楚）	赵尧	未知	任敖	沛（楚）
	周昌	沛（楚）	任敖	沛（楚）	曹窋	沛（楚）
	赵尧	未知			张苍	阳武（魏）
太尉	卢绾	丰（楚＋魏）			周勃	沛＋卷（楚＋魏）
	周勃	沛＋卷（楚＋魏）				

其中卢绾为汉高帝“友人”，任敖为吕后“恩人”，审食其为吕后“旧人”。此外，则刘邦重用沛县出身的楚人勋贵，而吕后则多用魏人。所谓“丰沛集团”之说，其实根本不确。

至少《史记·高祖本纪》中这么说的：

已而吕后问：“陛下百岁后，萧相国即死，令谁代之？”

① 司马迁：《史记》卷九十六《张丞相列传》。

上曰："曹参可。"问其次，上曰："王陵可。然陵少戆，陈平可以助之。陈平智有余，然难以独任。周勃重厚少文，然安刘氏者必勃也，可令为太尉。"吕后复问其次，上曰："此后亦非而所知也。"①

这里刘邦的人事判断，非常有意思，高帝十一年，太尉官已省，至高后四年，方复置太尉之职，刘邦都说了"可令为太尉"，死前自己不安排，留待十年之后？这是什么道理。

归根结底，吕后重用"魏人"，是与其籍贯单父属魏地直接相关，诸吕旧人也多为"魏人"。在她执政期间，实则是以"魏人"的"大功臣"列侯和"吕氏亲族"，替换了"楚人"列侯执掌中枢，形成新的执政联盟。

而在"诛除诸吕"之后，"魏人"的"大功臣"列侯延续了排挤沛县"楚人"列侯的方针，将忙里忙外的御史大夫曹窋、太仆夏侯婴驱逐出局，换上了王陵的政治继承人张苍，加上绛、灌、陈平，哪怕是文帝朝换上来的御史大夫申屠嘉，也是"梁"人，哪儿有"楚人集团"的影子？

更有趣的是，在汉文帝三年，济北王反，派出的平叛大军的将领包括：

棘蒲侯陈武（为大将军击济北）："以将军前元年率将二千五百人起薛。"

① 司马迁：《史记》卷八《高祖本纪》。

祁谷侯缯贺（将兵屯荥阳）：“以执盾汉王三年初起从晋阳。”

昌圉侯卢卿（属缯贺）：“以齐将汉王四年从淮阴侯起无盐。”

共严侯卢罢师（属缯贺）：“以齐将汉王四年从淮阴侯起临淄。”

宁庄侯魏遬（属缯贺）：“以舍人从起砀。”

深泽齐侯赵将夜（属缯贺）：“以赵将汉王三年降，属淮阴侯。”

汉文帝四年，出代，击胡的将领是：

安丘懿侯张说，“以卒从起方与，属魏豹”。

以上七位“大将军”“将军”竟无一人“起丰沛”，另见汉文帝十四年，匈奴大入萧关，大屯兵于长安，将领包括：

成侯董赤：成敬侯董渫之子，“（董渫）兵初起，以舍人从击秦为都尉”，也为“诸侯将”。

内史栾布：“梁人也。”

昌圉侯卢卿：“以齐将汉王四年从淮阴侯起无盐。”

隆虑侯灶（周灶）：“以卒从起砀。”

宁庄侯魏遬：“以舍人从起砀。”

东阳侯张相如：“高祖六年，为中大夫，以河间守击陈豨力战功。”

中尉周舍：未知。

郎中令张武：未知。

还是没有“起丰沛”的。无论将相，很明显，当刘邦死后，西汉的朝堂上，不但没有过“丰沛集团”，甚至连“丰沛”的代表都逐渐消失了。

道理很简单，当年沛县起兵时，刘邦就是一个“连长”，身边荟萃的精华，也不过是郡、县吏萧何、曹参、周苛、周昌，武力刚健的材官周勃、狗屠樊哙而已。这些人，在韩信这样的专业人士眼中，根本不配为伍，可在整个刘邦集团之中，他们已经是出类拔萃了，毕竟对于起于草莽的组织而言，往往其领导者，就是大多数下属能力的“上限”，否则又如何当这个“魁首”呢？

正因为如此，汉帝国的人才仿佛“积薪”，只能是后来者居上。

即“故魏国”“故楚国”“故齐国”朝堂转仕的降将们，在卡里斯玛型权威之下，还需要王陵、周勃、灌婴之流作为与最高权威之间的关系纽带，到了法理权威之下，列侯之间能力的差距在事务性工作中表露无遗，“多质少文”虽然也能凑合事，终究不是长久之计，最终只会被逐步淘汰。

第五节

西汉王朝“相权”跌落究竟始于何时？

汉文帝刚刚即位时，就曾问右丞相周勃：“天下每年判决的案件有多少？”周勃说：“不知道。”又问：“每年的钱粮出入有多少？”周勃还是不知道，寒碜又害怕，汗把衣服都沾湿了。

文帝转头问左丞相陈平同样的问题，陈平狡猾，说这些有主管的人。文帝不依不饶地问主管是谁，陈平答：“要问审判案件，应该找廷尉；要问钱粮出入，应该问治粟内史。”文帝这时候也年轻，不太给老同志留面子，就反问：

> 苟各有主者，而君所主者何事也？①

这话搁在现代，很有诘问“你干什么吃的？”的味道。《史记·陈丞相世家》记载的“老油条”陈平的回答既卑微又骄傲：

① 司马迁：《史记》卷五十六《陈丞相世家》。

主臣！陛下不知其驽下，使待罪宰相。宰相者，上佐天子理阴阳，顺四时，下育万物之宜，外镇抚四夷诸侯，内亲附百姓，使卿大夫各得任其职焉。[①]

问对一如既往地客气，自居驽下，又以“待罪”为辞，这也是秦汉时代臣子的常态，居官即“待罪”，但仔细看看他说的职责，基本上就是你是天子可以管我，出了门，国内国际的大事、官员百姓都归我管了。

这么说完了，“孝文帝乃称善”。可见当时人，包括皇帝都没觉得宰相的大权有什么不对。

“称善”实在不算是结果，重要的是“乃”字，结合这次问对的背景：

居顷之，孝文皇帝既益明习国家事，朝而问右丞相勃。[②]

在大朝会上对右丞相、左丞相穷追猛打，本身就带着不依不饶的意思，所以，当周勃责难陈平时：

陈平笑曰：“君居其位，不知其任邪？且陛下即问长安中盗贼数，君欲强对邪？”[③]

这段描写，非常有趣，大臣知道皇帝在“找碴儿”，甚至

① 司马迁：《史记》卷五十六《陈丞相世家》。
② 同上。
③ 同上。

将这个视作一次考试。更有意思的是，周勃对陈平的责难是，你怎么不教我怎么答？而陈平笑着回复的则是，你坐这个位子，不知道是干吗的？

哑谜打完了，揭晓答案，陈平在“诛除诸吕”“立汉文帝”的两件大事中，一直自居次要角色，所以才在文帝初立时，以“谢病”的方式将“首相”的位置让给了周勃，而自己居于次相，其理由是：

> 平曰：“高祖时，勃功不如臣平。及诛诸吕，臣功亦不如勃。愿以右丞相让勃。”[1]

这番退让，完成了对自己在吕氏执政时代“从贼”的罪名的洗刷，又将相位与“酬功”挂钩，待到真的硬桥硬马的庙堂执政，被顶在前面的周勃就露怯了。事件的结果也很有意思：

> 于是绛侯自知其能不如平远矣。居顷之，绛侯谢病请免相，陈平专为一丞相。[2]

周勃自知的这个“不如”，恰恰在于“不知其任”，而妄想居其“尊”，意识到了，赶紧让位子。

这个“尊”不是虚词。在秦汉，丞相不仅超越“百僚”，与君主的关系也一样突出了其地位的特殊性，丞相觐见皇帝的

---

① 司马迁：《史记》卷五十六《陈丞相世家》。

② 同上。

时候，皇帝之前坐着要起立，乘车坐辇要下来迎接；丞相有病，皇帝还要摆开仪仗到家里嘘寒问暖。

以上，可以说解析了汉文帝、陈平、周勃互动的第一层含义，其实还有一层含义，藏在水面之下。

陈平的所谓周勃“不知其任”，还有一层潜台词，即丞相之位，具备极强的“特殊性”，并不应该作为“酬功”的赠品，哪怕皇帝给了，你也未必接得住。

追其根本，则在于秦制是以秦律严格规定的上下公文所构成的制度体系，绝大部分的政务是在机械化的业务规定范围内运行的，丞相作为官僚系统的首长，恰恰把持的是帝国日常运转的政务权力的顶端。

皇帝的权力对于政务的干预，往往仅及于礼仪性、宗教性的任务和高层人事任免，以及其“理论上拥有”的立法权力。

《史记·酷吏列传》里杜周的一段话非常说明问题：

> 客有让周曰：“君为天子决平，不循三尺法，专以人主意指为狱。狱者固如是乎？”周曰：“三尺安出哉？前主所是著为律，后主所是疏为令，当时为是，何古之法乎！”[①]

不过，杜周实际上是汉武帝朝政治氛围的产物，汉文帝时代，文法吏的代表人物张释之的态度则大不相同：

---

① 司马迁：《史记》卷一百二十二《酷吏列传》。

> 释之曰："法者天子所与天下公共也。今法如此而更重之，是法不信于民也。且方其时，上使立诛之则已。今既下廷尉，廷尉，天下之平也，一倾而天下用法皆为轻重，民安所措其手足？唯陛下察之。"良久，上曰："廷尉当是也。"①

比较一下，刨除道德褒贬的因素，张释之肯定了人主的生杀大权，即"方其时，上使立诛之则已"，同时强调了法为天子与天下共享的原则。而对天子来说，并不是有守法的义务，而是随意"改法"会造成法律不为人民所信任，廷尉作为最高执法机关又是天下执法者的表率，一举一动都有影响。

通俗地讲，遵循程序正义有利于君主的统治。

相反，杜周的态度则是"虚无主义"的，即根本不存在所谓的"程序正义"。因为律令本身就是君主意志的贯彻，无非是前代君主的意志，还是当代君主的意志。既然如此，遵循上意而非执着于法条，完全是合乎道理的。

秦律和汉律，实际上是刑法和行政法的集合，甚至细致到了业务操作手册。在某种程度上，君主可以做到"垂拱而治"，因为君主什么都不做，制度体系的执行者们一样能够保证帝国的运转，但前提是执行者必须尊重专业和服从于制度本身。

从这个角度上看，萧规曹随也好，文景之治也好，都是治

---

① 司马迁：《史记》卷一百二《张释之冯唐列传》。

理者某种程度上的自律和放任。周勃的任官，恰恰就是单纯的“酬功”，以为对一群“靖难功臣”的“保障”，他本人的水准，根本不足以担当相位，见《史记·绛侯周勃世家》：

> 勃不好文学，每召诸生说士，东乡坐而责之：“趣为我语。”其椎少文如此。[1]

这个“趣为我语”，有人翻译为“有话快说、有屁快放”，很是传神，这个“椎”字，《广韵》里解为：

> 椎，棒椎也。

引申为朴实、愚鲁。这样一个“棒槌”一样的人物，又如何能够理解复杂的政务体系呢？

所以，陈平的潜台词是：这坑你守不住。

可以说，秦汉之际，最懵懂的“丞相”非周勃莫属，《史记·绛侯周勃世家》补充了一点儿信息：

> 文帝既立，以勃为右丞相，赐金五千斤，食邑万户。居月余，人或说勃曰：“君既诛诸吕，立代王，威震天下，而君受厚赏，处尊位，以宠，久之即祸及身矣。”勃惧，亦自危，乃谢请归相印。上许之。岁余，丞相平卒，上复以勃为丞相。十余月，上曰：“前日吾诏列侯就国，或未能

① 司马迁：《史记》卷五十七《绛侯周勃世家》。

行，丞相吾所重，其率先之。”乃免相就国。[①]

周勃被汉文帝说得冷汗直流的故事，就发生在这“月余”的时间里。他自己也害怕了，等到一年后陈平死去，他又忘了害怕，继续干，不到一年的时间，就被轰回封国去了，成了“列侯就国”的带头人。

可以说，周勃在以上故事里，就是被人牵着鼻子走的角色，一会儿是陈平，一会儿是汉文帝，指望他履职，肯定是不靠谱的。

不过，这个不靠谱的人，实际上开启了一个“新时代”。这个时代，司马迁在《史记·张丞相列传》里明说了：

> 自汉兴至孝文二十余年，会天下初定，将相公卿皆军吏。
>
> 太史公曰：“张苍文学律历，为汉名相，而绌贾生、公孙臣等言正朔服色事而不遵，明用秦之颛顼历，何哉？周昌，木强人也。任敖以旧德用。申屠嘉可谓刚毅守节矣，然无术学，殆与萧、曹、陈平异矣。”[②]

在这篇传里，太史公简略写了一群丞相、御史大夫，评价却是“殆与萧、曹、陈平异矣”，意思是，他们和萧何、曹参、陈平真不一样啊！

---

① 司马迁：《史记》卷五十七《绛侯周勃世家》。

② 司马迁：《史记》卷九十六《张丞相列传》。

事实上，在陈平死后，单独拜相的有周勃、灌婴、张苍和申屠嘉（跨越文帝、景帝），这之中，前三位的传记里，无一例外的有一句：

> 于是勃与平谋，卒诛诸吕而立孝文皇帝。[①]
>
> 绛侯等既诛诸吕，齐王罢兵归，婴亦罢兵自荥阳归，与绛侯、陈平共立代王为孝文皇帝。[②]
>
> 苍与绛侯等尊立代王为孝文皇帝。[③]

也就是说，这些丞相，都是拥立汉文帝的功臣代表，他们在这个位置上，不是因为合适，而是为了“酬功”。

当然，这里面不包括申屠嘉，他是个小字辈：

> 张苍免相，孝文帝欲用皇后弟窦广国为丞相，曰：“恐天下以吾私广国。”广国贤有行，故欲相之，念久之不可，而高帝时大臣又皆多死，余见无可者，乃以御史大夫嘉为丞相，因故邑封为故安侯。[④]

申屠嘉在汉高祖时代是个小字辈，随征英布的时候，才是个都尉，可当汉高祖的大臣死差不多了，剩下的没法用，只好用他，把他由关内侯拔成了列侯。

---

① 司马迁：《史记》卷五十七《绛侯周勃世家》。

② 司马迁：《史记》卷九十五《樊郦滕灌列传》。

③ 司马迁：《史记》卷九十六《张丞相列传》。

④ 同上。

在这之前，汉文帝本心想用的是外戚窦广国，却担心天下人说自己徇私，那么，这个天下人是谁呢？

只能是功臣列侯们。

是不是太“毁三观”了？但在汉初背景下，毫不奇怪。

刚刚获得政权的刘邦家族还远没有形成“不言而喻”的合法性，与功臣贵族集团共同镇压天下的联盟必须维持，而对于执政权力的让渡，无疑是这一联盟最大的保障，君相相安。

在此条件下，丞相、御史大夫这两个原本居于官僚律令体系最顶端的职位，因为专业技术含量的降低，其实际效能必然要打折扣，君相共治体系在真实的权力运作中，一步步只会走向君权独尊，丞相唯唯。

这个进程，是“军吏”一代结束后，已经舒展开的君权不乐意被相权掣肘的必然，而其要窍，正好是在文景之治的时代。

申屠嘉这样的“老资格”丞相，在面对汉景帝的宠臣晁错时，竟然毫无办法：

> 二年，晁错为内史，贵幸用事，诸法令多所请变更，议以谪罚侵削诸侯。而丞相嘉自绌所言不用，疾错。[①]

也就是说，在朝政话语权上，丞相申屠嘉完全比不了晁错，只能从晁错在高庙墙上开门这样的事情上下手，完全沦为阴谋诡计，实在是有失身份。

---

① 司马迁：《史记》卷九十六《张丞相列传》。

不过，之后的列位丞相比他还犹有不如：

自申屠嘉死之后，景帝时开封侯陶青、桃侯刘舍为丞相。及今上时，柏至侯许昌、平棘侯薛泽、武强侯庄青翟、高陵侯赵周等为丞相。皆以列侯继嗣，娖娖廉谨，为丞相备员而已，无所能发明功名有著于当世者。[①]

这是一类“备员而已”，另外一类丞相在《万石张叔列传》中，比如卫绾（汉景帝、武帝时丞相）：

五岁，代桃侯舍为丞相，朝奏事如职所奏。然自初官以至丞相，终无可言。天子以为敦厚，可相少主，尊宠之，赏赐甚多。[②]

比如石庆（汉武帝丞相）：

公家用少，桑弘羊等致利，王温舒之属峻法，兒宽等推文学至九卿，更进用事，事不关决于丞相，丞相醇谨而已。在位九岁，无能有所匡言。

庆文深审谨，然无他大略，为百姓言。[③]

综上所述，自汉兴以来到汉武帝时代，除了萧何、曹参、陈平三位达成了陈平所举的“宰相之任”，之后的历任丞相，由

① 司马迁：《史记》卷九十六《张丞相列传》。

② 司马迁：《史记》卷一百三《万石张叔列传》。

③ 同上。

质朴少文的军吏到备位不言的“老实人”，其实是丞相权威逐步下降的过程，而非汉武帝时代突然跌落。正是由于汉文帝、汉景帝对于丞相职权的事实架空，才让丞相这个一人之下万人之上的角色，变成了“泥胎神像”。

汉武帝时代，只是由于天下多事，原本低速运转时看不出毛病的官僚机器突然间加码就暴露出一系列问题，为了解决问题，汉武帝才叠床架屋地对秦朝遗留下来的官僚机器进行重整。整个过程中，抛弃了很多东西，又增加了不少东西，而其本质，只是对汉文帝、汉景帝时代早已发生的变化进行制度化的确认罢了。

如果再向深层次挖掘，则是惠帝、吕后、文帝、景帝四代间，逐步消减国家政治体制中的专业性元素的漫长进程。到了汉武帝时代，国家机器中的宗教、伦理成分逐步确认，“春秋决狱”之类的伦理信条越发侵蚀专业化咬合的律令文牍统治系统，用一个词语来形容，那就是“去专业化”“去职业化”。不但相权废置，国家机器也跟着一起瓦解掉了。

不过，必须指出的是，相权及其所代表的“秦制国家”的衰弱，对于社会经济发育而言，固然是好事，对于深受律条、惯例捆绑的帝王来说，一样不是坏事，恰恰意味着他们可以恣意地“兴事”了。

第六节

七国之乱只是一次“受害者联盟”的集体自杀

在历史课本里，“七国之乱”是一个重要的名词解释，汉高祖刘邦恢复“封建”的举动，在同姓操戈的兵火中被砸得粉碎，统一和中央集权，再一次显示了它无与伦比的优越性。

这个结果，也为积极主张“削藩”的晁错树立了悲剧英雄的形象。

然而，在《史记》中，晁错除了和“死对头”袁盎名列“列传第四十一”，还在《酷吏列传》里露了下脸：

> 孝景时，晁错以刻深颇用术辅其资，而七国之乱，发怒于错，错卒以被戮。[①]

原来司马迁这个汉朝人，对晁错的评价是“酷吏”，还是

① 司马迁：《史记》卷一百二十二《酷吏列传》。

七国之乱的“元凶”。

过往常说，晁错是“悲剧英雄”，是“背锅英雄”，其实都有一个历史必然的预设，就是无论有没有晁错，七国之乱都无法避免，因为分裂势力永远都是要抗拒统一的。

但是，我们往往忽略了一个“傻”问题，那就是：“七国之乱”的目的到底是什么？更具体地说，叛乱的诸侯王们真的认为自己能够通过一场军事行动推翻汉景帝的宝座？答案是：他们从未有此奢望。

七国之乱的领头人，就是吴王刘濞，按照窦太后的话讲：

> 吴王，老人也，宜为宗室顺善。今乃首率七国，纷乱天下，奈何续其后！①

那么，这位62岁高龄的七国祸首，给举事的诸侯王们画了怎样的蓝图呢？

吴王刘濞的使者这样告诉胶西王刘印：

> 大王诚幸而许之一言，则吴王率楚王略函谷关，守荥阳敖仓之粟，距汉兵。治次舍，须大王。②

如果你愿意参战，吴王和楚王会一起出兵堵住函谷关，占据荥阳敖仓之粟，和西方关中的汉兵对峙，然后整治好休息的

---

① 司马迁：《史记》卷五十《楚元王世家》。

② 司马迁：《史记》卷一百六《吴王濞列传》。

地方等你来。

函谷关、荥阳、敖仓，正好把洛阳夹在中间。也就是说，吴王给胶西王画的大饼，最大的野心，也不过是占领洛阳，堵住汉军东出之路。

这个有限的目标，在《史记·吴王濞列传》中反复出现：

> （吴王）发使遗诸侯书曰：“……齐诸王与赵王定河间、河内，或入临晋关，或与寡人会雒阳。”
>
> 吴少将桓将军说王曰：“……愿大王所过城邑不下，直弃去，疾西据雒阳武库，食敖仓粟，阻山河之险以令诸侯，虽毋入关，天下固已定矣。”[①]

说到底，在汉景帝三年的政治舞台上，只要稍有政治头脑的人都能理解诸侯王与汉廷之间的力量差距是何等悬殊，胶西王的亲信群臣在接到吴王刘濞的橄榄枝后，盘算得很清楚：

> 诸侯之地不足为汉郡什二，而为畔逆以忧太后，非长策也。[②]

二比十的土地对比，这还是捡不那么悬殊的东西说，如果是比人口，吴楚两国一直地广人稀，在地图上看着大，实力却远不如齐、赵。

---

① 司马迁：《史记》卷一百六《吴王濞列传》。

② 同上。

以吴国为例，吴王刘濞受封后，收纳流亡、铸钱煮盐，积蓄实力四十多年。等到反叛时，征发封地下至十四岁（其少子年龄）、上至六十二岁（他的年龄），也就是所有能拿得动刀枪的男子全部拉出去，也才二十余万人。

而汉郡人口在两千万以上，采取相同的动员比例，能拉出五百万大军，说是泰山压顶也不为过。

所以，无论从客观条件，还是主观意愿来看，七国之乱都是一场希望渺茫的叛乱，那么问题来了：

他们为什么要这么干？又为什么是他们？

先来报一下当时的诸侯国名：

齐、楚、赵、吴、燕、代、梁、淮南、长沙、淮阳、济北、济南、淄川、胶东、胶西、城阳、庐江、衡山、河间、广川、临江、汝南。

接下来，给它们分分类：

高帝旧封：楚、吴、淮南（与庐江、衡山均为淮南厉王刘长之子）、齐（与济北、济南、淄川、胶东、胶西、城阳均为齐悼惠王刘肥之子孙）、赵（赵幽王刘友之子）

文帝诸子：代、梁

景帝诸子：河间、广川、临江、汝南、淮阳、长沙

宗室远支：燕

再看“七国之乱”，就能知道，所谓“平定七王”终结了

“分封”“分裂”完全不符合事实，七比二十二，干掉了这三分之一，剩下还有三分之二的诸侯国。汉武帝朝淮南王的密谋叛乱也表明，“七国之乱”的失败并没有终结诸侯王们叛乱的野心和能力。

这次战争，真正的意义在于，终于将吕后死后，诛除诸吕、代王入继导致的一系列政治派系斗争，画上了句号。

因为参战的“七国”归根结底是这一系列派系斗争的“复仇者联盟”：

> （1）吴王刘濞、楚王刘戊；
>
> （2）胶西王刘卬、胶东王刘雄渠、菑川王刘贤、济南王刘辟光；
>
> （3）赵王刘遂。

在“诛除诸吕”的大戏中，齐哀王刘襄与身在长安的两个弟弟东牟侯、朱虚侯连成一气，发动齐、楚兵，对当时的吕氏执政集团发起了挑战。结果，革命果实被功勋列侯集团和代王刘恒窃取了。而他的举动，也被定性为“无诏兴兵”。

紧接着，就出现了一系列的巧合。

> 楚元王刘交薨于汉文帝元年三月；同年，齐哀王刘襄薨；汉文帝三年四月，城阳王刘章（朱虚侯）薨；五月，济北王刘兴居（东牟侯）反叛，被俘自杀。

至此，齐、楚反长安集团的主要人物全部死亡。

非常有意思的是，这四个人里有两位的名字，后来出现在“七国之乱”的谋划者之中，一位是楚元王刘交，刘邦的弟弟，宗室的长者：

> 楚元王子、淮南三王或不沐洗十余年，怨入骨髓，欲一有所出之久矣，寡人未得诸王之意，未敢听。今诸王苟能存亡继绝，振弱伐暴，以安刘氏，社稷之所愿也。①

上文中说到，淮南厉王刘长之死，让“仁君”汉文帝饱受诟病，甚至有民谣讥讽他不能容兄弟。而刘长的死因也很清楚，就是“非正常死亡”。换句话说，淮南三王虽然是汉文帝所立，但也有杀父之仇。

所以，《史记·淮南衡山列传》里也明确写着淮南王想反，只是没反成：

> 孝景三年，吴楚七国反，吴使者至淮南，淮南王欲发兵应之。②

在吴王刘濞送往各诸侯王的信中，将楚元王子和淮南三王并列，称其“怨入骨髓”。说明当时诸王都心知肚明，楚元王刘交也是“非正常死亡”。这也印证了之前文章中的论证，楚元王刘交因各种原因卷入了“叛乱”。更重要的是，这次“叛乱”是

① 司马迁：《史记》卷一百六《吴王濞列传》。
② 司马迁：《史记》卷一百一十八《淮南衡山列传》。

为了履行“白马之盟”，是为了“诛除诸吕”，具有十足的“合法性”，反而死于非命。

另一位，则是城阳景王刘章：

> 遂发使约齐、菑川、胶东、济南、济北，皆许诺，而曰：“城阳景王有义，攻诸吕，勿与，事定分之耳。”①

也就是说，齐哀王刘襄的所有弟弟都许诺参与叛乱，唯独对城阳国例外，不仅没拉拢，还自己约好了“勿与”，理由还是：

> 城阳景王有义，攻诸吕。②

此时的城阳王是刘章之子刘喜，他爸爸“有义”“攻诸吕”是说和汉文帝关系好吗？不是，恰恰表明了这些叔叔辈的怜惜，打输了，剩下他家还能享血食祭祀，打赢了，再分土地给他。

说到底，是为了报偿城阳景王刘章当年在长安为整个刘氏社稷所做的巨大贡献，即所谓“有义”。

这也从另一个角度说明了，齐系诸王对于反叛的前景态度并不乐观，甚至可以说有一些悲壮。

上述是旧恨，还有新仇。

吴王刘濞这个王位既是对他父亲刘仲由代王废为郃阳侯的

---

① 司马迁：《史记》卷一百六《吴王濞列传》。

② 同上。

补偿，也是靠他个人的勇武有力赚来的。因为刘邦知道吴郡、会稽郡地处江东，民风彪悍，需要一个能打、能拼的刘氏宗族来镇守项羽的这个起家老巢。

刘濞做得不错，吴地从高祖到文帝朝，一直安安稳稳，百姓也是安居乐业。

直到那个论史者最津津乐道的意外发生：

> 孝文时，吴太子入见，得侍皇太子饮博。吴太子师傅皆楚人，轻悍，又素骄，博，争道，不恭，皇太子引博局提吴太子，杀之。①

《史记》在这里，记录了吴太子的葬地之争，却完全没有提到汉文帝这位“仁君”的任何处置措施，话糙一点儿，就是“死了白死”，连面子活儿都没做。

反倒是做了点儿别的：

> 京师知其以子故称病不朝，验问实不病，诸吴使来，辄系责治之。②

什么意思？就是明知道吴王因为儿子横死憋着一口气，称病不朝，只要是吴国来的使者，动辄就抓起来治罪。

这是汉文帝的政治试探，毕竟结了这样的“死仇”，惩治

---

① 司马迁：《史记》卷一百六《吴王濞列传》。
② 同上。

太子给吴王出气是绝不可能的，那就只能顺着坡，狠狠收拾吴王了，直到他服软为止。

此时吴王的反应表明，他并不想和汉廷对抗，但凡有点儿理智的人就知道抗不过，所以派出了使者解释，就相当于服软了，也表露了底线，就是绝不入朝，毕竟谁知道进了长安还能不能出去？

汉文帝探明白之后，也给了吴王一个台阶，就是：

> 于是天子乃赦吴使者归之，而赐吴王几杖，老，不朝。吴得释其罪，谋亦益解。①

释放了吴国的使者，又赐给吴王几杖，作为“老者”的标识，不用来长安朝觐了，而吴王因为没逼到最后关头，也不想造反了。

真正的新仇，其实在于汉廷的双方面蚕食：

> 一是以绝嗣为名，收夺诸侯王封地；
> 二是以犯法为名，削夺诸侯王封地。

《史记·淮南衡山列传》中汉文帝在孝文帝十二年说：

> 天下岂以我为贪淮南王地邪？②

说完这句话，他就迁城阳王到淮南国，以示天下以大公，

---

① 司马迁：《史记》卷一百六《吴王濞列传》。

② 司马迁：《史记》卷一百一十八《淮南衡山列传》。

但是需要注意的是，此时距离淮南王身死国除，已经6年了，汉法渗透应已卓有成效。

这是一次收、放。另一次则是对齐国，齐哀王刘襄死后，其子刘则即位，汉文帝将齐悼惠王刘肥的七个儿子都封为列侯，居于齐国之内，刘则立十四年后死去，谥号为文王，无子国除，齐国封地尽数归汉。

一年之后，汉文帝才以齐地一分为六，封刘肥诸子为王。

这是还了的，还有没还的，汉文帝后元七年，长沙靖王吴著薨，无子国除，地尽归汉。

汉景帝就没有他父亲那么注意吃相了，在汉景帝二年，直接封自己的儿子刘发为长沙王，吃下了这块地盘。

类似的情况还有河间哀王刘福，在位仅一年，无子国除，地入于汉，汉景帝二年封皇子刘德为河间王。刘福正是赵王刘遂的侄子，河间郡也是从他赵国的封地里划走的，封给他弟弟刘辟彊还算是一家子，没想到又被“代系诸王”拿走了。

而刘邦初封的赵国，有八郡之地，疆域仅次于齐国，经过分割之后，还剩下五个郡：

> 邯郸、巨鹿、恒山、河间、清河

汉文帝立河间王，又分出一个河间郡，赵国只剩下四郡。

楚国地盘很稳定，有三郡，即：

> 薛郡、东海、彭城三十六县。

吴国也是，有三郡：

王三郡五十三城。

具体来说，应为会稽郡（高帝十二年更名吴）、豫章郡和鄣郡（之后改名为丹阳郡），另加上都城广陵。

结果，晁错上台，这三家人人挨刀：

赵国被削常山郡（即恒山郡），只剩下邯郸、巨鹿、清河。

楚国被削东海郡，只剩下薛郡、彭城郡。

吴国被削会稽郡、豫章郡，只剩下鄣郡。

还有个胶西王卬，削其6县。而整个胶西国总共才12个县。

这种削法，不是割肉，而是割命，最关键的是：

汉廷臣方议削吴。吴王濞恐削地无已，因以此发谋，欲举事。①

换句话说，吴王濞根本不像晁错说的：

今削之亦反，不削之亦反。削之，其反亟，祸小；不削，反迟，祸大。②

---

① 司马迁：《史记》卷一百六《吴王濞列传》。

② 同上。

恰恰相反，在汉高祖刘邦设计的政治体制架构下，吴王刘濞、楚王刘交都是遥远边地的镇守者，他们所遵行的，只是高祖的旧制。在这个旧体制的约束和保护下，即使他们遭到了杀父、杀兄、杀子的打击，也会顾虑到力量对比，主动维护这个体制。

然而，当汉廷已经明确表态要推翻汉高祖的所有政治承诺之后，吴、楚系，齐系、赵系诸王可谓新仇旧恨都上心头，哪怕明知不可为，也要行险一搏。

正如吴王刘濞的表态：

> 今诸王苟能存亡继绝，振弱伐暴，以安刘氏，社稷之所愿也。[①]

他们所要捍卫的，其实是汉高祖刘邦"刑白马为誓"所立的一部分政治原则，维护的是汉高祖时代的"刘氏共同体"。

但是，对于汉文帝、汉景帝而言，"代系诸刘"才是"真正的自家人"，正如晁错在奏疏中所说的：

> 封三庶孽（齐、吴、楚），分天下半。[②]

新的"刘氏共同体"已经不需要这"三庶孽"的支撑，一个有趣的旁证也可以拿来说一下，就是西汉一朝"宗正"一职

---

① 司马迁：《史记》卷一百六《吴王濞列传》。

② 同上。

的变迁：

> 《汉书·百官公卿表》中记载的第一位宗正，是在高后二年受任的，上邳侯刘郢客，他的另一个身份是楚元王刘交的次子，七年后，他当上了楚王。
>
> 之后接任的宗正名叫刘逸，不知其出身爵位，任官二十年后，楚元王刘交三子平陆侯刘礼接任，四年后也当上了楚王。
>
> 紧接着就是汉景帝朝，正是在七国之乱那一年，任命吴王刘濞的亲侄子德侯刘通任宗正，三年后死在任上。
>
> 再之后，宗正名为刘弃，不知其世系，任职长达二十六年。
>
> 自此之后，一直到西汉末年，宗正一职，基本上在楚元王刘交的后人家族间流转。

可见，唯有汉景帝时代完全绕开了“宗室长者”楚王、吴王，哪怕是最天马行空的汉武帝时代，也不能和他父亲的决绝相提并论。

归根结底，这不是一场分裂与反分裂的斗争，而是代系刘氏集团，终于逼反、剿灭了所有旁系刘氏诸王，重新建构以皇室为核心的“刘氏共同体”的过程。

汉文帝以外藩继统，本身已经意味着汉高祖刘邦规划的，汉惠帝、吕后勉力维持的汉初分级封建的平衡体制，已经名存实亡。再经过七国之乱的鲜血洗刷，这个体制最后的一点儿残砖烂瓦，也被一扫而空，而且，还是用最血腥的方式，汉景帝平叛诏书中写道：

> 击反虏者，深入多杀为功，斩首捕虏比三百石以上者皆杀之，无有所置。敢有议诏及不如诏者，皆要斩。[1]

正因为如此，才有了“功臣表”中轻描淡写的记录：

> 魏其侯周定之子：汉景帝前三年，侯闲反，国除。
> 下相庄侯冷耳之子：汉景帝三年三月，侯慎反，国除。
> 高陵圉侯王周之孙：汉景帝三年，（侯行）反，国除。
> 纪信匡侯陈仓之孙：汉景帝三年，阳反，国除。
> 台定侯戴野之子：汉景帝三年，侯才反，国除。
> 辟阳幽侯审食其之子：汉景帝三年，平坐反，国除。
> 昌圉侯卢卿之子：汉景帝三年，侯通反，国除。

什么？你说都是“自己人”？

没错，可惜现在不是了。

---

① 司马迁：《史记》卷一百六《吴王濞列传》。

结　语

对西汉初年政治史的解释，有统一、分裂为主线的，有功臣列侯集团为主线的，也有黄老思想到儒家思想为主线的，各个面相，均有触及。

只是，论述的基础，往往仍是一系列“固定”的关键词脉络，比如“军功阶层”“休养生息”“诛除诸吕”“无为而治”“七国之乱”“文景之治”“武帝开边”，等等，并在一个个关键词之间建立因果关系。

问题是，西汉初年的政治变动，在具体事实的探究上远远谈不上细致入微，比如“功臣表”信息的使用，以及对不同群体立场和变动的解析。

一旦我们将观察的尺度缩小，就会发现，高帝、惠帝、高后、文帝、景帝时代根本不存在一以贯之的主线。在本章之中，就展示了高帝、高后的将相重臣，由沛县楚人萧、曹独揽朝政，到魏人陈平、周勃、灌婴，乃至于隐身于魏人张苍之后的王陵与诸吕亲族共同控制中枢的变化进程。

也正因为汉文帝尊重了高后所确立的“新组织路线”，“诛除诸吕”的影响，才更多地体现在“代系”入主后对整个“同姓封建”体系的影响，即中枢稳定，而地方动荡。

问题在于，中枢的表面稳定，其实是以萧、曹时代遗留下的“相权”主导官僚组织传统的逐步废弃和被皇帝近臣架空为代价的。待到汉武帝时代，丞相“备位”，乃至于昭宣时代的“内朝”崛起、三公九卿体制的形成，其变化根源，都可以追溯到“绛灌”为相。

正因为如此，在文景时代，所谓的“功臣列侯”代表已经并不足以左右皇权。作为一个“阶层”“群体”，他们的泯然众人，已经只是一个时间问题，而这个变化进程，往往为论史者所忽略。

换句话说，到了“七国之乱”时，汉景帝及宠臣晁错，以近乎儿戏的方式挑起了这场规模巨大的兵祸，又手忙脚乱地“轻松镇压”，其实已经完成了对汉高祖所确立的所有政治秩序的“入土为安”，曾经令仓促入主的“代系帝王”戒惧不已的一切力量，都不足以与自己手中的力量对抗。

凭什么呢？

答案就在下一章——“钱”。

第十章

大汉帝国为什么没有“二世而亡”？

第一节

汉高祖“休养生息”？不，是吕后让“大家发财”

过往提及汉初的历史，常从汉高祖得天下时的经济凋敝说起，然后说文帝、景帝的休养生息、轻徭薄赋，再到积攒的财物满坑满谷，供汉武帝报高帝、高后受辱之仇……

这个叙事结构，对不对？

对，也不对。

这个逻辑很简单，谁听了都会点头，就好像一个家庭，不同风格的家长，造就了不同的命运。秦始皇是个攒了万贯家财的“富爸爸”，却摊上一个“败家儿子”，而汉高祖是“穷爸爸”，反倒养育了一群节用自抑的“好子孙”，所以汉祚永延。

遗憾的是，这不是历史学，是成功学。

西汉初年，仅仅惠帝和吕后的时代，总共十五年，已经超过了秦始皇、秦二世统一统治时间的总和。这十五年间，我们看《史记》《汉书》，夺嫡之争有之，宫廷阴谋有之，偏偏没有民变和地方反叛，不奇怪吗？

按照成功学逻辑，汉朝自建国开始就大搞“休养生息”，并有诏书为证：

> 五月，兵皆罢归家。诸侯子在关中者复之十二岁，其归者复之六岁，食之一岁。[①]
>
> （汉五年）帝乃西都洛阳。夏五月，兵皆罢归家。诏曰：“诸侯子在关中者，复之十二岁，其归者半之。民前或相聚保山泽，不书名数，今天下已定，令各归其县，复故爵田宅，吏以文法教训辨告，勿笞辱。民以饥饿自卖为人奴婢者，皆免为庶人。”[②]

这就是著名的“高帝五年诏”的前半部分，也可见《汉书》在官方文书上对《史记》增补的部分，更详尽，总结起来有三条：

> （1）诸侯子，在关中的，享受免役 12 年的待遇，回关东老家者享受免役 6 年的待遇，食之一岁，即由官府供养一年；
>
> （2）脱籍民，即秦朝的良民百姓，啸聚山林脱离了国家编户齐民体系的，要回归原籍，由官吏恢复其原有的爵位并授予田宅；

---

① 司马迁：《史记》卷八《高祖本纪》。

② 班固：《汉书》卷一《高帝纪下》。

（3）奴婢，注意，必须是秦朝的良民以饥饿自卖于人的奴婢，都免为庶人，成为普通百姓。

刘邦的善政及于社会的两个阶层：

（1）跟随他的六国旧贵族；

（2）秦朝的编户齐民。

至于奴婢，则要看诏书的限定条件，明确了必须是秦的“良民”出身，因“饥饿”“自卖”，而秦政体系下，数量更大、覆盖面更广的隶臣妾、刑徒阶层，属于历史遗留问题，并不在放免的范围内。

在高帝五年诏发布后不久，又发生了刘敬、张良劝说刘邦定都关中的事件，刘邦移都长安，几个月后，对“诸侯子”的处理又发生了变化。

见《汉书·高帝纪》：

后九月，徙诸侯子关中。治长乐宫。[1]

后九月就是闰九月，五个月不到，“归家”的“诸侯子”又得进关中，在这之后的诏书与令文中，就不再单提“诸侯子”了：

（汉高帝十一年）六月，令士卒从入蜀、汉、关中者皆复终身。

---

① 班固：《汉书》卷一《高帝纪下》。

（汉高帝十二年）三月，诏曰："吾立为天子，帝有天下，十二年于今矣。与天下之豪士贤大夫共定天下，同安辑之。……入蜀、汉定三秦者，皆世世复。吾于天下贤士功臣，可谓亡负矣。"①

这个"士"已经包含了"诸侯子"，因为他们的爵位已经与普遍授"大夫爵"或是"晋爵一级"的"卒"混同了。所以，在汉高祖驾崩之前，这个群体在法律意义上，已经在累次迁徙和"爵位混同"之后，烟消云散。

而那些没有参与战争，在战国、秦朝已经失去"爵位"的，只剩下"姓氏血统"的"士"与"豪杰"，刘邦也没有忘记，见《史记·刘敬叔孙通列传》：

（刘敬）夫诸侯初起时，非齐诸田，楚昭、屈、景莫能兴。……臣愿陛下徙齐诸田，楚昭、屈、景，燕、赵、韩、魏后，及豪桀名家居关中。……上曰："善。"乃使刘敬徙所言关中十余万口。②

这个政策的施行，见《汉书·高帝纪》：

（汉高帝九年）十一月，徙齐、楚大族昭氏、屈氏、景氏、怀氏、田氏五姓关中，与利田宅。③

---

① 班固：《汉书》卷一《高帝纪下》。

② 司马迁：《史记》卷九十九《刘敬叔孙通列传》。

③ 班固：《汉书》卷一《高帝纪下》。

当然，如果只是单纯的迁徙，秦始皇也曾迁徙天下豪富十二万户到咸阳，以及各个名都的商贾到巴蜀等地，并没有阻止这些“士”的起事，更无法改变他们以血统、姓氏为纽带构筑的身份壁垒。

新兴的西汉王朝就找到了新的方式，在张家山汉简《奏谳书》的 22 个案例中，有 4 个为汉高祖时期，都涉及“自占书名数令”。

所谓“自占书名数令”就是：

> 令曰：诸无名数者，皆令自占书名数。令到县、道官盈卅（三十）日，不自占书名数，皆耐为隶臣妾，锢，勿以爵赏免。舍匿者与同罪。

这条令文，最早见于汉高帝八年十月己未的案件。也有学者认为，可能是将高帝五年诏的一部分定为令文，不过重点不在这里。

重点在于，“自占书名数”，“自占”就是自行主动申报，“书”自然是书写，“名数”即名字与相关信息，代指户籍。也就是说，要求自己申报户口。这一制度，对于普通的百姓、逃奴而言，最大的价值当然是确认身份，哪怕是秦朝的奴婢、刑徒也可以借机洗白成为编户民。

对于“有爵者”的意义无疑更大，“自占书”，恰恰可以让“有爵无氏”者添加“姓氏”。而偏偏在汉高帝五年之后，天下绝不缺少“大夫爵”，至少六十万人，哪怕是“七大夫”“公乘”

以上的“食邑封君”也不在少数。这一制度的施行，无疑是一次混淆姓氏血缘的大狂欢。

至于“高帝五年诏”的后半段，更是连篇累牍地要求地方官吏尊崇汉家的“高爵”，没有“黔首百姓”什么事。

综上所述，在刘邦的时代，根本没有什么普惠全民的所谓“休养生息”政策，只是在照搬秦政、恢复秦朝编户齐民体制的基础上，对“自己人”进行肆无忌惮的照顾，进而换取他们的忠诚。

事实上，由于过往“成功学”逻辑下的汉初叙事过于深入人心，“休养生息”的故事甚至上溯到了汉兴之初，将“田租十五税一”置于刘邦时代，根据就是《汉书·惠帝纪》中的记载：

> 减田租，复十五税一。①

这是汉惠帝继位时施行的一条“善政”。

一般的看法认为，既然用了“复”字，则之前一定施行过该税率，也只能是汉高祖时代的旧例，并以《汉书·食货志》中的记载为佐证：

> 天下既定，民亡盖臧，自天子不能具醇驷，而将相或乘牛车。上于是约法省禁，轻田租，十五而税一，量吏禄，

① 班固：《汉书》卷二《惠帝纪》。

度官用，以赋于民。而山川园池市肆租税之入，自天子以至封君汤沐邑，皆各为私奉养，不领于天子之经费。漕转关东粟，以给中都官，岁不过数十万石。孝惠、高后之间，衣食滋殖。[1]

不过很有意思的是，《史记·平准书》中也有类似的表述：

天下已平，高祖乃令贾人不得衣丝乘车，重租税以困辱之。孝惠、高后时，为天下初定，复弛商贾之律，然市井之子孙亦不得仕宦为吏。量吏禄，度官用，以赋于民。而山川园池市井租税之入，自天子以至于封君汤沐邑，皆各为私奉养焉，不领于天下之经费。漕转山东粟，以给中都官，岁不过数十万石。[2]

几乎是一模一样的原文，主语却变了，《汉书》中是汉高祖，《史记》中则是孝惠、高后。在这个问题上，《史记》文字在前，相同表述的指代对象，自当以《史记》为准。

哪怕是退一万步讲，高祖时代确实曾经施行过“十五税一”的田租，汉惠帝时的“复”，也说明这个政策并没有一直坚持，而是又调高了，真正开始施行这个“薄赋”的还是汉惠帝。

这个问题，在拙作《秦砖》中有过考证，秦制下应有两种田租税率，即统一天下前的“十税一”，到秦始皇“薄赋敛”后

---

① 班固：《汉书》卷二十四《食货志》。

② 司马迁：《史记》卷三十《平准书》。

的“十二税一”，属于统一天下后的“善政”。这在简牍资料中有旁证，即岳麓书院藏秦简《数》、张家山汉简《算数书》中的十税一，即总舆田数中的10%；以及北大秦简《田书》中的十二税一，即8.33%。[①]

“薄赋”薄到比秦始皇还高，所谓汉高祖开始“休养生息政策”的说法肯定是不恰当的，这可能也是司马迁这个知情的汉初人不乐意给刘邦脸上贴金的根由所在。

反观东汉人班固，一方面在《汉书·食货志》中将“十五税一”记在汉高祖名下，另一方面，又写在了《汉书·惠帝纪》中，为了解释矛盾，加了一个“复”字，而我们看张家山汉简《算数书》的应用题，均为“十税一”，作为远不如律令更新及时的算数教材，恐怕更能反映汉高祖时代的情况。

当然，班固作为200年后的人，依据自汉武帝时代即整体塑造的“儒家化”的汉家吊民伐罪的故事对开国帝王进行想象，并虚化政治不正确的“惠帝、高后时代”，并不难理解。这中间也不涉及史德，只是政治宣传浸润之下的下意识反应罢了。

但是，历史的事实是，汉王朝初年的统治逻辑，并不是“儒家化”的，哪怕是在“十五税一”同篇的诏书中，汉惠帝一样强调了他作为“一部分人的皇帝”的态度。这种心态，与儒家“全民帝王”的想象格格不入：

---

① 见拙作《秦砖》第七章第一节，北京联合出版公司，2020年6月。

吏所以治民也，能尽其治则民赖之，故重其禄，所以为民也。今吏六百石以上父母妻子与同居，及故吏尝佩将军、都尉印将兵，及佩二千石官印者，家唯给军赋，他无有所与。[①]

这条明确规定以户为单位，只需承担军赋，其他一切税收全部免除的诏令，不但涉及六百石以上的现任官吏家庭，甚至上延到高级“故吏”，包括将军、都尉、二千石。之所以在诏书上特别提出，即之前的法律中并没有对应的规定。

有学者认为，秦人重爵，所以汉惠帝在诏书中对于“官吏”的优免应该早已有之，其实恰恰相反，《户律》中所见的基于“爵位”等级的优免，或许确实早已有之，但对于六百石以上官及“故吏二千石”以上的优免，则未必如之，否则何必新颁诏确认?

而这份诏书中的区别对待的标准，恰恰说明了，到了汉惠帝登基天下大定的时候，曾经跟随刘邦的低级军吏在用爵位和复免酬功之后，已经迅速被划到了“被统治者”的秩序之中，仍需要另眼相看的只剩下高级将吏了。

到了吕后临终赐金，也秉承了重秩禄官吏，轻二十等爵的逻辑：

（高后七年七月）辛巳，高后崩，遗诏赐诸侯王各千

① 班固：《汉书》卷二《惠帝纪》。

金，将相列侯郎吏皆以秩赐金。[①]

总结一下，从惠帝继位抛出这个“十五税一”田租的“善”政，主要是比他爸爸要“善”的政策之后，一直到汉文帝二年九月诏：

诏曰：“农，天下之大本也，民所恃以生也，而民或不务本而事末，故生不遂。朕忧其然，故今兹亲率群臣农以劝之。其赐天下民今年田租之半。”[②]

中间隔了17年时间，“休养生息”的大汉王朝才拿出了更新的“善政”，由田租的“十五税一”减免了一半。注意，是“今年”，也就是当年为“三十税一”。

再下一次的“今年”，则是10年后：

（文帝十二年）诏曰：“道民之路，在于务本。朕亲率天下农，十年于今，而野不加辟。岁一不登，民有饥色，是从事焉尚寡，而吏未加务也。吾诏书数下，岁劝民种树，而功未兴，是吏奉吾诏不勤，而劝民不明也。且吾农民甚苦，而吏莫之省，将何以劝焉？其赐农民今年租税之半。”[③]

又过了一年，汉文帝才更大力度地“让利”，废除了“田租”：

---

① 司马迁：《史记》卷九《吕太后本纪》。

② 班固：《汉书》卷四《文帝纪》。

③ 同上。

> （文帝十三年）六月，诏曰："农，天下之本，务莫大焉。今廑身从事，而有租税之赋，是谓本末者无以异也，其于劝农之道未备。其除田之租税。赐天下孤寡布、帛、絮各有数。"①

非常有趣的是，司马迁在《史记》中仅仅照录了最后这一次，前两次"赐天下民今年田租之半"在《孝文本纪》中没记，怕也是对这种实质价值有限的"秀"缺少兴趣，而只对这种真正的改制给予足够的重视。

而这个政策，才配得上"休养生息"四个字。但是，它的施行，距离汉定天下已有 28 年，妥妥的一代人，按照惠帝强制结婚的诏令，已经是两代人的时光。

可以说，以秦朝为例子，最危险的"二世而亡"的时期早已在惠帝、吕后的手中平安渡过，文帝的种种举措，和之前其实是两个代际，而非什么一以贯之的"汉初休养生息时代"。至于将汉朝摆脱"二世而亡"命运的原因归结于"休养生息"，更是奇异。

秦末汉初的"英雄时代"，《史记》中的真实景象是：

> 汉兴，接秦之弊，丈夫从军旅，老弱转粮饟，作业剧而财匮，自天子不能具钧驷，而将相或乘牛车，齐民无藏盖。②

---

① 班固：《汉书》卷四《文帝纪》。

② 司马迁：《史记》卷三十《平准书》。

大战七十，小战四十，使天下之民肝脑涂地，父子暴骨中野，不可胜数，哭泣之声未绝，伤痍者未起。①

饿殍遍野、尸骨盈城，这才是普通人看到的“英雄年代”，而汉帝国建立之后，除了和“刀把子”硬碰硬，更重要的任务，就是让英雄们把手里的刀，换成别的东西。

与我们一般的认知不同，司马迁虽是汉朝人，对吕后这位异姓女主的评价却非常高，他在《史记·吕太后本纪》里写道：

太史公曰：孝惠皇帝、高后之时，黎民得离战国之苦，君臣俱欲休息乎无为，故惠帝垂拱，高后女主称制，政不出房户，天下晏然。刑罚罕用，罪人是希。民务稼穑，衣食滋殖。②

到了惠帝、吕后时代，百姓得以脱离战国之苦，君臣都希望与民休息，无为而治，所以，惠帝、高后都“不折腾”，天下秩序井然、刑罚少用，罪人也罕见，百姓勠力耕种，衣食增加。

简言之，西汉经济回归正轨，人民的生活水平逐步提升。

而公认的“清静无为”政治的源头是“萧规曹随”，其实，相对于作汉律九章的萧何而言，曹参更像是“无为而治”的鼻祖，见《史记·曹相国世家》：

① 司马迁：《史记》卷九十九《刘敬叔孙通列传》。
② 司马迁：《史记》卷九《吕太后本纪》。

> 孝惠帝元年，除诸侯相国法，更以参为齐丞相。参之相齐，齐七十城。天下初定，悼惠王富于春秋，参尽召长老诸生，问所以安集百姓，如齐故诸儒以百数，言人人殊，参未知所定。
>
> 闻胶西有盖公，善治黄老言，使人厚币请之。既见盖公，盖公为言“治道贵清静而民自定”，推此类具言之。参于是避正堂，舍盖公焉。其治要用黄老术，故相齐九年，齐国安集，大称贤相。[①]

汉惠帝元年，废除了诸侯国设置相国的法令，曹参为齐国丞相，此时的齐国有 70 城之广阔领土。时值天下刚刚安定，齐王刘肥正当年富力强，曹参于是征召境内的长老、百家之士，求教如何安定、聚集百姓，没想到齐地遗留下来的儒生数以百计，却各自说法不同，让曹参无所适从。

直到曹参听说胶西地方有一名擅长治黄老之学的学者，名叫盖公，就派人重礼邀请，等到见面之后，盖公告诉曹参，治理之道最上等的就是“清静”，则百姓自然安定，并以此为宗旨告知具体的措施。

曹参于是让出自己府邸的正堂供盖公居住，以尊重之。在他的治下，则行用黄老之术，为齐相 9 年，国内安定，百姓称颂他为贤相。

---

① 司马迁:《史记》卷五十四《曹相国世家》。

这段记载，说清了什么叫“清静”，而“无为”，则在下一个故事之中，见《史记·曹相国世家》记载：

至何且死，所推贤唯参。参代何为汉相国，举事无所变更，一遵萧何约束。

择郡国吏木诎于文辞，重厚长者，即召除为丞相史。吏之言文刻深，欲务声名者，辄斥去之。日夜饮醇酒。卿大夫已下吏及宾客见参不事事，来者皆欲有言。

……参见人之有细过，专掩匿覆盖之，府中无事。

参子窋为中大夫。惠帝怪相国不治事，以为“岂少朕与”？乃谓窋曰：“若归，试私从容问而父曰：‘高帝新弃群臣，帝富于春秋，君为相，日饮，无所请事，何以忧天下乎？’然无言吾告若也。”

窋既洗沐归，间侍，自从其所谏参。参怒，而笞窋二百，曰：“趣入侍，天下事非若所当言也。”至朝时，惠帝让参曰：“与窋胡治乎？乃者我使谏君也。”

参免冠谢曰：“陛下自察圣武孰与高帝？”上曰：“朕乃安敢望先帝乎！”曰：“陛下观臣能孰与萧何贤？”上曰：“君似不及也。”参曰：“陛下言之是也。且高帝与萧何定天下，法令既明，今陛下垂拱，参等守职，遵而勿失，不亦可乎？”惠帝曰：“善。君休矣！”①

---

① 司马迁：《史记》卷五十四《曹相国世家》。

这段太长，不过还是需要翻译一下。

萧何将死时，只荐了曹参作为自己的继任者，而曹参代相之后，凡事毫无变化，一切遵从萧何时的惯例。他任命地方长官往往选取不擅长文辞、有点儿木讷的人，选择丞相府的办事员（丞相史），则喜欢忠厚长者，凡是纠缠律令，用法烦苛的刀笔吏，或者是想邀名取宠的精明人，则往往罢黜之，每天也不管事儿，就是坐那儿喝酒。

不过曹参如果发现人有“小过失”，往往亲自帮忙掩盖而非治罪，所以府中非常安宁。这些情况，看在汉惠帝眼里，就对曹参的儿子曹窋说，你回家劝劝你爹，别说我说的，怎么当丞相不管事，而且还不对我“请事”（即大事交天子定夺）呢？难道是嫌弃我有什么不足吗？

曹参儿子回家说完，挨了老爹二百板子，惠帝脸上挂不住了，说，你收拾儿子干吗，是我让他问的。

曹参摘下帽子跪地解释，您觉得您比您父亲如何？惠帝说那哪儿敢比，曹参又问，您觉得我比萧何如何？惠帝说好像你也差点儿，曹参立刻接话：

“您说得对，高帝和萧何定天下，法令已定，也以明示天下，您就安居九重，我就安守相位，咱们都照着前人画出的道儿来，不好吗？”惠帝称善。

简而言之，“无为”是绝对减少当权者个人意志的干扰，无论善意还是恶意的，以让制度自然运行，在前人划定好的路上行进，不做任何更张。

在张家山汉墓竹简出土之前，这条“前人划定好的路”往往公认是“轻徭薄赋”之路，待到《二年律令》现世，我们才发现，这条路其实还是“秦法之路”，那么，“清静无为”除了“不兴大役”又和秦政有什么区别？

答案就在《史记·平准书》的记载中：

> 孝惠、高后时，为天下初定，复弛商贾之律……而山川园池市井租税之入，自天子以至于封君汤沐邑，皆各为私奉养焉，不领于天下之经费。

惠帝和吕后时代改变了汉高祖采取的歧视商贾政策，尤其是“重租税”以困之的手段，进而提及“山川园池市井”，也就是工商业收入，“山川园池”是所谓的“山泽”，即非耕地，这部分土地资源在封建时代，都是被封建主垄断的。

比如，13 世纪的英国斯塔福德郡，农奴去林地（属于领主）里伐木，要缴纳一笔“林地税”；当一位农奴要买卖牲口或谷物，领主要收“准许费”；当农奴要使用森林、荒地、河流等公地时，领主要收“使用费”，据统计，领主征收的这些税收占农奴全年收入的 40%。

在秦代，这部分土地资源属于皇帝所有，归属于“少府”管理，相关收入称为“禁钱”，是皇帝的“私产”，在秦制的“山泽之禁”下，并不是禁止使用和开发山泽资源，而是由“少府”管理的各种刑徒来进行生产、开发，然后变现。

等到了汉代，天子以下有诸侯王、列侯、汤沐邑，这是不同级别的封建主，也就是裂土分茅的“国”，其境内的“山川园池市井租税之入”即可作为“私奉养”，天子辖区内的依旧归属少府，诸侯王、列侯、汤沐邑境内的则归属其“私府”。所以，《史记》里才说，这部分租税之入，也就是“资源使用费”，就足以奉养“封君”，而不需要领用国家财政收入。

对照《汉书·荆燕吴传》看看：

> 会孝惠、高后时天下初定，郡国诸侯各务自拊循其民。吴有豫章郡铜山，即招致天下亡命者盗铸钱，东煮海水为盐，以故无赋，国用饶足。[①]

非农收入已经足够吴国的国家开支，同时也指明了，在汉惠帝和吕后执政的时代，各个诸侯王、列侯在经济上有非常大的自主权。这些自主权与汉王朝施行的“无为”政策配合，大量违反“汉法”的细过被忽略，全国上下都只抓“重点”，只要大节不伤，朝廷也乐得睁一只眼闭一只眼。

弛山泽园池之禁，则是扩大“工”的基础，《史记·货殖列传》里说：

> 安邑千树枣；燕、秦千树栗；蜀、汉、江陵千树橘；淮北、常山已南，河济之间千树萩；陈、夏千亩漆；齐、鲁千亩桑麻；渭川千亩竹……[②]

---

① 班固：《汉书》卷三十五《荆燕吴传》。

② 司马迁：《史记》卷一百二十九《货殖列传》。

这些东西就是当时的“工业原料”，也有直接就是产品的，比如枣、栗、橘、竹子，虽然不是粮食作物，却是贩运天下的商品，有了商品，自然有了“市井”的收入，也就是商税。

工商业的大兴，让众多列侯、勋贵将目光从立军功、拜高爵、占田宅的秦朝模式中跳出来，看到了另一个可能性，即“升官、发财两条路”。

最重要的是，作为帝国最大的领主，偏居长安的皇室能够在关东众多诸侯王、列侯、封君的繁荣市场中抽成获益，对方的力量涨一分，汉朝中央的力量就涨三分，同时，吕后还采取了更绝的手段——单向禁运。

据张家山汉简《二年律令·津关令》，吕后时期，汉朝严禁黄金、铜、铁私自运出关中，并严禁诸侯王国人在关中购买马匹。

作为汉朝的封臣，各个诸侯国肯定不敢这么直白地控制物流，否则就成了事实上的谋反了，所以，这成了汉朝中央在经济上给各个地方势力上的紧箍咒。

等到数十、百年后，司马迁在《史记·货殖列传》中点出了这场大变革的成果：

> 故关中之地，于天下三分之一，而人众不过什三；然量其富，什居其六。[1]

---

① 司马迁：《史记》卷一百二十九《货殖列传》。

换言之，即汉朝皇室的关中根本之地，土地只有天下的1/3，人口只有30%，财富却占到整个国家的60%。这场不见血的“经济战争”，终究还是汉朝皇室取得了压倒性的胜利，不动刀兵，诸侯王、列侯们仍不失为“富家翁”，虽然只是“暂时”的。

帮助汉朝皇室取得这场胜利的，当然不只是它的“老兄弟们”。

《史记·刘敬叔孙通列传》记载了刘敬（即娄敬）劝谏刘邦实施的一个重要举措：

> 夫诸侯初起时，非齐诸田，楚昭、屈、景莫能兴。今陛下虽都关中，实少人。北近胡寇，东有六国之族，宗强，一日有变，陛下亦未得高枕而卧也。臣原（愿）陛下徙齐诸田，楚昭、屈、景，燕、赵、韩、魏后，及豪桀名家居关中。无事，可以备胡；诸侯有变，亦足率以东伐。此强本弱末之术也。①

秦末大乱靠的就是齐国的田氏，楚国的昭、屈、景三氏，刘敬（也就娄敬）建议刘邦，莫不如迁徙这些豪杰大族进关中，没事儿的时候可以防御匈奴，有事儿的时候有力量东征。

刘邦同意了，《汉书·高帝纪》记录了实施详情：

---

① 司马迁：《史记》卷九十九《刘敬叔孙通列传》。

（高帝九年）十一月，徙齐、楚大族昭氏、屈氏、景氏、怀氏、田氏五姓关中，与利田宅。[1]

对于马上取天下的刘邦而言，他迁徙六国豪杰也是给诸侯王子侄清理门户。此时，齐国在他长子刘肥手里，楚国、荆国在他弟弟刘交、族兄刘贾的手里。说实话，战斗力都一般，凭他们和六国后对抗，难保不再出楚怀王、田横之流。

此外，这些豪杰大族有人才，又在家乡有声望，在古代就意味着能够轻易拉起队伍、意味着战争潜力，这种力量掌握在关东诸侯王手中，本就是太阿倒持，很可能反噬关中的皇室，这部分人数量还真不少，达到了十几万人。

所以，在《二年律令·津关令》里，严格要求与关东诸侯国交界的汉关，严禁人口出关，比如在张家山汉简《奏谳书》里，就记录了齐国临淄小吏帮助一个田姓女子出关的案例，最终两人都被判刑，可见当时关禁对于关中人口流失的防范。

事实上，刘邦的这种“迁徙豪杰”的举措并非首创，秦始皇当年就曾迁徙六国后。所以，这里面最重要的不是迁徙，而是迁徙的方式，翻阅《史记·货殖列传》可见：

蜀卓氏之先，赵人也，用铁冶富。秦破赵，迁卓氏。卓氏见虏略，独夫妻推辇，行诣迁处。[2]

---

① 班固：《汉书》卷一《高帝纪下》。

② 司马迁：《史记》卷一百二十九《货殖列传》。

秦朝迁徙豪富的方式，是将原来六国的富户搞到两手空空推着小车，从今天河北省搬到四川省的临邛，这是逼人白手起家的节奏。

而汉高祖的迁民，有“与利田宅”的优惠，所以，迁入关中的豪强巨族反而光耀门庭了，一方面充分利用从优授予田宅的政策，另一方面施展他们与秦汉律令体系对抗的最强武器——宗族，成为最后的赢家。

要知道，在秦汉的《户律》要求下，成年男子必须分家，成为新的“纳税户”，并以此为单位“名田”、纳税、服役。豪强巨族们不能抗拒法律意义上的分家，却可以在“分户”之后仍旧保持“聚族而居”，再在家族的统一调配下，安排生产，贩运出产。

按照《二年律令》中的标准，一个无爵男子，可以“名田”一顷，也就是100亩，一个有100名男丁的大族，就可以合法拥有10000亩的耕地。在“与利田宅”的政策下，这个数字可能就要扩张为两倍、五倍或十倍，自然可以田连阡陌，富甲一方，无论耕种还是贩贾，都是不容忽视的恐怖力量。

《史记·货殖列传》载：

> 关中富商大贾，大抵尽诸田，田啬、田兰。[①]

从汉高帝九年到司马迁撰写《史记》的时代，至少94年的

---

① 司马迁：《史记》卷一百二十九《货殖列传》。

时间，诸田家族长盛不衰，而且还是明确的“富商大贾”，也就是商业世家，正经的“百年老店”。在汉武帝时代来临之前，他们一直是汉帝国的底牌，而不是国家的敌人。

如果说，在汉高祖的时代，皇权与刘姓诸侯王相处的方式是“亲戚之情”，与异姓功臣列侯相处的方式是“朋友之义”，与军功授爵旧部相处的方式是“赏功之恩”，与天下百姓相处的方式是“刑杀之威”。

那么，在汉惠帝、吕后的时代，皇权与刘姓诸侯王相处的方式就是“武力威慑”，与异姓功臣列侯相处的方式就是“利益赎买”，与天下百姓相处的方式就是“大家发财”。

相对于刘邦时代泾渭分明的“军功既得利益阶层”和“受统治、受防范的人民”，惠帝和吕后治下的汉帝国向着建构“全民政权”的方向又迈进了一步，汉帝国只承诺为一部分功臣的服务继续“支付尾款”，即诸侯王、列侯。

《史记·吕太后本纪》记载：

> （高后七年七月）辛巳，高后崩，遗诏赐诸侯王各千金，将相列侯郎吏皆以秩赐金。[①]

这是吕后的遗诏，要赐各诸侯王每人1000斤黄金，将、相、列侯以至于郎吏，都以“秩”分档次赐不等的黄金。所谓“秩”，类似于后世的官品，不过是以粮食计数的年薪划分等级，

---

① 司马迁：《史记》卷九《吕太后本纪》。

有“二千石”“千石”“六百石”等多级。

这里最重要的信息就是，吕后临终的赐金，只涵盖了诸侯王、列侯、郎吏。其中诸侯王不必说，郎吏也不必说，列侯则是秦汉二十等爵制的最高等，其下的十九级爵位，在汉高祖刘邦的眼中，还是非常重要的，甚至在“高帝五年诏”中特别要求：

> 异日秦民爵公大夫以上，令丞与亢礼。今吾于爵非轻也，吏独安取此！……其令诸吏善遇高爵，称吾意。且廉问，有不如吾诏者，以重论之。[①]

刘邦首先回顾了秦朝爵位的贵重，拥有公大夫以上爵位者，可以与县令、县丞分庭抗礼，又强调，朝廷对于爵位非常重视，地方的小吏怎么敢慢待这些有爵功臣？如果还有不遵诏书办事的，要从重处罚。

可见刘邦时代的“重爵”，也就是善待权贵之外的“老兄弟”。而吕后的遗诏则是另一套逻辑，即除列侯之外，其余十九级爵位都忽略掉，赐金的档次，只以现任官员的职级而定。换句话说，就是“重官轻爵”。

新的时代里，吕后划掉了六十万汉军老兵，也划掉了他们的几万名军官，只保留了他们曾经的统帅（列侯）作为汉帝国合伙人的身份。

---

① 班固：《汉书》卷一《高帝纪下》。

当然，作为新朝曾经的“既得利益者”，在新时代的竞争里，他们仍是“抢跑者”，却不一定是领先者。

直白地说，对于汉朝的老百姓来说，种地、打仗，得爵位，再种地、再打仗的雪球滚不下去了，爵位授予的土地反而成为最不牢靠的“资产”，根本不能实现农耕社会中常见的财富“保值增值”的作用。以人的自然寿命而论，这波“军功授爵阶层”20岁少壮从军，在汉高帝十二年前，还有大把的军功授爵机会，以此为界，之后的新生代就很难有这个机会了。

以此为界，假定大部分士兵是30岁左右罢兵回家，50～60岁自然死亡，则这波涵盖汉帝国至少50%耕地的“土地使用权到期”高潮应该出现在汉文帝五年到汉文帝十五年之间。

然而，在西汉王朝的“土地政策”没有明晰之前，什么东西最牢靠？

当然是“钱”。

当人民还没有经过漫长时间的浸泡，习惯一个全新政权时，质疑皇权血统的功臣列侯、憎恨新贵的地方旧族、担心利益丧失的军功阶层，以及渴望更大权力的诸侯王们，唯一共同关心的话题和目标，只能是“赚钱”。

“大家发财”——这才是吕雉这个巨富之女为“汉帝国号”列车扳开的道岔，让它不再亦步亦趋地跟着秦王朝的前车，走向“二世而亡”的老路。

第二节

秦制2.0版：让“黔首”不再是“植物”

戳破汉初“主动”休养生息的神话，核心就在“主动”二字。

张家山汉墓出土的《二年律令》，为我们基本重构了汉高祖、汉惠帝、吕后三朝的汉朝行政、法律秩序的原貌。脱胎于秦律的汉律对于社会的管控并未放松，不过，也一直在做细部的“变革”。这些“变革”过往常常被置于“汉初休养生息政策”的范畴下，其实初衷并非如此，只是应时之举，日后却长成了参天大树。

比如，在刚刚铲除秦社稷，立汉社稷的汉二年，就秦繁复严密的乡里体制，增加了“三老”这个序列：

> （汉二年）举民年五十以上，有修行，能帅众为善，置以为三老，乡一人。择乡三老一人为县三老，与县令、丞、

尉以事相教，复勿徭戍。以十月赐酒肉。[①]

这个角色，按照《汉书·百官公卿表》的记载是：

三老掌教化……皆秦制也。[②]

所谓教化，听起来虚无缥缈，说到底就是民意代表，正如陈胜入据陈县后：

数日，号令召三老、豪杰与皆来会计事。[③]

正是这两条记载，让学术界普遍认为“乡三老”在秦朝即有设置，汉高祖只是增设了“县三老”。不过出土的秦简中却没有“乡三老”具体的运作记载。但无论如何，我们可以理解为，是汉高祖将这个可能秦朝不存在，或至少不怎么重视的民间教化岗位，提升到与县、乡行政官员平等对话的高度上。

事实上，汉代的“三老”，不但掌管不知所谓的“教化”，还会参与平冤理讼，更拥有自己独特的方形印信[④]。一般的县吏则只有半块长方形印信，乡级的啬夫、游徼则干脆没有印信。可见其地位之超然，更逆天的是，“三老”可以直接上书皇帝对国家大政言事。

① 班固：《汉书》卷一《高帝纪上》。
② 班固：《汉书》卷十九《百官公卿表》。
③ 司马迁：《史记》卷四十八《陈涉世家》。
④ 形制类似于“长吏”。

正因为这种角色的特殊性，“三老”不是吏，而是“吏比者”。由乡里推举，却由国家认命，没有俸禄，却能免除部分赋税和全部劳役，虽然身处民间，却能直通帝国金字塔尖，可以说是汉朝的“民意代表”。

关于“三老”的角色，评价最贴切的当属日本学者守屋美都雄在《中国古代的家族与国家》一书中《父老》一篇所总结的：

> 当政府的政策要具体施行于民众时，为了检验政策的可适性如何，必须有一个代表民众舆论利益的人，出面与官方进行磋商和协调，而三老正是为了适应这种需要而设置的。[①]

结合上文中的诸侯子和军功授爵阶层可以看出，汉高祖时代对于当时社会上的三种“有力者”有着清醒的认识，一为六国宗亲远支，一为地方德高望重的父老，一为一同起家的“老兄弟”，以各种方式与这些“有力者”合作，使之服从，甚至诱引参与汉政权，是这个时期的重点，哪怕破坏秦制的“平等压迫”原则也在所不惜。

然而，这一切仍只是帝国静态框架的构造，只能维护一时的稳定，对于秦制帝国而言，所有的内部零件，都是为了应对

---

① 守屋美都雄：《中国古代的家族与国家》，钱杭、杨晓芬译，上海古籍出版社，2010 年。

“必然发生”的某一个短时期的动态运转，即战争。否则，秦制下的官僚组织和法律逻辑会在日常的运转中，吞噬掉整个民间社会，到那个时候，这些民间社会中的“有力者”照样还会是反叛的先锋。

正因为深谙个中的关窍，自汉高祖时代开始，继承“秦律”的“汉法”已经发生了小小的变化，并随着时间和社会的推移，演变成为巨大的分水岭。这个变化，概括起来很简单——双重标准。

“秦法”着力维护的是一个单一标准的等级社会。这个标准，就是与“军功爵”绑定的一整套“秦法伦理”。而“汉法”则在此基础上，增加了对需要团结的“自己人”的诸多例外，并引入了“现实伦理”。

“三老”的角色，体现了前者，“孝悌力田”的角色，则体现了后者。

> （汉惠帝四年）春正月，举民孝弟、力田者复其身。①
>
> （高后元年二月）初置孝弟力田二千石者一人。②
>
> （汉文帝十二年三月）及问民所不便安，而以户口率置三老、孝、悌、力田常员，令各率其意以道民焉。③

从出土的西汉末年尹湾汉简一号木牍《集簿》可知：

---

① 班固：《汉书》卷二《惠帝纪》。

② 班固：《汉书》卷三《高后纪》。

③ 班固：《汉书》卷四《文帝纪》。

县邑侯国卅八县十八侯国十八邑二其有堠都官二

乡百七十□百六里二千五百卅四正二千五百卅二人

……

县三老卅八人乡三老百七十人孝悌力田各百廿人凡五百六十八人

吏员二千二百三人大守一人丞一人卒史九人属五人书佐十人啬夫一人凡二十七人。[1]

“三老”设置，县和乡对应一人，“孝悌力田”的人数配置也比较齐，又与吏员分列，属于典型的民间选拔的“民意代表”和“先进典型”。

汉初基层管理的“新气象”意味着一个非常重要的问题，就是汉初在秦制的“经营性国家”体制上，增加了“民意”的上达和回应。汉代的“民”，不再是单纯的“资源”，而是有资格和国家机器讨价还价的“人”，体制内“人”的权利开始产生和扩大。

而“孝悌力田”的产生，正是在曹参为相时，也就是所谓的“萧规曹随”时代。最重要的一点，并不是这个角色的设置，而是其奖赏：

复其身。[2]

① 连云港市博物馆整理：《尹湾汉墓简牍》，中华书局，1997 年。

② 班固：《汉书》卷二《惠帝纪》。

也就是终身免除劳役。这样的待遇，在秦代，是军功高爵的特权，是官吏的特权。而在汉初，可以通过两个伦理选项，加一个生产选项来获得，本身已经对秦制的基础原则——“利出一孔”发起了挑战。

汉文帝时代的一条奖励诏书，又帮我们将孝、悌、力田真正分开：

> 孝悌，天下之大顺也；力田，为生之本也；三老，众民之师也；廉吏，民之表也。朕甚嘉此二三大夫之行。今万家之县，云无应令，岂实人情？是吏举贤之道未备也。其遣谒者劳赐三老、孝者帛，人五匹；悌者、力田二匹；廉吏二百石以上率百石者三匹。[①]

注意排序，三老、孝者是第一梯队，廉吏二百石以上率百石者是第二梯队，悌者和力田是第三梯队。

官吏且不论，三老是年高德劭，有年龄坎要求，光努力不行，但是后面三个，都可以通过努力获得，“孝顺”更是排在第一位，与“力田”所代表的“耕”一样，变成了“利出多孔”中的一孔。

而秦律中，“孝”和“耕”，其实都是作为“义务”存在的，做不好，那是要受罚的，比如《睡虎地秦墓竹简·法律问答》记载：

---

① 班固：《汉书》卷四《文帝纪》。

> 免老告人以为不孝，谒杀，当三环之不？不当环，亟执勿失。

意思是，问：六十岁以上老人（免老）告官说儿子不孝，要求判处其死刑，应该执行“三环”（一种申请法律复核或宽宥的程序）吗？答：不应执行，赶快把这个儿子抓起来，别让他跑了。

可见，秦律中“不孝”是大罪，要判死刑。

在秦制体系下，耕是义务，可耕的土地才是奖励，真正的“一孔”，来自“战”，唯有“战”，才能军功授爵，唯有提升爵位，才能受奖更多的土地，允许你“耕”，已经是国家的“恩典”了。退一万步说，哪怕你“不耕”，国家也有足够的刑徒来维持粮食物资的生产，国家非常欢迎你成为刑徒，这条阶层下降通道随时畅通。

具体而言，汉初将“秦法伦理”下的一部分义务，视为奖励的对象，也就意味着承认现实中存在不足以完成义务的人群，而这一人群的存在也超出了“不履行义务即受惩罚”的系统的能力极限。

事实上，在“秦法伦理”主导下的秦政，只能确保其核心目标的达成，对于最基础社会单元——家庭的敦睦，并没有达到其理想的状态。

正如《汉书·贾谊传》中《治安策》追述的：

> 商君遗礼义，弃仁恩，并心于进取，行之二岁，秦俗日

败。故秦人家富子壮则出分，家贫子壮则出赘。借父耰锄，虑有德色；母取箕帚，立而谇语。抱哺其子，与公并倨；妇姑不相说，则反唇而相稽。其慈子耆利，不同禽兽者亡几耳。然并心而赴时，犹曰蹶六国，兼天下。功成求得矣，终不知反廉愧之节，仁义之厚。信并兼之法，遂进取之业，天下大败；众掩寡，智欺愚，勇威怯，壮陵衰，其乱至矣。①

商鞅变法后抛弃了礼义仁恩，一心集中力量于进取，仅仅施行两年，秦国的风俗不断败坏。由于强制分户异产，秦人家庭富裕，则儿子成年了就分家，家庭贫寒，则儿子成年了去做赘婿。借给父亲农具，就露出恩赐的神色；母亲取用一下畚箕和扫帚，立即遭到责骂。儿媳抱着孩子喂奶，与公公傲慢并坐；婆媳之间一不高兴，就顶嘴吵架。他们宠爱自己子女、贪图利益的德行已经和禽兽差不多了。

然而，齐心协力拼命时，还可以说是为了灭六国，平天下。功成名就了，仍旧不知道反思违背了仁义德行的错误。仍旧信用兼并时的手段，不断兴事进取，最终天下大坏。人多欺负人少，聪明的欺负愚笨的，胆大的欺负胆小的，强壮的欺负老弱的，完全乱到了极点。

一句话总结一下秦的家庭和社会伦理是什么？

从林社会。

---

① 班固：《汉书》卷四十八《贾谊传》。

更直白地说，就是一群用律法锁链暂时束缚住的禽兽，一旦桎梏松弛，则天下分崩，甚至流毒后世。

贾谊在《治安策》中并没有停留于对秦的吐槽，同样揭示了汉初社会的种种乱象：

> 曩之为秦者，今转而为汉矣。然其遗风余俗，犹尚未改。今世以侈靡相竞，而上亡制度，弃礼谊，捐廉耻，日甚，可谓月异而岁不同矣。逐利不耳，虑非顾行也，今其甚者杀父兄矣。盗者剟寝户之帘，搴两庙之器，白昼大都之中剽吏而夺之金。矫伪者出几十万石粟，赋六百余万钱，乘传而行郡国，此其亡行义之〔尤〕至者也。
>
> 而大臣特以簿书不报，期会之间，以为大故。至于俗流失，世坏败，因恬而不知怪，虑不动于耳目，以为是适然耳。夫移风易俗，使天下回心而乡道，类非俗吏之所能为也。俗吏之所务，在于刀笔筐箧，而不知大〔体〕。陛下又不自忧，窃为陛下惜之。[①]

这一段，如果完整翻译就太长了。简言之，汉代的风俗承继了秦代，民风逐利以至于杀父兄，盗窃高祖、惠帝庙的礼器，诸多乱象，当国的刀笔吏大臣都不当回事，只把上下文书的延迟、期会会议的延迟当作大问题，完全不识大体，希望皇帝自己能够引起重视。

---

① 班固：《汉书》卷四十八《贾谊传》。

其实贾谊的这段世风评价，属于抓了一个，漏了一个。

抓到的一个在于，秦的法律体系，本身具有自洽的伦理逻辑，就是为了最大限度地进行人力动员，对于社会道德伦理的要求，自然是“最低保障”即可。因为本身整个社会已经包裹进了国家体系之中，除了里、伍之下的家庭内部，其他的社会关系已经完成了重塑。

这是一场国家主导的“塑造新人运动”。既然国家都规定好了“利出一孔”，自然讲的是“向利而行”，顶多就是小心翼翼地别招惹国家，保证不犯法。可当国家法律体系骤然失效时，整个社会没有任何横向联系维护稳定，瓤子里的“丛林社会”自然就暴露了。

贾谊漏了的那个，则是“金钱”的侵蚀。

秦人的乱，是乱在细部的家庭伦理和价值观，而贾谊写的汉初，那就是乱在社会秩序上了。之所以如此，一个是惠帝、吕后、文帝时代对于法律执行的刻意松弛，这个会在后文细说，另外一个就是吕后鼓励工商的“新经济政策”，给了政权上层阶级巨大的获利空间。

文帝时代进一步的开放管制，则将大汉王朝的大部分人也卷入了“经济”的大潮之中。

所以，贾谊看到的汉初的“道德沦丧”，确实是“月异而岁不同矣”，越来越狠，因为市场经济大潮滚滚向前，产生的新东西多，旧的田园诗一样的岁月静好自然就被粉碎了。

也正因为如此，政治举措上的“缺什么喊什么”定律就发挥作用了，道德日坏则朝廷要表彰“孝悌”，农民舍本趋末，所以要表彰“力田”，甚至因为基层官吏普遍贪赃枉法，所以才要表彰“廉吏”。

正如汉文帝在诏书中所说的：

> 今万家之县，云无应令，岂实人情？是吏举贤之道未备也。
>
> 以户口率置三老、孝、悌、力田常员。[①]

前者是现实，就是万户人口的县，竟然没有人应举？所以直接批评官吏举贤不称职，当然，文帝应该也理解官吏为什么这么干。

按照我们所知的规则，秦汉之际在“举人”的问题上，有明确的连带责任惩治，而万家之县是不是真的没有符合“孝悌力田”的人？怕也未必。

所以，文帝直接给出了解决方案，解除官吏“举人”的疑虑，直接按照户口设置“常员”，也就是把非常态运动变成确定的工作指标，硬性规定，你跑不了吧？

这种处置也可以看出文帝对于“三老、孝、悌、力田”的态度，并不是真的要一丝不苟地树立“真道德模范”“真劳动模范”，而是要保障这种“道德教化”的普遍性传达，选的不是圣人，而是“思想教育干部”，用不着那么严谨。

---

① 班固：《汉书》卷四《文帝纪》。

从这个案例上，我们也能发现，汉文帝绝不是一个笃信“道德教化”的儒家信徒，而是将移风易俗与利益挂钩的现实主义者。提出《治安策》的贾谊之所以不得重用，可能很大程度上也在于此，文帝赏识他发现问题和解决问题的理论高度，但绝不会采纳他解决问题的方式和方法。

恰恰相反，主张“入粟拜爵”以备边患的晁错，这个列名酷吏的狠角色，却在文帝朝、景帝朝大放异彩，可以说，日后“七国之乱”的翻覆，正是文帝时代政治的延续。

汉文帝十三年，汉文帝对免除田之租税的解释，为我们展示了一个与“成功学”想象完全不同的汉文帝时代：

> 今廑身从事，而有租税之赋，是谓本末者无以异也，其于劝农之道未备。[1]

也就是说，好好种地却有农业税，则没法分别“本末”。问题是，在汉代体制下的“贾人”本就是在户籍上分别开的二等公民，将其视为“末”是否合适？

所谓“无以异也”，也就意味着，原来是相同待遇，而现在要分别开来。那么，这个“本末”就不可能是针对民户和贾人之间的区别，贾人不单独立户也不存在授田，而只能是在民户之中有人“舍本求末”。

这一点，《汉书·食货志》中早已自承：

---

① 班固：《汉书》卷四《文帝纪》。

文帝即位，躬修俭节，思安百姓。时民近战国，皆背本趋末。[①]

也正是在此背景下，紧跟着就是“贾谊说上曰”，一整段对汉文帝的劝谏：

夫积贮者，天下之大命也。苟粟多而财有余，何为而不成？……今驱民而归之农，皆著于本，使天下各食其力，末技游食之民转而缘南亩，则畜积足而人乐其所矣。可以为富安天下，而直为此廪廪也，窃为陛下惜之！[②]

贾谊的文字确实优美，也指出了问题，所以汉文帝的反应是：

于是上感谊言，始开籍田，躬耕以劝百姓。[③]

开籍田，就是皇帝亲自去做个种地的样子给天下百姓看，展示他劝百姓归农的态度。也仅仅是态度，因为这种“秀”，中国的皇帝2000年来一直做，也没见有什么用。

市场经济的发展和吸引力根本不是安心做黔首，踏踏实实给国家当“耕战”资源可比的，这是人性。

所以，懂人性的晁错紧跟着上书，指出了问题：

---

① 班固：《汉书》卷二十四《食货志》。

② 同上。

③ 同上。

> 今法律贱商人，商人已富贵矣；尊农夫，农夫已贫贱矣。故俗之所贵，主之所贱也；吏之所卑，法之所尊也。上下相反，好恶乖迕，而欲国富法立，不可得也。[①]

社会现实很清晰，不管国家愿意不愿意，导向是什么，商人已经富贵，农夫已然贫贱，这是事实。所以，国家所看不惯的、轻贱的阶层，时俗世风就是崇尚之，法令尊崇的阶层，官吏们依旧不放在眼里，这就是上下的需求抵牾，好恶相反。

在这样的条件下，强求国家财政的丰盈和统治秩序的遂心，根本不可能。

所以，晁错提出了顺应人性的解决方案：

> 方今之务，莫若使民务农而已矣。欲民务农，在于贵粟。贵粟之道，在于使民以粟为赏罚。今募天下入粟县官，得以拜爵，得以除罪。
>
> 如此，富人有爵，农民有钱，粟有所渫。夫能入粟以受爵，皆有余者也；取于有余，以供上用，则贫民之赋可损，所谓损有余补不足，令出而民利者也。
>
> 顺于民心，所补者三：一曰主用足，二曰民赋少，三曰劝农功。
>
> 爵者，上之所擅，出于口而亡穷；粟者，民之所种，生于地而不乏。夫得高爵与免罪，人之所甚欲也。使天下〔人〕

① 班固：《汉书》卷二十四《食货志》。

入粟于边，以受爵免罪，不过三岁，塞下之粟必多矣。[1]

晁错的思路很简单，完成两组交易：

（1）国家以爵位买富人的粮食；

（2）富人以钱去买农民的粮食。

国家得粮食，农民得钱财，富人得爵位，各得所欲，其实是通过“交易”的手段来刺激粮食的市场需求，从而“贵粟”，自然就收到了“劝农”的效果。

相比之下，晁错“以利诱之”的观念，远比贾谊的“以德化之”的思路好用得多，所以：

于是文帝从错之言，令民入粟边，六百石爵上造，稍增至四千石为五大夫，万二千石为大庶长，各以多少级数为差。

错复奏言：“陛下幸使天下入粟塞下以拜爵，甚大惠也。窃恐塞卒之食不足用大渫天下粟。边食足以支五岁，可令入粟郡、县矣；足支一岁以上，可时赦，勿收农民租。如此，德泽加于万民，民俞勤农。时有军役，若遭水旱，民不困乏，天下安宁，岁孰且美，则民大富乐矣。”

上复从其言，乃下诏赐民十二年租税之半。明年，遂除民田之租税。[2]

---

① 班固：《汉书》卷二十四《食货志》。

② 同上。

我们观察完这个过程，很容易得出结论，汉文帝免除天下民田租税的政策出台的背景，根本不是“白骨露于野，千里无鸡鸣”的乱世萧条，什么天子不能用纯色的马，将相乘牛车，百姓困苦的景象，早在惠帝、吕后的时代即已成为过去。

晁错在汉文帝十一年六月，匈奴寇狄道（地在陇西郡）之后，上疏言兵事，之后才“复言守边备塞、劝农力本，当世急务二事”，上面转引《汉书·食货志》的文字，应为“劝农力本”一篇，而汉文帝下诏赐民租税在文帝十二年三月，也就意味着晁错的“复奏”只能在这之间的 9 个月间。

再结合晁错的建议：

> 边食足以支五岁，可令入粟郡、县矣；足支一岁以上，可时赦，勿收农民租。①

边郡的粮食足可以吃五年之后，可以让富户把粮食送到内地本郡县换取爵位，够天下郡县支用一年以上，则可以免除农民的田租。

文帝听了他的建议，也就意味着他的“入粟拜爵”上疏被下发执行，最多也就 9 个月，就能让天下富户、商人嗷嗷叫着购买粮食堆积到国家仓储之中，已经可以让边郡的粮食够吃 5 年，天下郡县的仓储也够支用 1 年以上……

那么，我们再深想一步，汉文帝十二年时，全天下的民间

---

① 班固：《汉书》卷二十四《食货志》。

储粮该是怎样海量的规模？买爵的富户、商贾们又拥有多么巨大的财富？

直白地说，在西汉王朝天下安宁的28年后，汉文帝的一系列举措，根本不是为了“休养生息”抚平战乱的疮痍。恰恰相反，他所面对的根本是“天下殷富”“利出多孔”之后的旧制度失灵以及商品经济活跃带来的社会秩序和伦理的动荡。

这一点上，《汉书·食货志》说“时民近战国”只是点到了皮毛，汉文帝时离战国时代再近，也隔着50多年，秦始皇治下的人民不是更近战国？

更何况此时的汉郡本就以战国时秦、魏、韩三国的旧地为主，大部分地区施行秦制、秦法早超过100年了，归结为民风、民俗根本就不靠谱。

归根结底是人民向往自由选择的基本人性在惠帝、吕后时代的“弛禁”后陡然爆发，一举冲决了“利出一孔”的耕战组织。

让皇帝更觉得可怕的是，哪怕是本应与皇帝联盟一同维护“耕战”社会的官吏们，也已“倒戈”，正如贾谊所描述的：

> 大臣特以簿书不报，期会之间，以为大故。至于俗流失，世坏败，因恬而不知怪，虑不动于耳目，以为是适然耳。①

大臣们是真不了解外面的世界变化吗？当然不是，他们把大部分的精力放在了“行政程序”的合法、非法之上，其实就

① 班固：《汉书》卷四十八《贾谊传》。

是态度，他们在用“不作为”拥抱这个更自由的时代。

作为新王朝的既得利益者们，作为汉王朝一波波抛弃同盟者后的最终孑余，诸侯王、列侯、将相、二千石们，具备整个社会最强的“变现能力”，他们的封地、食邑、宗族、权力，都让他们在这场财富盛宴中占得了先机，最典型的例子就是灌夫家族。

也正因为如此，汉文帝在表彰孝悌力田时，不忘加上“廉吏”，恰恰因为在秦制塑造的封闭、固化社会下，曾经被荀子盛赞的“无有私事也”的“古之吏”“古之士大夫”，在新朝已经成为稀罕物。

伴随着社会经济环境的巨大变迁，汉朝所继承的秦制，为“利出一孔”服务的官僚组织已经失灵，汉文帝也好，汉景帝也好，汉武帝也罢，面前只有两个选项，要么跟着向前，以利导之；要么不惜鲜血的代价，用残酷的屠刀把整个社会拉回到“体制元初”。

前者简单易行，但需要睁一只眼闭一只眼，对于自身皇权的处处受挫视而不见听而不闻，后者则恍如踩钢丝，只要一个行差步错，帝国就将万劫不复。

汉文帝是一个精明的现实主义者，当他认识到蓬勃发展的商品经济之中，除了原本秦制中可以管理的从事商业的“贾人”，还有国家依靠原本的律令无法控制的大批民户工商业者存在，他们的规模之大，让王朝常态制度下的小修小补，如加重商税、身份折辱等手段无从奏效，只能承认现实。

更重要的是，作为皇帝，对他宝座威胁最大的，还不是这个“脱缰了”的商品社会，而是长安的功臣列侯、关东的诸侯王们，他们恰恰是汉文帝一朝前期和后期被削弱、打压的对象。

那么，稳定社会、争夺民心、财力、物力，文帝一朝采取“跟着走、以利导之”的国策，也就毫不奇怪了。

事实上，在汉文帝的粮食仓储充盈之后，第二次减半当年田租的“善政”颁布的同时，还下达了另外一条诏令：

> （汉文帝十二年）三月，除关，无用传。[①]

再看看“关”外的人在做什么，《史记·吴王濞列传》：

> 会孝惠、高后时，天下初定，郡国诸侯各务自拊循其民。吴有豫章郡铜山，濞则招致天下亡命者铸钱，煮海水为盐，以故无赋，国用富饶。
>
> （汉文帝时）然其居国以铜盐故，百姓无赋。卒践更，辄与平贾。岁时存问茂材，赏赐闾里。佗郡国吏欲来捕亡人者，讼共禁弗予。如此者四十余年，以故能使其众。[②]

《史记·淮南衡山列传》：

> 淮南王长废先帝法，不听天子诏，居处无度，为黄屋盖乘舆，出入拟于天子，擅为法令，不用汉法。及所置吏，

---

① 班固：《汉书》卷四《文帝纪》。

② 司马迁：《史记》卷一百六《吴王濞列传》。

以其郎中春为丞相，聚收汉诸侯人及有罪亡者，匿与居，为治家室，赐其财物爵禄田宅，爵或至关内侯，奉以二千石，所不当得，欲以有为。[①]

招纳流亡、豪杰，哪怕汉文帝的亲儿子封王也不能免俗，梁孝王刘武一样是：

招延四方豪桀，自山东游士莫不至。[②]

人才、人力、财富的争夺，让汉文帝不得不“大方”，皇位背后的刀子，也让他不敢对早已看不惯的“世道”下手，反而只能与这个“上下相反，好恶乖迕”的社会和解，用自己手中的权力筹码来“购买”粮食、人才。

更直白地说，汉文帝是作为一个秦制帝国的君主，眼睁睁地看着自己偏爱的体系瓦解，滑向不知走向何方的深渊，他还不得不接受。这个过程，就更没有“休养生息”什么事了，而之所以说是“不得不”，还是要从“自己人”说起。

---

① 司马迁：《史记》卷一百一十八《淮南衡山列传》。

② 班固：《汉书》卷四十七《文三王传》。

第三节

汉帝国的军功授爵制度自开始就是一个“骗局”

汉代军功爵的尴尬命运，自汉王朝建立，即已注定。

见“汉高帝五年诏”：

军吏卒会赦，其亡罪而亡爵及不满大夫者，皆赐爵为大夫。故大夫以上，赐爵各一级。其七大夫以上，皆令食邑；非七大夫以下，皆复其身及户，勿事。

又曰：七大夫、公乘以上，皆高爵也。诸侯子及从军归者，甚多高爵，吾数诏吏先与田宅，及所当求于吏者，亟与。

爵或人君，上所尊礼，久立吏前，曾不为决，甚亡谓也。异日秦民爵公大夫以上，令丞与亢礼。今吾于爵非轻也，吏独安取此！

且法以有功劳行田宅，今小吏未尝从军者多满，而有功者顾不得，背公立私，守尉长吏教训甚不善。其令诸吏善遇高爵，称吾意。且廉问，有不如吾诏者，以重论之。[①]

汉高帝的这份诏书可以解析如下：

（1）汉军全军60万人都迈过了大夫爵门槛（秦朝应该没这么多“大夫”爵）；

（2）七大夫以上，即公大夫爵以上，可以获得食邑（和《商君书·境内》记载秦制一致）；

（3）“非七大夫以下”，也就是“大夫”“官大夫”免个人及一户的徭役；

（4）七大夫、公乘以上都是高爵（和《商君书·境内》记载秦制一致）；

（5）“诸侯子”和“从军归者”分称，说明是身份不同的两种人（秦制未显示）；

（6）高爵当“先与田宅”，高帝曾多次诏令，仍未执行（秦制未显示）；

（7）高爵有“封邑”，比拟小邑君主，所以颜师古注释“爵或人君”为“爵高有国邑者，则自君其人，故云或人君也”（和《商君书·境内》记载秦制一致）；

（8）秦时非官吏的“公大夫”以上爵位者，与县令、县丞分庭抗礼，而汉初的县级官吏已经不把这个等级的

① 班固：《汉书》卷一《高帝纪下》。

“高爵”当回事，让他们等着办事儿（本即追述秦制）；

（9）强硬要求郡守、郡尉及长吏督促部下官吏按照法令规定授予对应爵位田宅，同时对高爵者予以礼遇（秦制未显示）。

整体来看，“汉高帝五年诏”中展示的汉初爵制与秦爵制除了授予田宅和礼仪尊重的现实无法实现，在制度规定层面区别不大，唯一一个可能的区别即在于“其七大夫以上，皆令食邑”，而秦制确定的是“右庶长”“五大夫”有分封“宗邑”。

“宗邑”也就是“封邑”和“食邑”应有一定区别，《商君书·境内》中的记载就有区别：

> 故爵大夫，就为公大夫；就为公乘；就为五大夫，则税邑三百家。
>
> 故爵五大夫，皆有赐邑三百家，有赐税三百家。爵五大夫，有税邑六百家者，受客。①

这里涉及“邑”的，就有税邑、赐邑两种说法，又最后归结到“五大夫”爵身上统一为“税邑六百家”。考虑到睡虎地秦墓竹简中有提及，五大夫爵有“家吏”，也就是说，在商鞅变法时的“税邑”等于“食邑”。

见马端临《文献通考·封建考》：

---

① 商鞅：《商君书》十九《境内》。参《二十二子》，上海古籍出版社，1986 年。

列侯国置相（其秩各如本县主，治民如令长，不臣也。但纳租于侯，以户数为限），其官随国大小为增减，食邑千户以上置家丞、庶子各一人（此家臣也，使理家事）；不满千户，则不置家丞。旧置行人、洗马、门大夫等官，又悉省。[①]

在《商君书·境内》中，庶子是这样的：

其有爵者乞无爵者以为庶子，级乞一人。其无役事也，其庶子役其大夫月六日；其役事也，随而养之。[②]

也就是有爵者可以申请无爵者作为自己的庶子，一级爵位给一人，有爵者不参战，则庶子“役其大夫”，也就是官员或领主服役每月 6 天，有爵者参战，则要带着庶子一起去。

通俗地说，就是在原有封建关系（含对领主大夫或国君这个大领主）之外，订立有爵者和庶子之间的战场上的封建关系，不恰当的比喻，类似于欧洲骑士与其侍从的关系。

而同在《商君书·境内》，还有一个类似的封建关系：

爵五大夫，有税邑六百家者，受客。[③]

汉代许慎的《说文解字》解“客”字为：

---

① 马端临：《文献通考》卷二百六十九《封建考十》，中华书局，2011 年。
② 商鞅：《商君书》十九《境内》。参《二十二子》，上海古籍出版社，1986 年。
③ 同上。

客，寄也。

《史记·李斯列传》：

于是二世乃使高案丞相狱，治罪，责斯与子由谋反状，皆收捕宗族宾客。[①]

这是秦朝的旧事，李斯下狱，宾客与宗族同捕。可见，宾客本身与权门虽然属于相对松散的“以市道交”，也就是利益交换关系，但在政治上，仍有一定的主从关系，只是不如“家吏”“家僮”捆绑紧密，如《史记·吕不韦列传》记嫪毐：

嫪毐家僮数千人，诸客求宦为嫪毐舍人千余人。

诸嫪毐舍人皆没其家而迁之蜀。[②]

家僮、客、舍人三者分称，客又求为舍人，说明三者是不同的三个概念，家僮即私奴婢，客即食客、宾客，舍人则为亲近“家吏”和“家臣”，而“家吏”与主家的关系就比“客”紧密，所以，会被秦王政迁怒。

总结一下，也就是秦制下，“五大夫”爵有资格“受客”。这个“客”是有一定主从关系的宾客、食客，而非国家分配的佃户或者农奴。推而广之，即公大夫、公乘二级爵位，虽有“食邑”，却无“封邑”，虽属分封，却为“虚封”。

---

① 司马迁：《史记》卷八十七《李斯列传》。

② 司马迁：《史记》卷八十五《吕不韦列传》。

所以，刘邦的“高帝五年诏”强调了公大夫、公乘两级高爵之上，“皆令食邑”，这就是对秦制的继承和延续。

比较奇怪的是，时隔7年后，汉高帝十二年的“政治遗嘱”中，却只隐约提到了一点儿军功爵的信息：

> 其有功者上致之王，次为列侯，下乃食邑。……为列侯食邑者，皆佩之印，赐大第室。吏二千石，徙之长安，受小第室。入蜀汉、定三秦者，皆世世复。吾于天下贤士功臣，可谓亡负矣。①

“下乃食邑”看起来似乎概括了“卿爵”和“五大夫”“公乘”“公大夫”的封邑食租，后面又强调了列侯食邑，看起来又像在说列侯和关内侯，对于“入蜀汉、定三秦者”，则仅仅强调了“世世复”的待遇，并不能否定上述两种可能性中的任意一个。

真正清晰的变化，在《二年律令·户律》之中：

> （1）关内侯九十五顷，大庶长九十顷，驷车庶长八十八顷，大上造八十六顷，少上造八十四顷，右更八十二顷，中更八十顷，左更七十八顷，右庶长七十六顷，左庶长七十四顷，五大夫廿五顷，公乘廿顷，公大夫九顷，官大夫七顷，大夫五顷，不更四顷，簪袅三顷，上造二顷，

---

① 班固：《汉书》卷一《高帝纪下》。

公士一顷半顷，公卒、士五、庶人各一顷，司寇、隐官各五十亩。

（2）不幸死者，令其后先择田，乃行其余。它子男欲为户，以为其□田予之。其已前为户而毋田宅，田宅不盈，得以盈。宅不比，不得。

（3）宅之大方卅步，彻侯受百五宅，关内侯九十五宅，大庶长九十宅，驷车庶长八十八宅，大上造八十六宅，少上造八十四宅，右更八十二宅，中更八十宅，左更七十八宅，右庶长七十六宅，左庶长七十四宅，五大夫廿五宅，公乘廿宅，公大夫九宅，官大夫七宅，大夫五宅，不更四宅，簪袅三宅，上造二宅，公士一宅半宅，公卒、士五、庶人一宅，司寇隐官半宅。欲为户者，许之。

（4）卿以上所自田户田，不租，不出顷刍稾。

（5）□□廷岁不得以庶人律未受田宅者，乡部以其为户先后次次编之，久为右。久等，以爵先后。有籍县官田宅，上其廷，令辄以次行之。

（6）田宅当入县官而抢代其户者，令赎城旦，没入田宅。

（7）益买宅，不比其宅者，勿许。

（8）为吏及宦皇帝，得买舍室。

（9）受田宅，予人若卖宅，不得更受。[①]

① 张家山汉简二四七号汉墓竹简整理小组编：《张家山汉墓竹简（二四七号墓）》，文物出版社，2011 年。

详细分析一下这段律文，涉及的方面极多。不过一个基本的结论就是，《二年律令》规定施行爵位对应的田宅授予制，理由就是（9），接受授田、授宅后，无论是赠予还是买卖，都不得再次申请授予田宅，既然有“受”这个程序，就说明汉初国家曾施行过至少一次爵位授田。

（1）和（3）则详细规定不同爵位等级对应的授田宅标准，一个显著区别就是授田只到“关内侯”爵位，而授宅则到“彻侯”爵位，这实际上与“彻侯”有封国、封地有关，不需授田。

（2）则涉及田宅继承，如户主死亡，先由“后子”（即继承人）择田，这个继承的过程又涉及爵位继承的问题，据《二年律令·置后律》：

> 疾死置后者，彻侯后子为彻侯，其毋适子，以孺子□□□子。关内侯后子为关内侯，卿侯〈后〉子为公乘，五大夫后子为公大夫，公乘后子为官大夫，公大夫后子为大夫，官大夫后子为不更，大夫后子为簪裊，不更后子为上造，簪裊后子为公士。
>
> □□□□（缺不止4字）为县官有为也，以其故死若伤二旬中死，皆为死事者，令子男袭其爵。毋爵者，其后为公士。[1]

---

① 张家山汉简二四七号汉墓竹简整理小组编：《张家山汉墓竹简（二四七号墓）》，文物出版社，2011年。

注意，如果是因公当时殉职或受伤后二十天内死亡，都是“死事者”，让他的儿子继承爵位不减等，没有爵位的则为第一级公士爵。

如果是户主正常死亡，那么除了彻侯、关内侯为世袭继承，其余爵位均为“减等继承”，卿爵的继承人都是公乘，五大夫的继承人为公大夫，公乘继承人为官大夫，公大夫继承人为大夫，官大夫继承人为不更……以此类推。

除了“后子”，其他儿子也有继承权，不过这个减等更狠：

> 关内侯子二人为不更，它子为簪袅；卿子二人为不更，它子为上造；五大夫子二人为簪袅，它子为上造；公乘、公大夫子二人为上造，它子为公士；官大夫及大夫子为公士；不更至上造子为公卒。[①]

这也就意味着，户主正常死亡后，会产生超出“后子”爵位规定的大量富余土地，所以让“后子”先选择田地，然后“它子”再选，哪怕是已经单独立户的，也可以从中继承，如果田宅不够，还要补上。不过如果“宅”不比邻，就不得分配“宅”了。

反观“秦宗邑瓦书”，其中明确地记载了“右庶长歜”受封“子子孙孙以为宗邑”。也就是说，秦制下“卿爵”是世袭继

① 张家山汉简二四七号汉墓竹简整理小组编：《张家山汉墓竹简（二四七号墓）》，文物出版社，2011 年。

承封邑的。

汉制的这种“有条件世袭”和“减等继承”田宅的制度规定，明显已与秦制不同。

（6）则表明，田宅存在收入县官的情况，也就是“充公”，结合上面的制度安排，可以理解为诸子以爵位继承后多余部分的田宅要“充公”。

（7）则表明，宅地可以买卖，不过必须在原宅地的旁边，不靠着不许买卖。

（8）更像是例外说明，即官吏和“宦皇帝者”允许买房子。

（4）则是一个阶级照顾条款，卿爵所自行耕种的田地（特别强调“自田户田”，也就意味着不是所有户田都免租），不要收田租、田刍藁。

综合以上的汉律规定，已经可以确认，至迟到《二年律令》的时代，也就是惠帝、吕后时期，在秦制中位居“高爵”的“公大夫”到“轮侯”（汉为关内侯）之间的12级爵位，已经完全没有传之子子孙孙的“封邑”，而代之以“田宅”授予。

那么，关内侯以下爵位都不再有“封邑”，是不是表明“食邑”也不复存在？

这个变化，或者说刘邦的政治承诺的“食言”到底发生在什么时候？

又是什么原因导致了这个变化？

先回答第一个问题。

在《二年律令·置后律》中还有一条，两简拼接后为：

> 长爵为下爵、毋爵死事者后，及爵与死事者之爵等，各加其故爵一级，盈大夫者食之。[①]

翻译过来就是，比“死事者”，也就是因公殉职者的爵位高的人，做他的“后”，也就是继承人，以及两者爵位相等的情况下，各自在他的原爵位上增加一级，超过“大夫”爵的要“食之”，也就是给予“税户”或者说“税邑”，也就是“食租税”。

那么，有没有可能是另外的解释，比如折算成钱呢？

在《二年律令》中，这种以物质补偿不够或者不能升级爵位的功劳还有《捕律》中的两条：

> 能产捕群盗一人若斩二人，爵一级。其斩一人若爵过大夫及不当爵者，皆购之如律。
>
> 捕从诸侯来为间者一人，拜爵一级，有购二万钱。不当拜爵者，级赐万钱，有行其购。[②]

赐钱赏功则称“购”，无论是捕杀群盗，还是抓捕诸侯间谍，都是能拜爵则拜爵，不当拜爵则赐钱。

这个特定“法律名词”的存在，意味着汉律中的“食之”，只能是“食户税”。

---

① 张家山汉简二四七号汉墓竹简整理小组编：《张家山汉墓竹简（二四七号墓）》，文物出版社，2011 年。

② 同上。

以上律文证明，《二年律令》的时代，在彻侯、关内侯的法定“食租税”待遇之外，“大夫”以上爵，也有可能“食租税”。换句话说，“汉高帝五年诏”中的“食邑”不是空头支票，并没有因为施行普遍的“名田宅”制度而消失，两者是并存关系。

朱绍侯先生在《从三组汉简看军功爵制的演变》一文中，深入探讨了《敦煌酥油土汉代烽燧遗址出土的木简》中6条“击匈奴降者赏令”和《青海大通县上孙家寨汉简》中的13条与军功授爵有关的简文，第三组《居延新简》中的相关简文断代为东汉初年，且忽略不计。

前两者对理解汉代军功授爵制极为重要，分别引用一下与主题相关的内容，见《敦煌酥油土汉代烽燧遗址出土的木简》：

> □者众八千人以上封列侯、邑，二千石（日本学者大庭脩认为应为“户”）赐金五百。
>
> □□赋二千石□赐诣□□言及武功者，赐爵共分采邑。
>
> 二百户五百骑以上，赐爵少上造，黄金五十斤、食邑。百户百骑……[①]

这三条都涉及爵位，第一条缺字处，朱绍侯先生解为“有人（应该指军官）能击降匈奴八千人以上，可以封列侯、采邑”，说法应有误，以汉匈战争的实际对抗来说，大规模的战争其实占少数，边境的骚扰拉锯是多数。

---

① 朱绍侯：《从三组汉简看军功爵制的演变》，《史学集刊》，1992年第2期。

而此处的赏格，更可能是针对匈奴君长，能带 8000 人以上降服的封列侯，给封邑，主持其事的二千石赐金五百斤，这种匈奴降酋封侯自汉初至武帝时就屡见不鲜。

否则，斩首应该用“级”，用“人”字单位，即说明非斩杀，而若是虏获或逼降 8000 人规模的匈奴部落，军队规模绝不可能是边境战争，看《汉书 · 匈奴传》和《汉书 · 卫青霍去病传》，得到这个战果，往往是大出塞，也就涉及不到地方二千石太守什么事。

如果按照日本学者大庭脩的解法，“二千石”实为“二千户”，那本就没有太守什么事，而可能既是对匈奴君主降人的，也是对边疆守将的。当然，从史书记载看，还真没有非“大出塞”的情况下因招引降人封列侯、邑二千户的例子。

二千石建言及参与获得武功的人，也要赐爵并一同分享采邑（食邑），这实际上还是针对“降敌”之功。

第三条是意思最清晰的，断句改一下，二百户是接上文的，正式开头是“降”五百骑以上，赐爵少上造，黄金五十斤，食邑百户，百骑则（原简阙文，应为如何奖赏的细节）。

否则不能解释，为什么二百户能出五百骑兵，一百户就只能出一百骑兵了，针对同一对象的统计尺度不可能这么含糊，不利于基层执行。

哪怕只看这三条简文，我们也可以清晰地了解到，赐爵少上造是可以食邑百户的（就算原断句，也说明有食邑），当然，对于此令的颁布时间上限，仍有一些争论，不过《汉书 · 景武昭宣元成功臣表》有明确记录：

> 故至孝景始欲侯降者，丞相周亚夫守约而争。帝黜其议，初开封赏之科。①

汉景帝时才开始有匈奴降人封侯之议，并“初开”封赏之“科”，也就是赏格规条，则这条“击匈奴降者赏令”极有可能是汉景帝时颁布的，一直延续了下来。

也就是说，汉景帝时代颁布了这条招纳匈奴降人的命令，随着汉武帝开河西四郡，敦煌建立了烽燧体系，这条诏令也就扩散到了此处的烽火台，被某位修习律令的小吏保留了下来，作为藏书或者垃圾，又在历史的长河中被遗忘，最终才在20世纪末重见天日。

那么，至少说明，一直到汉武帝后（敦煌汉简最早纪年为汉武帝天汉三年），“卿级”军功爵可附丽“食邑”的制度并没有被废除，只是奖励往往搭配上了“赐金”。

“青海大通上孙家寨汉简”的简文规定则具体得多：

> （1）军吏六百（石）以上，兵车御右及把摩（麾）干（竿）、鼓正（钲）钺者，拜爵赐论，爵比士吏。
>
> （2）各二级，爵毋过左庶长。斩首捕虏，拜爵各一级。车□□□□□斩捕首虏二级，拜爵各一级；斩捕五级，拜

---

① 班固：《汉书》卷十七《景武昭宣元成功臣表》。

爵各二级；斩捕八级，拜爵各三级；不满数，赐钱级千。斩首捕虏，毋过人三级，拜爵皆毋过五大夫，必颇有主以验不从法状。

（3）二级当一级；以为五大夫者，三级当一级。首虏不满数者，藉须复战。军罢而不满数，赐钱级……

（4）虏什二人以上，拜爵各一级；不满……

（5）二千级，若校尉四百级以上，及吏官属不得战者，拜爵各一级，爵毋过五大夫。

（6）捕虏拜爵满五大夫，欲先罢者，许之。

（7）毋过人五级，爵皆毋……

（8）可击之，能斩捕君长有邑人者，及比二千石以上，赐爵各四级；其毋邑人，及吏皆千石以下至六百石，赐……

（9）从军，斩首捕虏，爵禅（单）行，至右更。

（10）其士吏以上拜爵者，皆禅（单）行，得至……

（11）斩首捕虏者，勿赐爵。

（12）约者，军吏赐爵三级，也（他）吏卒赐此不能得者，赐其令爵三级，五□……

（13）长以上食邑二百户，斩……

（14）凡为公乘者……

（15）城战斩首捕虏，毋过……[①]

---

① 大通上孙家寨汉简整理小组：《大通上孙家寨汉简释文》，《文物》，1981 年第 2 期。

这里的引用，除了朱绍侯先生文章中引用的13条，又增补了几条，都和军功爵有关，而且是西汉后期，约为宣帝、成帝时代的军事律条。

其中明确地展示了，汉代后期的军功授爵制度实操中，并不像很多人根据《商君书》和《韩非子》记载想象的，一颗脑袋相当于一级爵位。

恰恰相反，砍脑袋的人与被砍脑袋的人的身份，决定了爵位的赐予，比如校尉部斩首四百级以上者，属吏没能参战者同样拜爵一级。

最重要的是，在（2）中，明确规定了“斩首功”的标准，即斩首2个升爵1级，5个升爵2级，8个升级3级，在军队罢归解散之前，这个数字可以累计，如果实在凑不够升爵的脑袋，就每个脑袋赐钱1000钱。但是，个人斩首升爵总共不能超3级，更不能超过“五大夫”爵。

一个有意思的现象是（8），脑袋的价值并不以军队中的身份而定，而是以社会身份而定，所谓“君长有邑人者，及比二千石以上”一个脑袋顶4级爵位，所谓的“毋邑人，及吏皆千石以下至六百石”，前者是“有土有民”的“君长”，也就是“封建”的列侯和关内侯，同等待遇的官职在比二千石以上的现任官吏；后者则是没有封邑的“君长”，那范围就大了，“食邑”“食租税”的有爵位的贵族，与六百石以上、千石以下的现任官同等待遇，基本上就是卿爵了。

按照《二年律令·赐律》的规定：

赐不为吏及宦皇帝者，关内侯以上比二千石，卿比千石，五大夫比八百石，公乘比六百石，公大夫、官大夫比五百石，大夫比三百石，不更比有秩，簪袅比斗食，上造、公士比佐史。毋爵者，饭一斗、肉五斤、酒大半斗、酱少半升。司寇、徒隶，饭一斗、肉三斤、酒少半斗、酱廿分升一。

吏官卑而爵高，以宦皇帝者爵比赐之。[①]

公乘就是个坎儿，正好是自它以上的五大夫与卿，是六百石以上，千石以下。

在（14）里正好有一个残句“凡为公乘者”，可见此爵位至少在西汉中晚期军中已经有身份特殊性。

当然，更新鲜的是（1），“军吏”只有执行特殊任务的“六百（石）以上”的，才可以比拟“士吏”赐爵赏功，说明“士吏”是军队中一个特殊的阶层，或许为有印绶的国家常设军职，以区别于临时授予的“军吏”职务；也可能是“宗室”“列侯子”“卿子”之类的高爵贵族子弟担任的军职。

比如（10）中就写到“士吏”以上拜爵者，同样为“（单）行”，没有写赐爵的上限，但可以明晰他们属于例外于普通官兵的特殊存在。在（9）中，虽然前面缺少了“谁”来从军，但其待遇是“（单）行”，赐爵的上限可以达到“右更”，是简文中

---

① 张家山汉简二四七号汉墓竹简整理小组编：《张家山汉墓竹简（二四七号墓）》，文物出版社，2011年。

所见的最高爵级。

大胆猜测一下，贵族子弟和高官子弟，或是有秩禄的常设武职高官，在这个拜爵制度体系里是各自设置天花板的，人家不但起步比普通士卒高得多，同等功劳的酬功上限也要高得多。

另外一个奇怪的现象就是，对于不同级别的官、兵，有“勿过五大夫”“勿过左庶长”的天花板。

“勿过五大夫”还好理解，因为处于“大夫爵”和“卿爵”的门槛，在《二年律令》中也有很多“五大夫以下”的记载，如：

> 赐棺享而欲受赍者，卿以上予棺钱级千、享级六百；五大夫以下棺钱级六百、享级三百；毋爵者棺钱三百。[①]

赐予棺椁，只分了三个等级，即卿以上、五大夫以下和无爵者。这还只是个典型例子，类似的区分还有很多，不过多数属于礼仪资格的界定，虽然重要，却不“致命”。

但是“左庶长”却完全不同于“五大夫”，属于“卿爵”的起始，什么样的功劳能够突破“大夫爵”和“卿爵”之间的“钢板”，还一次可升两级？这个我们不得而知，却可以确定一点，就是至迟到西汉中晚期，“五大夫”到“左庶长”之间的“鸿沟”，已经搭了跳板，允许通过了。

---

① 张家山汉简二四七号汉墓竹简整理小组编：《张家山汉墓竹简（二四七号墓）》，文物出版社，2011 年。

解释上述的现象，学术界很早就已经有学者（比如朱绍侯先生）提出汉代“民爵”和“吏爵”分化的问题，即给“民”的爵位和给“吏”的爵位分开。这个区分的爵级，就是“公乘”。

以结果论，《后汉书·显宗孝明帝纪》记载的东汉明帝关于赐爵的诏书点明了当时的界限：

> 爵过公乘，得移与子若同产、同产子。[①]

意思很简单，爵位超过公乘，可以把多出的爵级给儿子、兄弟和侄子。

这一政策配合着东汉频繁的“赐民爵”，导致的结果是，在长沙走马楼三国吴简《户籍簿》中，吏民普遍拥有“公乘”爵，且仅见“公乘”爵，也就是遍地都是“公乘”[②]，军功爵的社会组织意义已经彻底消失。

但是，我们要注意的是，历史是一步步发展的，不是写好了剧本从 A 到 B，东汉的剑没法拿来斩西汉的人，甚至拿汉武帝时候的制度来倒推汉高祖时代的制度都往往充满了谬误。

我们需要寻找当时的材料，才能解答第 720 页中提出的第二个问题。

据《汉书·高帝纪下》记载：

---

① 范晔：《后汉书》卷二《显宗孝明帝纪》。

② 凌文超：《汉初爵制结构的演变与官、民爵的形成》，《中国史研究》，2012 年第 1 期。

（汉高帝八年）爵非公乘以上毋得冠刘氏冠。[1]

非公乘以上，即公大夫（含）以下不得戴刘氏冠，实际上是一个身份限制，这个卡口，正与《二年律令·户律》中记录的“授田宅”的数量级“跃升”对应：

公乘廿顷，公大夫九顷。

公乘廿宅，公大夫九宅。[2]

这两条记载，以及《二年律令·徭律》中“自公大夫以上，勿以为徭”的律文，恰恰是现在已知的秦律所未有论及的，“刘氏冠”的礼仪化，秦朝肯定没有；高爵授田宅，秦朝也没有，因为他们“食邑”；不更以上发徭，秦律也没有提及。

也就是说，这些都是汉律在新时代条件下增加的，那么，就必须考虑汉初特殊的背景，以及这些法律成型的时代。

“高帝五年诏”规定，从军的军吏卒，最低爵为“大夫”。此后的高帝十二年、惠帝元年、惠帝五年、高后元年，4 次赐民爵，户一级，一般认为,《二年律令》的“二年”即高后二年。也就是说，在此律令编定之年，高帝五年在军的 60 万汉军，全部都是“五大夫”爵。

---

① 班固：《汉书》卷一《高帝纪下》。

② 张家山汉简二四七号汉墓竹简整理小组编：《张家山汉墓竹简（二四七号墓）》，文物出版社，2011 年。

“五大夫”爵后子为“公大夫”爵，二子为簪袅，“它子”为上造。

结合起来看，就明白“公大夫”爵的特殊性了，等于是在“徭使”待遇上对汉军老兵继承人的一个定向优待。一个很现实的问题就是《二年律令·户律》中明确提到“未受田宅者”要排队，先按立户时间排，再按爵位高低排。也就是说，有不少人根本没分到田宅，只能等待，叔叔辈的高爵还没有分着，这些“爵二代”在父亲去世前可不只能啃老？

还是先算一笔“普遍赐爵”的账：

> 汉高帝五年，授予 60 万人“大夫”爵，每人 5 顷地，也就是 3 亿亩。
>
> 汉高帝十二年：升为官大夫，4.2 亿亩；
>
> 汉惠帝元年：升为公大夫，5.4 亿亩；
>
> 汉惠帝五年：升为公乘，12 亿亩；
>
> 汉高后元年：升为五大夫，15 亿亩。

《汉书》中记载西汉平帝时全国垦田总数才 82705.3 万亩，早在吕后时代，60 万个“五大夫”爵就需要“授田”15 亿亩，比西汉末年的总耕地数还多一倍。

也就是说，在汉高帝五年定爵的时代，60 万“大夫”爵，不考虑任何高爵部分，需要 3 亿亩授田，理论上还有可行性，而更高级别的军吏则有“食邑”，也就是吃“税户”，完美执行，其实就建构了一个理论上可执行的纸上模型。

但是，“汉高帝五年诏”也提到了：

> 爵或人君，上所尊礼，久立吏前，曾不为决，甚亡谓也。[①]

也就是说，汉朝的军功授爵制刚开始施行，“高爵人君”就分不到他们的合法权益了，只能一遍一遍地跑待遇申请。

为什么呢?

① 班固:《汉书》卷一《高帝纪下》。

第四节

被骗的60万汉军老兵为什么没有“讨说法”？

汉初军功授爵制无法执行，根子就在“高帝五年诏”里提到的另一处：

> 民前或相聚保山泽，不书名数，今天下已定，令各归其县，复故爵田宅，吏以文法教训辨告，勿笞辱。①

百姓离籍，户口散失，哪儿有那么多“税户”可封？哪怕是分封了“食邑”，高爵的经济利益实现与“户”有关，在老兵普遍授予“大夫”爵的情况下，这些“被统治者”的户田能有多少？没有田地的农户又能给“高爵人君”提供多少“田租税”？

万幸，司马迁在《史记·货殖列传》中提供了参考答案：

---

① 班固：《汉书》卷一《高帝纪下》。

今有无秩禄之奉，爵邑之入，而乐与之比者。命曰“素封”。封者食租税，岁率户二百。千户之君则二十万，朝觐聘享出其中。庶民农工商贾，率亦岁万息二千，百万之家则二十万，而更徭租赋出其中。衣食之欲，恣所好美矣。①

起码司马迁看到的西汉封君，食租税的收入是 1 年 1 户 200 钱，那么，不同爵级的封邑户数又是多少呢？

遗憾的是，西汉建国后，关内侯以下的食邑户数，不见于记载，我们只能用关内侯作为一个上限参考，而这个参考本身就很纠结，汉高帝奖赏刘敬，曾封关内侯、二千户，号为建信侯，看起来很多。

但是，西汉一朝已知的关内侯食邑户数一般就在“二百户”到“三千户”之间，据统计，《史记》《汉书》所载关内侯食邑数，平均只有 645 户。②

拿这个户数作为上限，还真是惨，一年收入不过12.9万钱，相当于什么呢？

张家山汉墓竹简《奏谳书》中记录了汉初的奴婢价格：

（汉高帝）十一年八月甲申朔丙戌，江陵丞骜敢谳之。三月己巳大夫辞曰：六年二月中买婢媚士五（伍）点所，

① 司马迁：《史记》卷一百二十九《货殖列传》。

② 罗庆康：《西汉财政官制史稿》，河南大学出版社，1989 年。

贾钱万六千。[1]

也就是说，一个女奴价格是1.6万钱，平均收入水平的关内侯一年“食租税”收入12.9万钱，不吃不喝可以买8个女奴，像刘敬这种二千户的“富裕”关内侯，可以买25个女奴，而高后八年，吕后封“中宦者令”为关内侯，食邑五百，则只能买6个女奴。

“居延汉简”中在记录侯长家产时，也提及了西北边境的奴价：

> 小奴二人，直三万。
> 大奴一人，二万。[2]

那么，像李敢这样在汉武帝元狩四年得封二百户的关内侯，一年的收入不吃不喝也就买2个大奴。

当然，楚汉之争时，刘邦分封食邑非常大方，远远多于几百，但是总有一个限度。正好，张家山汉墓竹简《奏谳书》中“新郪信案”中的几位主角全都是高爵者，在审决腰斩之前，还升爵为“关内侯”。

其中，主犯“信”，职务是新郪县令，却是一个“老资格”。因为在楚汉战争中坚守荥阳有功，他从“故右庶长”被封

① 张家山汉简二四七号汉墓竹简整理小组编：《张家山汉墓竹简（二四七号墓）》，文物出版社，2011年。

②《居延汉简甲乙编》三七·三五（乙三贰版）。

“楚爵”——广武君，秩六百石，而他的几个同案犯，干脆是一百二十石的小官，却也曾经是“楚爵”的封君——苍，壮平君；赘，威昌君；丙，五大夫。

按照楚爵制，卿、执帛、执珪都可以加“封君号”，而这些“楚君爵”到了汉军改秦爵制，全部换成了秦味儿的“汉爵”，直跃“大庶长”。

这些“楚爵”封君，有没有“食邑”?“信”的“秩六百石”表明，要么没有，要么就是与“享受六百石同等待遇”。

据“居延汉简”中《建武三年居延都尉吏奉例略考》记载：

> 居延都尉丞，奉谷卅石；居延令，奉谷卅石。[①]

此二职位，秩为六百石，但却是东汉的改用谷充官俸的新制，偏偏没有西汉的记载，只有比六百石的“侯”，在“居延新简”的《五凤四年三月奉禄簿》中记作：

> 侯一人六千。[②]

也就是比六百石官俸钱为6000钱/月，《二年律令》时代实无“比秩”官系统，但是可以拿这个俸钱数做一个待遇参考，本身爵也是“比”秩待遇的，一年也就是7.2万钱，相当于“食租税”360户。

---

① 初师宾、任步云：《建武三年居延都尉吏奉例略考》,《敦煌学辑刊》，1982年第1期。
② 薛英群、何双全、李永良、甘肃省文物考古研究所编：《居延新简释粹》，兰州大学出版社，1988年。

拿 30 石谷来算，也就是一年 360 石谷，在居延汉简贯穿 100 多年的记载里，也有不少粟价、大麦价、黍米价等，最多者为粱米价 200 钱，最少者为丰收时的粟价 35 钱，一般情况为 100～150 钱 / 石，哪怕取最高值，一年也不过 5.4 万钱，相当于食租 270 户。

也就是说，楚汉之争时，刘邦所给予“楚爵”封君的食邑，可能就是《商君书·境内》给予“高爵”——公大夫、公乘、五大夫的食邑“起步价”，300 户，而且还不是人人都有，像“苍”的“壮平君”和“赘”的“威昌君”连秩石数都没写，十有八九没有。

当然，“新郪令信”本人的经历也很奇特，由秦爵“右庶长”，跳到楚爵“广武君”。这个封君位还带着秩级，又绕回了秦爵“大庶长”，本身就展示了楚汉战争中汉军爵制的诡异变化。

其实联系下《史记·淮阴侯列传》中韩信的一段话，或可解开疑窦：

> （项羽）至使人有功当封爵者，印刓敝，忍不能予……今大王（刘邦）诚能反其道：任天下武勇，何所不诛！以天下城邑封功臣，何所不服！[①]

荥阳之战，正是楚汉拉锯的关键阶段，“信”如果按照秦爵

---

① 司马迁：《史记》卷九十二《淮阴侯列传》。

军法授爵，不过也就是从“右庶长”爬到“左更”，距离裂土封侯还有7、8级，秦汉之际的豪杰，既好利，更好名，可谓名在利前。所以才有项羽的名句：“富贵不归故乡，如衣绣夜行，谁知之者！”

在军事危急时刻，汉王国随时朝不保夕，哪儿管那么许多，先“封君”再说。有实职的军吏“信”还能给个秩禄，没有实职的，比如“苍”“赘”等小军吏，干脆给你个空头“封君”名号激励之。

基本可以确认的是，在楚汉战争悬而未决的时刻，刘邦所封的大批楚爵“封君”就是个急就章的安慰奖，全都积压到战争胜利后，一并解决。

跟着才有了“高帝五年诏”对于郡县长吏的喊话，潜台词是，我只管封爵赏功，怎么执行是你们的事儿，我不管，我不听。

问题是，他的“公大夫”“公乘”以上食邑，又弄了60万“大夫”等候“授田”，有没有操作的可能性？

肯定没有。

“大夫”爵已经占去了3亿亩的“授田”，这还是在不考虑刘邦“复故爵田宅”的明令的情况下，即在尊重秦朝土地所有制的情况下，进行“新人”的授田，可如果秦王朝当年有3亿亩的“公田”，或者说“荒地”，秦始皇何必搞什么“黔首自实田”？

“食邑”的落实，问题一样，将官府治下的百姓租税转交到“高爵人君”的手里，天下凋敝，百姓离散，转交完了，政府还有没有收入来维持正常运行？

以汉初列侯为例，刘邦共封 143 个，其中有部分未记载封户数，平均封户数为 2400 左右，总数为 333600 户，汉初的总户数也就是 300 万～360 万之间，已经占了 10%。

当然，天下一共 54 个郡，汉郡占 15 个，刘邦又先后封了 113 个关内侯，这部分“食邑”就在关中了，哪怕按照上文中的“平均水平”645 户计算，汉郡还要拿出 72885 户的财政收入供应他们，占关中汉郡可能户口（天下的三分之一）的 7% 左右。

而我们看到刘敬所封的食邑，足有 2000 户，他还只是一个“团队新人”，老人们总不至于太差吧？按照 2000 户来算，关中地区就要划出 22.6 万户的收入养活功臣，占到汉郡可能户口数的 20%，甚至更高。

这还不算完，还有“公大夫”“公乘”以上 12 级“高爵”，60 万士兵都是“大夫”的汉军，他们的长官会有多少？现在我们没有充分的资料说明，只能假设。

哪怕是《赐律》中比“六百石吏”的公乘起跳，收入比拟其月俸钱，因为不享受在职“显大夫”的优免，日子也不如对方，见《汉书·惠帝纪》：

> 今吏六百石以上父母妻子与同居，及故吏尝佩将军都尉印将兵及佩二千石官印者，家唯给军赋，他无有所与。①

---

① 班固：《汉书》卷二《惠帝纪》。

“六百石吏”不交税，在军役上也是免除的，所以，300户左右规模的“食邑”收入，实在很少。

可哪怕我们假设有1000个“高爵”有300户的“食邑”，也需要至少30万户，这又占到了天下户口数的10%。而从《奏谳书》的有限记录来看，汉初县级长吏多有“卿爵”，1000个“高爵”实在不算多，甚至可以说太少了。

根本不需要细算，就可以知道，如果按照秦律的标准让“高爵食邑”，最终的结果就是新生的西汉王朝成为没有财政收入的“穷光蛋”。

统治者必须寻求解决方案，一方面能够让国家机器维持下去，另一方面让自己的基本盘不至于离心。

《二年律令·户律》告诉我们，汉朝的解决方案就是改“食邑”为“授田宅”。

这也是第720页提出的第三个问题的答案，为什么仅仅十几年间，刘邦的政治承诺就不作数了。

一个非常好玩的事实就是，300户的“食邑”收入只有6万钱，而张家山汉简中收录有汉高帝七年醴阳令恢盗卖官米案，醴阳县在南郡境内，其盗卖米价为175钱/石。

也就是说，“食邑收入”相当于342.86石米，《汉书·食货志》和《里耶秦简》都显示当时亩产平均1.5石左右，相当于228.57亩土地一年的粮食产出，也就是2.28顷，比第三级“簪袅”爵授田3顷还少一点儿。

当然，种地你得卖力气，“食租税”就完全省力了，成本收益比，终归还是“食邑”好些，但是，如果给你的是“公大夫”的9顷“授田”呢？也就是900亩，通过佣耕租佃的方式放出，以“五五分租”的方式，田主获得675石，同样的粮价，可得118125钱，相当于600户的“食租税”。

在此条件下，以“土地收入”替换“食邑收入”，是一个双赢的好买卖，也容易被“高爵”接受。

这也正好可以解释田宅授予为什么会出现爵位的“跃升层”，而且是在“公大夫”到“公乘”之间，而非秦制中，“士爵”到“大夫爵”（“不更”到“大夫”）的“跃升层”。

事实上，汉朝法律完全继承了秦朝这个“阶级天花板”，见《二年律令·傅律》：

> 大夫以上〔年〕九十，不更九十一，簪袅九十二，上造九十三，公士九十四，公卒、士五九十五以上者，禀米月一石。
>
> 大夫以上年七十，不更七十一，簪袅七十二，上造七十三，公士七十四，公卒、士五七十五，皆受杖（仗）。
>
> 大夫以上年五十八，不更六十二，簪袅六十三，上造六十四，公士六十五，公卒以下六十六，皆为免老。
>
> 不更年五十八，簪袅年五十九，上造六十，公士六十一，公卒、士五（伍）六十二，皆为睆老。
>
> 民产子五人以上，男傅，女十二岁，以父为免□者。其父大夫也，以为免老。

不更以下子年廿岁，大夫以上至五大夫及小爵不更以下至上造年廿二岁，卿以上子及小爵大夫以上年廿四岁，皆傅之。[①]

“傅”是男子可以去“服军役”的年龄，而“免老”则是解除义务的年龄，睆老是将近“免老”的轻徭优待期。上述这段律文中，最显著的一点就是“大夫”爵以上享受统一待遇，而“大夫”爵以下的“士爵”四级 + 无爵一级，各有不同。

“大夫”爵以上者干脆不需要“睆老”阶段，因为他们的“免老”年龄只有 58 岁，直接等于“不更”爵的“睆老”年龄。

在这种年龄优待上，搞的是“两头挤”，即大夫以上爵的子弟（小爵，即包括后子、“它子”等人，在未傅时依照父亲爵位而得的不同爵位）一方面“傅”的时间晚 2 年、4 年，另一方面，免老的年龄又统一缩减，比最低等的公卒要早 8 年，总计少 12 年的负担。

当然，为了鼓励生育，汉律还开了后门，规定百姓生子 5 个以上，男孩已经“傅籍”，女孩年满 12 岁（即婚龄），允许其父免老。如果生子 5 个以上，其父是大夫的，本人可以免老。

这里又有对“大夫”爵的优待，《二年律令 · 徭律》中也提及了“大夫”爵：

① 张家山汉简二四七号汉墓竹简整理小组编：《张家山汉墓竹简（二四七号墓）》，文物出版社，2011 年。

发传送，县官车牛不足，令大夫以下有訾（赀）者以赀共出车牛及益，令其毋訾(赀)者与共出牛食、约、载具，吏及宦皇帝者不与给传送。

节（即）载粟，乃发公大夫以下子未傅年十五以上者。补缮邑□，除道桥，穿波（陂）池，治沟渠，堑奴苑，自公大夫以下〔上〕，勿以为（徭）。[①]

“大夫”以下，按照《二年律令》的书写惯例，就是大夫（含）以下，即包含大夫爵，而下面律文中的“公大夫以下子未傅年十五以上者”其实说的是“公大夫”爵以下的儿子超过15岁却没有傅籍的那部分，而“公大夫”爵“后子”爵为“大夫”“它子”爵为上造。

也就是说，“大夫”爵还要服运粮的徭使，而更广泛的徭使，修城墙、修桥治河，这些营造性的活儿，自公大夫以上（整理小组认为是“上”）不需要参与。也就是说，官大夫、大夫，还要服这些徭使。

而岳麓书院藏秦简《徭律》中秦朝的规定却是：

发繇（徭），自不更以下繇（徭）戍……[②]

与秦不同，在《二年律令》中明确提及“不更”的“坎

---

① 张家山汉简二四七号汉墓竹简整理小组编：《张家山汉墓竹简（二四七号墓）》，文物出版社，2011年。

② 陈松长主编：《岳麓书院藏秦简（肆）》，上海辞书出版社，2015年。

儿”的，只有《户律》中的一条：

令不更以下更宿门。[①]

这是涉及看大门的值夜班的安排，在同律中，邑门的开闭值守，明确写为“募民”，也就是不属于徭使，并不影响上述结论。

也就是说，在汉惠帝、吕后时代，需要承担一般意义上的“徭”的爵位，要比秦的规定高好几级，蔓延到了秦制中的“贵族阶层”起步门槛之上。

这种现象出现的原因，包含诸多因素，但最重要的是，秦律体系之中，“徭使”的对象，以隶臣妾、居赀等各式刑徒、债务奴为优先，而汉律体系之中，“徒”固然继续存在，却远不如秦律之中多见，“徭使”任务的平民化势在必行。

故此，在“徭使”对象的规范中，汉初军功爵相对秦的军功爵有明显“贬值”，贵族不“贵”了。

甚至秦朝和西汉开国时的法定“食邑者”，比如“公大夫”的“后子”，父亲如果死去，在秦制下，肯定还是“公大夫”，哪怕在汉朝其父因公殉职，依旧是“公大夫”爵，可在其父未死的情况下，他本人还要服“载粟”之徭。这个活，在秦朝可是明令由隶臣妾、居赀、鬼薪白粲、城旦舂优先的……

---

① 张家山汉简二四七号汉墓竹简整理小组编：《张家山汉墓竹简（二四七号墓）》，文物出版社，2011 年。

问题是，时代变了，秦末的战乱让人口大量流失，人力资源甚至比土地更珍贵。

《汉书·惠帝纪》中记载：

> 女子年十五以上至三十不嫁，五算。[①]

对此诏令，应劭的注释是：

> 国语越王勾践令国中女子年十七不嫁者父母有罪，欲人民繁息也。汉律人出一算，算百二十钱，唯贾人与奴婢倍算。今使五算，罪谪之也。[②]

在拙作《秦砖》中曾有考证，汉初没有每人每算 120 钱的定额[③]，所以应劭此处所言的汉律，应该也是他所见到的东汉时代保留下来的汉律，商人和奴婢加倍收算钱，但是，女子 15 岁不嫁就惩罚性地收取 5 倍算钱，这个却肯定是汉初的制度。

结合《二年律令·户律》中说女子 12 岁算成年，西汉初年为了增加人口也算是拼了，12 岁的女孩就嫁人……

只不过远水解不了近渴，结婚再早，孩子成年也需要十几年时间。

而“高帝五年诏”颁布后，60 万“大夫”爵的合法待遇是 3 亿亩土地，也就需要 300 万户 5 口之家来耕作，也就是 1500 万

---

① 班固：《汉书》卷二《惠帝纪》。

② 颜师古注：《汉书》卷二《惠帝纪》“五算”条下。

③ 见拙作《秦砖》第七章第四节，北京联合出版公司，2020 年。

人，可全天下总共才 1500 万～1800 万人口，怎么可能实现？

就算是想施行奴隶劳动，按照上文中的比价，西汉初年，南郡的一个成年女婢价格相当于 91.42 石米，即 61 亩田地一年的产出。

对于缺少浮财蓄积的军功授爵阶层而言，哪怕是 2000 户的关内侯刘敬，一年的全部收入也只够买 25 个女奴，5 口之家耕作百亩，就算把女人当男人用，25 个奴婢也只够耕种 500 亩土地。

所以，“高帝五年诏”自其颁布之日起，就是一纸空文，根本就不可能落实。

不过《二年律令》的爵位待遇“跃升层”落在“公大夫”到“公乘”之间，等于是比“汉高帝五年诏”中说的“高爵”标准又提了一级，反倒可以让我们反推此政策施行的时间。

这个政策施行的时间，最大的可能性就是，汉高帝五年的“大夫”爵，在汉惠帝五年升为“公乘”后，相当于 60 万汉军老兵都跃升到了“公乘”之后，所订立的新制度。

因为在汉高帝十二年三月，刘邦仍旧在强调“其有功者上致之王，次为列侯，下乃食邑”。“高爵食邑”制度应该并未由他否决。

直到他儿子登基，反而“赐民爵一级”，是没有认识到问题的严重性吗？

绝不可能，《二年律令》里关于“授田”排队的规定，很明显仍存在“授田”不得的问题。

那么，只有一个可能，就是汉惠帝改变了解决问题的思路，反正虱子多了不痒，债多了不愁，汉高帝十二年五月之后的汉惠帝元年十二月，也就是相隔 7 个月后，又一次“赐民爵一级”，这回连理由都很难找了，毕竟不过年也不过节。

最大规模的“大夫”爵，此时升到了“公大夫”爵，而原本的“大夫爵级”中的“高爵”，公大夫、公乘、五大夫，已经全部堆在了“五大夫”爵上。

其实，对于这 60 万“大夫”爵，给 5 顷土地他们没法完全耕种，给 9 顷土地一样没法完全耕种，而原本“高爵”的“食邑”也不可能有什么增长，只是提升了礼仪待遇罢了。

到了汉惠帝五年，长安城修成，赐民爵一级，两者是否有必然联系，很难确知，但此时，60 万“大夫爵”又升到了“公乘”，即所有“大夫爵”级的军功受益阶层，分别集中在“公乘”和“五大夫”两级里。

以 25 顷田地置换几百户的“食邑”，不难理解，可如非此次赐爵至吕后元年再次赐爵之间动议施行全面的分级“名田宅”，则“公乘”爵的特殊地位就难以理解，《二年律令》中唯一一个可说的，可能就是“卿爵”后子为“公乘”。

但是，如果我们结合《二年律令·捕律》和“大通上孙家寨汉简”的记载：

斩捕首虏二级，拜爵各一级。①

① 张家山汉简二四七号汉墓竹简整理小组编：《张家山汉墓竹简（二四七号墓）》，文物出版社，2011 年。

能产捕群盗一人若斩二人，爵一级。[①]

就会发现，早在《二年律令》的时代，已经施行的是“斩首二级拜爵一级”，完全不能以《商君书·境内》中的斩首一级拜爵一级对应解释了。

推而广之，“大通上孙家寨汉简”的军律规定，至少在制度原则上，就是从汉初发展下来的，甚至可能是从秦朝成熟的军律中继承来的。

而在“大通上孙家寨汉简”中又有“凡为公乘者”的残句，对照汉高帝八年对刘氏冠的规定，都说明，“公乘”爵可能存在与军事行为直接相关的界限。只是不为我们所知。

那么，《二年律令·户律》中分级授田的规定施行，就有另外一个时间可能，即吕后元年赐爵后，所有低于“卿爵”的军功授爵者，全部集中在“五大夫爵”，成为一个稳定的、共同权利体。

这也就能解释，为什么《二年律令·户律》有如下规定：

自五大夫以下，比地为伍，以辨为信，居处相察，出入相司。[②]

到了汉昭帝时，标准又变了，见《盐铁论·周秦》：

---

① 大通上孙家寨汉简整理小组：《大通上孙家寨汉简释文》，《文物》，1981 年第 2 期。
② 张家山汉简二四七号汉墓竹简整理小组编：《张家山汉墓竹简（二四七号墓）》，文物出版社，2011 年。

故今日阙（当为关字）内侯以下，比地于伍，居家相察，出入相司。[①]

汉初“自五大夫以下”即包含“五大夫”爵，实质上是将原本的“贵族爵”平民化，其生活居所与编户齐民等同，则完全失去了“宗邑”“食邑”等“封建”特权，只是拥有更多礼仪和经济特权的平民罢了。

特权差距最直观的就是《二年律令·贼律》的一条：

所殴詈有秩以上，及吏以县官事殴詈五大夫以上，皆黥为城旦舂。[②]

“殴詈”即打骂，吏，只要是有秩以上的吏，人身不受侵犯，而“有秩毋乘车者”只是一百二十石吏，而官吏因公事打骂五大夫以上爵位者，才与上述相同，黥为城旦舂。

“公乘”也是相当于六百石的“显大夫”，却不在上述律文的保护之列，说明“公乘”并不是社会管理意义上的重要节点，而“五大夫”才是。等到汉武帝朝之后，连汉初还保持“贵重”的“卿爵”也不值钱了，才会出现“关内侯以下，比地于伍”的情况。

只不过，“贵族”阶层权利的下坠，往往并不只是“制度规

---

① 桓宽：《盐铁论》卷十《周秦》。

② 张家山汉简二四七号汉墓竹简整理小组编：《张家山汉墓竹简（二四七号墓）》，文物出版社，2011 年。

定”带来的后果，而是社会运动的副产品。

据《汉书·惠帝纪》记载：

> （汉惠帝六年）令民得卖爵。[①]

根据贾谊在《汉书·食货志》中说的：

> 汉之为汉几四十年矣，公私之积犹可哀痛。失时不雨，民且狼顾；岁恶不入，请卖爵、子。[②]

汉高帝、惠帝、文帝时代允许百姓卖子、卖爵，都属于“荒政”的一部分，为了百姓荒年自救。而汉惠帝五年夏天，刚刚发生了大旱灾，“卖爵令”下在了汉惠帝六年十月至汉惠帝六年六月之间，有两种可能性：

> 一种是，这场大旱灾可能持续影响到了当年冬天、次年春天青黄不接的时候，所以，才因为公私蓄积不足，不得不允许民卖爵。
>
> 另一种可能即“令”民得卖爵，而不是“被动允许”民卖爵，是以法令的形式，确定了百姓卖爵的程序和操作性，很有可能根本与前一年的旱灾无关。

如果是前者，则反证了汉初高爵者的合法收入、生活水平

---

① 班固：《汉书》卷二《惠帝纪》。

② 班固：《汉书》卷二十四《食货志》。

并没有达到他们理论上“人君”的层次，而是和其他的编户齐民一样,“民且狼顾”，否则以他们家庭人口占全国人口1∶5的比例，一户2000亩土地，还不能为大汉帝国的荒政事业做点儿贡献?

问题在于没有劳力耕种的土地，有与没有并无区别，汉帝国的老兄弟们既然找不来1500万人为他们开垦3亿亩土地，就更没有办法找来6000万人为他们耕种只在纸面上的12亿亩土地。

如果是后者，则和《史记·平准书》中说法对应：

> 孝惠、高后时，为天下初定，复弛商贾之律，然市井之子孙亦不得仕宦为吏。[①]

恰巧可以互为表里，即放松对商贾的管制，具体的措施，正与《韩非子·五蠹》中的说法相合：

> 今世近习之请行，则官爵可买；官爵可买，则商工不卑也矣。

之所以如此，道理很简单，汉初由“食邑分封制”走向“普遍授田制”一个非常重要的原因就是人力不足，而农耕人力不足的问题根本无法在保证“军功授爵阶层”利益的前提下解决，两者完全是南辕北辙的矛盾。

这部分“新贵族”的存在，一方面，保障了汉王朝无惧于任何集团外的挑战，另一方面，为了养活他们、满足他们，也

---

① 司马迁:《史记》卷三十《平准书》。

基本掏空了汉帝国直辖领地的家底。

在汉高帝时代过后，惠帝、吕后、文帝对于兵事的谨慎，如冒顿单于致信侮辱后，汉廷的屈辱接受，与其说是对自我欲望的抑制，不如说是被分光了家底的无奈。

所以，吕后一朝象征性地“置孝悌力田二千石”，以为劝农，实质上却是“兴商”，而汉文帝即位后，屡屡劝农，则捡了惠帝、吕后恢复经济的成果，进行贫富之间、农商之间的资源调配，所以才有“入粟拜爵”的盛况。

需要注意的是，《汉书·食货志》记载：

> 今令民有车骑马一匹者，复卒三人。
>
> 令民入粟受爵至五大夫以上，乃复一人耳，此其与骑马之功相去远矣。[①]

也就是说，到汉文帝十三年左右，“五大夫”爵的权益只能“复”一人，也就是本人不预“徭与役”，而百姓家中养战马一匹，就可以复“卒”三人，“五大夫”的特权越来越不值钱。

到了汉景帝二年，更是出了“大招”：

> 令天下男子年二十始傅。[②]

过往常说这是“休养生息”的善政，结合《二年律令·傅

---

① 班固：《汉书》卷二十四《食货志》。

② 班固：《汉书》卷五《景帝纪》。

律》来看，才能明白，原本平民就是二十乃傅，只有“大夫爵”和“卿爵”有特权，为22岁、24岁傅，景帝实际上是取消了这两大阶层“傅籍”的特权，全国一盘棋，也是为了弥补国家可调配人力资源的匮乏。

政治上的影响，我们先不谈，只说经济上的，据《汉书·食货志》：

> 哀帝即位，师丹辅政，建言：……孝文皇帝承亡周乱秦兵革之后，天下空虚，故务劝农桑，帅以节俭。民始充实，未有并兼之害，故不为民田及奴婢为限。[1]

师丹的本意是谈兼并，却提到了“不为民田及奴婢为限”。至迟至汉文帝时代，已经没有土地和奴婢的限制。换句话说，普遍爵位授田制已经彻底废弃，这也与上文中，晁错说“五大夫仅复一人”正配套。如果“五大夫”还要对应2500亩田地，入粟拜爵完全就是个赔本的买卖。

百姓普遍性的“高爵”，也让田宅占有的限额成为纸上的故事，现实中很难碰到头顶，一个直接的例子就是吴王刘濞造反后，只提到了用金钱赏功，而没有论及授予田宅。这都说明，经过几十年的商品经济发展，“舍本求末”已经成为潮流。

更凶狠的冲击，来自皇帝本身，汉惠帝在位赐民爵3次，吕后1次，文帝2次，景帝就达到了8次。比如开国时的“大

---

①班固：《汉书》卷二十四《食货志》。

夫”爵老兵，在吕后时代升爵为“五大夫”，后子为“公大夫”，经过文帝、景帝的10次赐爵，也肯定都到了“五大夫”爵级。

等于说，汉兴之后60年，“五大夫”爵的数量仍然不低于60万人……再加上“入粟拜爵”可以突破天花板，“后子”之外的“它子”也有很大可能性跃升到“五大夫”爵。

汉景帝不仅赐民爵，还赐“中二千石诸侯相爵右庶长”，对于原本作为“宦皇帝者”重要来源的“卿爵”，血统贵族的“蓄水池”，进行了直接干预。

另外，《史记·平准书》上还说：

> 孝景时，上郡以西旱，亦复修卖爵令，而贱其价以招民。[①]

也就是说，汉景帝把三种破坏军功爵制的行为都干了个遍，到他公车晏驾时，给汉武帝留下的“五大夫”恐怕得有近百万人。曾经贵重无比，担当秦汉宫廷“宦皇帝者”后备军的“高爵子弟”，到了这个时候，已经淆乱乾坤，龙蛇混杂。

更重要的是，到汉武帝元狩四年军功爵已经明显摇摇欲坠，《史记·平准书》上的说法是：

> 法既益严，吏多废免。兵革数动，民多买复及五大夫，征发之士益鲜。[②]

---

① 司马迁：《史记》卷三十《平准书》。
② 同上。

战争不断的环境下，百姓多买爵五大夫以“复一人”，导致“征发之士”越来越少。要知道，此时的汉帝国已经是拥有3600万人口的“强国”，竟然混到了“兵员枯竭”的地步，可想而知，之前的军功授爵制已经败坏到了什么程度?

要知道，军功授爵制的本质并不是“尚武精神”的加油站，而是一整套社会管理机制的结合体，其最重要的作用，就是对农业社会中分散的编户齐民，进行身份的“锚定”，并进行原始的量化管理，同时，维护贵族阶层的存在与特殊性，补充吏治国家的上层。

而汉朝初年对于军功爵制的改造，实质上在淡化了它“管理组织”特性的基础上，借用了它的“名”，执行的利益集团内部的权益分配，而忽略了军功授爵制度从来都不是一个独立经济制度的事实。

这种原初阶段的主动“误读”和“错用”造成的结果就是，后惠帝、吕后时代的汉王朝，经济的快速恢复，伴随的却是统治、社会秩序和政治、军事组织的动摇乃至瓦解。

只不过在文帝时代，一方面抑制权力欲望不兴大役，另一方面修修补补，反倒集中了权力，稳住了盘子。

等到景帝时代的“急刻政治”和一步步走向“奢侈”，在天灾、人祸迭出的情况下，扩张性的财政政策，必然让政治走向保守，更加趋向恢复秦制。

第五节

汉文帝大刀阔斧改秦制

汉文帝十五年九月壬子，诏有司举贤良文学士，晁错名列其中。

《汉书·爰盎晁错传》不厌其烦地记录了晁错的数条对策，其中一条，列举了文帝登基以来的代表性善政，并总结道：

> 今陛下配天象地，覆露万民，绝秦之迹，除其乱法……所为天下兴利除害，变法易故，以安海内者，大功数十，皆上世之所难及，陛下行之，道纯德厚，元元之民幸矣。[1]

翻译过来就是文帝上台之后，废除秦朝乱法，为天下兴利除弊，变更旧法，还百姓以安定，有大功数十条，都是前代所

① 班固：《汉书》卷四十九《爰盎晁错传》。

无从比拟的，而文帝推行之，可谓行正道有厚德，天下百姓何其幸运？

注意其中的四个字：

> 变法易故。

普遍的认识里，总会强调汉文帝行的是“黄老之政”，其实，这是典型的误读。

“绝秦之迹、除其乱法、兴利除害、变法易故”的汉文帝一朝，真的是“清静无为”国策的延续吗？

“变”和“不变”，当然是两回事。

其实，《史记》可从没说汉文帝行的是黄老之政，而只是在《史记·礼书》中写道：

> 孝文即位，有司议欲定仪礼，孝文好道家之学，以为繁礼饰貌，无益于治，躬化谓何耳？故罢去之。①

恰恰相反，在《史记·儒林列传》和《汉书·儒林传》里有一段大同小异的文字：

> 孝惠、吕后时，公卿皆武力有功之臣。孝文时颇征用（儒者），然孝文帝本好刑名之言。及至孝景，不任儒者，而窦太后又好黄老之术，故诸博士具官待问，未有进者。②

---

① 司马迁：《史记》卷二十三《礼书》。

② 司马迁：《史记》卷一百二十一《儒林列传》。

也就是说，汉文帝治国喜欢的是刑名之言，兼爱儒生，对于“礼仪制度”，才以“道家之学”的态度，反对繁文缛节，他对“黄老之术”，并没有妻子窦太后那么爱好，至于过往将《汉书·食货志》中的“约法省禁”扣在文帝的头上，对照下《史记·平准书》的原出处，其实是班固的笔法问题。他将司马迁原本描述的“惠帝、吕后”政治安在了汉文帝的脑袋上。

黄老之术的“真爱粉”是窦太后，也就是文帝的皇后，在《史记·外戚世家》里有这么一句话：

> 窦太后好黄帝、老子言，帝及太子诸窦不得不读黄帝、老子，尊其术。[①]

亮点在这“不得不”三个字上，文帝又不是她儿子，肯定不会“不得不”听她的“清静无为，无所更张”，恰恰相反，“除秦之迹，变法易故”，才是贯穿整个文帝时代的主题。

《汉书·文帝纪》记载：

> （元年）十二月，立赵幽王子遂为赵王，徙琅邪王泽为燕王。吕氏所夺齐、楚地皆归之。尽除收帑相坐律令。[②]

全面废除收帑相坐律令，之所以用“尽”字，在于“收帑”和“相坐”，其实是两件事。

---

① 司马迁：《史记》卷四十九《外戚世家》。

② 班固：《汉书》卷四《文帝纪》。

所谓“收帑”，即“收孥”，只看“孥”字，上奴下子，顾名思义，就是一人犯法，妻与子连坐，没为官奴婢。

所谓“相坐”，即“连坐”，就是一人犯法，株连他人一同治罪。

不过很有意思的是，不少人往往把这俩东西当成了一回事，即“废除连坐法”。

在《二年律令》中有《收律》，其中有一条：

> 罪人完城旦舂、鬼薪以上，及坐奸府（腐）者，皆收其妻、子、财、田宅。[①]

可见，“收孥”是针对完城旦、鬼薪白粲以上的较重犯罪。但是，“收”又不适用于谋反等重罪，因为《贼律》中规定：

> 以城邑亭障反，降诸侯，及守乘城亭障，诸侯人来攻盗，不坚守而弃去之若降之，及谋反者，皆要（腰）斩。其父母、妻子、同产，无少长皆弃市。[②]

也就是说，在这两者中间的罪名，才适用于“收孥”，往上就是全家死光光了。

而“相坐”样式就多了，有“什伍连坐”，即《史记·商君列传》中说的：

---

① 张家山汉简二四七号汉墓竹简整理小组编：《张家山汉墓竹简（二四七号墓）》，文物出版社，2011 年。

② 同上。

令民为什伍，而相收司连坐。[①]

就是一人犯法，四邻编入什伍的各家一同连坐。

还有“官吏连坐”，即《史记·范雎蔡泽列传》中说的：

秦之法，任人而所任不善者，各以其罪罪之。[②]

再就是“军人连坐”，即《睡虎地秦墓竹简·秦律杂抄》中记录的：

不当禀军中而禀者，皆赀二甲，法（废）；非吏（也），戍二岁；徒食、敦（屯）长、仆射弗告，赀戍一岁；令、尉、士吏弗得，赀一甲。[③]

综上所述，虽然都是“瓜蔓抄”，“收孥相坐”其实是针对罪犯家人的，而其他的“连坐”则针对的是不同关系人。

从这个角度来说，仅仅废除“收孥相坐律”，肯定不能等同于废除连坐制度，而只是其中的一项。我们对照《史记》的记载来看，这个结论就更加清晰，更重要的是，在司马迁的眼中，这一变革的重要性值得大书特书。

《史记·汉兴以来将相名臣年表》记载：

孝文元年，除收孥相坐律。[④]

---

① 司马迁：《史记》卷六十八《商君列传》。

② 司马迁：《史记》卷七十九《范雎蔡泽列传》。

③《睡虎地秦墓竹简》整理小组编：《睡虎地秦墓竹简》，文物出版社，1990 年。

④ 司马迁：《史记》卷二十二《汉兴以来将相名臣年表》。

《史记·孝文本纪》则直接阐述了这个政策出台的前因后果：

> 十二月，上曰："法者，治之正也，所以禁暴而率善人也。今犯法已论，而使毋罪之父母妻子同产坐之，及为收帑，朕甚不取。其议之。"
>
> 有司皆曰："民不能自治，故为法以禁之。相坐坐收，所以累其心，使重犯法，所从来远矣。如故便。"
>
> 上曰："朕闻法正则民悫，罪当则民从。且夫牧民而导之善者，吏也。其既不能导，又以不正之法罪之，是反害于民为暴者也。何以禁之？朕未见其便，其孰计之。"
>
> 有司皆曰："陛下加大惠，德甚盛，非臣等所及也。请奉诏书，除收帑诸相坐律令。"[①]

这段司马迁重点记录的君臣争论，就是文帝明确表示，法律是治天下的正道，用来控制恶人而引导人向善，而今犯法论罪，使无罪的家人连坐，沦为奴婢，我不支持，请朝廷议论一下合不合适。

有司"皆"曰，注意这个"皆"字，就是朝堂上下都不同意，官吏的理由是，百姓不能自己管理好自己达到"大治"，所以才制法律以为百姓设禁。"收帑"的使用，就是要百姓心有挂碍，加重他们的犯法心理成本。这事儿是长久以来的惯例，能

---

① 司马迁：《史记》卷十《孝文本纪》。

够延续原来的办法最好。

汉文帝并没有罢休，讲了一套道理，“我听说法令公正则百姓诚实、谨慎，刑罚得当则百姓服从，而且，管理百姓而导其向善的人是官吏，如果不能引导之，反倒用不公正的法律，是坑害人民的暴贼，靠什么管束他们？我没看出来这个法令有什么好处”。

有司的官吏们这时候屈从了，陛下惠及天下，有大德，我们比不了，请求奉诏，废除“收帑诸相坐律令”。这个“诸”字，恰恰说明在不同的律条里，都有“收帑”的条款，而非“收帑”与“相坐”并列同废。

这一段争论，在《汉书·刑法志》里也有大同小异的记载，且看其中不同的部分：

> 左、右丞相周勃、陈平奏言：“父、母、妻、子、同产相坐及收，所以累其心，使重犯法也。收之之道，所由来久矣。臣之愚计，以为如其故便。”
>
> 平、勃乃曰：“陛下幸加大惠于天下，使有罪不收，无罪不相坐，甚盛德，臣等所不及也。臣等谨奉诏，尽除收律、相坐法。”①

两位丞相的说法，既然指定了为收“父、母、妻、子、同产”，那就不涉及“什伍相坐”之类的连坐条款。而在最后，又

① 班固：《汉书》卷二十三《刑法志》。

说“尽除收律、相坐法”。也就是说，“以收孥为手段的相坐法”并不只在《收律》中存在，还在其他律条中存在，这一点上，与“除收帑诸相坐律令”中的“诸”字恰恰相合。

这次争论，恰恰体现了文帝君臣之间完全不同的对法的认识，即“法正罪当”与“不正之法”的区别。在汉文帝的眼中，法是标准，是规矩，而非群臣所坚持的秦法原则，法是治民的工具、手段。

非常有意思的是，这段讨论，在98年后的盐铁会议上又一次出现了，调调一模一样，见《盐铁论·周秦》：

> 文学曰……今以子诛父，以弟诛兄，亲戚相坐，什伍相连，若引根本之及华叶，伤小指之累四体也。如此，则以有罪反诛无罪，无罪者寡矣。
>
> 闻恶恶止其人，疾始而诛首恶，未闻什伍而相坐也。老子曰：“上无欲而民朴，上无事而民自富。”君君臣臣，父父子子。比地何伍，而执政何责也？
>
> 御史曰……彼以知为非，罪之必加，而戮及父兄，必惧而为善。故立法制辟，若临百仞之壑，握火蹈刃，则民畏忌，而无敢犯禁矣。慈母有败子，小不忍也。严家无悍虏，笃责急也。今不立严家之所以制下，而修慈母之所以败子，则惑矣。[①]

贤良文学的理论，认为不当以有罪诛无罪，而御史的反驳

① 桓宽：《盐铁论》卷十《周秦》。

则强调刑罚的威慑作用，并举出了“慈母多败儿”的比喻，两者正好观点和汉文帝元年废除“收孥相坐律”的廷议一样，更神奇的是，讨论的问题也一样。

这说明什么？

“今以子诛父，以弟诛兄，亲戚相坐，什伍相连”恰恰说明，到了汉昭帝时代，家族连坐和什伍连坐，仍旧存在，100年，成了一个轮回。

汉文帝的这次“变法易故”，经过前文的考证，已经可以确认并非废除所有“连坐”刑罚，而只是针对妻、子、同产的“收孥”。可以说，在纯粹的法律层面，意义也就与至今人们仍旧津津乐道的“废肉刑”相提并论。

细想一步，这次变革实质上动摇了秦制的根基，一方面触及了商鞅变法后秦法塑造的伦理逻辑的根基；另一方面，则动摇了秦法对社会塑形的几个核心支柱。

所谓秦法伦理，归结起来就是上文中的几个字：

> 严家无悍虏。

通俗地说，就是棍棒底下出孝子，重刑威吓则民不敢违法。

不过这都是表面的说法，只是秦制人力资源生产线的遮羞布罢了，秦制法令只是以“公正”的面目出现，并不代表真的“司法公正”。

从上文中关于“连坐制度”的辩论可知，秦制的对立面实际上是“是非”问题，即“有罪与无罪”的区分。按照汉文帝的认识,“法者，治之正也”，那么,“法”最基础的功能就是“是非”的准绳。

坚持“秦制”的官吏们，却告知我们，“法”的作用在于“民不能自治，故为法以禁之”。用通俗的话来解释，就是老百姓愚昧，不知道好赖，不懂是非，所以用“法”告诉他们什么不能干，而光告诉还不行，怕他们不长记性，还要用“连坐”重法让他们对法产生畏惧。

注意，无论是汉文帝时候的官员，还是汉武帝时代的御史，他们在讨论“法”的问题的时候，其实都有一个默认的前提，就是民众的“社会智力”只停留在“儿”的层面，无论是慈母多败儿、严家无悍虏，还是御史们打的比方，什么怕火烧手，怕刀戳手，都是将民众理解为“婴儿期”的智商，简言之，“不知好歹”。

这就和《商君书》里面的统治术要诀一脉相承，从头到尾都是把正常人约束到“婴儿期”的“智力”，然后再用“利出一孔”引导民力到国家所需要的方向。

秦法与刑徒强制劳动基础上的国营经济的结合，完成了第一步，军功授爵体制下的授田制和秦法动员体系的结合，完成了第二步。

第一步通过全面的人身管制和重刑恐吓，完成人口的资源化，顺从者主动进入第二步，不顺从者则沦为刑徒或者官奴婢，进入强制劳动体系，被动地资源化，进入第二步。

汉文帝废除“收孥相坐律”，实际上是一个开始，即将刑徒的最大人力补充来源截断，开始刨刑徒经济的根儿。

在上文中，分别引用了《汉书》和《史记》对于“除收孥相坐律”的记录，详略明显不同，班固这个引用狂人，只在《刑法志》中谈了谈“新垣平案”，并感慨了“过刑谬论”，可见远不如司马迁重视这一变革的意义。

之所以如此，正因为司马迁身处新旧制度交替的时代，在思想信条上，也经历着贤良文学和御史们争论的“阵痛”，到了班固的时代，儒家信条已经压倒了旧的文法吏逻辑，成为整个帝国的主宰。

在班固眼中，这个手笔，可能还不如“废除肉刑”对于刑法的影响深远，因为在他所处的西汉末年、东汉初年，朝野争论最盛的反倒是“是不是刑罚太轻了，才导致犯法者太多？”所以，他观察和评论着眼点，仅仅局限于刑罚本身。

在当时人，尤其是即将主掌国柄的汉景帝眼中，这是无比的大事。所以，在《史记·孝文本纪》文末记录的为文帝建庙的诏书中，汉景帝言：

> 孝文皇帝临天下，通关梁，不异远方。除诽谤，去肉刑，赏赐长老，收恤孤独，以育群生。减嗜欲，不受献，不私其利也。罪人不帑，不诛无罪。除刑，出美人，重绝人之世。朕既不敏，不能识。此皆上古之所不及，而孝文皇帝亲行之。①

① 司马迁：《史记》卷十《孝文本纪》。

拆分一下这段回顾父皇伟业的文字：

（1）通关梁。除关，不用传，允许汉郡、诸侯国往来流动。行于汉文帝十二年。

（2）除诽谤。诽谤之罪，有犯此者勿听治，即不因言治罪。行于汉文帝二年。

（3）去肉刑。孟康注释称：黥劓二，左右趾合一，凡三，即三种伤害身体的刑罚被废，同时，还对刑徒规定了刑期。行于汉文帝十三年。

（4）赏赐长老，收恤孤独，以育群生。除去各种赏赐里民之外，“上为立后故，赐天下鳏寡孤独穷困及年八十已上孤儿九岁已下布帛米肉各有数”。行于汉文帝元年。

（5）减嗜欲，不受献，不私其利也。不受“献费”，行于汉文帝元年，而减嗜欲、行节俭则贯穿他的一生。

（6）罪人不帑，不诛无罪。这说的就是“除收孥相坐律”，不杀无罪之人，行于汉文帝元年。

（7）除刑，出美人，重绝人之世。除刑，《汉书·景帝纪》的同一诏书中写作“除宫刑”，也就是废除“阉割”的刑罚，时间不详；出美人，即“出孝惠皇帝后宫美人，令得嫁”，行于汉文帝十二年。

这一段的句式，前面是政策，后面是结果、意义。当然，谈的都是人君的道德价值，但是一样将“罪人不帑”放置在了七大功业之一。

更重要的是，这七大功业中，有四项与律令、刑罚有关，我们细分一下，就会发现其间隐藏着很深的制度变革脉络。

在这之前，先回顾一下汉文帝之前的“变法”。

有些学者，喜欢把“约法三章”作为西汉律法变革的起点，其实这一政策本就属于权宜之计，所以《汉书·刑法志》才说：

> 其后四夷未附，兵革未息，三章之法不足以御奸，于是相国萧何攈摭秦法，取其宜于时者，作律九章。[①]

也就是说，萧何改订汉法之后，已经不再施行什么“三章之法”，后来的更张，也是在他的法令基础上修正的。

几次变化如下：

> （惠帝四年）三月甲子，皇帝冠，赦天下。省法令妨吏民者；除挟书律。[②]
>
> （高后）元年春正月，诏曰：“前日孝惠皇帝言欲除三族罪、妖言令，议未决而崩。今除之。”[③]

总共就两次，三项内容：挟书律，就是禁止民间藏书；三族罪，就是连坐三族；妖言令，通“訞言”，就是“不当所言”的惑乱人心之言。

---

① 班固：《汉书》卷二十三《刑法志》。

② 班固：《汉书》卷二《惠帝纪》。

③ 班固：《汉书》卷三《高后纪》。

不过，能得到“罪三族”待遇的人真没几个，也就是韩信、彭越被“夷三族”，赵王张敖的臣属“罪三族”，都是涉及谋反的“大政治犯”。

挟书、妖言涉及面更是有限，基本上属于知识分子“思想犯”。

整体来说，以上的改变，并没有触及汉律的主体结构，更不会触及汉朝的底层社会，在这个意义上，“去诽谤”和“除宫刑”，真是惠帝、吕后时代“约法省禁”的思路延续。

而汉文帝上台后的大手笔，结合之后的发展，完全是天翻地覆。

汉文帝元年，“除收孥相坐律”，掐了新晋刑徒的一大来源，等于是把刑徒来源由一家子变成一个人，这种减少是数量级的减少。

而且，按照《汉书·刑法志》的说法：

> （汉文帝）选张释之为廷尉，罪疑者予民，是以刑罚大省，至于断狱四百，有刑错之风。[①]

真到了一年断狱四百，这种减少就很有意义了。当然，这种“轻刑”和“慎刑”，属于汉惠帝时代黄老政治的延续。《史记·吕太后本纪》就说到惠帝、吕后时代“刑罚罕用，罪人是希”。

---

① 班固：《汉书》卷二十三《刑法志》。

比较一下秦朝：

奸邪并生，赭衣塞路，囹圄成市，天下愁怨，溃而叛之。[①]

故贫民常衣牛马之衣，而食犬彘之食。重以贪暴之吏，刑戮妄加，民愁亡聊，亡逃山林，转为盗贼，赭衣半道，断狱岁以千万数。[②]

这是掐入流，还有减存量，也就是“去肉刑”，具体的内容见《汉书·刑法志》：

诸当完者，完为城旦舂；当黥者，髡钳为城旦舂；当劓者，笞三百；当斩左止者，笞五百；当斩右止，及杀人先自告，及吏坐受赇枉法，守县官财物而即盗之，已论命复有笞罪者，皆弃市。

罪人狱已决，完为城旦舂，满三岁为鬼薪白粲。鬼薪、白粲一岁，为隶臣妾。隶臣妾一岁，免为庶人。隶臣妾满二岁，为司寇。司寇一岁，及作如司寇二岁，皆免为庶人。其亡逃及有罪耐以上，不用此令。

前令之刑城旦舂岁而非禁锢者，完为城旦舂岁数以免。[③]

说是“去肉刑”，其实是“减刑”，即肉刑减等，刑徒确定刑期并累计时间升等改变身份。这就由“刑徒”变成了“徒

---

① 班固：《汉书》卷二十三《刑法志》。

② 班固：《汉书》卷二十四《食货志》。

③ 班固：《汉书》卷二十三《刑法志》。

刑”，有了固定的刑期，一旦有了刑期，刑徒的存量自然就会减少，这也是预期中事。

如果说这些还可以解释为“无心之举”，或者说目的性并不指向刑徒经济，那么，在汉文帝后元四年的另一个举措就完全是直接下手了：

> （汉文帝后元四年）五月，赦天下。免官奴婢为庶人。[①]

在秦国和秦朝广泛存在的“居赀”，即债务奴，在《二年律令》中已经消失，而秦制中的城旦舂、鬼薪白粲、司寇，则在汉文帝十三年五月改制之后成为有刑期的服刑犯人，而不再是终身制的奴隶，哪怕是刑期最长的重犯，5 年也已免为庶人。而后元四年的这一次“免官奴婢”，则是在此政策施行整 7 年后，将秦国、秦朝既已存在的官奴婢一扫而空。

换句话说，到汉文帝后元四年前后，西汉王朝自秦朝继承而来的“刑徒经济”已经“不废而废”。

一个有些周折的出土材料旁证就是湖北江陵出土的凤凰山 10 墓木牍。该简牍被断代为汉文帝末期到汉景帝四年之间，其间的内容有“廪簿”“贷簿”“田租刍藁簿”等，不过其中提及的基层吏员，只涉及“乡”和“里”，完全没有见到“田部”的痕迹。

在里耶秦简中明确可见的“度稼得租”“税田”“舆田”“程”

---

① 班固：《汉书》卷四《文帝纪》。

等田租收取的程序全部不见，而这些程序恰恰需要“田部”官吏的积极参与才能完成。

而在《二年律令·秩律》中仍然有“田部”。可见，直到汉文帝登基前，这个基层官员系统一直存在，考察《史记·汉兴以来将相名臣年表》中的记录：

> （汉文帝十三年）除肉刑及田租税律、戍卒令。①

尽管《史记·孝文本纪》和《汉书·文帝纪》都没有记录这一条，但是，在《汉书·爰盎晁错传》中记录的文帝十五年贤良文学对策中明确提及：

> 肉刑不用，罪人亡帑；非谤不治，铸钱者除；通关去塞，不孽诸侯；宾礼长老，爱恤少孤；罪人有期，后宫出嫁；尊赐孝悌，农民不租。②

“农民不租”与“肉刑不用，罪人亡帑”并列，说明这些政策在汉文帝十五年之前已经通行天下。

“除肉刑及田租税律”这两个都必然涉及“田部”“田官”的政策属于同步下达，这个基层官吏职务序列的消亡，应该也是伴随“田租税律”被废除，同时取消的应该还包括“司空”系统，其所掌管的“刑徒”群体的消失，自然也就带动着制度

---

① 司马迁：《史记》卷二十二《汉兴以来将相名臣年表》。

② 班固：《汉书》卷四十九《爰盎晁错传》。

性管理系统的消失，这些可以说是汉文帝改革的大略图景，远远不是全部。

早在汉文帝二年，儒生贾谊即上《论积贮疏》，见《汉书·食货志》：

> 今背本而趋末，食者甚众，是天下之大残也；淫侈之俗，日日以长，是天下之大贼也。
>
> 今殴民而归之农，皆著于本，使天下各食其力，末技游食之民转而缘南晦，则畜积足而人乐其所矣。
>
> 于是上感谊言，始开籍田，躬耕以劝百姓。[1]

作为政见，贾谊要求的“崇本抑末”无非老调重弹，但是受到刚刚登基的汉文帝的重视，就说明“背本趋末”在汉文帝初年绝不是个别现象，而是普遍的“世风”，甚至是影响公私储备的严重政治问题，所以他才在汉文帝二年“开籍田”，为民榜样。

这个礼仪行为，汉文帝施行过多次，用处其实并不大，而晁错上疏言事的“劝农力本”应即《汉书·食货志》收录的《论贵粟疏》，时间应在汉文帝十一年六月至十二年三月之间。

最终，汉文帝采纳了晁错的建议，采取“入粟拜爵”的方式来增加边郡积储，不到9个月的时间，就堆积了边郡可支5年，内郡可支1年的积储。

---

① 班固：《汉书》卷二十四《食货志》。

也就是说，汉文帝时代的核心问题不是缺少粮食，农业不发达，而是旧的“秦制财政”的收入大宗来自土地税、人头税和官有产业经营所得，以及一部分市租和资源租税，货币收入占据大宗，却被通货膨胀所侵吞，也就意味着真正的危机是“财政危机”。具体点儿说，即国家控制的最重要“实物”，“粮食”不足，这也是“秦朝财政”中刑徒参与的核心经营部门“田官”逐步废弃的后遗症。

在这个背景下，才有了晁错的上疏和“孝悌力田”以户口设置常员的举措，以及允许“入粟拜爵”，最终废除田租税律，并废除旧的“田部”和“田官”。

关于秦朝的公田经营，出土简牍中有所展示，可以说是秦王朝“粮食收入”的主要来源，从汉初直到汉武帝前期的相关变化，由于资料阙如，只能合理推测：

> 第一，汉高帝五年诏要求各地官吏优先保证自家“老兄弟”的高爵授田，同时，又号召离散户口回原籍，“复故爵田宅”，也就意味着在恢复秦朝土地所有的前提下满足“新贵”的授田，直接后果只能是“公田”授之殆尽；
>
> 第二，由里耶秦简可知，哪怕是秦朝的安定时期，刑徒仍逃亡不绝，秦末大乱之时，刑徒、官奴的逃亡自在情理之中，而《二年律令》中明显减少了刑徒管理的条文，也说明刑徒劳动不再像“睡虎地秦墓竹简”“岳麓书院藏秦简”和“里耶秦简”的时代那样繁盛、普遍；

第三，汉惠帝、吕后和汉文帝时代，长达近30年的“轻刑”统治，已经让“罪人是希”，新增的入流大幅度减少，待到“收孥相坐律”废除后，更是只能削减到不足以支撑郡县常态刑徒经济运行的程度。

综合一下，到了汉文帝十三年，处于既无公田可耕，又无刑徒、官奴婢可用的境地，留着这项旧制又有何用？

所以，“好刑名之言”的汉文帝才会接受晁错的逻辑：

> 爵者，上之所擅，出于口而亡穷；粟者，民之所种，生于地而不乏。夫得高爵与免罪，人之所甚欲也。使天下〔人〕入粟于边，以受爵免罪，不过三岁，塞下之粟必多矣。[①]

爵位是皇帝手里的东西，出于口而无穷，就是“没本钱”。而得到高爵和免罪，人人都会想要，这实际上是一个交换逻辑，不再是秦制中的义务逻辑。

如果汉文帝是个“好脸”的皇帝，让他和臣民交易粮食，还不把晁错杀了？偏偏他没有，愣是把“卖爵”变成了“伟业”，还没人说三道四，也是不同凡响。

而这项“伟业”，又从根本上动摇了上文中已经说到的，“秦制”的另一个根基，二十等爵制为基础的动员体制。

为什么这么说？

---

① 班固：《汉书》卷二十四《食货志》。

因为土地。

在商鞅编制的“耕战”体制之下，“利出一孔”的“一孔”，就是爵位和土地的对应关系，爵位为编户齐民约束下的“人”标定了对应的位置，也设定了对应的“权利”和“义务”。尽管这部分“权利”是残缺的，只包含了“生存权”相关的经济条件，仍旧以授予土地的方式给予了“保障”。

而随着秦始皇三十一年“令黔首自实田”，承认土地的现实占有，汉兴之后沿袭未改，只是用新爵位分封的方式，插进了自己的“爵位授田”阶层作为“新贵”，整个体制已经摇摇欲坠。

但是爵位与土地的关系，仍旧由《二年律令》中的设定予以保障，哪怕不授新田，爵位占田仍旧可以作为一项土地占有的上限存在。

在没有战争动员的背景下，汉高帝、惠帝、吕后三代仍旧施行了很多“权宜之计”，令个别人能够完成阶层流动，比如高帝十二年、惠帝元年、惠帝五年、高后元年，大汉朝 4 次赐爵“户一级”，再比如：

> （汉高帝二年）高祖乃令民得卖子，就食蜀、汉。[①]
>
> （汉惠帝元年）民有罪，得买爵三十级以免死罪。[②]
>
> （汉惠帝六年）令民得卖爵。[③]

① 班固：《汉书》卷二十四《食货志》。

② 班固：《汉书》卷二《惠帝纪》。

③ 同上。

（汉文帝后元六年）夏四月，大旱，蝗。令诸侯无入贡，弛山泽，减诸服御，损郎吏员，发仓庾以振民，民得卖爵。①

（汉文帝二年之前）失时不雨，民且狼顾；岁恶不入，请卖爵、子。②

楚汉战争期间“卖子”的遗留问题，汉高帝五年诏后有免庶民因饥饿自卖为奴婢的命令，等于是事后有所解决。至于其他，只是原制度的补充，尤其是遭遇大灾的情况下，一种自我救济的手段。

在《二年律令·具律》中其实已经有明确的“赎刑”标准：

赎死，金二斤八两。赎城旦舂、鬼薪白粲，金一斤八两。赎斩、府（腐），金一斤四两。赎劓、黥，金一斤。赎耐，金十二两，赎千（迁），金八两。③

也就是说，赎死也就 2×16+8=40 两黄金，写得很清楚了，为什么汉惠帝又搞出了“买爵三十级得免死罪”呢？

因为这个数字是延续秦律的，《岳麓书院藏秦简（贰）》记载：

① 班固：《汉书》卷四《文帝纪》。

② 班固：《汉书》卷二十四《食货志》。

③ 张家山汉简二四七号汉墓竹简整理小组编：《张家山汉墓竹简（二四七号墓）》，文物出版社，2011 年。

马甲一，金三两一垂，直（值）钱千九百。金一朱（铢）直（值）钱廿四。赎死，马甲十二，钱二万三千卌。[①]

赎死是 23040 钱，23040/24（钱 / 铢）/24 铢 =40 两黄金。

不过，在张家山汉墓竹简《算数书》时代，黄金已经存在"市价"，仅为 1 两黄金兑换 31 铜 5 钱，则"赎死"只需要 12600 钱，价格比秦朝减半，购买力严重缩减。

汉高帝七年醴阳县米价，1 石为 175 钱，是已知秦简记录南郡、洞庭郡米价的 8.75 倍（秦始皇三十年迁陵县）、5.83 倍（秦始皇二十六年前后官价）、3.5 倍（岳麓秦简《数书》价）。

相对而言，爵位价格就贵得多，《二年律令 · 爵律》规定：

诸当赐受爵，而不当拜爵者，级予万钱。[②]

一级爵位 10000 钱，看着不少是不是？

要知道，张家山汉墓竹简《奏谳书》记录的汉高帝十一年江陵县买婢（女奴）的价格已经达到了 16000 钱，买奴之后还要每年"倍算"，也就意味着是一笔持续的支出。

一个"高爵"买条命，买爵 30 级也就是 30 万钱，约为黄金 952 两，也就是 59.52 斤，凑个整就是 60 斤黄金，算多吗？

对照一下《汉书 · 惠帝纪》此条下东汉末年人应劭的注释：

---

① 岳麓书院：《岳麓书院藏秦简（贰）》，上海辞书出版社，2011 年 12 月。

② 张家山汉简二四七号汉墓竹简整理小组编：《张家山汉墓竹简（二四七号墓）》，文物出版社，2011 年。

一级直钱二千，凡为六万，若今赎罪入三十匹缣矣。[1]

可见东汉人用自己本时代的惯例来理解汉初，与事实之间的偏差会有多大，还只差了 300 多年，像我们这种差了 2200 年的后人，又该多难理解古人？

粗略看一下，汉初“赎死”钱数是秦朝的 13.02 倍，东汉末年的赎死钱数则是汉初的 1/5，这实际上也就是所谓沧海桑田了，而由于秦和汉初均用半两钱，参考米价和赎死的价格变化，大体可以理解为两者之间的物价差会达到 8～10 倍。

这个趋势发展到汉文帝时代，米价就跌到了 1 石十几钱，绝非农业生产爆发可以解释，只能用另外一次制度变革来解释，即《汉书·文帝纪》记载的：

（汉文帝五年）夏四月，除盗铸钱令，更造四铢钱。[2]

钱法大变，定“四铢钱”的标准铸造和行用，原本大量流通的“荚钱”被迫退出流通，物价才能有这种程度的腰斩。

看似是“盛世气象”，殊不知谷贱伤农？最后只能是富者愈富、贫者愈贫。

所以，晁错说：

今法律贱商人，商人已富贵矣；尊农夫，农夫已贫贱

① 颜师古注：《汉书》卷二《惠帝纪》“得买爵三十级以免死罪”条下。

② 班固：《汉书》卷四《文帝纪》。

矣。故俗之所贵，主之所贱也；吏之所卑，法之所尊也。上下相反，好恶乖迕，而欲国富法立，不可得也。[①]

面对现实吧，既然民可以卖爵，买爵可以免罪，为什么不国家来卖，充实仓储，赈贫济困呢？

买一个二等爵上造，要入粟六百石，以 1 石粟 15 钱计，也需 9000 钱，若是第九级的五大夫爵，就要入粟四千石，需要 60000 钱，看起来比用钱买爵还便宜点儿，但是要考虑运费和不同地区的粮价，虽然效果显著，规模巨大，但未必是什么让利之举。

当然，更重要的作用是，“爵位”彻底与军功脱钩，甚至与“功劳”脱钩，而变成了一次司法特权与粮食的纯交易，尽管是从惠帝时代开始的，但集大成者，且允许全民参与的，则是汉文帝首创。

不仅如此，《史记·律书》记载：

历至孝文即位，将军陈武等议曰：“南越、朝鲜自全秦时内属为臣子，后且拥兵阻阸，选蠕观望。高祖时天下新定，人民小安，未可复兴兵。今陛下仁惠抚百姓，恩泽加海内，宜及士民乐用，征讨逆党，以一封疆。”

孝文曰：“朕能任衣冠，念不到此。会吕氏之乱，功臣宗室共不羞耻，误居正位，常战战栗栗，恐事之不终。且

---

① 班固：《汉书》卷二十四《食货志》。

兵凶器，虽克所原，动亦秏病，谓百姓远方何？又先帝知劳民不可烦，故不以为意。朕岂自谓能？

“今匈奴内侵，军吏无功，边民父子荷兵日久，朕常为动心伤痛，无日忘之。今未能销距，愿且坚边设候，结和通使，休宁北陲，为功多矣。且无议军。”

故百姓无内外之繇，得息肩于田亩，天下殷富，粟至十余钱，鸣鸡吠狗，烟火万里，可谓和乐者乎！[①]

司马迁在此不厌其烦地记录了将军陈武（即柴武）与汉文帝的国策交锋，最后以汉文帝沉甸甸的四个字“且无议军”结束，并明确指出这个国策与汉文帝时代繁荣、和乐景象的因果关系。

可以说，汉文帝治国，紧紧抓住“百姓福祉”的宗旨，而不受“以一封疆”的功业引诱，在具体的政策层面，上文中的七条“伟业”梳理，很明显展示出两个集中时段，一个是汉文帝刚刚登基的元年、二年，一个是汉文帝十二年（当年还发生了置三老、孝、悌、力田）、十三年。

而且，前一个阶段的“善政”还多为“人心层面”的，也就是以诸侯王入继大统，汉文帝需要聚拢人心，增加自己皇位的支持者，所以，要的是“德”名。

而后一个阶段的“善政”则多为“制度层面”的。这个时

① 司马迁：《史记》卷二十五《律书》。

期，非常集中地出台了一系列的“变法易故”，理由就没有之前那么直接了。

如果我们将之前的一系列政策联系到一起，这个理由也就呼之欲出了。

因为这个时候恰恰面临汉高祖给子孙“刨下”的骗局的“坑”需要兑现的两个高潮时间：

> 其一是60万跟随刘邦的汉军“老兄弟”，本人和子女一代“复”的结束，因为及身及户，哪怕是汉高帝五年才从军的“小字辈”，当时哪怕只有20岁，到汉文帝十三年也已经54岁了，如果是汉元年跟随刘邦入汉中的部属，则已经59岁了，也就意味着他们的子女已经跨过了“傅”的坎儿，早该分户了，依当时的婚龄，孙子可能都该单独立户了。
>
> 其二是这个年龄段，实际上面临本人死亡后，土地继承的问题了，现代点儿说，就是“土地使用权到期”，因为汉初军功爵明确为减等继承，而且削减的幅度很大，哪怕是当年足额分配的田地，在这个时候，也不可避免地要分拆，如果按照律令，低爵子分完之后，多余部分还要还给国家。

这些“老兄弟”占有的田地，如果足额授田，将占据西汉王朝耕地的绝大部分甚至全部，也就意味着，这个王朝的绝大部分“有产者”将面临一轮重新洗牌，更重要的是，这部分“有产者”就是王朝的主要支持者。

此时，汉文帝必须给他们一个说法，也就是寻求一个解决方案来避免动荡。

在制度上，汉文帝有进一步和退一步两种选择：

退一步，就是恢复耕战模式，此时距离天下平定已经30年，按照汉初的婚龄，人口滋生已经两代，完全可以进行对南越、朝鲜，乃至匈奴的战争，从而制造新的军功爵群体，在大地产分拆的前提下，走回秦朝的老路；

进一步，则是承认土地私有，以符合市场经济规律的手段，完成资源的调配，自然也就回避了“授田”的问题，同时，也顺应了当时“末业兴起”的“世道”，且不违背“且无议军”的“非武装化”国策。

历史证明，汉文帝选择了“进一步”。

在了解了以上的事实之后，我们可以很明确地知道，晁错称赞汉文帝“绝秦之迹、除其乱法、兴利除害、变法易故”的原因了，汉文帝等于是狠狠地刨了秦制的根，但是这种“绝和变”，到了汉景帝登基之后，恰恰没有继续下去。

第六节

汉景帝全面否定汉文帝改革的原因

一个鲜为人知的事实是，所谓“文景之治”，根本不是政策、制度的连贯时代。

过往的解释，往往指出汉景帝这个“大孝子”是听信了窦太后的“黄老之术”，继承了汉文帝的“宽仁政治”，但是如果我们一条条地对照，就会发现，他在位期间又将汉文帝已经废除的东西，重新捡回来了。

当然，这种“后找补”，文帝也干过，最典型的就是对欺骗他的术士新垣平的处置——夷三族，等于是把吕后时代已经明令废除的刑罚拿出来解了一回恨……

不过汉景帝就干得多了：

（汉景帝元年）五月，令田半租。[①]

① 班固：《汉书》卷五《景帝纪》。

（汉景帝四年）四年春，复置诸关用传出入。[①]

（汉景帝七年）春，免徒隶作阳陵者。[②]

（汉景帝中元四年）御史大夫绾奏禁马高五尺九寸以上，齿未平，不得出关。[③]

（汉景帝中元四年）秋，赦徒作阳陵者死罪；欲腐者，许之。[④]（秋，赦徒作阳陵者。[⑤]）

（汉景帝中元六年）十二月，改诸官名。定铸钱伪黄金弃市律。[⑥]

（汉景帝后二年）令徒隶衣七稯布，止马舂。[⑦]

（汉武帝建元元年）赦吴、楚七国帑输在官者。[⑧]

对照一下晁错在汉文帝十五年的贤良文学对策和汉景帝立庙诏书中“痛夸”明君的功绩，到汉景帝时代，废除殆尽：

（1）“农人不租”变成了“三十税一”；

（2）“罪人亡帑”变成了“帑输在官”，直到汉武帝时才赦免；

① 班固：《汉书》卷五《景帝纪》。
② 司马迁：《史记》卷十一《孝景本纪》。
③ 班固：《汉书》卷五《景帝纪》。
④ 同上。
⑤ 司马迁：《史记》卷十一《孝景本纪》。
⑥ 班固：《汉书》卷五《景帝纪》。
⑦ 司马迁：《史记》卷十一《孝景本纪》。
⑧ 班固：《汉书》卷六《武帝纪》。

（3）“铸钱者除”变成了“铸钱者死”；

（4）“通关去塞”变成了“出入用传”+“战马禁运”；

（5）“除宫刑”变成了“欲腐者，许之”；

（6）“罪人有期”倒是没变，就是把已经没多少的徒隶又捡回来了，而徒隶，其实就是汉代律令中隶臣妾、城旦舂、鬼薪白粲的统称，也就是包含官奴婢和不得与民人混住的刑徒的一个总概念。

可以说，汉文帝一朝一步步“绝秦之迹”，到汉景帝手中又给请了回来。这个结果看着好笑，却是一次意义深远的大变动，为什么会发生呢？

记载简略的汉景帝一朝，很难给我们多么具体的信息，但是，汉景帝时代，恰恰是国策大转变的时期：

其一，广收积储，骄奢渐起；

其二，重新武装，加强控制。

先说其一，《史记·平准书》中写道：

孝景时，上郡以西旱，亦复修卖爵令，而贱其价以招民；及徒复作，得输粟县官以除罪。益造苑马以广用，而宫室列观与马益增修矣。①

① 司马迁：《史记》卷三十《平准书》。

这段记载的前半段，看起来和汉文帝朝没什么区别，甚至还贱爵价以招参与的百姓，但是后半段，就能看出来不同了，与汉文帝的“减嗜欲”不同，汉景帝开始增修宫殿、楼观，也开始广畜苑马，一方面是为了个人的享受，另一方面是整修中央武备，备战。

《史记·平准书》中继续写道：

> 至今上即位数岁，汉兴七十余年之间，国家无事，非遇水旱之灾，民则人给家足。
>
> 都鄙廪庾皆满，而府库余货财。京师之钱累巨万，贯朽而不可校。太仓之粟陈陈相因，充溢露积于外，至腐败不可食。
>
> 众庶街巷有马，阡陌之间成群，而乘字牝者傧而不得聚会。守闾阎者食粱肉，为吏者长子孙，居官者以为姓号。故人人自爱而重犯法，先行义而后绌耻辱焉。
>
> 当此之时，网疏而民富，役财骄溢，或至兼并豪党之徒，以武断于乡曲。宗室有土公卿大夫以下，争于奢侈，室庐舆服僭于上，无限。物盛而衰，固其变也。①

这一段司马迁“炫富”的描述相信很多人比较熟悉，其中进入繁荣“盛世”的上下骄奢之态已经暴露无遗。

当然，这不是孤证，见《汉书·贾谊传》：

---

① 司马迁：《史记》卷三十《平准书》。

今民卖僮者，为之绣衣丝履偏诸缘，内之闲中，是古天子后服，所以庙而不宴者也，而庶人得以衣婢妾。白縠之表，薄纨之里，緁以偏诸，美者黼绣，是古天子之服，今富人大贾嘉会召客者以被墙。①

这段话，贾谊的着眼点在于服制僭越，而我们看，却可以看到所谓的“古天子后服”被穿在了婢妾身上，古天子之服在富人宴客时候挂墙上，不谈僭越不僭越，只说这个骄奢之态，恰恰与“争于奢侈，室庐舆服僭于上，无限度”的说法吻合。

也就是说，在汉文帝初年，汉朝社会已经是这个状态，唯一区别就是“公私积储”不足，至于说“兼并豪党之徒，以武断于乡曲”更是早已有之，贾谊在上疏中也已经指出了这些人的疯狂。

可以说，在经济上，由于从惠帝、吕后时代开始施行的“放松商品经济管制”措施的持续施行，整个汉初的“奢侈和混乱的世风”一直延续未改，原因很简单，“网疏而民富”，惠帝、吕后、文帝均以“刑罚罕用”闻名，自然法网粗疏，民间活跃，以至于犯法者、僭越者横行。

问题是，直到汉文帝后元二年，文帝已经执政20年后，帝位无比稳固的情况下，想任用自己的小舅子窦广国为相，仍旧担心说他“有私心”，只能把军功勋贵中的“小字辈”申屠

① 班固：《汉书》卷四十八《贾谊传》。

嘉扶上相位。

此时天下的豪强、富户中占据绝大多数的，是军功阶层的成员或后人，严管他们，就是刨自己王朝的地基。

事实上，文帝曾经在贾谊等儒生的影响下，尝试以“五德终始说”为基础，通过改“土德”正朔的方式来重塑汉朝的合法性故事。这是汉王朝第一次尝试从“集团统治”的国家走向“全民国家”。直白地说，就是要在根本上扩大王朝的统治基本盘，用“人心”作为帝国的根基。

不想，术士新垣平的反叛，葬送了汉文帝的这次尝试，更让汉文帝只能紧紧抓住自己的“同盟集团”。

直到汉景帝登基之后，残酷的现实，逼迫着新君开始走“回头路”，只是一直到武帝初年，天下百姓仍未体会到繁华水面下的变化，反而在平安和乐之中沉溺而不自知。

众所周知的“七国之乱”，成了“文帝之治”的试金石，注意，这里没有景帝什么事儿。

七国反叛的有限战略目标只到洛阳，最佳的结果也无非是一个东西对峙，实际上，最终战火都没烧到汉郡之内，最强悍的吴楚联军就被堵在了梁国境内，然而，这次对汉帝国并没有任何生存威胁的内战，却暴露出一堆问题：

（1）商人无祖国。

《史记·货殖列传》记载：

> 吴楚七国兵起时，长安中列侯封君行从军旅，赍贷子

钱，子钱家以为侯邑国在关东，关东成败未决，莫肯与。唯无盐氏出捐千金贷，其息什之。三月，吴楚平，一岁之中，则无盐氏之息什倍，用此富埒关中。[①]

七国之乱之时，长安的列侯封君们都要参军作战，却缺钱武装，只能借贷，结果“子钱家”，也就是经营借贷的人认为这些列侯的封地都在关东，胜负不知，不肯借。唯有无盐氏拿出千金贷款，并收了10倍重息，结果平乱后此人富甲关中。

过往都是谈商人眼力，问题是，一朝的顶级权贵平叛，竟然无人借贷？合理吗？

要知道，这是一次规模巨大的军事行动，《史记·吴王濞列传》中说：

七国反书闻天子，天子乃遣太尉条侯周亚夫将三十六将军，往击吴楚；遣曲周侯郦寄击赵；将军栾布击齐；大将军窦婴屯荥阳，监齐赵兵。[②]

不说多了，只说三十六将军，就得有40万大军，再加上“击赵”和“击齐”的大军，近百万之众出征关东，还有人怀疑“成败未决”？

到这一步，只能怀疑用心了，当然，吴王濞为政宽仁，重视工商，而且为百姓免税、免役，本来就在吴地群众基础极好，

① 司马迁：《史记》卷一百二十九《货殖列传》。

② 司马迁：《史记》卷一百六《吴王濞列传》。

十足的得人心，文帝和他或许还可相比，景帝自登基之前，就没什么好名声，恐怕确实也有人心向背的问题。

（2）豪强游侠失控。

《汉书·游侠传》记载：

> 剧孟者，洛阳人也。周人以商贾为资，剧孟以侠显。吴、楚反时，条侯为太尉，乘传东，将至河南，得剧孟，喜曰："吴、楚举大事而不求剧孟，吾知其无能为已。"天下骚动，大将军得之若一敌国云。①

剧孟的作用就不说了，所谓一人若一敌国，在《汉书·张陈王周传》中其实另有一条记载：

> 亚夫既发，至霸上，赵涉遮说亚夫曰："将军东诛吴、楚，胜则宗庙安，不胜则天下危，能用臣之言乎？"亚夫下车，礼而问之。涉曰："吴王素富，怀辑死士久矣。此知将军且行，必置间人于殽、黾厄陿之间。且兵事上神密，将军何不从此右去，走蓝田，出武关，抵雒阳，间不过差一二日，直入武库，击鸣鼓。诸侯闻之，以为将军从天而下也。"太尉如其计。至雒阳，使吏搜殽、黾间，果得吴伏兵。乃请涉为护军。②

① 班固：《汉书》卷九十二《游侠传》。

② 班固：《汉书》卷四十《张陈王周传》。

这里面明确指出吴王藏死士于殽、黾之间，也就是函谷关道，准备伏击汉军，而这些“死士”，实则是吴王蓄养的游侠和武士。

再看《史记·吴王濞列传》：

> 周丘者，下邳人，亡命吴，酤酒无行，吴王濞薄之，弗任。周丘上谒，说王曰：“臣以无能，不得待罪行间。臣非敢求有所将，愿得王一汉节，必有以报王。”王乃予之。周丘得节，夜驰入下邳。下邳时闻吴反，皆城守。至传舍，召令。令入户，使从者以罪斩令。遂召昆弟所善豪吏告曰：“吴反兵且至，至，屠下邳不过食顷。今先下，家室必完，能者封侯矣。”出乃相告，下邳皆下。周丘一夜得三万人，使人报吴王，遂将其兵北略城邑。比至城阳，兵十余万，破城阳中尉军。闻吴王败走，自度无与共成功，即引兵归下邳。[①]

一个亡命之徒周丘，弄来一支汉节，就杀下邳县令，拉上宗族兄弟关系好的“豪吏”，也就是萧何、曹参在秦末的角色，直接就拉出了 3 万兵，一路打到城阳国，也就是旧齐国境内，已经有 10 多万人，还击败了城阳中尉。这个故事对于汉朝来说，非常恐怖，等于就是秦末大乱的翻版，甚至胜于诸侯王的大军。

（3）钱可买天下人心。

《史记·吴王濞列传》：

---

① 司马迁：《史记》卷一百六《吴王濞列传》。

> 然其居国以铜盐故，百姓无赋。卒践更，辄与平贾。岁时存问茂材，赏赐闾里。佗郡国吏欲来捕亡人者，讼共禁弗予。如此者四十余年，以故能使其众。[①]

因铜盐之利而以工商立国的吴国，竟然做到了无赋税，更卒有报酬，重用人才，安辑地方，并且藏匿流亡。注意，是“亡人”，也就是逃亡者，不是“罪人”。这一点与淮南王刘长有天壤之别，就是收纳忍受不了他国苛政的百姓，一直持续 40 多年，所以能得国民死力。

对比一下汉政、秦政，吴国简直就是难得的乐土。

而且，善政持续 40 年，绝非是为了“谋反”，总不至于刘邦还活着，刘濞就在谋划造反吧？可见，他确实想建造一个“美好国度”。

这是对他的国民。对于别国诸王和士大夫，他也发出了赏格：

> 敝国虽贫，寡人节衣食之用，积金钱，修兵革，聚谷食，夜以继日，三十余年矣。凡为此，愿诸王勉用之……愿诸王明以令士大夫，弗敢欺也。寡人金钱在天下者往往而有，非必取于吴，诸王日夜用之弗能尽。有当赐者告寡人，寡人且往遗之。敬以闻。[②]

---

① 司马迁：《史记》卷一百六《吴王濞列传》。

② 同上。

简言之，我攒了30多年的财富，为了反汉景帝，全拿出来，只要为了这个目的，你们任何一家诸侯王的将领们斩首立功后，都可以来索取，我的钱有的是，你们就算是昼夜使用也花不光，有需要赏赐的告诉我，我派人去送。

效果显而易见，在《史记·吴王濞列传》中，收录了汉景帝的诏书：

> 朕素服避正殿，将军其劝士大夫击反虏。击反虏者，深入多杀为功，斩首捕虏比三百石以上者皆杀之，无有所置。敢有议诏及不如诏者，皆要斩。[①]

成效见《汉书·景帝纪》：

> （景帝三年二月）诸将破七国，斩首十余万级。[②]

这些还不算“当坐”“收孥”的人数，牵连的人数应该有数十万之多，面对“得人心”的吴王，汉景帝的解决方法只能是无限的暴力、肆意地屠杀。要知道，整个吴军才出动了二十余万人，还是从少年到老翁的全面出动，这种屠杀和奴虏，几乎是把“吴人”灭种了。

而以上所有暴露的问题，归结起来，其实就是一个字：

钱。

---

① 司马迁：《史记》卷一百六《吴王濞列传》。

② 班固：《汉书》卷五《景帝纪》。

吴王已死，可他赖以拮抗天子的“朋友”没有死，反而跑到了天下各处，让汉天子无比忧心，比如《史记·梁孝王世家》记载：

> 孝王未死时，财以巨万计，不可胜数。及死，藏府馀黄金尚四十余万斤，他财物称是。[①]

面对这样有亲生母亲支持，反反复复要立为太子的弟弟，汉景帝怎么能够安心地“开关梁”？怎么能够安心地“铸钱者除、农人不租”？

哪怕是现实威胁不在了，召聚天下英才的淮南王刘安，以及千千万万个剧孟、周丘依旧虎视眈眈。汉景帝经过“七国之乱”的这次“考验”，也陡然惊觉，曾经汉家天下最可靠的同盟者们，竟然要对自己的“肆意妄为”进行约束，希望按照汉文帝时代确立下的“交易”姿态一直行进，否则，他们就要站在更“有德”的竞争者一边。

毫无疑问，金钱，已经由汉王朝稳定天下秩序的“助力”变成了绝对皇权的“消解者”，而汉景帝也好，汉武帝也好，血脉中都残存着汉高祖刘邦的“权力基因”，那也是大秦帝国久远统治印下的烙印，简言之，就是一句话：

> 帝王绝不接受任何平等关系，无论是“合作”，还是“交易”，都没门儿。

---

① 司马迁：《史记》卷五十八《梁孝王世家》。

结　语

一个现代人很难想象的事实是，汉高祖刘邦为了建立汉王朝，毫不吝惜“爵邑”，建构出的“军功受益阶层”，以“高帝五年诏”向全天下人做出的权益兑现承诺，自一开始，就根本没想过履行。

正因为这一根吊在驴子头上的胡萝卜，60 万老兵抛头颅洒热血为刘邦家族开疆扩土，平灭诸侯，而高居未央宫俯瞰众生的高皇帝，他的后继者们，惠帝、高后，采取的是持续不断地制造胡萝卜，“借新还旧”的方式，尽力延后交易权益的兑现。

这些权益，在这个巨大的庞氏骗局之中，越撑越大，依赖着惠帝、高后、文帝不得不开放的市场经济，以及“大家发财”的有限自由，勉强维持，维持着这些“有产者”帝国的“同盟者”的忠诚。

问题是，这一切承诺，本质上，都只是“权宜之计”，随时可以破弃和收回，这也是第八章第三节中谈及韩信必然悲剧命运中的未尽之语：

> 刘邦也好，后世的帝王也好，对于这种具有超出自身理解的专业人才和新鲜事物，总是又“渴求”又“恐惧”，但又难以约束，只能以最简单的手法予以应对，即尽量缩短“所有权”的时间，给予你的东西，在变成你所有之前，快速夺回，只有这样，才能保证你无法真正地拥有它。
>
> 这个“给予”到“夺回”的过程，就是“斗”。
>
> 所以，西汉帝国自建立之初就处于“斗”的过程中，先和“异姓王”斗，再和“吕氏后族”斗，再和“功臣列侯”斗，再和“同姓王”斗，再和“游侠豪强”斗，再和“豪商巨贾”斗，斗到汉武帝的时代，甚至发展到和“货币经济”斗，和“全国市场”斗，和“诸子百家”斗，和“四夷八荒”斗，和“天下百姓”斗，甚至和“皇后”“太子”斗，直到元成之后，斗不动了，就进入了下一个“治乱循环”。

简言之，自从汉高祖为了得到皇位，而滥封功臣、破坏军功授爵制度开始，“耕战时代”就已经彻底终结了。或者说，“周制”以及它的变体“秦制”最后的残迹，就在汉初的60年间，走到了尽头。

等到汉武帝即位，汉帝国其实已经危机四伏，主动适应勃勃发展的商品经济，皇权必然旁落，政治文明必然走上一条

“讲规矩”的轨道，这是任何一个“绝对君主”都无法容忍的歧路；而退回“秦制”的耕战体系，整个官僚组织乃至于宫廷、社会都已无法适应，强硬为之，皇帝将沦为孤家寡人，这才是真正的两难境地，也是制度变革的十字路口。

正是面临这样的“千年大变局”，汉武帝的“救时之举”才显得无比重要，因为他的所有举措，最终都将成为之后2000年中国政治制度的范本和根基，今人可见的一切，实则由此而始。

不过，那只能是另一本书中的故事了。

终　章

《汉书·文帝纪》里，东汉人班固这样撰写赞词：

专务以德化民，是以海内殷富，兴于礼义，断狱数百，几致刑措。呜呼，仁哉！[①]

同样是疾呼“仁哉”，司马迁在《史记·孝文本纪》的“太史公曰”评论却有另一个视角：

太史公曰：孔子言“必世然后仁。善人之治国百年，亦可以胜残去杀”。诚哉是言！汉兴，至孝文四十有余载，德至盛也。廪廪乡改正服封禅矣，谦让未成于今。呜呼，岂不仁哉！[②]

看似相近，其实相去甚远。

---

① 班固：《汉书》卷四《文帝纪》。

② 司马迁：《史记》卷十《孝文本纪》。

司马迁的评论，包含了两个时间段：

其一，是以“必世然后仁”。

这句话，《史记集解》的注释是：

> 孔安国曰：“三十年曰世。如有受命王者，必三十年仁政乃成。”

汉文帝在位23年，距离30年相去不远，加上之前的汉初20多年，40多年的政策延续性，算得上一个“仁”字。

最重要的是第二个时间段，即“善人之治国百年，亦可以胜残去杀”，文帝之后百年，刘氏的后人们有没有做到“胜残去杀”“几致刑措”“备刑罚而无用，天下向治”？

当然没做到。

后半段的赞词已经点了汉武帝的名，所谓“廪廪乡改正服封禅矣”，廪廪的意思是“庶几”“渐近”，也就是几乎就把服色改了、封禅去了，这个说的是贾谊、公孙臣上书汉文帝改正朔、服色，结果汉文帝只是做了准备，实施则留待后人，完成这项“大功业”的后人正是汉武帝。

在《史记·封禅书》里司马迁是这么记录汉文帝“谦让”的：

> 人有上书告新垣平所言气神事皆诈也。下平吏治，诛夷新垣平。自是之后，文帝怠于改正朔服色神明之事，而渭阳、长门五帝使祠官领，以时致礼，不往焉。[1]

---

① 司马迁：《史记》卷二十八《封禅书》。

一个“怠于”、一个“不往焉”，这还是“谦让”吗？这是被方士新垣平忽悠之后恼羞成怒，干脆完全不信这一套。

如果说司马迁因为时代原因，有话不敢全说，那么，班固直斥汉文帝之非，就更能完整补全“文景之治”这个西汉“仁政”顶点的真相。

见《汉书·刑法志》：

> 及孝文即位，躬修玄默，劝趣农桑，减省租赋。而将相皆旧功臣，少文多质，惩恶亡秦之政，论议务在宽厚，耻言人之过失。化行天下，告讦之俗易。吏安其官，民乐其业，畜积岁增，户口浸息。风流笃厚，禁罔疏阔。选张释之为廷尉，罪疑者予民，是以刑罚大省，至于断狱四百，有刑错之风。①

这是一通夸，说汉文帝的时候，刑罚大省，可到了千古留名的“废肉刑”事件，班固又写道：

> 是后，外有轻刑之名，内实杀人。斩右止者又当死。斩左止者笞五百，当劓者笞三百，率多死。②

这可是汉文帝的重要历史功绩，后人大夸特夸的故事，却是“外有轻刑之名”，实际上杀人。当然，这不是班固比司马迁

---

① 班固：《汉书》卷二十三《刑法志》。

② 同上。

骨头还硬，而是这个问题由汉景帝坦白认账，见《汉书·刑法志》记载：

> 景帝元年，下诏曰："加笞与重罪无异，幸而不死，不可为人。"①

翻译过来就是说，肉刑换笞刑，结果上和死罪差不了多少，哪怕侥幸没抽死，人基本也就残废了。

因为由剁掉脚趾改成用竹片"笞"500下，照样能打死人。而秦朝的"笞刑"一般针对的就是"事罪"，比如损坏公物之类，所以打个10下、30下、50下比较常见，除了"熟笞"算是情节严重要加刑，那是打满100下。

可像汉文帝这种300下、500下抽下去，脚趾头和鼻子是保住了，命基本也没了，所以汉景帝元年进一步加惠于民，先是减少了"笞"的数量，500减到300，300减到200，结果会不会有变化，可以自己想象。

所以，汉景帝中六年，又下诏，减300为200，减200为100，又规定了刑具必须是竹板，大小厚薄的规制，强调只能打臀部，且中途不得换人。

仁义不仁义？

事实上，过往对秦汉交替之际的讲述，基本延续了《史记》《汉书》中的讲述，即秦代法网严密、百姓苦之，汉高祖吊

---

① 班固：《汉书》卷二十三《刑法志》。

民伐罪、约法三章，所以为政宽简，之后又行黄老、清静无为，百姓得而休息，遂成就“文景之治”。

这个解释体系，可以理解为汉代的官方宣传，如果没有一波又一波秦简、汉简中律令材料的出土，这个官方解释可能还会继续延续 2000 年。

然而，张家山汉简《二年律令》的出土，给我们展示了“清静无为”的真正背景，就是西汉初年的律令制度体系完全是对秦代的继承，只是根据汉朝的政略调整，略做修正。

对此，汉朝人心知肚明，属于不需要进一步解释的世界存在本身，对于我们，乃至于 1000 多年前的唐朝人，都已经是两个世界的故事了。因为世易时移，这种认识冲突，可谓比比皆是，比如在我们的意识里，军事和法律是不搭界的两个概念，可班固在《汉书·刑法志》里却明确指出：

> 《书》云“天秩有礼”，“天讨有罪”。故圣人因天秩而制五礼，因天讨而作五刑。大刑用甲兵，其次用斧钺；中刑用刀锯，其次用钻凿；薄刑用鞭扑。大者陈诸原野，小者致之市朝，其所繇来者上矣。①

上天指定爵命次序（爵位、身份），所以圣人顺应天命制定了五礼的礼制，上天又要惩罚有罪之人，所以依据上天的意志创制了五刑，其中最大的“刑杀”就是甲兵、军队，以下才

① 班固：《汉书》卷二十三《刑法志》。

是死刑、肉刑、鞭笞之类。

换句话说，军旅征伐和法条刑罚都是用暴力维护“天意”的手段，只是施加的场所不同，一个是在原野上列阵展示，一个是在朝堂、市井表现。

秦汉时代的所谓“法律”，并不是现代意义上的“法律”，其最本质的立法原则，并非是规定你什么不可以做，而是规定你应该怎么活，如果你不按照这个“法”来做，你违背的就是“天”的意志，也就不必活了。

“文景之治”的“仁政”，比如汉文帝、汉景帝父子对于肉刑的一步步减轻，正是在上述成熟的制度体系基础上进行的微调，其结果仍是“率多死”，也就是执行中被打死的人很多，这个数目究竟有多少，咱们不得而知。

只看《汉书·刑法志》中有记载的，在汉武帝删定汉律后，又经历了汉宣帝、元帝、成帝连续三代简省法条，汉帝国仍然有数目惊人的“罪犯”：

> 今汉道至盛，历世二百余载，考自昭、宣、元、成、哀、平六世之间，断狱殊死，率岁千余口而一人，耐罪上至右止，三倍有余。①

也就是班固平均了一下，西汉中后期的各代每年的死刑决狱，占人口比例的0.5002‰～1‰，西汉元始二年的总人口数，

---

① 班固：《汉书》卷二十三《刑法志》。

约为 5900 万，则每年的“死刑犯”有 29514 ～ 59000 人。

耐罪算是最低的“肉刑”，要剃掉犯人的鬓发，斩右趾头则是最重的肉刑，三倍于死刑，则应该有 88542 ～ 177000 人。

也就是说，每年的服刑人数（不是犯罪人数）合计为 118056 ～ 236000 人。

这还是前朝，班固所处的东汉初年的死刑数字则是：

> 今郡、国被刑而死者岁以万数。①

也就是，东汉初年，每年死刑犯超过 1 万人，这个数字是什么概念？

请注意，西汉建国初年估计人口数为 1500 万～ 1800 万；汉文帝末期，估计人口数为 3000 万左右；汉武帝末期，估计人口数为 3600 万左右；汉平帝元始二年，统计人口数为 5900 万左右；东汉光武帝建武中元二年，全国人口为 2100 万左右。②

更可怕的是，《汉书 · 刑法志》中的数据，只涉及“死刑决狱”，而没有涉及“非正常死亡”，因为汉朝的“犯人”，除了砍头和赎罪脱罪的，肉刑或许不是人人都捞得到，徒刑，甚至终身劳役却是跑不了的。

1972 年，在陕西省泾阳县高庄镇狼家沟村修水渠时，在村子的南边，景帝阳陵封土的西北 1500 米处，发现一处刑徒墓

① 班固：《汉书》卷二十三《刑法志》。

② 葛剑雄：《中国人口史（第一卷）导论、先秦至南北朝时期》，复旦大学出版社，2002 年。

地。随后陕西省文管会和陕西省博物馆对刑徒墓地进行了部分清理，发掘了 29 座刑徒墓，共有 35 副骨架。许多尸骨戴着铁钳、铁钛等刑具。经预测，刑徒墓地有 8 万平方米，可能埋葬有上万具刑徒尸骨。①

从已发表的汉武帝茂陵、哀帝义陵的调查简报看，武帝陵园也有刑徒墓地（报告称修陵人墓园地），义陵没有发现刑徒墓地。武帝刑徒墓地试掘后和汉阳陵的情况大体一致，占地面积约 4 万平方米，埋葬至少 2 万具尸骨。②

类似的刑徒墓地，在河南省偃师县西大郊村，于 1964 年发掘了 522 座，系东汉安帝永初元年至永宁二年征调到都城洛阳服役的刑徒的墓地。经鉴定，刑徒绝大多数是男性青壮年，椎骨有明显的劳损痕迹，有的骨骸上留有被器械刺杀、砍击造成的创伤，这表明刑徒多是在强制性的沉重劳役下被折磨致死，有的是受酷刑死亡或遭残杀的。这些刑徒，来自 9 个州所辖的 39 个郡国 167 个县，这已经是“文景之治”200 年后。

真正讽刺的是，相比之下，文帝、景帝父子生前的施政又绝对当得一个“仁”字，而上述的残酷事实，恰恰说明了秦汉王朝的制度性残暴，超出了任何现代人的想象。

---

① 石宁：《汉阳陵刑徒墓地考古与西汉刑徒生活探析》，《咸阳师范学院学报》，2016 年第 1 期。

② 陕西省考古研究院：《汉武帝茂陵考古调查、勘探简报》，《考古与文物》，2011 年第 2 期。